es 1131
edition suhrkamp
Neue Folge Band 131

Seit Beginn der siebziger Jahre und verstärkt seit der ökonomischen Stagnationskrise 1974/75 werden Verantwortungsbewußtsein sowie Ordnungs- und Integrationsleistung der deutschen Gewerkschaften für die gesellschaftliche Entwicklung der Bundesrepublik Deutschland wesentlich kontroverser beurteilt als in den zwanzig Jahren zuvor. Für Konservative sind maßlose tarif- und sozialpolitische Forderungen, zunehmende Streikmilitanz, ungezügeltes Machtstreben bzw. Mißbrauch gesellschaftlicher Macht (Gewerkschaftsstaat) zentrale Ursache für die ökonomische Krise und die zunehmende Unregierbarkeit. Liberale und Sozialdemokraten befürchten und Linke hoffen, die Lohnabhängigen und ihre Gewerkschaften würden die negativen sozialen Folgen der von den Unternehmen betriebenen Anpassungsstrategien zur Erhaltung ihrer Spitzenposition auf dem Weltmarkt nicht stillschweigend hinnehmen und den jahrzehntelangen sozialen Konsens aufkündigen. Diese Diskussion gewinnt zu Beginn der achtziger Jahre zusätzliches Gewicht, weil weltweit mit zunehmenden Rezessionsgefahren, hohen Inflationsraten und verschärften Verteilungskämpfen gerechnet werden muß. Auf der Basis theoretischer Überlegungen und empirischer Fallstudien belegt die Untersuchung von J. Esser dagegen die These, daß die in der Bundesrepublik traditionell vorhandene Kooperation von Staat, Unternehmen und Gewerkschaften sich seit der Krise noch verstärkt hat, daß alle Akteure in einem korporatistischen Block zur Modernisierung der Volkswirtschaft vereint sind. Die darin angelegte Ausgrenzung sozialer Gruppen/Individuen aus dem Wirtschaftsprozeß wirft freilich die Frage auf, ob die Gewerkschaften damit nicht längerfristig auf eine Krise ihrer Integrationsfähigkeit und die Gefährdung eigener Kampfstärke und organisatorischer Stabilität zusteuern.

Josef Esser, geb. 1943, ist als Professor für Politikwissenschaft mit dem Schwerpunkt Staats- und Planungstheorie an der Universität Frankfurt tätig.

Josef Esser
Gewerkschaften in der Krise

*Die Anpassung
der deutschen Gewerkschaften
an neue Weltmarktbedingungen*

Suhrkamp

edition suhrkamp 1131
Neue Folge Band 131
© Suhrkamp Verlag Frankfurt am Main 1982
Erstausgabe
Alle Rechte vorbehalten, insbesondere das
der Übersetzung, des öffentlichen Vortrags,
der Übertragung durch Rundfunk und Fernsehen,
auch einzelner Teile
Satz: Georg Wagner, Nördlingen
Druck: Nomos Verlagsgesellschaft, Baden-Baden
Umschlagentwurf: Willy Fleckhaus
Printed in Germany

Inhalt

Vorwort 9

*I. Das Problem: Gewerkschaftsintegration
und ökonomische Stagnations- und Anpassungskrise* 11

1. Gewerkschaftsintegration
in der sozialwissenschaftlichen Diskussion 16

2. Empirischer Einstieg: Die saarländische Stahlkrise 53

3. Weitere Arbeitsschritte 65

*II. Rahmenbedingung gewerkschaftlicher Politik:
Das »Exportmodell« Deutschland* 68

1. Struktur und Entwicklung des »Exportmodells«
Deutschland 68

2. Das »Exportmodell« Deutschland
in den siebziger Jahren: Verstärkter Anpassungs-
und Modernisierungsdruck durch neue
Weltmarktbedingungen 76

3. Unternehmerische Anpassungsstrategie und staatliche
Wirtschaftspolitik 85

4. Fazit 109

*III. Gewerkschaftspolitik in der Stagnations-
und Anpassungskrise* 111

1. Lohnpolitik 1975-1979 113

2. Reaktionen auf Massenentlassungen,
Betriebsstillegungen, Strukturkrisen 128

3. Abwehrkämpfe gegen negative Modernisierungs-
und Rationalisierungsfolgen 164

4. Gewerkschaften und »Technologiepolitischer Dialog« 188

5. Arbeiterbewußtsein und Arbeiterverhalten während der Krise 196

6. Fazit 219

IV. Modernisierung der Volkswirtschaft durch korporatistische Blockbildung 225

1. Gewerkschaften als Klassenorganisationen 225

2. Gewerkschaften als massenintegrative Apparate 237

3. Das Neokorporatismusparadigma 246

4. Das Blockkonzept Gramscis 252

5. Korporatistische Blockbildung und Gewerkschaften in der BRD 257

6. Korporatistische Blockbildung und politische Stabilität 270

Anmerkungen 273

Literaturverzeichnis 283

Freunde, ich wünschte, ihr wüßtet die Wahrheit und sagtet sie!
Nicht wie fliehende müde Cäsaren: Morgen kommt Mehl!
So wie Lenin: Morgen abend
Sind wir verloren, wenn nicht ...

Bertolt Brecht

Vorwort

Gewerkschaften in der Krise – dieser Titel ist doppeldeutig, und diese Doppeldeutigkeit ist beabsichtigt. Einmal steht das Verhalten der Gewerkschaften in der ökonomischen Krise zur Debatte, zum anderen die These, die gewerkschaftlichen Strategien zur Sicherung der Interessen der Lohnabhängigen befänden sich in einer den neuen Bedingungen nicht gerecht werdenden Krise.
Die Untersuchung selbst beschränkt sich freilich auf den *ersten* Aspekt: Seit der weltweiten ökonomischen Stagnations- und Anpassungskrise Mitte der siebziger Jahre treiben die deutschen Unternehmen den ökonomischen Strukturwandel (Rationalisierung und Modernisierung der Produktionsanlagen, Spezialisierung auf »intelligente« Produkte, Verlagerung der Produktion in andere Länder) – unterstützt von der sozialliberalen Koalition – offensiv voran. Die Devise lautet: Erhaltung und Ausweitung der Spitzenstellung auf dem Weltmarkt. Für den Großteil der Lohnabhängigen ist diese Anpassungsstrategie zwar einerseits mit relativer Sicherung von Arbeitsplätzen und Lebensstandard, aber andererseits auch mit Steigerung der Arbeitsintensität, Dequalifizierung, Reallohnstagnation und für einen nicht unbeträchtlichen Rest gar mit struktureller Dauerarbeitslosigkeit verbunden. Von daher ist die Frage von Interesse, wie sich unter diesen veränderten Bedingungen die deutschen Gewerkschaften verhalten. Tragen sie diese Anpassungspolitik mit, oder stellen sie sich ihr in den Weg? Ist ihre gesellschaftliche und politische Integration gefährdet oder verstärkt sich diese noch? Auf der Basis empirischer Fallstudien kommt diese Arbeit zu dem Ergebnis, daß die bereits traditionell vorhandene Kooperation mit Unternehmen und Staat sich seit der Krise noch verstärkt hat, daß Staat, Unternehmen und Gewerkschaften gar in einem korporatistischen Block zur Sicherung der Weltmarktposition zusammengeschmiedet sind.

Dieses Ergebnis wirft die Frage nach dem *zweiten* Aspekt auf: Führt die in dieser korporatistischen Blockbildung auf Dauer angelegte Ausgrenzung sozialer Gruppen/Individuen aus dem Wirtschaftsprozeß zu einer Krise gewerkschaftlicher Interessenpolitik, die nicht nur ihre Integrationsfähigkeit, sondern auch ihre organisatorische Stabilität gefährdet? Dieser Frage wird – wie bereits gesagt – in dieser Arbeit nicht weiter nachgegangen. Sie schwingt gleichwohl in den vorgelegten Analysen immer wieder mit.

Viele Anregungen und wichtige Kritik verdanke ich den Diskussionen und der gemeinsamen Arbeit mit Freunden und Kollegen an der Universität Konstanz, vor allem Marcel Bühler und Rainer Staudhammer, sowie den Mitgliedern des »Stahlprojekts«, Wolfgang Fach, Gerd Gierszewski und Werner Väth.

I. Das Problem:
Gewerkschaftsintegration und ökonomische Stagnations- und Anpassungskrise

Seit Beginn der siebziger Jahre und verstärkt seit der ökonomischen Stagnations- und Anpassungskrise 74/75 werden Verantwortungsbewußtsein sowie Ordnungs- und Integrationsleistung der deutschen Gewerkschaften[1] für die weitere gesellschaftliche und politische Entwicklung der Bundesrepublik Deutschland in Wissenschaft und Politik wesentlich kontroverser beurteilt als in den 20 Jahren zuvor. Für Konservative sind maßlose tarif- und sozialpolitische Forderungen, zunehmende Streikmilitanz, ungezügeltes Machtstreben bzw. Mißbrauch gesellschaftlicher Macht (Gewerkschaftsstaat) gleichermaßen zentrale Ursache für die ökonomische Krise wie auch für zunehmende Unregierbarkeit. Liberale und Sozialdemokraten befürchten – und Linke hoffen –, die Lohnabhängigen[2] und ihre Gewerkschaften würden die (vor allem für sie) negativen sozialen Folgen der von den Unternehmen forciert betriebenen Strategien zur Erhaltung/Ausweitung ihrer Spitzenposition auf dem Weltmarkt nicht stillschweigend hinnehmen, möglicherweise den jahrzehntelangen sozialen Konsens aufkündigen und damit – um Bundeskanzler Schmidt zu variieren – dreißig Jahre inneren Friedens der Bundesrepublik, an dem den Gewerkschaften ein Hauptverdienst zukomme, gefährden. Diese Diskussion gewinnt zu Beginn der achtziger Jahre noch deshalb zusätzliches Gewicht, weil *weltweit* mit einer Intensivierung des Strukturwandels, neuen Problemen bei Arbeitsmarkt-, Technologie- und Energiepolitik sowie schließlich zunehmenden Rezessionsgefahren, hohen Inflationsraten und verschärften Verteilungskämpfen gerechnet wird.
Nun mögen viele dieser Vermutungen/Befürchtungen/Hoffnungen/Prognosen reine tagespolitische Spekulationen sein. An

einem Tatbestand kommt man jedoch nicht vorbei: die »heile Welt« der fünfziger und sechziger Jahre, die sich durch eine Verbindung von hohen Wachstumsraten des realen Bruttosozialproduktes, Vollbeschäftigung (die allerdings erst 1961 erreicht war) und kontinuierlich steigenden Reallöhnen und Sozialleistungen auszeichnete, scheint dahin. Zwar konnte der tiefe Wachstumseinbruch 1974/75 ab 1976 wieder aufgefangen werden. Trotzdem weisen wirtschaftliches Wachstum und Steigerung der Industrieproduktion jährlich erhebliche Differenzen auf und erreichen nie mehr die Steigerungsraten der fünfziger und sechziger Jahre.

Wirtschaftliches Wachstum – und das ist das entscheidend Neue – reicht nicht mehr aus, die *hohe und dauerhafte Arbeitslosigkeit* zu beseitigen. Die Zahl der amtlich registrierten Arbeitslosen schnellte zwischen 1973 und 1975 von 273 000 auf über 1 Million hoch; 1979 hatte sie sich zwar auf ungefähr 900 000 vermindert; überstieg 1980/81 aber wieder die Millionenmarke. Zu diesen Zahlen muß man die »stille Reserve« der Arbeitslosen hinzurechnen, die sich entweder nicht als arbeitslos registrieren lassen wollen oder können. Die einschlägigen Schätzungen variieren hier zwischen 600 000 und 1,4 Millionen. Wir haben diese Arbeitsmarktprobleme an anderer Stelle als »Entkoppelung von Wachstum und Beschäftigung« analysiert und als bestimmend für die weitere ökonomische Entwicklung der Bundesrepublik angesehen (Esser/Fach/Väth 1978, S. 141 ff.). Seriöse Prognosen veranschlagen die Arbeitslosenhöhe bis Mitte der achtziger Jahre einschließlich der »stillen Reserve« auf rund 3 Millionen (dazu Näheres in Kapitel II).

Die *Verteilung des Einkommens* hat sich seit 1974 kontinuierlich zugunsten der Selbständigen verändert. Die bereinigte Lohnquote (das ist der Anteil der Einkommen aus unselbständiger Arbeit am Volkseinkommen, bereinigt um den jährlichen Anstieg der Erwerbstätigen), die 1974 mit 66,3 % einen Höchststand erreichte, sank bis 1979 jährlich auf 63,6 % (dem Niveau von 1971). Eindeutiger ist die Entwicklung der *Reallohn-Position* der Arbeitnehmer: dieser Index setzt Produktivitäts- und

terms of trade-Effekt der deutschen Wirtschaft ins Verhältnis zur realen Bruttolohn- und Gehaltssteigerung je Arbeitnehmer. Danach sinken die Reallöhne seit 1975: 1975 −1,3%; 1976 −2,3%; 1977 +0,0%; 1978 −0,4%; 1979 −0,2% (SVR 79/80, S. 80, Tabelle 15). Zur gleichen Zeit nehmen die Einkommen aus Unternehmertätigkeit und Vermögen stärker zu als die Einkommen der Unselbständigen – und die Unternehmergewinne steigen von 1975 bis 1978 um ca. 40% (ebenda, S. 81, Tabelle 16). Bedingt durch technologische Umwälzungen und einen neuen Schub tayloristischer Rationalisierung sind sowohl *Qualifikationsstrukturen* als auch *Arbeitsbedingungen* derzeit von einem qualitativen Wandel betroffen, der – soweit absehbar – sich eher nachteilig für die Lohnabhängigen auswirkt. In der einschlägigen industriesoziologischen Literatur (Gerstenberger 1976; Mickler/Mohr/Kadritzke 1977; Asendorf-Krings 1979) werden drei eng miteinander verknüpfte Entwicklungen als Ursachen für veränderte Arbeits-/Qualifikationsbedingungen benannt:
– Mechanisierung und Effektivierung eines bereits vorhandenen fertigungstechnischen Niveaus aufgrund eines verbesserten planerischen Instrumentariums, das vor allem auch die der Produktion vor-, neben- und nachgelagerten Bereiche umgreift – Bereiche, in denen bisher der Anteil von qualifizierten Facharbeitern noch hoch ist;
– neue Produkt- und Fertigungstechnologien aufgrund der Weiterentwicklung von elektronischen Bauelementen mit der Folge weiterer Mechanisierung und Automatisierung bisher arbeitsintensiver Bereiche;
– spezielle Rationalisierungsverfahren in der Kleinfertigung (Baukastenfertigung, NC-Technik, elektronische Meßsteuerung); ebenfalls eine bisherige Domäne qualifizierter Facharbeiter.
Freilich sind diese Entwicklungen bereits längerfristig und nicht erst seit Mitte der siebziger Jahre feststellbar (»schleichende Rationalisierung« – Böhle/Altmann 1972). Verändert hat sich seit dieser Zeit jedoch der Rationalisierungsprozeß durch eine *zunehmende Forcierung* und zweitens

»der ökonomische Rahmen, innerhalb dessen die Rationalisierung wirksam wird: in dem Maße, in dem sie sich in einer Situation reduzierten, zum Teil fehlenden Wachstums und struktureller Arbeitslosigkeit durchsetzt, entfällt auch die Möglichkeit, die Auswirkungen auf herkömmliche Art zu verdecken. Daraus ergibt sich, daß negative Effekte der Rationalisierung nunmehr verstärkt Belegschaftsgruppen treffen, die bisher weniger betroffen waren« (Kern/Schauer 1978, S. 276).

Die im einzelnen quantitativ noch gar nicht erfaßten (obwohl bereits in einigen Arbeitskämpfen um Besitzstandssicherung und gegen Abgruppierung deutlich gewordenen) Negativwirkungen sind im einzelnen:
– Verringerung der Zahl der Arbeitsplätze und Ansteigen der Arbeitslosigkeit;
– Zunahme von Schichtarbeit;
– Abbau übertariflicher Lohnbestandteile und sogenannter freiwilliger Sozialleistungen;
– Umsetzungen, Versetzungen und Abgruppierung;
– Intensivierung der Arbeit;
– Verschärfung der Konkurrenz zwischen den in ihrer Existenzsicherheit bedrohten Beschäftigten;
– Veränderung der Qualifikationsstruktur in Richtung auf eine Polarisierung der Qualifikationsanforderungen;
– Zunahme der Arbeitsteilung und Spezialisierung mit den Folgen der Verarmung von Arbeitsinhalten, höherer einseitiger Beanspruchungen usw.;
– Zunahme psychischer Belastungen (Dzielak u. a. 1979, S. 43).
Schließlich scheint auch das gerade für ökonomische Krisenzeiten geknüpfte *Netz der sozialen Sicherheit* nicht so eng, wie in Hochkonjunkturzeiten behauptet. Der »Sachverständigenrat zur Begutachtung der gesamtwirtschaftlichen Entwicklung« stellt bereits in seinem Gutachten 1975/76 fest, daß die Ansprüche der Privaten an den Staat in den vergangenen Jahren sich einer »Grenze der Abgabenbelastung« genähert hätten, die den privaten Haushalten und den Unternehmen nicht mehr zugemutet werden dürfte und eine entscheidende Ursache für die

ökonomische Krise sei. Nicht eine Krise der Marktwirtschaft gelte es zu beklagen, sondern die Reform-(Ausgaben-)Politik der sozialliberalen Koalition und die Anspruchsinflation bei Löhnen und Sozialleistungen. Konsequent wird eine Revision/Kürzung der Staatsausgaben gefordert, um die privaten Investitions-/Gewinnanreize zu verbessern. Eine »Senkung vor allem sozial- und dienstleistungsorientierter Staatsausgaben sowie Abrichtung des Staatshaushalts auf unmittelbare Funktionserfordernisse der Kapitalbewegung« (Grauhan/Hickel 1978, S. 18) spiegelt sich in der staatlichen Haushaltspolitik wider: Erhöhung der Beiträge der Arbeitslosenversicherung von 2 auf 3%, Erhöhung der Mehrwertsteuer auf 13%, drastische Einschränkungen der Ausgaben im Sozialbereich, bei Arbeits- und Bildungsförderung, Gesundheitswesen und Arbeitslosenversicherung, Eingriffe in die Sozialversicherung entweder durch direkte oder indirekte Beitragserhöhungen oder aber Leistungsverschlechterung, Verschärfung des Zumutbarkeitserlasses bei Arbeitslosigkeit, Senkung staatlicher Personalausgaben und Rationalisierungsanstrengungen im öffentlichen Dienst, Reprivatisierung öffentlicher Dienstleistungen, zugleich Umstrukturierung freiwerdender Mittel für eine »wachstumspolitische Vorsorge« (SVR 1976/77), d. h. Konjunktur-/Investitionsprogramme sowie zunehmende Subventionen für Forschungs- und Technologiemaßnahmen der Unternehmen (Hirsch 1978, S. 34 ff.).

Es scheint kaum ein Zweifel möglich: die *Kosten* des ökonomischen Strukturwandels der letzten Jahre zahlen neben zahlreichen in Konkurs geratenen oder aufgekauften Klein- und Mittelbetrieben vor allem die deutschen Lohnabhängigen und ihre Gewerkschaften. Hat damit aber auch schon eine »Wende der industriellen Beziehungen« (Leminsky 1978) in der Bundesrepublik eingesetzt? Oder steht die Bundesrepublik vor einer wirklichen Legitimitätskrise, nachdem die »neue Linke« eine solche eher propagiert denn diagnostiziert hatte (Kriele 1977, S. 15)?[3] Ist die bisher als gelungen eingeschätzte Integration der Gewerkschaften in die liberal-demokratische Herrschafts- und

privatkapitalistische Wirtschaftsordnung gefährdet? Münden ökonomische und Legitimitätskrise gar in eine politische Systemkrise?
Als Einstieg zur Klärung dieser Fragen bietet sich zunächst eine Aufarbeitung der einschlägigen sozialwissenschaftlichen Diskussion an.

1. Gewerkschaftsintegration in der sozialwissenschaftlichen Diskussion

1.1 *Die Konservativen[4]: Das Störpotential der »befestigten Gewerkschaften« führt zur »Unregierbarkeit«*

Ein abgrundtiefes Mißtrauen gegenüber »ungebändigtem gesellschaftlichem Pluralismus« und »organisierter Verbandsmacht« ist ein Grundmotiv konservativer Gesellschafts- und Staatstheorie (Grebing 1971). Und daß vor allem die Gewerkschaften die hegelianisch gefaßte gemeinwohlorientierte und interessenneutrale Staatsautorität für ihre Interessen instrumentalisieren und damit zur Destabilisierung der Gesellschaft beitragen können, ist ein »Dauerthema« dieser Position (Briefs 1952 und 1966; Weber 1958; Benda 1966; Forsthoff 1971). Gleichwohl bestehen bei den Konservativen Hoffnungen auf eine Unterordnung gewerkschaftlicher Aktionen unter die staatliche Autorität.

G. *Briefs* hat mit seinen Analysen der *»befestigten Gewerkschaft«* die Bedingungen und Möglichkeiten gewerkschaftlicher Integration am prägnantesten formuliert. Im Gegensatz zum Idealtyp »Klassische Gewerkschaft« des 19. Jahrhunderts – die als »Preis- und Konditionen-Kartell mit Angebotskontingentierung« (Briefs 1952, S. 52) ein Repräsentativ- und Schutzorgan für die »marktwirtschaftlich gesehen handlungsunfähigen, abhängigen Arbeiter« (Briefs 1966, S. 139) darstellte, jedoch in einer Situation rechtlicher Unsicherheit und *abhängig* vom wirtschaftlichen und politischen Prozeß handeln mußte und

dabei die Prinzipien der liberal-kapitalistischen Wirtschaft (Unternehmerautonomie, keine Staatsintervention) anerkannte – steht der Typ der befestigten Gewerkschaft, der sich in Europa nach dem Ersten Weltkrieg herausgebildet und die klassische Gewerkschaft endgültig abgelöst hat: Als bürokratisch gefestigte und für die Volkswirtschaft als unentbehrlich angesehene Massenorganisation hat sie die volle *Anerkennung* durch Gesetzgebung, Arbeitgeber und öffentliche Meinung erreicht. Ihre »Stabilität und Sicherheit« garantieren eine »hohe *Festigkeit* gegenüber den Schwankungen der Wirtschaft«. In der Repräsentation der organisierten Arbeitnehmer gegenüber Parlament und Regierung und aufgrund der Zuweisung öffentlicher Funktionen und Verantwortung nimmt sie den Status einer *»quasi-öffentlichen Körperschaft«* ein (Briefs 1952, S. 87).
Ihre Entstehung verdankt sie dem sozio-ökonomischen Wandel kapitalistischer Industriegesellschaften. Weltwirtschaftskrise und damit einhergehende Massenarbeitslosigkeit hatten die Stabilität demokratischer Gesellschaften entscheidend bedroht. Nur zunehmende Staatsintervention in den wirtschaftlichen Prozeß, d. h. die Sicherung von Wachstum und Vollbeschäftigung, können auf Dauer diese Stabilität garantieren. Ohne gewerkschaftliche Kooperation jedoch wäre der Staat dazu kaum in der Lage. Dadurch können die Gewerkschaften allerdings ein Machtpotential entfalten, das es ihnen gestattet, den Markt nicht mehr als Datum, sondern als *ökonomisch und politisch beeinflußbare Größe* anzusehen. »Vom Standpunkt der Gewerkschaften gesehen, ist die reale Befestigung ein gewaltiger Fortschritt an Sicherheit, an wirtschaftlichem und politischem Einfluß und an öffentlicher Geltung« (Briefs 1965, S. 557). Ist es aber auch ein gewaltiger Fortschritt an Sicherheit vom Standpunkt des Staates oder der Gesamtgesellschaft her gesehen? Keineswegs. Wegen ihrer gesellschaftlichen und politischen Macht und ihrer Emanzipation von den Zwängen des Marktes können Gewerkschaften prinzipiell im ökonomischen und politischen Bereich eine gefährliche *»Druck- und Störungsmacht«* entfalten und zu einer Gefahr für das Gemeinwohl (definiert als

Gleichgewicht von Vollbeschäftigung, Preisstabilität und wirtschaftlichem Wachstum) werden. Halten sie sich nämlich nicht an die objektiven Marktgesetze und erringen Vorteile auf Kosten der Unternehmen oder nichtorganisierter Gruppen, so ist es die Aufgabe des Sozialstaates, hier ausgleichend zu wirken. Die Folgen sind Inflation, Gefährdung des Außenhandels und Unterbeschäftigung. Verantwortlich für diese Folgen werden jedoch nicht die eigentlich Schuldigen, die verantwortungslosen Gewerkschaften, gemacht, sondern der Staat, dessen Legitimationsgrundlage möglicherweise zerstört wird – ein »Umschlag in den Totalitarismus« kann als Gefahr drohen.

In echt konservativer Denktradition bietet sich *ein* Ausweg an: nur ein starker, gemeinwohlorientierter Staat kann einen »organischen Pluralismus« herstellen, dem sich die Gewerkschaften unterzuordnen haben. Neben der Erneuerung eines allgemeinverbindlichen Wertesystems durch den Staat hätte dies vor allem durch eine gelenkte Einkommenspolitik, Einschränkung des Streikrechts und der gewerkschaftlichen Handlungsautonomie zu geschehen. Den Gewerkschaften verbliebe dann die Aufgabe, als *Ordnungsfaktor* und *Informationsquelle* für den das Gemeinwohl verwaltenden Staat zu fungieren.

Ihre *verfassungsrechtliche* Legitimation hat diese Position durch *E. Benda* (1966) erfahren. Er erkennt im Grundgesetz einen »Dualismus von allgemein-verbindlichen, staatlich kontrollierten Normen und funktionell abgestuftem Verbandspluralismus« (Mayer 1973, S. 36), der am besten durch gesetzliche Institutionalisierung (Gewerkschaftsgesetz) abzusichern wäre.

Wie bekannt, hat die Arbeitsgerichtsbarkeit in der Bundesrepublik diese verrechtlichte Institutionalisierung im Bendaschen Sinne umfassend ausgebaut (Erd 1978, von Beyme 1977, S. 198 ff.):

»Die Interessenvertretung der abhängig Beschäftigten in der Bundesrepublik ist in hohem Maße verrechtlicht. Das duale System der Interessenvertretung von Gewerkschaft und Betriebsrat, die Bestimmung der Grenzen gewerkschaftlichen Handlungsspielraums und der Aktionsparameter des Betriebsrats, die Gegenstände vertraglicher Vereinbarungen der Tarifparteien sowie von Betriebsrat und Geschäftsleitung – all diese Bereiche unterliegen nicht der autonomen Regelungsmacht der Beteiligten, sie sind normativ festgelegt. Gesetzgebung und Rechtsprechung bestimmen darüber – so scheint es –, was Gewerkschaften und Betriebsräte unter spezifischen Bedingungen mit welchen Mitteln vereinbaren dürfen. Das hat Autoren veranlaßt, vom Arbeitsrecht als ›deutscher Spezialität‹ zu sprechen. Andere finden diese Charakterisierung unter Hinweis auf Verrechtlichung auch in anderen kapitalistischen Ländern überzogen, betonen aber ebenfalls, daß die umfassende Verrechtlichung eine Besonderheit der Austauschbeziehungen zwischen Kapital und Arbeit in der Bundesrepublik ist« (Erd 1978, S. 16 f.).

Und die Gewerkschaften haben diese Verrechtlichung weniger – wie *Erd* gezeigt hat – aufgrund ungünstiger gesellschaftlicher Kräfteverhältnisse, sondern eher, weil sie ihren eigenen »konzeptionellen und praktischen Vorstellungen« in den fünfziger und sechziger Jahren stark entgegenkam, akzeptiert (gewerkschaftlicher Legalismus).

Nun haben zwar Themen wie »Herrschaft der Verbände« (Eschenburg 1955) oder »Mediatisierung des Staates durch die Verbände« (Weber 1958) – und mit Verbänden sind hier letztlich die Gewerkschaften gemeint – und die damit verbundenen Gefahren für die politische Stabilität konservative Sozialwissenschaftler in den fünfziger und sechziger Jahren immer wieder bewegt. Und noch 1971 malt *Forsthoff* in düsteren Farben das Bild eines von der Gesellschaft (sprich: organisierte Intcressen, und hier vor allem Gewerkschaften) übernommenen und damit seine Souveränität verlierenden Staates. Insgesamt jedoch konnten die Konservativen mit der Gewerkschaftspolitik in diesem Zeitraum recht zufrieden sein – deren »Ordnungsfunktion« überwog sicherlich deren »staatsgefährdende Druck- und Störungsmacht« –, und für den CDU-Vorsitzenden *Kohl* steht noch 1974

»außer Zweifel: Ohne den Beitrag der Gewerkschaften wären Staat und Gesellschaft nicht das, was sie heute sind; hätten wir nicht jenes Maß an sozialer Gerechtigkeit, wirtschaftlicher Stabilität und sozialem Frieden, auf das wir alle gemeinsam stolz sein können – wenngleich nicht zu übersehen ist, daß dieses Kapital in den letzten Monaten und Jahren mehr und mehr schwindet. Bei aller Gegensätzlichkeit der Interessen verband in den vergangenen 25 Jahren ein Bewußtsein der Gemeinsamkeit und der Partnerschaft die streitenden Sozialparteien. Dieses Bewußtsein war stärker als alle sozialen und politischen Gegensätze. Diese soziale Partnerschaft allein verhinderte, daß aus Gegensätzen Feindschaft, aus Tarifauseinandersetzungen Klassenkampf wurde, der die Gesellschaft gesprengt hätte. Auch deshalb wurde Bonn nicht Weimar« (Kohl 1974, S. 622).

Aufgrund der Erfahrungen mit gewerkschaftlichen Lohnkämpfen zu Beginn der siebziger Jahre und im Gefolge der ökonomischen Krise Mitte der siebziger Jahre freilich sehen konservative Autoren die Stabilitätsgefahren von seiten der »wirtschaftlich-sozialen Verbände« wieder wachsen. Allerdings läßt sich keine einhellige Position aus der lawinenartig angeschwollenen Literatur zum Thema »Macht der Verbände – Ohnmacht der Demokratie?« (Dettling 1976) herausarbeiten:
– Keinerlei ernstzunehmende Gefahren für die Regierbarkeit vermuten *Böckenförde* (1976) und *Kielmansegg* (1979). Solange die deutschen Gewerkschaften ihre bisherige Kooperations-/Kompromißbereitschaft, Kompromißfähigkeit, ihre Loyalität und organisatorische Struktur (Einheitsgewerkschaft) beibehalten können und solange »die Fortdauer des Ambiente, das sich aus der Situation nach 1945 zwischen den Faktoren Kapital und Arbeit in der Bundesrepublik herausgebildet hat« (d. h. aus einer vielleicht gegebenen Klassenlage ist kein Klassenkampf entstanden, J. E.), bestehen bleibt, ist der jetzige Zustand einer *pragmatischen* Abhängigkeit von Staat und Gewerkschaften jeder verfassungsrechtlichen oder verbändegesetzlichen Modifizierung vorzuziehen (Böckenförde 1976). Immerhin: eine wichtige Voraussetzung dafür ist, »daß die wirtschaftlich-sozialen Gegebenheiten nicht in einer Weise sich entwickeln oder verändert werden, die einen der Beteiligten aus seiner Interessenlage heraus dazu treibt, eine einseitige, dem anderen Beteiligten oktroyierte Auflösung des Kompromisses zu verfolgen« (ebenda, S. 482 f.). Denn:

»Pluralistische Demokratien können ... nur bestehen, wenn Kooperation gelingt, d. h.: Kooperationsbereitschaft und Kooperationsfähigkeit bei denen, die im politischen Prozeß aufeinander stoßen, kontinuierlich gegeben sind ... Prinzipielle und d. h. in der Regel ideologisch motivierte Kooperationsverweigerung von seiten eines der wenigen mächtigen organisierten Partikularinteressen, auf deren Loyalität der freiheitliche Staat angewiesen ist, stürzt diesen Staat unweigerlich in eine Krise« (Kielmansegg 1979, S. 176).

– Den »Marsch in die Gesellschaftskrise« sieht bereits *Ortlieb* (1978, S. 63 ff.): Zwei Faktoren sind dafür verantwortlich. Erstens eine führungsschwache Gefälligkeitsdemokratie – oder in anderer Terminologie: ein den maß- und verantwortungslosen Ansprüchen der Gruppen ausgelieferter »Wohlfahrts- und Versorgungsstaat« (Baier 1974; ähnlich bei Hennis/Kielmansegg/Matz 1977 und 1979); zweitens Gewerkschaften, die nicht begreifen, »daß eine expansive Lohnpolitik mit dem Ziel der Maximierung des Massenkonsums eigentlich nicht mehr zeitgemäß sein konnte« (Ortlieb 1978, S. 87).

»So war es unausbleiblich, daß die Gruppenkämpfe und die Bemühungen unseres Gefälligkeitsstaates, sich unter immens anwachsenden Kosten als vollendeter Sozialstaat zu profilieren, gerade in dem Augenblick ihrem Höhepunkt zustrebten, als die Rechnung für die unterlassenen oder verfehlten öffentlichen Investitionen und Reformen nicht länger unbeglichen bleiben konnte und sich gleichzeitig die weltwirtschaftlichen Umweltbedingungen rasant zu verschlechtern begannen. Aber kaum jemand unter den Gruppenkämpfern war bereit, die Konsequenz daraus zu ziehen, daß man in einem wachsenden Wust von Zielkonflikten und bei schwindenden Mitteln nicht so weiterleben konnte wie bisher ... Was uns jedoch ins Haus steht ..., ist keine Tendenzwende, sondern nach wie vor der Marsch in die Gesellschaftskrise« (ebenda, S. 92 f.).

Eine Zuspitzung erhält diese Polemik durch die These vom »Gewerkschaftsstaat« (IDW 1974, Nachtigall 1979). Demnach haben die Gewerkschaften bereits eine derartige Übermacht erreicht (und sind dabei, durch Ausweitung der Mitbestimmung und Aufbau von kollektiven Vermögensbildungsfonds sowie

Kampf gegen die Aussperrung, diese noch zu erweitern), daß sie die politischen Instanzen vollständig beherrschen (kritisch dazu: von Beyme 1977, Hartwich 1979). Unter Krisengesichtspunkten liegt die Pointe darin, daß ein bereits von den Gewerkschaften übernommener Staat nicht mehr in der Lage sein kann, im Sinne einer interessenneutralen, gemeinwohlorientierten Staatlichkeit die Gesamtgesellschaft stabil zu halten – im Gewerkschaftsstaat müßten damit Staat und Wirtschaft der Zerstörung anheimfallen.
– Soweit gehen Christ- und Freidemokraten hinsichtlich der Gewerkschaften noch nicht. Zwar beklagen auch sie deren politische und ökonomische Übermacht, gesellschaftliche Überparität, bzw. werfen ihnen Störungen des gesellschaftlichen Gleichgewichts oder der sozialen Harmonie vor (Kohl 1974, Biedenkopf 1976, Groser 1979). Mit einem *Verbändegesetz* (FDP) oder *ordnungspolitischen Regelungen* ohne eigenes Gesetz (CDU) bzw. Versuchen zur Stärkung der »inneren Souveränität des Staates« (Herzog 1976) wollen sie die Gewerkschaftsmacht zurückdrängen. Ohne freilich zu verkennen, daß es um die Durchsetzungsbedingungen solcher Maßnahmen aufgrund befestigter Gewerkschaftsmacht und enger »Verfilzung« von Sozialdemokratie und DGB eher schlecht bestellt sei.
Diese Einsicht führt einmal zu der *pragmatischen Resignation* im Sinne *Böckenfördes*, auf gewerkschaftliche Kooperationsbereitschaft jeweils zu hoffen und durch konkrete Politik die Gewerkschaften bei Laune zu halten. Zum anderen artikuliert sich vor allem innerhalb der CSU eine *radikalere* Lösungsvariante: mittels Abbau von Staatsverschuldung und »Überbürokratisierung« sowie Gewerkschaftsspaltung »Anspruchsinflation«, »Gefälligkeitsdemokratie« und Gewerkschaftsmacht zugleich abzubauen.
– Ihre wirtschaftswissenschaftliche Fundierung findet diese pessimistische Variante in der Neoklassik und dem Monetarismus, zwei Ansätzen, die in Grundannahmen, Krisenerklärungshypothesen und wirtschaftspolitischen Strategien weitgehend identisch sind (Friedman 1966; Ehrlicher 1976; Schui 1975;

Jortzig/Weg 1978; Hickel 1978) und seit etwa 1973 die Krisenanalysen von Bundesbank und wirtschaftlichem Sachverständigenrat wesentlich bestimmen. Demnach befindet sich eine marktwirtschaftlich strukturierte Volkswirtschaft prinzipiell im Gleichgewicht. Kurzfristige Abweichungen werden am besten durch Faktor- und Güterpreisveränderungen korrigiert, die längerfristige konjunkturelle Entwicklung wird am besten durch Geldmengenpolitik gesteuert. Vorrangiges wirtschaftspolitisches Ziel ist die Preisstabilität, weil nur sie notwendige Anpassungsprozesse und die Erhaltung gleichgewichtiger Zustände zugleich ermöglicht. Eingriffe von außen – sei es staatliche Intervention über die Geldpolitik hinaus, sei es nichtmarktmäßiges Verhalten der Gewerkschaften bei Lohn- und Beschäftigungspolitik – wirken als *Störfaktoren* destabilisierend auf den Wirtschaftskreislauf. Die aktuelle ökonomische Krise resultiert vor allem aus der Verletzung der Preisstabilität: Staat und Gewerkschaften hätten – ersterer als exogener Störfaktor und letztere als Hindernis vollkommenen Wettbewerbs auf der Anbieterseite des Arbeitsmarktes – durch ihre überholten Verteilungsansprüche eine sogenannte Anspruchinflation hervorgerufen, die das Preisgefüge verzerrt und falsche Preis- und Knappheitsinformationen an den privaten Produktionssektor geliefert habe (Jortzig/Weg, S. 163). Abgesehen von einer durch institutionelle und strukturelle Gegebenheiten bestimmten »natürlichen Arbeitslosigkeit« (der Sachverständigenrat spricht von »Mindestlohn-Arbeitslosigkeit«), die sich aber immer wieder marktmäßig einpendelt, herrscht grundsätzlich Vollbeschäftigung – ausgenommen die sogenannten »freiwilligen« Arbeitslosen, der Rest, der nach Abzug der strukturellen und friktionellen Teile von Arbeitslosigkeit noch verbleibt. Logischerweise führt nur ein Weg aus der Krise hinaus: Schaffung von Preisstabilität, die durch reduzierte Verteilungsansprüche der Lohnabhängigen und des Staates zu erreichen ist, und (als Übergang) Investitions-/Gewinn-Anreize für die Unternehmen.
Uneinigkeit im konservativen Lager besteht darüber – so läßt sich *zusammenfassen* –, wieweit Gewerkschaftspolitik noch im

Rahmen »gesamtwirtschaftlicher Verantwortung« verbleibt. Die Krisenerfahrung allerdings hat die Position der Pessimisten gestärkt. Und da eine Reduzierung der Verteilungsansprüche sowie die Durchsetzung ordnungspolitischer Disziplinarmaßnahmen von »führungsschwachen« Regierungen – ob sozialliberal oder sozialkonservativ – kaum erwartet werden kann (Hennis u. a.; Ortlieb), überwiegt folgende Einschätzung: Zwar sind die Gewerkschaften im wesentlichen selber schuld an Arbeitslosigkeit, Reallohn-Verlusten, negativen Rationalisierungsfolgen und Verschlechterung der Arbeitsbedingungen – gleichwohl werden sie schwerlich den Preis dafür bezahlen wollen. Ihr gesamtgesellschaftliches Verantwortungsbewußtsein und ihre Integrationsbereitschaft, zentrale Merkmale des wirtschaftlichen Wohlstandes und des sozialen Friedens in der Bundesrepublik, sind im Schwinden. Die militante Durchsetzung von lohn- und beschäftigungspolitischen Forderungen macht die Bundesrepublik längerfristig schwer- bis unregierbar. Damit sind politische und Gesellschaftskrise vorprogrammiert.

1.2 *Die Liberalen: Gesellschaftliche Stabilität durch Institutionalisierung des Klassenkonflikts und korporatistische Verbundsysteme*

Für liberale Theoretiker der Bundesrepublik ist die gelungene und von seiten der Gewerkschaften freiwillig, ohne staatlichen Zwang akzeptierte institutionelle Isolierung des industriellen Konflikts (Dahrendorf 1957, S. 267 ff.) oder Institutionalisierung des Klassengegensatzes (Geiger 1949) die wesentliche politische Stabilitätsbedingung. Ausgangspunkt ihrer Analyse sind erstens die Konzeption der *pluralistischen Gesellschaft*, die besagt, gesellschaftliche Klassen hätten sich im Laufe der sozioökonomischen Entwicklung liberal-parlamentarischer Industriegesellschaften in eine Vielzahl ökonomischer und politischer Interessengruppen aufgelöst, die sich wechselseitig kontrollierten und je nach Lage durch direkte oder indirekte

Einflußnahme auf Regierungen, Parlamente und Verwaltungen am Willensbildungsprozeß und der Entscheidungsgewalt des pluralistischen Staates beteiligt seien (Pross 1963); zweitens *konflikttheoretische* Annahmen, wonach in jeder Gesellschaft aufgrund strukturell notwendiger Herrschafts- und Autoritätsstrukturen nichtaufhebbare Konflikte bestünden, deren rational organisierte *Regulierung* jedoch positive Funktionen für Leistungsfähigkeit und Stabilität der Gesamtgesellschaft besäßen (Dahrendorf 1961).

Mit Institutionalisierung des Klassenkonflikts bzw. seiner *Isolierung* von anderen gesellschaftlichen, insbesondere politischen Konflikten wird nun eine gesellschaftliche *Strukturveränderung* westlich-kapitalistischer Gesellschaften nach dem Zweiten Weltkrieg beschrieben, mit der das prinzipiell labile und unberechenbare Klassen-/Konflikt-Verhältnis zwischen Kapital und Arbeit entschärft, kanalisiert und auf bestimmte Inhalte (Lohn- und Arbeitsbedingungen) begrenzt werden konnte.

»It is one of the central theses of the present analysis that in postcapitalist society industry and society have, by contrast to capitalist society, been dissociated. Increasingly, the social relations of industry, including industrial conflict, do not dominate the whole of society but remain confined in their patterns and problems to the sphere of industry. Industry and industrial conflict are, in post-capitalist society, institutionally isolated, i. e., confined within the borders of their proper realm and robbed of their influence on other spheres of society« (Dahrendorf 1959, S. 268).

Damit sei der in früheren Industriegesellschaften die Gesamtheit der sozialen Beziehungen beherrschende Klassenkampf zum quasi-demokratischen Streitgespräch geworden.

Systematisch läßt sich diese Position folgendermaßen zusammenfassen:

– Der strukturell angelegte Dauerkonflikt zwischen Kapital und Arbeit in westlichen Industriegesellschaften (auf der Makro-Ebene zwischen Gewerkschaften und Unternehmerverbänden; auf der Mikro-Ebene zwischen betrieblicher Interessenvertretung und Unternehmensleitung) wird *öffentlich* im Institut der *Tarifautonomie* anerkannt und legalisiert. Diese »liberale Lösung des kapitalistischen Überlebensproblems basiert auf der Erkenntnis, daß die gesellschaftlichen Kosten für die Unterdrückung strukturell verankerter Konflikte sehr hoch sind, daß man derartige Konflikte aber erheblich mildern, ja ihnen sogar positive Funktionen für die gesellschaftliche Stabilität zuweisen kann, indem man sie an einem festen Platz institutionalisiert« (Streeck 1972, S. 130).

– Die Tarifpartner vereinbaren miteinander ein *System der Konfliktregelung*, dessen Normalfall Verhandlungen und gegenseitige Kompromiß- und Kooperationsbereitschaft darstellen. Arbeitskämpfe (Streik/Aussperrung) gelten lediglich als letzter Ausweg, wenn alle Verhandlungen gescheitert sind (Theorie der »antagonistischen Kooperation«, Mayer 1973, S. 40 ff.).

– *Inhaltlich* ist der industrielle Konflikt auf Lohn- und Arbeitsbedingungen eingegrenzt. Übergreifende, aus der spezifischen Klassenlage resultierende Interessen werden an das politische System (Parteien, Parlament, Regierung) delegiert. Man akzeptiert die »Gemeinwohl-Verwaltung« bzw. die Schiedsrichterfunktion des Staates im pluralistischen Interessenkampf.

– Als historische *Bedingungen/Voraussetzungen* für das erfolgreiche Gelingen gelten in der Bundesrepublik auf seiten der Gewerkschaft erstens das Prinzip von Einheitsgewerkschaft und Industrieverband, wodurch erst ein rationaler innergewerkschaftlicher Interessenausgleich, die Ausschaltung konkurrenzhaften Basis-Egoismus sowie die Isolierung radikaler Gruppen möglich geworden seien (Mommsen 1979); zweitens Bürokratisierung und Zentralisierung der Organisation, um die Berechenbarkeit (Verpflichtungsfähigkeit) gegenüber Staat und Unternehmerverbänden glaubhaft vertreten zu können (Bergmann u. a. 1975).

Gemeinsamkeiten und Differenzen zur »befestigten Gewerkschaft« lassen sich jetzt näher bestimmen. Auch die befestigte Gewerkschaft wird qua gesetzlicher Anerkennung sowie Verrechtlichung ihres Handlungsspielraums institutionalisiert.

Ebenso gewährleistet eine von gewerkschaftlicher Seite akzeptierte Unterordnung unter die Staatsautorität die Eingrenzung/Disziplinierung des Klassen- oder industriellen Konflikts. Die Differenzen resultieren aus der einmal eher positiven, einmal eher negativen Einschätzung »kontrollierter« gewerkschaftlicher Handlungsautonomie. Für den Liberalen stellt diese primär einen Innovation, Flexibilität und wirtschaftliche wie gesellschaftliche Gesamtentwicklung fördernden Sachverhalt dar. Demgegenüber betont der Konservative in erster Linie deren Störpotential für ökonomische Entwicklung und politische Herrschaftssicherung. Während letzterer deshalb eine permanente Kontrolle vorzieht, plädiert ersterer für die unkontrollierte, freie Entfaltung der industriellen Beziehungen im Rahmen gesetzlicher Auflagen. Freilich: auch für den Liberalen können bestimmte ökonomische und politische Bedingungen es erforderlich machen, die Tarifautonomie zu *repolitisieren* oder gar die staatliche *Zwangsintegration* an die Stelle der Tarifautonomie zu setzen. Dann nämlich, wenn der institutionalisierte Klassenkonflikt die sozioökonomische Gesellschaftsreproduktion nicht mehr gewährleistet, ja sogar gefährdet.
Die Stufe der *Repolitisierung* war in der Bundesrepublik 1967 erreicht, als der Staat im Gefolge der ersten größeren Rezession die Aufgabe der Globalsteuerung und damit gleichzeitig die im »Stabilitätsgesetz« kodifizierte politische Verantwortung für die gleichgewichtige Entwicklung von Preisstabilität, Vollbeschäftigung, Wirtschaftswachstum und außenwirtschaftlichem Gleichgewicht übernahm. Indem er jetzt getreu der keynesianischen Theorie zunehmend in den Wirtschaftsprozeß intervenierte, *repolitisierte* er auch die Tarifautonomie, den Regelungsmechanismus der Austauschbeziehungen zwischen Kapital und Arbeit. Nun war zwar die liberale Vorstellung von der gelungenen Isolierung ökonomischer und politischer Problembereiche auch für die fünfziger und sechziger Jahre eher ein Idealtypus denn eine differenzierte Beschreibung gesellschaftlicher Realität; denn immerhin hat auch die Wirtschaftspolitik des »CDU-Staates« weit mehr Interventionen in den ökonomischen Repro-

duktionsprozeß und in die Austauschbeziehungen zwischen Kapital und Arbeit gekannt, als in der Theorie vorgesehen (Welteke 1975). Nichtsdestotrotz warf die Wende zur keynesianischen Globalsteuerung für die Liberalen neue Integrationsprobleme hinsichtlich (vor allem) gewerkschaftlicher Lohnpolitik auf. Diese verschärften sich noch, als im Gefolge der Rationalisierungswelle zu Beginn der siebziger Jahre nicht allein Verteilungs-, sondern auch Beschäftigungs- und Technologiekonflikte das Verhältnis zwischen Kapital und Arbeit inhaltlich zu bestimmen begannen und der staatlichen Regulierung bedurften (aktive Strukturpolitik).

Weitbrecht hat die mit dieser Entwicklung verbundenen Stabilitätsprobleme bereits 1969 als »Dilemma zwischen Effektivität und Legitimität der Tarifautonomie« erkannt – *Offe* beschreibt den gleichen Zusammenhang umfassender als »das politische Dilemma der Technokratie« (1970, S. 156 ff.).

Effektivität der Tarifautonomie ist dann gegeben, wenn sich die Tarifabschlüsse im Rahmen staatlicher Wirtschaftspolitik bewegen und das keynesianisch definierte Gleichgewicht der Ziele des magischen Vierecks nicht gefährden. Nun läßt sich nicht von vornherein sagen, ob die Ergebnisse *freier* Tarifverhandlungen sich im Rahmen dieser staatlichen Wirtschaftsimperative bewegen – vor allem deshalb nicht, da diese Ergebnisse mit den Forderungen/Interessen der Gewerkschaftsmitglieder in etwa übereinstimmen müssen, um innerorganisatorisch *legitimierbar* zu sein. Damit ist die Effektivität an zwei widersprüchliche Bedingungen gebunden: nach innen (in die Organisation hinein) läßt sich Verpflichtungsfähigkeit nur effektiv herstellen nach breiter und vom Ergebnis her offener demokratischer Diskussion (Legitimations-Erfordernis). Gleichzeitig muß die Gewerkschaftsführung jedoch nach außen der staatlichen Wirtschaftspolitik gegenüber kompromißfähig in dem Sinne sein, daß der demokratische Lohnfindungsprozeß nicht in Widerspruch zu den Anforderungen gerät, die der Staat aufgrund gesamtwirtschaftlicher Ziele für notwendig hält.

Dieses Problem war bereits bei *Briefs* zentraler Ausgangspunkt seiner These von der zunehmenden Labilitäts- und Krisenanfälligkeit »verbandspluralistischer« Gesellschaften. Sein konservatives Mißtrauen gegenüber gewerkschaftlichem Verantwortungsbewußtsein führte ihn zu der Strategie, den Verbandspluralismus staatlich stärker zu kontrollieren, nötigenfalls das Streikrecht der Gewerkschaften einzuschränken. Eine andere historisch bekannte autoritäre Lösungsvariante ist die korporativistisch-ständestaatliche Umstrukturierung bürgerlicher Herrschaft (Mayer-Tasch 1971).

Nun können Liberale eine solche autoritäre Lösung schwerlich vorschlagen; denn »damit wird ... einmal die staatliche Garantie freier Tarifauseinandersetzungen berührt, zum anderen zeigt sich, daß auch ein umfangreiches System solcher Institutionen nur wenig Aussicht darauf hat, die gewünschten Ziele zu erreichen« (Weitbrecht 1969, S. 191).

Weitbrechts Lösung setzt auf *zwei* Ebenen an:

1. Auf der *staatlichen* Ebene: unter Beibehaltung der Tarifautonomie ist gefordert »die ständige indirekte Einflußnahme des Staates auf die Tarifparteien außerhalb von aktuellen Verhandlungen sowohl auf die Preis- als auf die Lohngestaltung unter gegebenen Umständen« (ebenda, S. 191);

2. auf *gewerkschaftlicher* Ebene: »Entscheidungsprozesse mit quasidemokratischer Beteiligung auf der einen Seite müssen ... demokratischen Beteiligungsprozessen mit Quasi-Entscheidungen auf der anderen entsprechen« (ebenda, S. 92).

Dieser Lösungsvorschlag bestätigt die vorherigen Überlegungen: Bei zunehmender staatlicher Intervention in den kapitalistischen Reproduktionsprozeß kann die liberale Vorstellung der dauerhaften institutionellen Isolierung des industriellen Konfliktes nicht aufrechterhalten werden. Die Isolierung wird vom Staat selber aufgehoben, er politisiert durch seine Wirtschaftspolitik den industriellen Konflikt. Er schränkt damit faktisch die Wahlfreiheit der Gewerkschaften erheblich ein, denn deren Alternativen lauten jetzt: freiwillige oder staatlich erzwungene Integration in die Imperative staatlicher Wirtschaftspolitik. Daß liberale Analytiker die (zwar eingeschränkte) Tarifautonomie im Gegensatz zu Konservativen beibehalten wollen, entspringt dabei ausschließlich herrschafts-/stabilitätsfunktionalen Gesichtspunkten: Freiwillige Teilnahme der Gewerkschaften bedeutet, ohne bürokratischen Zwang die Sozialpartner auf die jeweils für wünschenswert gehaltenen wirtschaftspolitischen Ziele zu verpflichten, wobei zusätzlich die Legitimitätsbeschaffung für bestimmte lohn- und preispolitische Maßnahmen bei den Verbänden und nicht beim Staat selbst liegt.

Wie – das bleibt nun freilich die zentrale Frage – läßt sich diese freiwillige Integration der Gewerkschaften, ihre »kontrollierte Autonomie« (Streeck 1978), auf *Dauer* und vor allem in der gegenwärtigen Stagnations- und Anpassungskrise, in der den Lohnabhängigen und ihren Gewerkschaften erhebliche Opfer abverlangt werden, aufrechterhalten?

Während *Weitbrechts* Lösungsvorschlag noch recht vage bleibt, läuft die in den siebziger Jahren entwickelte *Strategie* auf eine Restrukturierung des Verhältnisses Staat/Wirtschaftsverbände hinaus auf eine *institutionalisierte, quasi-öffentliche Beteiligung dieser Verbände an der Formulierung und Durchsetzung politischer Entscheidungen* (Lehmbruch 1979a). Diesen »liberalen Korporatismus« versteht *Lehmbruch* als »soziopolitische Technik zur Regulierung des Klassenkonflikts von Arbeit und Kapital und als einen Modus der Politikentwicklung durch Indienstnahme von Gewerkschaften und Unternehmerverbänden für staatliche (keynesianische) Wirtschaftssteuerung« (Lehmbruch 1979b, S. 14). Staatsverwaltung, Gewerkschaften und Unternehmerverbände bilden ein »sektoral spezialisiertes Subsystem der politischen Problemverarbeitung« (Lehmbruch 1979a, S. 59).

Nun hat sich zunächst mit der Konzertierten Aktion »nur eine sozusagen aufklärerisch verwässerte Form« des liberalen oder Neokorporatismus in der Bundesrepublik Deutschland ausbilden können (ebenda, S. 57; von Beyme 1977, S. 254), die bereits 1969 durch die spontanen Streikbewegungen und die sich anschließenden hohen, über den Orientierungsdaten der Bundesregierung liegenden Lohnabschlüsse obsolet geworden war

(Erdmenger/Esser/Fach 1978). Gleichwohl bleiben korporatistische Verbundsysteme zwischen Staat und Wirtschaftsverbänden für Liberale die *einzige* erfolgreiche Strategie zur Erhaltung politischer Stabilität. Und es bedarf noch mehrerer empirischer Untersuchungen, um die Frage zu entscheiden, ob in der Bundesrepublik trotz des offensichtlichen Scheiterns der Konzertierten Aktion nicht bereits andere (weniger spektakuläre, aber umso erfolgreichere) Versuche »parakonstitutionellen Entscheidungs- und Kompromißbildungsverfahrens« (Offe 1980, S. 99) existieren – das politische Regulierungskartell zur Bewältigung der saarländischen Stahlkrise, auf das ich zurückkomme, wäre ein Beispiel (Esser/Fach/Gierszewski/Väth 1979).
Diese Strategie wird seit Jahren von Theoretikern der Sozialdemokratischen Partei (Orientierungsrahmen 85) entwickelt – ihren sachkundigsten und prononciertesten Verfechter hat sie in *F. W. Scharpf* gefunden:
– Die Weltwirtschaftskrise Mitte der siebziger Jahre hat auch der Bundesrepublik krisenhaft verlaufende ökonomische Strukturveränderungen gebracht. Zum längerfristigen Schutz vor Strukturkrisen und zur Wiederherstellung/Sicherung der Vollbeschäftigung ist eine »*Modernisierung der Volkswirtschaft*« (Hauff/Scharpf 1975; Hauff 1978; Mommsen 1979) notwendig, die durch eine aktive und »soziale« Strukturpolitik (mit wesentlichem Akzent auf staatlicher Forschungs- und Technologiepolitik) gesteuert werden sollte. Als Markierungspunkte »für eine wünschenswerte künftige und international wettbewerbsfähige Industriestruktur der Bundesrepublik« (Hauff/Scharpf, S. 116) gelten: Erhaltung und Ausbau der Spitzenposition der Wachstumsbranchen Maschinen- und Anlagenbau, Elektrotechnik und Chemie durch Technologie- und Produktinnovationen sowie Entwicklung neuer Industrien, »die in hohem Maße auf Wissen und fortgeschrittenen Technologien aufbauen« (ebenda, S. 118); keine Konservierung vorhandener Strukturen in solchen Bereichen, in denen andere Länder (vor allem Entwicklungsländer) bereits komparative Vorteile haben (Textil/Bekleidung, Lederverarbeitung, Schuh- und Papierin-

dustrie); vielmehr Abbau der Massenproduktion und Spezialisierung auf Sonderbedarf; Forcierung von rohstoff- und energiesparenden Technologien; Vermehrung des wichtigsten »Rohstoffs« der Bundesrepublik, der Intelligenz ihrer Menschen, durch Ausbau von Bildung, Weiterbildung und Forschung; funktionale Einbeziehung des öffentlichen und privaten Dienstleistungsbereichs in dieses aktive Industriestrukturkonzept.

»Für die Bundesrepublik bietet sich ein Platz zwischen dem ›Universalproduzenten‹ USA und den ›Spezialproduzenten‹ Schweiz und Schweden an . . . Deshalb muß in Zukunft . . . die Tendenz zur Spezialisierung, zur Produktion industrieller Spitzenerzeugnisse in ausgewählten Sektoren unter Verzicht auf die Produktion anderer Güter zunehmen; sicher nicht so weitgehend, wie dies heute in der Schweiz oder in Schweden der Fall ist, aber doch ein erhebliches Stück weg von der heutigen Fiktion eines Universalproduzenten« (ebenda, S. 119 f.).

Der Erfolg dieser Strategie ist jedoch eng gekoppelt an »die Zustimmung der Betroffenen«, die durch »Prozesse der politischen Konsensbildung im öffentlichen Dialog« erreicht werden soll.

»Partner bei diesem Dialog sind im staatlichen Bereich die für die Technologiepolitik, die sektorale und regionale Strukturpolitik, die Arbeitsmarktpolitik und für Infrastruktur-Investitionen verantwortlichen Stellen in Bund, Ländern und Gemeinden. Partner ist selbstverständlich die Wirtschaft, also die Gewerkschaften, die Wirtschaftsverbände und die einzelnen Unternehmen. Partner sind jedoch auch die einzelnen Bürger, die als Wähler, als Mitglieder von Parteien, Verbänden und Gewerkschaften, und in zunehmendem Maße als aktive Teilnehmer an Bürgerinitiativen und direkten Aktionen, sich in Schlüsselbereichen der Strukturpolitik Einflußmöglichkeiten erkämpft haben, die von der Politik nur noch um den Preis des Scheiterns ignoriert werden können« (ebenda, S. 113 f.).

In Anlehnung an britische Pläne zur Regenerierung der Industrie erwägen *Hauff/Scharpf* eine »Konzentrierte Aktion«: d. h. Planungsvereinbarungen, in denen sich die beteiligten Unternehmen zur Information, Konsultation und Abstimmung mit

der Regierung bei wichtigen unternehmenspolitischen und Investitions-Entscheidungen verpflichten (ebenda, S. 124). Allerdings – und hier bleiben die Autoren eher skeptisch – gewinne man die Gewerkschaften zu einer solchen konzentrierten Aktion wohl nur dann, wenn die volle, paritätische Mitbestimmung auf allen Ebenen garantiert sei. Gleichwohl vertrauen sie auf Zustimmung und Mitarbeit der Gewerkschaften, da deren programmatische Forderungen nach eingeschränkter Investitionslenkung sich in dieselbe Richtung bewegten, während es bei den Unternehmerverbänden bisher offiziell nur undifferenzierte und pauschale Ablehnung gebe (ebenda, S. 123).
– Auch die *Arbeitsmarktpolitik* sollte korporatistisch bewältigt werden: Inhaltlich geht es hier um die Entwicklung selektiver Programme »zur Verminderung des Arbeitskräfteangebots, zur Förderung der Mobilität und Flexibilität der Arbeitskräfte und zur dauerhaften Beschäftigung der auf dem Arbeitsmarkt spezifisch benachteiligten Problemgruppen« (Scharpf 1978a, S. 22). Dazu freilich bedarf es einer *strategischen Neuorientierung* bei Staat, Unternehmen und Gewerkschaften, die zunächst anzuerkennen haben, daß die »Veränderungen der Rahmenbedingungen und der Funktionsweise unserer Wirtschaft und unseres Arbeitsmarktes auf mittlere Sicht dauerhaft sein werden« (ebenda, S. 23). Im Anschluß an diese neue, gemeinsame Wirklichkeitsinterpretation müsse ein Prozeß der wechselseitigen Anpassung der neuen Interessen/Strategien und schließlich eine gegenüber dem bisherigen Zustand erheblich intensivere Interaktion aller Beteiligten erfolgen (ebenda, S. 25).

»In dem Maße aber, wie eine neue, zutreffende Wirklichkeitsinterpretation sich durchsetzt und gemeinsame Verhaltensgrundlage wird, vermindert sich auch die Fühlbarkeit staatlicher Interventionen und damit der Grad der Irritation, den sie auslösen. Kongruente Wirklichkeitsinterpretationen machen kompatible und in ihren Folgen berechenbare Spielzüge aller Akteure möglich. Auf diese *Berechenbarkeit* kommt es für Unternehmen, Gewerkschaften und staatliche Behörden an – nicht auf autistische Isolierung von aller Interaktion« (ebenda, S. 28).

– Die neokorporatistische Stoßrichtung dieser Position wird

besonders deutlich in der Auseinandersetzung mit den Befürwortern einer *Verbändegesetzgebung* (Scharpf 1978b), bei denen vor allem eine Strategie der »Schwächung des Einflusses der Gewerkschaften in Wirtschaft und Politik« (ebenda, S. 2) vermutet wird. *Scharpfs* zentrale Gegenthese:

»Unter den Rahmenbedingungen unserer Wirtschaftsordnung ist die staatliche Wirtschaftspolitik bei dem Versuch einer makroökonomischen Steuerung auf die Stärke der Gewerkschaften angewiesen. *Eine Verbändegesetzgebung mit dem Ziel, oder auch nur mit der unbeabsichtigten Nebenfolge einer Schwächung der inneren Geschlossenheit und organisatorischen Schlagkraft der Gewerkschaften würde nicht deren Kooperationsbereitschaft erhöhen, sondern lediglich ihre Kooperationsfähigkeit zerstören*« (ebenda, S. 11) –

wobei die Kooperationsbereitschaft der Gewerkschaften aufgrund der »alle aktuellen politischen Meinungsverschiedenheiten übergreifenden prinzipiellen Übereinstimmung der wirtschaftspolitischen Ziele einer (reformistischen) Gewerkschaftsbewegung und einer an den Interessen der Wählermehrheit orientierten demokratischen Regierung« grundsätzlich vorausgesetzt werden könne (ebenda, S. 11).
Im Ergebnis läuft *Scharpfs* Argumentation darauf hinaus, daß die Funktionalität der korporatistischen Einbindung für die jeweilige Regierung, nämlich Informationsaustausch, Verpflichtungsfähigkeit gegenüber den Mitgliedern sowie Entlastungsfunktion des politischen Systems (Auslagerung von wirtschaftspolitischen Konflikten in die Organisation), auf seiten der Gewerkschaften eine innerorganisatorische *strategisch-taktische Flexibilität* erfordere, deren Einschränkung gerade Ziel eines Verbändegesetzes sei. Insofern würde ein solches Gesetz mit der Einschränkung der Kooperationsfähigkeit der Gewerkschaften insgesamt die Unregierbarkeit vergrößern. Letzteres entspricht der These *Schmitters*, daß, je stärker neokorporatistische Verflechtungen ausgebaut seien, umso stabiler bzw. besser regierbar die entsprechenden Länder seien (Schmitter 1978).
Wird also die Schaffung von korporatistischen Verbundsyste-

men zwischen Staat und Wirtschaftsverbänden von liberalen Gesellschaftstheoretikern als notwendige Bedingung weiterer Integrationsbereitschaft und -fähigkeit der Gewerkschaften und damit der Regierbarkeit insgesamt angesehen, so werden gleichwohl deren *Stabilitätsprobleme* nicht gänzlich übersehen. Gerade die Verlagerung wirtschaftspolitischer Materien in das Innere der Organisation »bedeutet eine drastische Verschärfung der Organisationsprobleme« (Teubner 1979, S. 497); denn für die gewerkschaftliche Organisation verschärfen sich nun die Probleme der Interessenaggregation, der Legitimationsbeschaffung sowie der Organisationskontrolle. Somit wird die Binnenstruktur der Verbände zur »Achillesferse des Korporatismus« (ebenda).

Nun glaubt allerdings *Streeck* (1979), plausible empirische Argumente dafür zu haben, daß für die deutschen Gewerkschaften als »Einheitsgewerkschaft mit effektivem Vertretungsmonopol (Industriegewerkschaft)« derartige Stabilitäts- und Integrationsprobleme derzeit nicht bestünden:

Ausgangspunkt der Analyse ist die These, daß »Industriegewerkschaften weit mehr als andere gewerkschaftliche Organisationsformen einer Tendenz unterliegen, sich als ›verantwortliche‹ Partner in eine gemeinsam mit Staat und Arbeitgebern betriebene, gesamtwirtschaftliche Wachstums- und Stabilitätspolitik einbeziehen zu lassen« (ebenda, S. 4) – und zwar, weil erstens ihre eigene strategische Perspektive dazu zwingt, makroökonomischen Variablen bei der Tarifpolitik Rechnung zu tragen; zweitens sie aufgrund interner Organisationsbedingungen bereits bei der Formulierung und Durchsetzung ihrer Politik eine relative Unabhängigkeit von jedem organisierten Teilinteresse erreicht haben und schließlich drittens die in die Organisationsstruktur eingebauten interessenpolitischen Filter nicht nur zur Durchsetzung *interner* Kompromisse geeignet sind, sondern sich ebensogut zur Gewährleistung *externer* Kompromisse in Dienst stellen lassen.

»In dem Maße, wie es einer Industriegewerkschaft gelingt, um ihrer eigenen organisatorischen Stabilität willen ihre interne Kompromiß-

und Verpflichtungsfähigkeit zu steigern, erhöht sie damit aus der Perspektive des Staates die ›Regierbarkeit‹ des Systems der industriellen Beziehungen und trägt unter anderem dazu bei, die Kontrollfähigkeit des Staates gegenüber diesem zu stärken« (ebenda, S. 8).

Freilich stellt sich der Zwang zur Vereinheitlichung divergierender betrieblicher und branchenmäßiger Teilinteressen ständig neu, und in der Industriegewerkschaft müssen demnach Organisationsstrukturen vorhanden sein, die zwischen betrieblichen und überbetrieblichen Interessen jeweils (und zwar nicht stabilitätsgefährdend) vermitteln. Die bundesrepublikanische Lösung besteht in einer *Spaltung* des Organisationsaufbaus in betriebliche und außerbetriebliche Organisationseinheiten; dabei kommt den überbetrieblichen Einheiten nicht nur die unbestrittene politische und operative Führungsrolle zu, sondern sie gewährleisten auch die Folgebereitschaft der betrieblichen Einheiten (Mobilisierung für Streiks). Das »duale System der Interessenvertretung« (Teschner 1977) leistet dabei folgendes: Der durch staatliches Recht geschaffene Betriebsrat und die durch gesellschaftliche Übereinkunft entstandene Gewerkschaft stehen in der Bundesrepublik in einer komplexen Wechselbeziehung zueinander und bilden nicht – wie viele Autoren vermuten – einen die jeweilige Handlungsautonomie eingrenzenden Gegensatz.

Die Gewerkschaften des DGB besetzen seit Jahren mehr als 80% der Betriebsratssitze (in Großbetrieben und bei den Betriebsratsvorsitzenden ist der Anteil häufig sogar höher), und faktisch (auch von den Arbeitgebern akzeptiert) nehmen die »Organe der Betriebsverfassung ... zentrale Funktionen betrieblicher Gewerkschaftsorganisationen« (ebenda, S. 19) wahr; wobei diese Funktionalität sogar im Betriebsverfassungsgesetz festgeschrieben ist. Da Betriebsrat und Arbeitgeber die geltenden Tarifverträge beachten müssen und betriebliche Arbeitskämpfe verboten sind, besitzen die Gewerkschaften das Verhandlungs- und Streikmonopol. Zugleich schafft das Betriebsverfassungsgesetz – vor allem durch die Einrichtung der periodisch stattfindenden Betriebsratswahlen – die für die Industriegewerkschaft erforderliche Vereinheitlichung sowie den Konflikt-/Konkurrenzausgleich auf Betriebsebene. Schließlich tragen die Betriebsräte durch die »2. Lohnrunde« (Teschner 1977) zur notwendigen Anpassung der zentral ausgehandelten Tarifverträge an betriebliche Sonderbedingungen bei.

Auch wenn dieses duale Interessensystem Spannungen bzw. Widersprüche erzeugt – z. B. Tendenzen zum »kooperativen Syndikalismus« der Betriebsräte –, stehen seine Leistungen für eine kooperative Politik der deutschen Gewerkschaften für *Streeck* zur Zeit außer Frage. Ja, mehr noch: aus organisatorischen Gründen können die Gewerkschaften aus diesem einmal erreichten Verbund gar nicht mehr aussteigen; denn »Organisationen überschreiten in ihrer Entwicklung evolutionäre Schwellen, hinter die sie nicht zurückkönnen und jenseits derer ihre strategischen und strukturellen Optionen irreversibel eingeschränkt sind« (ebenda, S. 28).

Zusammengefaßt: Liberale Gewerkschaftsanalytiker schätzen die Integration der deutschen Gewerkschaften auch in ökonomisch härteren Zeiten optimistisch ein. Zwar hat die Institutionalisierung und Isolierung des industriellen Klassenkonfliktes in der Bundesrepublik im Verlauf der sozioökonomischen Entwicklung eine Repolitisierung erfahren. Diese kann jedoch durch neue institutionalisierte korporatistische Arrangements zwischen Wirtschaftsverbänden und Staat in steuer- und berechenbare – und damit der Stabilität des Gesamtsystems durchaus nützliche – Kanäle geleitet werden. Von seiten der Gewerkschaften sind die innerorganisatorischen Bedingungen und die politische Bereitschaft zu solchen Arrangements vorhanden, weil sie ihrem eigenen Interesse an weiterem wirtschaftlichem Wohlstand und Vollbeschäftigung entgegenkommen.

1.3 Die marxistische Linke: Krise der Gewerkschaftspolitik oder Verschärfung der Klassengegensätze?

Die *klassentheoretisch* begründete und sich *methodisch* auf die *Marxsche* polit-ökonomische Gesellschaftsanalyse stützende Gewerkschaftstheorie hält im Gegensatz zur pluralistischen daran fest, daß die Bundesrepublik aufgrund fortbestehender strukturell verankerter kapitalistischer Produktionsverhältnisse eine in soziale Klassen gespaltene Gesellschaft ist – auch wenn zwischen *struktureller Stellung* der Klassen im Produktionsprozeß und konkreten ökonomischen, politischen, ideologischen *Konjunkturen* Differenzen in der Weise bestehen, daß die empirisch konstatierbaren gesellschaftlich/politischen Kräfte/Bündniskonstellationen wesentlich komplexer ausfallen, als es die strukturelle Klasseneinteilung vorgibt. Gleichwohl steuert (determiniert) diese strukturelle Klassenbestimmung in der gesellschaftlichen (kapitalistisch verfaßten) Arbeitsteilung deren Interessen, Bedürfnisse, Verhaltensweisen (ob bewußt oder unbewußt, ist eine Frage komplizierter ideologischer Vermittlungsprozesse). (Ausführlich dazu: Poulantzas 1975.) Auch der Staat bleibt *Klassenstaat*. (Freilich nicht, weil er den herrschenden Klassen ein Einflußpotential bietet oder von diesen instrumentalisiert wird, wie zahlreiche kurzschlüssige Interpretationen diese Position kritisieren.) Und zwar deshalb, weil er *strukturell und funktional* auf die kapitalistische Gesellschaft bezogen ist und als außerökonomische Zwangsgewalt Bestand und Stabilität dieser Gesellschaft (und damit die bürgerliche Klassenherrschaft und deren Reproduktion insgesamt) qua *politischer Organisation* sichert (Poulantzas 1978; Hirsch 1976; Gerstenberger 1975).

Aus der klassentheoretischen, polit-ökonomisch fundierten Prämisse folgt:

– eine spezifische, Gewerkschaften von allen anderen Interessenorganisationen kapitalistisch verfaßter Demokratien unterscheidende *Logik kollektiven Handelns* (Offe/Wiesenthal

1978). Die von Gewerkschaften zu vertretenden Interessen stehen nicht schon »gleichsam außerhalb der Organisation und auf der Ebene des einzelnen Mitglieds« fest, um »dann nur noch seitens der Funktionäre sachkundig« vertreten, »interpretiert und in Sequenzen von Teilzielen übersetzt« zu werden. »Vielmehr geht ... die Organisation den Interessendefinitionen *voraus*« (Offe 1979, S. 76). Denn aufgrund seiner Stellung im kapitalistischen Lohnsystem ist der vereinzelte Arbeiter »an der Ausbildung situationsunabhängiger Handlungsorientierungen für den gesellschaftlichen Konflikt strukturell gehindert« (ebenda, S. 77).

»Er befindet sich in der gleichermaßen paradoxen Situation dessen, der in Angebots*konkurrenz* zu anderen Anbietern von Arbeitskraft steht und gleichwohl zur Durchsetzung von Lohn- wie Beschäftigungsinteressen auf die Suspendierung jener Konkurrenzbeziehung, d. h. auf die ›Solidarität‹ anderer Verkäufer von Arbeitskraft, angewiesen ist ... Interessen, verstanden als längerfristige, nicht in der konkreten Situation befangene Orientierungen des Handelns in einem Konflikt ergeben sich im Falle der Arbeitnehmer erst *im Verlaufe* eines organisierten Kommunikationsprozesses, welcher der kollektiven Selbstaufklärung dient« (ebenda, S. 76).

– Gewerkschaften sind (neben Arbeiterparteien) *die Klassenorganisation* prinzipiell *aller* Lohnabhängigen gegen betriebliche, gesellschaftliche und politische Herrschaft der Bourgeoisie. Ihre Funktion ist eine doppelte: Neben der Vertretung der ökonomischen/politischen Interessen der Arbeiterklasse »im Lohnsystem« sollten sie die sozialistische Transformation des Kapitalismus anstreben (Luxemburg 1975; Hoss 1974).
– Ihre Integration in die bestehende Gesellschaft bedeutet dann eine *Stärkung* statt Eingrenzung bzw. Schwächung der politischen Herrschaft der Bourgeoisie, d. h., sie stützen die »Logik des Kapitals« (Unterwerfung aller sozialen Prozesse und Beziehungen unter die Imperative der Kapitalverwertung), anstatt ihr die antagonistische »Logik der Arbeit« (umfassende gesellschaftliche Kontrolle der materiellen Produktionsbedingungen) entgegenzusetzen (Basso 1975).

– Eine *Zusammenarbeit* mit dem kapitalistischen Klassenstaat (unabhängig von dessen historischer Form) kann deshalb für sozialistisch orientierte Gewerkschaften keine strategische Perspektive sein. Vielmehr müssen sie ihre *autonome Klassenpolitik* prinzipiell gegen kapitalistische Ökonomie und kapitalistischen Staat richten; was allerdings dem jeweiligen gesellschaftlichen Kräfteverhältnis entsprechende Kompromisse (das Einrichten auf einen langwierigen »Stellungskrieg« im Sinne *Gramscis* [1967]) nicht ausschließt.

Die Entwicklung der deutschen Gewerkschaften und ihre erfolgreiche Integration in die bestehende kapitalistische Gesellschaft (zumindest bis Mitte der siebziger Jahre) wird von sozialistisch orientierten Gewerkschaftsanalytikern kaum anders eingeschätzt als von ihren konservativen oder liberalen Antagonisten. Sowohl die gelungene Institutionalisierung des Klassenkonfliktes als auch dessen korporatistische Repolitisierung wird mit Begriffen wie »Gewerkschaften als Ordnungsfaktor« (Schmidt 1971), »kooperative Gewerkschaftspolitik« (Bergmann u. a. 1975), »Gewerkschaften als massenintegrative Apparate« (Hirsch 1976) oder »sozialpartnerschaftliche Kooperation der Gewerkschaften« (Deppe 1979) ausführlich analysiert – freilich immer in der Tradition Rosa *Luxemburgs* als *Fehlentwicklung*, »Nur-Gewerkschaftertum«, »Trade-Unionismus« (Lenin), d. h. als Abweichung von ihren ursprünglichen sozialistischen Zielvorstellungen.

Als *historische Ursachen* werden – zwar mit im einzelnen unterschiedlicher Betonung – genannt:

– *Reformistische/wirtschaftsdemokratische Tradition* einer Trennung von ökonomischem (Aufgabe der Gewerkschaften) und politischem Kampf im Rahmen des parlamentarischen Regierungssystems (Aufgabe der SPD, des »politischen Arms der Arbeiterbewegung« – Hilferding 1927; Naphtali 1928). Dabei bleibt freilich kontrovers, ob diese reformistische politische Bindung heute noch wesentlich durch die Sozialdemokratie (so Deppe/Herding/Hoss 1978) oder durch eine generelle (parteiunabhängige) Staatsfixierung (Zeuner 1976) hergestellt und

stabilisiert wird.
– Mit ersterem eng verbunden: *Verlust gesamtgesellschaftlicher und betrieblicher* klassenorientierter *Autonomie*, d. h.: alle über Lohn- und Arbeitsbedingungen hinausgehenden sozialen und politischen Forderungen der Lohnabhängigen sind nicht Gegenstand gewerkschaftlicher Tarifautonomie, sondern werden an eine politische Partei oder den Staat direkt delegiert.
– Die langanhaltende, kaum von zyklischen Schwankungen unterbrochene *ökonomische Prosperität* der fünfziger und sechziger Jahre verbesserte die materielle Situation der Lohnabhängigen (hohe Löhne und Sozialleistungen, Vollbeschäftigung) schrittweise und festigte (noch verstärkt durch die *Erfolge keynesianischer Globalsteuerung* nach der Rezession 1966/67) das Vertrauen in die unbeschränkten Möglichkeiten staatlicher Wirtschaftspolitik.
– Entstehung und Verselbständigung eines zentralistisch-hierarchisch-bürokratischen *Gewerkschaftsapparates* mit der damit verbundenen Dominanz hauptamtlicher Funktionäre sowie *stellvertretender* Interessenwahrnehmung durch Zentralverhandlungen, was schließlich zu einer verselbstädigten Bürokratie bei gleichzeitiger Reduzierung innergewerkschaftlicher Demokratie führt (Bergmann u. a. 1975; Hirsch 1976; Wilke 1979).
– *Rückzug* gewerkschaftlicher Politik aus gesamtgesellschaftlichen Problemen (Reproduktionsbereich der Arbeiter), verbunden mit der daraus resultierenden Entsensibilisierung für diesen Bereich, sowie eine *Dominanz der Lohnpolitik* gegenüber sogenannten qualitativen Interessen (Arbeitsbedingungen, Arbeitsplatzsicherung usw.), ja sogar: »Lohnerhöhungen als Kompensation für andere Interessen« (Monetarisierung qualitativer Forderungen – Müller-Jentsch 1979, S. 25).
– Sowohl in der Tarifpolitik als auch in den innergewerkschaftlichen Strukturen *Privilegierung der Interessen von Facharbeitern* gegenüber den Interessen von An- und Ungelernten.
– Ausbildung eines *betriebsegoistischen*, individualistischen Bewußtseins und einer *instrumentellen* – auf eigene ökonomische

Verbesserungen reduzierten – Erwartungshaltung gegenüber Staat, Parteien und Gewerkschaften bei den einzelnen Lohnabhängigen (Eckart u. a. 1975; Altvater u. a. 1979).
– Zunehmende *Verrechtlichung* und damit Disziplinierung des industriellen Konfliktes (Erd 1978) und zugleich Auseinanderreißen von betrieblichem und gewerkschaftlichem Kampf durch das »duale System der Interessenvertretung« (Teschner 1977).
Nun verlief diese »Fehlentwicklung« auch in den Prosperitätsphasen nicht widerspruchs- und konfliktlos. Innerorganisatorische Auseinandersetzungen um Prinzip und Ausmaß der gewerkschaftlichen Kooperationsbereitschaft, im kapitalistischen Konjunkturzyklus *immer* aufbrechende Konflikte um Lohn- und Arbeitsbedingungen sowie das Auftreten sogenannter system-dysfunktionaler Arbeitskämpfe (vor allem der spontanen Streiks 1969 und 1973) haben die Linke immer wieder hoffen lassen, der gewerkschaftliche Integrationsprozeß werde gestoppt bzw. rückgängig gemacht. Insgesamt jedoch dominierte die realistische Lageeinschätzung, daß von gewerkschaftlicher Seite kaum eine Stabilitätsbedrohung des kapitalistischen Reproduktionsprozesses und der bürgerlichen Klassenherrschaft zu erwarten sei.
Mitte der siebziger Jahre wurde die Diskussion um Ansatzpunkte und Möglichkeiten einer gegen die Krise gerichteten *autonomen Klassenpolitik* der deutschen Gewerkschaften neu belebt. Zusammenfassend lassen sich *drei unterschiedliche* Einschätzungen herauskristallisieren, die ich jedoch erst im Anschluß an die in allen Positionen enthaltenen *Gemeinsamkeiten* darstellen will: Die qualitativ neuen Entwicklungen auf dem Weltmarkt sind – ähnlich wie bei Hauff/Scharpf – der Grund dafür, daß die deutschen Gewerkschaften es seit der Krise 74/75 mit veränderten ökonomischen Bedingungen zu tun haben. Zwar ist »die gegenwärtige Krise, wie jede andere kapitalistische Krise auch, ... eine Erscheinungsform der Überakkumulation von Kapital ... Der Kapitalkreislauf wird unterbrochen, weil die Neuanlage von Kapital nicht mehr profitabel erscheint und

darüber hinaus mit jeder Neuanlage das bereits fungierende Kapital unrentabler wird. Der Fall der Profitrate macht sich periodisch als überakkumuliertes Kapital bemerkbar« (Altvater 1977, S. 33). Und auch die angestrebten Lösungen der Kapitalisten sind nicht neu: Beseitigung des überakkumulierten Kapitals und damit Zurückgewinnung angemessener Kapitalprofite durch Betriebsstillegungen, Konkursverfahren, sinkende Zinsen. Da die Krise jedoch alle kapitalistischen Länder gleichzeitig erfaßte und durch das Auftreten neuer Weltmarktkonkurrenten bzw. gesteigerter Rohstoff- und Energiepreise noch verschärft wurde, ist die Zurückgewinnung genügender Profitabilität vor allem für die stark exportabhängige deutsche Wirtschaft mit in diesem Umfang bisher kaum bekanntem Strukturwandel verbunden.

– Diese Intensivierung der Exportorientierung erfordert jedoch mehr noch als in der Vergangenheit die aktive oder passive Bereitschaft der Gewerkschaften, die Folgen mitzutragen: Sicherung/Ausweitung der Konkurrenzposition auf dem Weltmarkt verlangen erstens einen relativ stabilen Wechselkurs, der nur durch eine »maßvolle« Lohnpolitik (Reallohnstagnation) erreicht werden kann; zweitens einen relativ gesicherten Arbeitsfrieden und die Verhinderung vor allem längerer unkontrollierbarer Arbeitskämpfe, damit Qualität der Produkte und Einhaltung der Liefertermine nicht gefährdet werden; drittens schnelle und reibungslose Hinnahme von notwendigen Rationalisierungs- und Modernisierungsmaßnahmen durch die betroffenen Arbeitnehmer; viertens Zustimmung zu einer Umstrukturierung des staatlichen Haushalts zugunsten des Strukturwandels bei gleichzeitiger Begrenzung des sozialen Netzes. Anders ausgedrückt: Aufgrund objektiver, in den Strukturen des kapitalistischen Weltmarktes angelegter Zwänge verschärfen die Unternehmen die Klassenpolarisation gegenüber Lohnabhängigen und ihren Gewerkschaften – hohe und strukturelle Dauerarbeitslosigkeit, Kampf gegen Reallöhne und bestehende Sozialleistungen, Steigerung der Arbeitsintensität und Dequalifizierungsprozesse aufgrund neuer produktivitätssteigernder

Technologien sind die zwangsläufigen Ergebnisse. Die Kapitalisten – so die zentrale These – müssen, unterstützt von der staatlichen Wirtschaftspolitik, einen umfassenden Angriff auf die Errungenschaften der Arbeiterklasse führen, wollen sie die Kapitalverwertung wieder in Gang setzen bzw. ausweiten.
– Das hier zutage tretende Dilemma, Kooperationsbereitschaft trotz hoher sozialer Kosten (zumindest für Teile der Arbeiterklasse), traf die Gewerkschaften nach übereinstimmendem Urteil aller linken Analytiker völlig unvorbereitet. Vor allem die neue Qualität der Krise erkannten sie zunächst nicht. Anfangs interpretierten sie – gemäß der eingespielten Erwartungshaltung – die Krise als kurzfristige Ausnahmesituation und hofften auf den Erfolg staatlichen keynesianischen Krisenmanagements. Dessen Mißerfolg freilich, die Erfahrung einer *veränderten* staatlichen Wirtschaftspolitik (rechtskeynesianische Struktur- und Technologiepolitik gemischt mit monetaristischer Restriktionspolitik bei Sozialhaushalt und Löhnen) sowie schließlich die Zunahme der sozialen Krisenlasten stellen die Gewerkschaften vor völlig neue Probleme.
Läßt diese neue Problematik Veränderungen der deutschen Gewerkschaftspolitik hin zu einer autonomen Klassenpolitik vermuten, in der der Kapitallogik eine antikapitalistische, ein neues gesellschaftliches Reproduktionsmodell einschließende Arbeiterlogik entgegengestellt wird – was zwangsläufig mit der Aufkündigung von Integration und Kooperationsbereitschaft im bestehenden kapitalistischen Akkumulationsmodell verbunden sein müßte? Bei dieser Frage beginnen die bereits angedeuteten unterschiedlichen Einschätzungen:
– Eine eher *pessimistische* Variante (Funke/Neusüss 1975; Altvater u. a. 1977; Koch/Narr 1976; Schmidt 1978; Müller-Jentsch 1979) konstatiert *Hilflosigkeit* und *Versagen* der Gewerkschaften. Demnach befindet sich die traditionelle Gewerkschaftspolitik in einer tiefen Krise. Der Richtungswechsel hin zu einer autonomen Klassenpolitik steht aus; man bleibt fixiert auf ein traditionelles kooperatives Selbstverständnis: Wiederherstellung ökonomischer Prosperität durch (im wesentlichen) staat-

lich/sozialdemokratische Wirtschaftspolitik und gleichzeitige Bereitschaft, Opfer vorübergehend hinzunehmen und arbeitnehmerorientierte Reformpolitik zurückzustellen.

Obwohl das Konfliktverhalten (Niveau der Arbeitskämpfe, Veränderung der Konfliktgegenstände, neue Konfliktformen und neue Trägergruppen) sich quantitativ und teilweise qualitativ ausgeweitet hat, steht man den vielfältigen Angriffen der Unternehmer konzeptionslos gegenüber. Insgesamt beschränkt sich die Abwehr der Krisenfolgen auf herkömmliche Strategien: gruppen- und branchenspezifische Sonderregelungen (Sektionalismus) mit sozialplanähnlichen Übergangslösungen und finanziellen Abfederungen (Monetarisierung) (Müller-Jentsch 1979, S. 277). Spaltung der Lohnabhängigen in Arbeitsplatz- und Nichtarbeitsplatzbesitzer sowie Desintegration bisheriger gewerkschaftlicher Einheit sind die notwendige Folge. Dort, wo neue qualitative Forderungen (neue tarifliche und betriebliche Qualifikations- und Entlohnungssysteme, Konzepte zur Beseitigung der Massenarbeitslosigkeit, Humanisierung der Arbeit) aufgestellt wurden, fehlt es an realistischen Durchsetzungsstrategien und der Kampfbereitschaft der Basis – ein Ergebnis bisheriger »gebremster« Mobilisierungspolitik, der Angst um den eigenen Arbeitsplatz, der traditionellen Staatsfixierung sowie der Diskreditierung sozialistischer Alternativen.

Das herkömmliche System der industriellen Beziehungen hat eine erstaunliche Stabilität bewahrt. Vor allem die Flexibilität dualer Interessenvertretung (Anpassung des Betriebsratsgesetzes von 1972) erwies sich als institutionell-organisatorischer Hemmschuh (Filter) gegen die Vereinheitlichung qualitativer, durch die Krise erst so recht ins Bewußtsein gerückter Interessen:

»In ihrer Funktion als professionalisierte Interessenvertreter, die schon aus wahltaktischen Gründen an unmittelbaren Erfolgen interessiert sein müssen, ist von den Betriebsräten schwerlich zu erwarten, daß sie die an sie herangetragenen Beschwerden und konkreten Interessen unter dem Aspekt gewerkschaftlicher Vereinheitlichung wahrnehmen, bündeln und weitergeben. Die Gewerkschaften ihrerseits sind als bürokratisierte

Apparate zwar in der Lage, quantitative Interessen zu aggregieren; viel schwieriger gestaltet sich der Prozeß einer Vereinheitlichung qualitativer Interessen zu einer von allen Mitgliedern getragenen Forderungskonzeption« (ebenda, S. 270).

Altvater vermutet sogar, »daß in der Krise ökonomisch (›Bereinigungskrise‹) und politisch (Entstehen und Stärkung konservativer Tendenzen) die Herrschaft bürgerlicher Vergesellschaftungsformen oder, anders ausgedrückt: die Hegemonie des Bürgertums eher gefestigt wird« (Altvater 1978, S. 45; ähnlich Koch/Narr 1976).

Allerdings ist mit dieser pessimistischen Sicht kein abschließendes Urteil über die weitere Entwicklung gefällt. Immerhin haben die betriebs- und gewerkschaftsinternen Auseinandersetzungen über Charakter und Inhalt der Interessenvertretung (Betriebsratswahlen 1975, 1978, die Streikwelle 1978 im Metall-, Stahl- und Druckbereich) erheblich zugenommen, und oppositionelle Bewegungen lassen sich nicht mehr nur durch Ausschluß oder Anwendung des Radikalenerlasses disziplinieren. Auch ist völlig offen, in welche Richtung die Lernprozesse gehen, die durch gewerkschaftsinterne und gesamtwirtschaftliche Konflikte/Widersprüche freigesetzt werden. Und daß bei der engen Beziehung zwischen Facharbeitern, Gewerkschaften und Sozialdemokratie die SPD-geführte Regierung »dem Druck des Kapitals noch mehr nachgeben und bei einer weiteren Dauer und Verschärfung der Krise deren Lasten in viel größerem Ausmaß als bisher auf die arbeitende Bevölkerung abwälzen« kann (Deppe/Herding/Hoss 1978, S. 26), wird kaum für möglich gehalten.

Trotzdem: eine Verschärfung der inner- und außergesellschaftlichen Krisenprozesse könnte bei perspektivlosen und auf segmentierte Interessenvertretung ausgerichteten Gewerkschaften höchstens zur »Zunahme gruppenbezogener Militanz« und »voller Ausnutzung der jeweiligen Markt- und Machtchancen«, also zu »einer Paralysierung des dualen Systems« führen (Müller-Jentsch 1979, S. 278).

– Eine *zweite* Variante teilt die bisher vorgestellte Einschätzung, treibt sie jedoch in der Weise weiter, daß sie aus dem teilweisen Versagen bürokratisierter und verstaatlichter Gewerkschaftsapparate auf eine *allgemeinere Krise der Massenintegration* in der Bundesrepublik und damit letztlich eine Verschärfung der Labilität bürgerlicher Herrschaft schließt (Hirsch 1976, Hirsch/Roth 1977). Historisch haben sich die deutschen Gewerkschaften (neben der Sozialdemokratischen Partei) zu einem massenintegrativen Apparat entwickelt, dessen Funktion darin besteht,

»die materiellen Interessen der Massen in spezifisch gefilterter Form aufzunehmen und organisationsintern so zu verarbeiten, daß sie in ihren wirksamen Äußerungsformen mit den Bedingungen der Aufrechterhaltung bürgerlicher Herrschaft, konkret: eines relativ ›störungsfreien‹ Gangs der Akkumulation und der Kapitalverwertung, kompatibel bleiben« (Hirsch 1976, S. 120).

Zur Durchsetzung materieller Interessen aller Lohnabhängigen sind freilich die Gewerkschaften im Gefolge der weltmarktvermittelten ökonomisch-sozialen Umstrukturierungsprozesse nur noch partiell in der Lage. Mit ihrer auf kontinuierliches ökonomisches Wachstum ausgerichteten lohnpolitischen Konzeption« stehen sie »den Problemen des imperialistischen ›Strukturwandels‹, struktureller Arbeitslosigkeit, Arbeitsintensivierung, Dequalifizierung und Marginalisierung immer noch einigermaßen hilflos gegenüber (Hirsch 1980) und können – das ist das Entscheidende – die von diesem Strukturwandel mobilisierten Interessen, neuen sozialen Bewegungen (Ökologiebewegung, Bürgerinitiativen) und Konflikte nicht integrativ abfangen und institutionalisiert/kanalisiert in das etablierte politische System einbringen. Mit ihrer lediglich selektiven Integrationsleistung vermögen sie deshalb auch nicht, eine zunehmende strukturelle politische Desintegrationstendenz zu verhindern.
– Wesentlich *optimistischer* – was die Rekonstruktion neuer Klassenpolitik in den Gewerkschaften anbetrifft – ist eine *dritte* Position (Deppe 1979; Pickshaus 1978; Klemm 1980): sie kon-

zediert, daß sich die Gewerkschaftsbewegung in einer ersten Phase (1975-77) in einer Art »Krisenschock« befunden habe. Die erkennbar höhere Kampfbereitschaft von 1969 und 1973 habe durch den Disziplinarcharakter der hohen Arbeitslosigkeit einen Rückschlag erlitten und zur Verunsicherung geführt. Es sei darum gegangen, sich der Kapitaloffensive auf Lohn- und Arbeitsbedingungen entgegenzustellen und über die neue Lage und neue Strategien nachzudenken. Sicherlich habe dabei auch die sozialpartnerschaftliche Tradition und die enge Bindung an die Sozialdemokratie sowie das (vorläufige) Vertrauen auf staatliche Wirtschaftspolitik eine mäßigende Rolle gespielt. Immerhin jedoch hätten auch in dieser Phase bereits eine Menge betrieblicher und außerbetrieblicher Abwehrkämpfe gegen Sozial- und Arbeitsplatzabbau stattgefunden. Die *objektive*, nichtsteuerbare Entwicklung des kapitalistischen Reproduktionsprozesses und die darin angelegte objektive Polarisierung der sozialökonomischen Klasseninteressen (staatlich unterstützte Angriffe auf Reallöhne, Arbeitsplätze, Arbeitsbedingungen usw.) hätten dann den Lernprozeß bei den Gewerkschaften dergestalt beflügelt, daß man ab 1978 von einer *Wende*, einer »neuen Etappe sozialpolitischer Auseinandersetzungen« (Pickshaus, S. 268) reden könne. Ihren Ausdruck finde diese Wende in der *Zunahme der Streikaktivitäten*, vor allem den großen Streiks in der Metall-, Druck- und Stahlindustrie 1978, sowie den qualitativen Kämpfen gegen Rationalisierung (Absicherungs- und Abgruppierungsschutz).

»Damit vollzieht sich nicht nur ein Bruch mit der Praxis einer sozialpartnerschaftlich orientierten Politik des harmonischen Interessenausgleichs. Vielmehr gewinnt dieser gewerkschaftliche Kampf eine neue Qualität . . . Dem kapitalistischen Verwertungs- und Profitprinzip, das alle Investitionen und neuen Technologien immer nur unter dem primären Gesichtspunkt der Rentabilität bewerten kann, tritt die alternative Logik der elementarsten Bedürfnisse der Lohnabhängigen, schließlich der gesellschaftlichen Kontrolle der Produktivkraftentwicklung ebenso wie der gesamten Organisation des Reproduktionsprozesses, in ihren ersten Ansätzen praktisch entgegen« (Deppe 1979, S. 34 f.).

Freilich handelt es sich dabei um einen längerfristigen Prozeß der Neuorientierung auf sozialistische Klassenpolitik, was auf die bislang – im Vergleich zu anderen kapitalistischen Ländern – relativ günstige Situation der deutschen Gewerkschaften zurückgeführt wird:

»Gerade wegen der Fähigkeit der Gewerkschaften in der Bundesrepublik, die erkämpften ökonomischen und sozialen Errungenschaften weitgehend zu halten und eine dramatische Verschlechterung des Reproduktionsniveaus bislang zu verhindern, geht der Prozeß der Umorientierung auf sozialistische Positionen langsam vor sich. Dabei spielt für eine Übergangszeit die Suche nach branchenbezogenen Lösungsmöglichkeiten eine große Rolle, erhalten berufsegoistisch orientierte Strategien ein erhebliches Gewicht. Aus dieser widersprüchlichen Bewegung wächst jedoch unter dem Druck der objektiven ökonomischen Verhältnisse zunehmend eine allgemeine Bewegung der Lohnabhängigen hervor, ein Prozeß der Politisierung der Gewerkschaften, der letztlich zu einem endgültigen Bruch mit den Reformillusionen und mit der Sozialdemokratie führen wird« (Beiträge zum wissenschaftlichen Sozialismus 1978, S. 28).

Allerdings vermag auch diese Position nicht endgültig zu sagen, ob die gewerkschaftliche Klassenautonomie tatsächlich gelingt. Zwei bisher kaum vorhandene Bedingungen werden immerhin genannt:

1. Wenn tatsächlich (was vermutet wird) Entwicklung des gesellschaftlichen und politischen Bewußtseins der Lohnabhängigen sowie die Kampffähigkeit ihrer gewerkschaftlichen Organisation eine Stärkung sozialistischer Positionen bedeutet, zeigt

»die Erfahrung anderer hochentwickelter kapitalistischer Länder ... jedoch zugleich, daß sich ohne die Existenz einer starken kommunistischen Partei, die in der Arbeiterschaft und in der Gewerkschaftsbewegung verankert ist, weder eine kontinuierliche Vermittlung von Klassenerfahrung und der politischen Perspektive einer Veränderung der kapitalistischen Gesellschaftsordnung noch eine praktische ›Öffnung nach links‹ durchzusetzen vermag« (Deppe 1979, S. 22).

2. Muß der »Bruch mit der sozialdemokratischen Hegemonie« (SOST 1980a, S. 36) verknüpft werden mit einer »Umorientie-

rung und Weiterentwicklung ihrer wirtschafts- und sozialpolitischen Programmatik« (SOST 1980b, S. 63). – Und die Einsicht, daß eine solche alternative arbeitnehmerorientierte Politik »ohne tiefgreifende Eingriffe in den gesellschaftlichen Reproduktionsprozeß in Richtung einer Neugestaltung der Produktionsverhältnisse nicht durchsetzbar sein wird, greift auch innerhalb der Gewerkschaftsdiskussion bereits Platz« (ebenda).

Die Gewerkschaftsdiskussion der marxistischen Linken – so läßt sich *zusammenfassend* feststellen – bietet das uneinheitlichste Bild. Auf der einen Seite optimistische Hoffnung auf die Herausbildung autonomer Klassenpolitik; auf der anderen Seite resignatives Konstatieren einer Gewerkschaftskrise; und dazwischen ein in den sozioökonomischen Strukturwandel voll integrierter »verstaatlichter« Gewerkschaftsapparat.

1.4 *Fazit*

Die Darstellung der sozialwissenschaftlichen Gewerkschaftsdiskussion der letzten Jahre hinsichtlich der Stabilität von Gewerkschaftsintegration bei verschärften ökonomischen Krisentendenzen hat eine erstaunliche Vielfalt von Einschätzungen zutage gefördert. Und umso mehr verwundert, daß sich diese nicht eindeutig den jeweiligen wissenschaftstheoretischen oder politischen Optionen der Autoren zuordnen lassen, vielmehr Übereinstimmung zwischen und Gegensätze innerhalb der Paradigmen erkennbar sind. Im einzelnen lassen sich *fünf Positionen* identifizieren:

Position 1

Die Politik der Gewerkschaften führt aufgrund egoistischer Besitzstandswahrung, unvernünftiger Zukunftsansprüche und eroberter gesellschaftlicher und politischer Machtpositionen bei gleichzeitiger Schwäche der Staatsautorität zu zunehmender Unregierbarkeit, gesellschaftlicher Destabilisierung und Desintegration und damit letztlich zur Gesellschaftskrise.

Position 2
Die Unternehmer versuchen mittels eines umfassenden Angriffs auf die Lohn- und Arbeitsbedingungen der Lohnabhängigen, eine angemessene Profitrate zurückzuerobern. Die Antwort der Gewerkschaften besteht in zunehmend militanter werdender Abwehr mit dem Ergebnis einer Verschärfung und Zuspitzung der Klassenwidersprüche, stärker werdender autonomer Klassenpolitik und schrittweiser Herauslösung aus der bestehenden Gesellschaftsintegration.

Position 3
Die gesellschaftliche und politische Stabilität ist durch die Gewerkschaften nicht gefährdet. Aus ökonomischer Interessenlage und gesellschaftspolitischer Verantwortung sind diese weiterhin zur kooperativen Zusammenarbeit, wenngleich in neuer Form, bereit.

Position 4
Die gesellschaftliche und politische Stabilität ist derzeit durch die Gewerkschaften nicht gefährdet. Aus Mangel an Alternativen, sozialdemokratischer Bindung sowie ökonomischer Unsicherheit der immobilen verängstigten Basis wissen sie den verschärften Angriffen der Unternehmer auf erkämpfte Reallohnpositionen und Arbeitsbedingungen nichts als die bisherige Kooperation entgegenzusetzen.

Position 5
Die Gewerkschaften haben sich zu verstaatlichten, von der Basis abgekoppelten und auf selektive Interessenwahrnehmung spezialisierten massenintegrativen Apparaten entwickelt. Mit ihrer schwächer werdenden internen Integrationsleistung und der Beteiligung an zunehmender Ausgrenzung neuer sozialer Bedürfnisse/Bewegungen tragen sie jedoch längerfristig zur Krise der bestehenden Massenintegration und damit zu zunehmender Labilität der bestehenden gesellschaftlichen und politischen Herrschaft bei.

Diese Vielfalt der Einschätzungen kann kaum mit dem unterschiedlichen Verhalten der 17 Einzelgewerkschaften des DGB, die trotz Einheitsgewerkschaftsprinzip alle über die Tarifautonomie verfügen, erklärt werden. Einmal deshalb nicht, weil sie nicht auf unterschiedliche Einzelgewerkschaften, sondern auf alle Gewerkschaften gemünzt sind; zweitens fiele es schwer, bei der – trotz Differenzen im Detail – recht hohen tarifpolitischen Einheitlichkeit und Abstimmungsbereitschaft der Einzelgewerkschaften größere Abweichungen festzustellen. Auch mit den wissenschaftstheoretischen Differenzen und unterschiedlichen erkenntnisleitenden Interessen *allein* läßt sich die Vielfalt nicht begründen; denn dann müßte zumindest innerhalb der Paradigmen ein höherer Konsens bestehen.

Meine Vermutung geht deshalb dahin, daß sowohl die *neue Qualität* des sozioökonomischen Strukturwandels in den siebziger Jahren als auch die gewerkschaftliche Reaktion darauf unterschiedlich, aber insgesamt *unvollständig* aufgearbeitet worden sind. Obwohl zumindest bei Teilen der Liberalen und Linken die neuen ökonomischen und politisch-sozialen Anpassungsstrategien zur Bewältigung der »Modernisierung der Volkswirtschaft« erkannt werden, wird die Analyse gleichwohl zu früh abgebrochen und die erwartbare Gewerkschaftsstrategie dann vorschnell formuliert.

Aus diesem Grund halte ich eine *präzisere Bestimmung* der neuen Bedingungen sowie der daraus resultierenden Kapitalstrategien und Gewerkschaftsprobleme als Voraussetzung für die Einschätzung von Gewerkschaftsintegration und -politik für notwendig. Auch wenn eine solche Vorgehensweise den in den Sozialwissenschaften unvermeidlichen und mit unterschiedlichen vorwissenschaftlichen Wertorientierungen und erkenntnisleitenden Interessen zusammenhängenden Theorienpluralismus nicht beseitigt, hilft sie doch, die verbleibenden Kontroversen, Einschätzungsdifferenzen auf der Basis einer *gemeinsamen* Verständigung über die Grundprobleme auszutragen und damit den teilweise zerstörten theoretischen und empirischen Dialog zwischen den »Schulen« zu erneuern.

Als *Einstieg* in die empirische Analyse und als *Orientierungshilfe* für die weitere Arbeit dient mir eine von *W. Fach, W. Väth* und mir durchgeführte Fallstudie zur politischen Bewältigung

der saarländischen Stahlkrise (Esser/Fach/Väth 1978; Esser u. a. 1979; Esser/Fach 1979; Esser 1978).[5] Dieser Fall kann aus folgenden Gründen als *exemplarisch* für die hier zu behandelnde Problematik angesehen werden:
– In der Strukturkrise der europäischen Stahlindustrie treten die *neuen ökonomischen Rahmenbedingungen/Verursachungsfaktoren* der Anpassungs- und Stagnationskrise der siebziger Jahre deutlich hervor;
– die derzeit erfolgende Restrukturierung der Stahlindustrie hilft über den konkreten Fall hinaus, die *inhaltliche* Bestimmung des *Modernisierungs- und Rationalisierungsprozesses* sowie dessen soziale Folgen genauer zu erkennen;
– die regionale und sektorale Kumulation der Stahlkrise im Saarland zwingt die größte und einflußreichste Gewerkschaft des DGB, die *IG Metall*, zu rascher und umfassender Reaktion. Deshalb lassen sich hier Konfliktfähigkeit, Kompromiß-/Kooperationsbereitschaft sowie konkrete inhaltliche Politik dieser Gewerkschaft genauer analysieren und zugleich mit den vorliegenden Positionen konfrontieren.

2. Empirischer Einstieg: Die saarländische Stahlkrise

2.1 *Der Fall*

Seit 1975 durchlaufen die Stahlindustrien *aller* westlichen Haupterzeugerländer (EG-Staaten, USA, Japan) eine tiefgreifende Struktur- und Absatzkrise, die trotz kurzzeitigem Zwischenhoch 1979 auch derzeit noch anhält. Der Einbruch zeigt sich in sinkenden Produktionsergebnissen, unausgelasteten Kapazitäten, Preisverfall, Betriebsverlusten, Stillegungen, Kurzarbeit, Massenentlassungen sowie verschärftem internationalen Verdrängungswettbewerb.
Die *Ursachen* der Krise lassen sich nach allgemein-konjunkturellen und stahlspezifisch-strukturellen unterscheiden: als Grundstoff- und Produktionsgüterindustrie ist die Stahlindu-

strie sehr stark vom Nachfrageausfall im Gefolge der allgemeinen Weltrezession nach 1973 betroffen. Diese als »Überakkumulationskrise« zu charakterisierende Weltrezession entstand in fast allen kapitalistischen Ländern aus der Verbindung von tendenziell gesunkener Kapitalproduktivität, verbesserter Verteilungsrelation zugunsten der Lohnabhängigen mit der Folge sinkender Kapitalrentabilität und folglich Stagnation der Kapitalakkumulation (Altvater/Hoffmann/Semmler 1979; Busch 1979). Als stahltypisch-strukturelle Ursachen, die vor allem die europäische Stahlindustrie hart treffen und erst Tiefe und Dauer der Krise zu erklären vermögen, können drei genannt werden:

– *Sättigung bzw. Stagnation* der Nachfrage nach Stahl auf den Binnenmärkten hochentwickelter kapitalistischer Industrieländer. Bei stagnierendem Wertschöpfungsanteil des stahlnachfragenden Industriesektors und gleichzeitigem Ausbau der weniger Stahl abnehmenden Wachstumsbranchen Chemie, Datenverarbeitung, Mineralölindustrie, Dienstleistungssektor nimmt die Wachstumsrate des Stahlverbrauchs pro Kopf der Bevölkerung bei steigendem Sozialprodukt ab (Wolter 1974). Hinzu kommt die Substitution von Stahl durch andere Werkstoffe (Kunststoff, Aluminium).

– *Verschiebungen in der Konkurrenzposition* zwischen alten und jungen Industrieländern. Während bis zum Zweiten Weltkrieg die klassischen Stahlerzeugerländer des Westens den Stahlbedarf der gesamten Welt deckten und zunächst nur in Japan einen immer ernstzunehmenderen Konkurrenten erhielten, erreichen seit Mitte der sechziger Jahre zunehmend junge, aufstrebende Industrieländer, wie beispielsweise Brasilien, Mexiko, Argentinien, Venezuela, Iran, Südkorea, Taiwan oder die Staatshandelsländer des Ostens, die Deckung ihres eigenen Bedarfs, um sich dann mehr und mehr am Kampf um den Welt-Stahlmarkt zu beteiligen und die Vorrangstellung der bisherigen Monopolisten anzugreifen. Konnte bis dahin eine »regionale Kartellierung« von Stahlverbrauch und Stahlpreisen eine gewisse Ordnung auf dem Weltmarkt aufrechterhalten

(Scheider 1978), so wurde nach 1974 im Gefolge der zunehmenden Überkapazitäten der Preiskampf auf dem Weltmarkt total, was sich für die europäischen Produzenten in Preisverfällen bisher ungeahnten Ausmaßes ausdrückt. Der Anteil der Stahlhersteller in der EG, Japan und den USA an der Welt-Rohstahlerzeugung sinkt seit 1975 kontinuierlich zugunsten der Comecon- und Billiglohn-Länder; und auch eine inzwischen eingetretene konjunkturelle Belebung und eine allgemein erwartete Steigerung des Weltstahlbedarfs in den nächsten Jahren werden die traditionellen Relationen kaum wiederherstellen, sondern die Verschiebung der Rangordnung eher fortsetzen (*DIW 1980; OECD 1980*).
– *Die Situation der europäischen Stahlindustrie* ist deshalb besonders prekär, weil sie *mehr als ein Fünftel ihrer Produktion* in andere Regionen der Welt *exportiert*; in der Bundesrepublik beträgt die Exportquote sogar ein Drittel der Gesamtproduktion (HWWA 1979, S. 66). Diese Export-Strategie wird nun nicht allein durch die aufstrebenden Konkurrenten, sondern vor allem durch die zum Teil technologisch veralteten und zu kleinen Anlagen der Europäer erschwert.
In dieser Konstellation lautet das von der Europäischen Kommission organisatorisch und finanziell abgestützte Patentrezept zur Bewältigung der Krise: *Rationalisierung, Modernisierung, Spezialisierung und Konzentration*; d. h. im einzelnen: Veraltete, personalintensive Anlagen müssen stillgelegt werden; neue moderne, kapitalintensive und möglichst küstennahe Großstahlwerke sollen sich weitgehend auf die Herstellung höherwertiger Qualitäts- und Edelstähle spezialisieren und das Massenstahlgeschäft weitgehend den Konkurrenten aus den Billiglohn-Ländern überlassen; ergänzt werden soll dieser Modernisierungs-/Spezialisierungsprozeß durch die Abkehr vom reinen Konzept der Stahlerzeugung und eine stärkere Orientierung auf die Stahlweiterverarbeitung; zur Sicherung bzw. Ausweitung der Exportmärkte und um die Lohn-, Rohstoff- und Energiekosten-Vorteile wahrzunehmen, soll die Verlagerung von Produktionsstätten in Billiglohn-Länder intensiviert

werden; dies alles erfordert wegen der hohen Kapitalkosten eine weitere Konzentration auf wenige leistungsstarke Einheiten.
Die *sozialen Kosten* dieser europaweiten (allerdings je nach sozioökonomischer Ausgangslage und gesellschaftlichen Kräfteverhältnissen unterschiedlich erfolgreichen) Modernisierungsstrategie sind hoch: Innerhalb der Europäischen Gemeinschaft wurden zwischen 1974 und 1979 125 000 Arbeitsplätze bereits abgebaut (OECD 1980, S. 149); vor allem die traditionellen rohstofforientierten Stahlregionen Wallonien, Luxemburg, Lothringen, Nordfrankreich, Nord- und Süd-Wales, Nord-England, Saarland und Ruhrgebiet weisen im Ländervergleich überdurchschnittlich hohe Arbeitslosenraten auf; und da Alternativ-Arbeitsplätze bisher kaum geschaffen wurden, droht die ökonomische Verödung (Leggewie 1979; Esser 1979, 1980); quantitativ kaum erfaßbar sind bisher die von den betroffenen Gewerkschaften beklagten innerbetrieblichen Auswirkungen: mit Dequalifikation bzw. Lohnabgruppierung verbundene Umsetzungen, gesteigerte Arbeitshetze, »ständiges Durchkämmen« der Arbeitsgruppen, Disziplinierung im Betriebsalltag – Maßnahmen, die die Restbelegschaften aus Angst um den bedrohten Arbeitsplatz offenbar widerstandslos hinnehmen (Judith 1978).
In der *Bundesrepublik*, dem größten und technologisch führenden Stahlproduzenten in Europa, wird dieser Anpassungsprozeß am konsequentesten durchgeführt: die Belegschaft sank seit 1974 um ca. 20% (rd. 60 000), die Roheisenkapazität wurde um 10 Mio. Tonnen, die Stahlkapazität um 18 Mio. Tonnen und die Walzstahlkapazität um 8,5 Mio. Tonnen reduziert; gleichzeitig werden die Investitionen in moderne kapitalintensive Anlagen (Ausweitung des Sauerstoff-Blasverfahrens, der Stranggußtechnik und des Anteils der Edelstahlproduktion) – unterstützt von reichlich fließenden staatlichen Subventionen und einem 1978 eingerichteten Stahlforschungsprogramm des BMFT – wesentlich gesteigert.
Freilich verläuft dieser Prozeß in den beiden Stahlregionen Saarland und Ruhrgebiet unterschiedlich: Im *Ruhrgebiet* kann

man seit Mitte der sechziger Jahre einen kontinuierlich und längerfristig verlaufenden Anpassungs- und Modernisierungsprozeß mit Konzentrationsvorgängen, Produktionsanpassungen, interregionalen und innerregionalen Produktionsverlagerungen, Stillegungen und permanentem Beschäftigungsabbau beobachten (RWI 1978; Väth 1980). In der Krise stehen die Ruhrkonzerne deshalb als die (im europäischen Vergleich) ökonomisch stärksten und technologisch fortgeschrittensten Stahlproduzenten da, und sie setzen auf eine private marktwirtschaftliche Modernisierungsstrategie. Zu spektakulären Massenentlassungen und größeren sozialen Konflikten kommt es nicht, obwohl seit 1975 immerhin über 40 000 Arbeitsplätze in der Stahlindustrie des Ruhrgebiets weggefallen sind. Auf den diesem Trend widersprechenden Stahlstreik Ende 1978/Anfang 1979 wird in Kapitel III zurückzukommen sein.

Demgegenüber spitzte sich im *Saarland* die Situation 1977 deshalb dramatisch zu, da hier einige negative Faktoren kumulierten: zu kleine Betriebe, unzureichende Investitionen aufgrund einer zersplitterten Eigentümerstruktur, einseitige Ausrichtung auf Massenstähle, Fehlen einer stahlverbrauchsintensiven Weiterverarbeitungsindustrie in der Region sowie hohe Transportkosten für Rohstoffe. Praktisch standen die beiden größten Stahlunternehmen, *Neunkircher Eisenwerke* und *Röchling-Burbach GmbH*, 1977 vor dem Bankrott. Und das bei einer Branche, die eine dominante Stellung in der Wirtschaftsstruktur des Landes einnimmt, in der fast jeder vierte Industriebeschäftigte und fast jeder zehnte Erwerbstätige im Stahlsektor arbeitet und die eng mit den vielen Zuliefer- und Komplementärindustrien verflochten ist.

Der sektoralen und regionalen Krisenzuspitzung entsprechend artikulierte sich der Protest der betroffenen Lohnabhängigen. Als Sanierungspläne und Massenentlassungsankündigungen bekannt wurden, griff man bei Betriebsversammlungen und Großdemonstrationen Regierung und Unternehmer als die Schuldigen der Misere an, forderte die Vergesellschaftung der Werke und rief zum Kampf gegen »kapitalistische Sanierungs-

pläne« auf.
Diese Radikalisierung war jedoch nur von kurzer Dauer. Als einzig gangbaren Weg zur Erhaltung des Montankerns an der Saar erkannte die IG Metall die *aktive* Zusammenarbeit mit Stahlunternehmen und staatlichen Instanzen. Informell organisiert, arbeitsteilig die anstehenden Aufgaben wahrnehmend, mit teils stillschweigender, teils offener Abstimmung des Verhaltens, führt dieses »*politische Regulierungskartell*« zur Zeit ein Sanierungskonzept durch, das die internationale Konkurrenzfähigkeit der privatwirtschaftlich bleibenden saarländischen Stahlindustrie wiederherstellen soll. Das heißt im einzelnen:
– Kapitalkonzentration auf *ein* Großunternehmen (Arbed-Konzern);
– Konzentration auf *ein* Blasstahlwerk;
– Konzentration der Walzwerkserzeugung auf die leistungsfähigsten Walzenstraßen der bislang drei Stahlwerke;
– Zentralisierung der Roheisen- und Kokserzeugung an *einem* Standort;
– Reduzierung des Beschäftigungsniveaus um ca. 10 000 (rd. ein Drittel) nach einem sozialstaatlichen Modus (ansehnliche Frühverrentungs- bzw. Sozialplanregelungen; mehrjährige vertraglich abgesicherte Lohngarantien für die von Umsetzung/Dequalifizierung Betroffenen).
In diesem von den nationalen wie internationalen Konkurrenzbedingungen abgesteckten Verhandlungsrahmen dominiert naturgemäß das *Kapitalinteresse*: seine Beeinträchtigung hat schließlich die Krise ausgelöst, ohne seine »Reparatur« ist – für alle Akteure – kein Ausweg sichtbar. Staat und Gewerkschaft geht es hauptsächlich darum, eine Lösung mit in Gang zu bringen bzw. unter verschiedenen denkbaren Alternativen jene durchzudrücken, von der sie jeweils möglichst wenig Nachteile zu gewärtigen haben.
Die *staatlichen Instanzen* (Europäische Gemeinschaft, Bundes-, Landesregierung) leisten ihren Beitrag in kompetenzspezifischer Arbeitsteilung, wobei dem Bund der zentrale Part zufällt. Finanziell interveniert er so massiv (über 1 Mrd. DM an Bürg-

schaften und Subventionen), daß das unternehmerische Risiko *total* abgedeckt wird und insofern eine *indirekte Verstaatlichung* stattfindet; diese Prozedur sichert ihm ein Minimum an industrie-/beschäftigungspolitischem Einfluß, ohne ihn mit der Bürde direkter Verantwortung zu belasten. Das private Unternehmen behält nach außen die dominierende Position, Massenentlassungen gehen auf sein Konto, erscheinen als Ausfluß ökonomischer Rationalität und sind dadurch entpolitisiert. Diese Strategie gegen weitergehende Interventionsforderungen (Staatsbeteiligung, Überführung in Gemeineigentum) ordnungspolitisch abzuschotten: dafür sorgt – mit einer intensiven Propagandakampagne – die Landesregierung.

Vor dem Hintergrund des drohenden Zusammenbruchs der saarländischen Stahlindustrie kommt das beschlossene, *ökonomisch* rationale Krisenprogramm auch dem *Gewerkschaftsapparat* gelegen: gelingt es ihm doch, den Prozeß der Beschäftigungsreduktion zeitlich zu strecken, direkte Entlassungen weitgehend (zugunsten von Frühverrentungen) abzuwehren, das Entlassungsrisiko per sozialer Selektion auf konfliktschwache Gruppen abzuwälzen und respektable monetäre Entschädigungen für die Freigesetzten zu erstreiten. Zwar schrumpfen Mitgliederreservoir wie Kampfstärke mit sinkendem Arbeitsplatzangebot, doch eine unsicherheitsbedingt gestiegene Organisierungsbereitschaft dürfte diese Einbußen mittelfristig wettmachen.

Einige Momente dieses *korporatistischen* Gewerkschaftsverhaltens vor oder während der Kompromißfindung sind dabei für die Gewerkschaftsanalyse der Bundesrepublik von besonderem Interesse (ausführlicher dazu Esser/Fach, 1979):

– Die gewerkschaftliche Strategie erinnert von Anfang an fatal an die eines *Ersatzunternehmers*: die IG Metall appelliert an die Unternehmer, endlich die Eigentumszersplitterung aufzuheben und ein betriebswirtschaftlich sinnvolles, die internationalen Konkurrenzbedingungen in Rechnung stellendes Sanierungsprogramm zu entwickeln. Zugleich fordert sie die politisch Verantwortlichen zur finanziellen Abstützung der für notwendig gehaltenen Modernisierung und der daraus resultierenden sozialen Probleme auf.

– In einer Mischung aus Konfliktrhetorik und Kompromißbereitschaft »spielt« sie zwar unverbindlich mit radikalen Lösungsformen (Verstaatlichung/Vergesellschaftung), lehnt diese jedoch dann, wenn Basiseinheiten sie fordern, als »unrealistisch« ab. Der Einsatz »maßvoller« Konfliktformen (disziplinierte Großdemonstrationen) korrespondiert mit häufigen, von der Basis getrennten Verhandlungen mit Betriebsleitungen bzw. staatlichen Instanzen.

– Der Kreis derer, deren Interessen energisch verteidigt werden, ist deutlich umgrenzt und in sich wiederum abgestuft. Am meisten zählen die leistungsstarken *Kernmannschaften*, das Rekrutierungsfeld des gewerkschaftlichen Mitgliederstammes: sie gilt es, möglichst unversehrt zu halten; danach rangiert die Gruppe *älterer Arbeitnehmer*, bevorzugtes Freisetzungspotential und darum rhetorisch besonders intensiv gehegter Block: meist altgediente Gewerkschafter mit einem nachdrücklich verteidigten Anspruch auf »honorige« Sozialpläne (nicht sichere Arbeitsplätze). Was mit den Frührentnern geschieht, wenn deren erste Freude über das Ende der harten Arbeit im Stahlwerk dem Gefühl, nutzlos zu sein, weicht, ist nicht Sorge der Gewerkschaft (wie unsere Interviews mit einer Auswahl von Frührentnern im Saarland im Frühjahr 1980 ergaben). Gewerkschaftlicher Verlautbarungsfürsorge gewiß sein können auch die *arbeitslosen Jugendlichen*. Doch wie ihnen bei der hohen Jugendarbeitslosigkeit im Saarland, der Wegrationalisierung bestehender Arbeitsplätze und den Einstellungsstopps bei den Stahlwerken geholfen werden soll, ist ebenfalls nicht Aufgabe der Gewerkschaft. Ohne jegliche gewerkschaftliche Schutzpolitik bleiben die *Gastarbeiter*, die als erste entlassen werden, sowie die durch Personalabteilung, Meister oder Betriebsräte identifizierten sogenannten *»schwarzen Schafe«*, deren schlechtes Arbeitsbild ohne weitere Problematisierung genügend Kündigungsgründe liefert.

– Die IG Metall akzeptiert also die von weltmarktvermittelten

Konkurrenzzwängen bestimmte Stahl-Sanierungspolitik und betont lediglich die Notwendigkeit der *sozialen Abfederung* durch Sozialpläne, Umschulung/Fortbildung usw. Über allen Akteuren (Gewerkschaften eingeschlossen) herrscht offenbar unerbittlich und sachzwanghaft der Funktionskodex kapitalistischer Weltmarktkonkurrenz, dem es sich offensiv anzupassen gilt (Loderer 1977; Judith 1980) – Alternativen zu dieser Funktionslogik hat die IG Metall bei ihrer Stahlpolitik nicht erwogen. Statt dessen gibt sie sich der Illusion hin, die Vorzüge dieser Strategie auszuschöpfen, ohne den fälligen Preis zu bezahlen – genauer: im Verein mit Staat und Unternehmen überwälzt sie ihn auf »Randgruppen«.
– Die betroffenen Stahlarbeiter tragen, besser: *ertragen* diese Politik.[6] Die meisten interpretieren die Krise als unvermeidliches, von nationaler und vor allem internationaler Konkurrenz aufgeherrschtes Schicksal. Vorstellungen darüber, wie die Krise »anders« hätte gelöst werden können, sind kaum vorhanden. Auch teilweise vorgetragene Forderungen nach Verstaatlichung/Vergesellschaftung bleiben abstrakte Mythen. Weder zu deren möglicher Realisierung noch konkreter alternativer Funktionsweise zur Sicherung oder Schaffung neuer Arbeitsplätze können Aussagen gemacht werden – außer der, daß man das DDR-Modell ablehne. Freilich ist auch dessen konkrete Funktionsweise unbegriffen, und die Ablehnung wird begründet mit den Stereotypen der bürgerlichen Massenmedien. Trotz erkennbarem Mißtrauen gegenüber »mauschelnden« Funktionären (vor allem den höheren) ist das Vertrauen in betriebliche und gewerkschaftliche Interessenvertretung ungebrochen. Die resignative Hinnahme des als unvermeidlich Angesehenen verknüpft sich mit individueller *Angst* um den eigenen Arbeitsplatz. Das klassenspezifische *Bedürfnis nach Sicherheit* – speziell des Arbeitseinkommens und dessen Kontinuität – lähmt jede längerfristig angelegte solidarische Kampfaktion; es verschärft vielmehr die durch die kapitalistische Arbeitsorganisation/Arbeitsteilung vorhandene Vereinzelung und Konkurrenz. Die Konkurrenz *am* Arbeitsplatz spitzt sich bei den vorgesehenen

Massenentlassungen zu einer Konkurrenz *um* den Arbeitsplatz zu. Auch weitergehende Ansprüche (nach Qualifizierung, Humanisierung, höherer Bezahlung) werden durch das vorherrschende Sicherheitsinteresse jetzt blockiert (»Lieber einen schlechten Arbeitsplatz als gar keine Arbeit«).
Der gleichwohl vorhandene und auch deutlich artikulierte Wunsch nach Überwindung von Konkurrenz und Vereinzelung und zu mehr Solidarität kann offenbar von den Betroffenen individuell nicht aktualisiert werden. Dazu bedürfte es der Organisationsstrategie von oben (betriebliche Kader, Gewerkschaften), der jedoch Grenzen gesetzt sind durch das Statusquo-Interesse der meisten Arbeiter, denen eher daran liegt, das zu verteidigen, was sie haben, als sich in gewagte Experimente einzulassen.
Dieser *Pragmatismus* der Basis wäre allein durch gewerkschaftliche/politische Organisation eines Lernprozesses innerhalb der Arbeiterklasse längerfristig überwindbar. In diesem müßten die Organisationen der Arbeiterbewegung dem vorherrschenden kapitalistisch-bürgerlichen Deutungsmuster des sozialen Geschehens eine alternative theoretische Analyse der kapitalistischen Gesellschaft, alternative Deutungsmuster der sozialen Prozesse sowie alternative sozialistische Lösungen entgegenstellen. Da dies derzeit nicht geschieht, zementiert der Pragmatismus der Basis jenen des gewerkschaftlichen Apparates.

2.2 *Ergebnis*

Die Fallstudie führt zu dem Ergebnis, daß in den siebziger Jahren in der Stahlbranche wegen weltweit aufgebauter Überkapazitäten, des Auftauchens neuer Konkurrenten auf dem Weltmarkt sowie langanhaltender konjunktureller Wachstumsschwächen der internationale *Verdrängungswettbewerb* eine im Verhältnis zu den fünfziger und sechziger Jahren *neue Qualität* angenommen hat. Sie zeigt zugleich, daß die deutschen Stahlunternehmen auf diese Herausforderung mit einer offensiv angelegten Rationalisierungs- und Modernisierungsstrategie antworten, die freilich erhebliche soziale Kosten für die betroffenen Lohnabhängigen mit sich bringt. Gleichwohl hat die IG Metall ihre traditionelle Kooperationsbereitschaft nicht aufgegeben, sondern sogar noch *intensiviert*. In der offenbar von allen Akteuren des ökonomischen Prozesses naturgesetzlich wahrgenommenen Funktionslogik der Weltmarktkonkurrenz spielt sie sogar den aktiven, fordernden Part eines »ideellen Branchenkapitalisten«. Zugleich wirkt ihre korporatistische Strategie sich *selektiv* für die Lohnabhängigen aus: Arbeitsplatzsicherheit für einen eingegrenzten Kreis von nützlichen Kernarbeitern, Ausgrenzung überflüssiger, für den Produktionsprozeß nicht mehr verwertbarer Gruppen (vorzeitig ausgemusterte ältere Arbeitnehmer, »problematische« jüngere Arbeitnehmer, heimgeschickte Gastarbeiter, berufslose Jugendliche). Dabei ist dieser *»selektive Korporatismus«* (Esser/Fach 1979) nicht liberal in dem Sinne von Freiwilligkeit und Ausnutzen von Handlungsspielräumen – sondern er folgt den aufgeherrschten Kriterien der internationalen Konkurrenzfähigkeit.

Dieses Ergebnis sensibilisiert nun für folgende Fragen:
– Sind die qualitativ neuen Reproduktionsprobleme der Stahlindustrie repräsentativ für die gesamte deutsche Wirtschaft in den siebziger Jahren?
Wenn ja:
– Sind dann auch die Anpassungsstrategien der Stahlunternehmen repräsentativ?
– Ist dann auch das von Sachzwängen bestimmte korporatistische Verhalten der IG Metall bei der Bewältigung der Stahlkrise und dessen soziale Konsequenzen (selektiver Korporatismus) repräsentativ für die deutsche Gewerkschaftspolitik?
Eine positive Antwort auf diese Fragen hätte Konsequenzen für die Stichhaltigkeit der aus der Literatur gewonnenen Positionen/Einschätzungen.
Position 1 und 2 schieden aus, da der aufgeherrschte Kooperationszwang weder eine maßlose, für das Gesamtwohl unverantwortliche, noch eine autonomere, auf Zuspitzung der

Klassenwidersprüche hinauslaufende Gewerkschaftspolitik wahrscheinlich erscheinen ließe.

Aber auch die *Positionen 3 und 4* wären nur modifiziert aufrechtzuerhalten: Sowohl Liberale als auch linke »Pessimisten« verstehen die Gewerkschaften prinzipiell als die Interessenvertreter *aller* Lohnabhängigen, auch wenn nur ca. 35% von ihnen gewerkschaftlich organisiert sind. Sollte jedoch die bei der Stahlkrise festgestellte selektive Politik tendenziell die Richtung der zukünftigen Gewerkschaftspolitik bestimmen, so liefe das im Ergebnis auf eine »Amerikanisierung« der Gewerkschaften hinaus. Das heißt, die deutschen Gewerkschaften nähmen bewußt nur noch die Interessen der beschäftigten und organisierten (also markt- und machtmäßig starken) Lohnabhängigen wahr; und diese Interessenwahrnehmung geschähe auf Kosten der nichtbeschäftigten/ausgegrenzten Lohnabhängigen.

Eine *neue*, aus den bisherigen Positionen 3 und 4 gewonnene Einschätzung würde dann lauten: Die gesellschaftliche und politische Stabilität ist durch die Gewerkschaften nicht gefährdet. Die gemeinsame, aus den neuen Weltmarktzwängen resultierende ökonomische Interessenlage schmiedet weltmarktorientiertes Kapital, Staatsapparat und Gewerkschaften zu einem »korporatistischen Block« zusammen, der gemeinsam die »Modernisierung der Volkswirtschaft« zur Sicherung der internationalen Konkurrenzfähigkeit vorantreibt und zugleich aus der Funktionslogik dieses Weltmarktes herausfallende soziale Gruppen auf Dauer ausgrenzt.

Die in dieser Position enthaltene *abnehmende* Integrationsfähigkeit der Gewerkschaften hinwiederum weist auf die in Position 5 prognostizierte Massenintegrationskrise und damit einhergehende Labilität bürgerlicher Herrschaft hin. Eine Argumentation in diese Richtung ist freilich erst sinnvoll, nachdem die *Plausibilität* der neuen Position akzeptiert ist. Außerdem können erst dann quantitatives Ausmaß, soziale Zusammensetzung, Konfliktverhalten sowie mögliche politische Vereinheitlichung der auf Dauer Ausgegrenzten systematisch untersucht werden. Diese Aufgabe kann in dieser Arbeit nicht mehr geleistet werden – vielmehr geht es im folgenden um einen über den Stahlfall hinausgehenden *Plausibilitätstest der neuen Position*. Eine Auseinandersetzung mit Position 5 ist nur insofern notwendig, als deren theoretische Voraussetzung »verstaatlichte« Gewerkschaftsapparate sind, während ich das Gewerkschaftsverhalten im Rahmen des »korporatistischen Blockkonzeptes« theoretisch bestimmen will.

3. Weitere Arbeitsschritte

Wie bereits angedeutet, will ich im folgenden untersuchen, ob die in der Stahlindustrie erkennbare Strategie – *Modernisierung der Volkswirtschaft durch korporatistische Blockbildung* – eine *allgemeinere Tendenz* bundesrepublikanischer sozioökonomischer Entwicklung seit der Stagnations- und Anpassungskrise charakterisiert. Dies soll in drei Schritten geschehen:
Zunächst wird die *hohe Weltmarktverflechtung* der gesamten deutschen Wirtschaft als die *zentrale Rahmenbedingung* unternehmerischen, staatlichen und gewerkschaftlichen Handelns dargestellt. Dabei liegt der Schwerpunkt der Argumentation bei den neuen Weltmarktbedingungen in den siebziger Jahren, die Kapital und Staat einem verstärkten Modernisierungsdruck aussetzen und zu einer offensiven Anpassungsstrategie geführt haben (Kapitel II).
In Kapitel III werden anhand vorliegender (der Stahlstudie vergleichbarer) *empirischer Fallstudien* die deutsche Gewerkschaftspolitik und deren Resultate im Rahmen dieses Anpassungs- und Modernisierungsdrucks näher analysiert. Dieses Verfahren ist meines Erachtens der Auswertung gewerkschaftlicher Programmatik vorzuziehen. Deshalb ist die Auswahl der Fallstudien inhaltlich auf die Zwänge und sozialen Konsequenzen der Modernisierungspolitik seit Mitte der siebziger Jahre bezogen: Neben einer Auswertung der *Lohnpolitik* geht es um Reaktionen auf *Massenentlassungen*, *Betriebsstillegungen*, *Strukturkrisen*, um Abwehrkämpfe gegen *negative Rationalisie-*

rungsfolgen sowie die Haltung zur offiziellen *Technologiepolitik*. Eine wichtige Komponente gewerkschaftlicher Politik stellt das empirisch konstatierbare Bewußtsein/Verhalten der Gewerkschaftsbasis dar; denn entgegen verschiedenen Verschwörungs- oder Organisationstheorien kann die Gewerkschaftsspitze längerfristig kaum eine Politik verfolgen, der die Basis nicht aktiv oder passiv (resignativ oder aus Mangel an Alternativen) zustimmt – wobei der Gewerkschaftsapparat (wie bereits bei der Stahlstudie gezeigt) einen nicht zu vernachlässigenden Einfluß auf dieses aktuelle Bewußtsein/Verhalten der Basis besitzt. Deshalb schließt dieser Teil mit einer Auswertung neuerer Studien zum *Arbeiterbewußtsein/-verhalten* ab.

Im abschließenden Kapitel IV soll in Auseinandersetzung mit der bereits präsentierten sozialwissenschaftlichen Diskussion die *These vom korporatistischen Block* auf ein *gewerkschaftstheoretisches Fundament* gestellt werden.

In der Lückenhaftigkeit empirischer Gewerkschaftsforschung in der Bundesrepublik ist bereits eine wichtige *Einschränkung* der hier präsentierten Ergebnisse angelegt. Sollte der Plausibilitätstest positiv ausfallen, so wäre damit lediglich eine *erkennbare Tendenz* deutscher Gewerkschaftspolitik bestätigt. Eine Tendenz freilich, die zur Anregung weiterer empirischer Arbeit wertvolle Hilfestellung bei der Auswahl der »strategischen« Fälle wie der Formulierung der Fragestellung leisten könnte.

Vor allem kommt es mir bei dieser Untersuchung darauf an, eine neue, durch die qualitativ veränderte Internationalisierung der Arbeitsteilung bedingte *Problemsicht* innerhalb der international vergleichenden Gewerkschaftsforschung zu formulieren und zu begründen. Die zunehmende Internationalisierung kapitalistischer Vergesellschaftung und die darin angelegte Verschärfung internationaler Konkurrenz stellen *alle* Gewerkschaften der westlichen Welt vor neue, denen in der Bundesrepublik vergleichbare Probleme. Dabei sind traditionell gewachsenes Selbstverständnis, Praktiken, Organisationsstrukturen, ja die gesamten historisch gewachsenen Systeme der industriellen Beziehungen konfrontiert mit diesen neuen, vom multinational organisierten Kapital gesetzten Weltmarktzwängen. Die zentrale Frage für die französische, italienische, britische oder schwedische Gewerkschaftsbewegung gleichermaßen lautet dann, welche Strategie (korporatistische Blockbildung mit eigenem nationalen Kapital und Regierung, protektionistische Abschottung oder neue Formen internationaler sozialistischer Solidarität) man wählt. Gleichgültig wie die Antwort ausfällt – eine Veränderung bisheriger Gewerkschaftsstrukturen und -politiken wird immer das Ergebnis sein.[7]

II. Rahmenbedingung gewerkschaftlicher Politik: Das »Exportmodell« Deutschland[8]

1. Struktur und Entwicklung des »Exportmodells« Deutschland

Für die Reproduktion des deutschen Kapitalismus sind Exportorientierung und hohe Weltmarktverflechtung von Anfang an konstitutiv gewesen: die Expansionsphase nach den »Gründerjahren« bis zum Ersten Weltkrieg, Stagnationsphase, Stabilisierungsphase und ökonomischer Zusammenbruch nach der Weltwirtschaftskrise während der Weimarer Republik, Restrukturierungsmaßnahmen nationalsozialistischer Wirtschaftspolitik – sie alle reflektieren in ihren Inhalten wie in ihren Strategien die Einbindung der deutschen Wirtschaft in den kapitalistischen Weltmarkt (Hardach 1977; Spohn 1977; Mason 1977; Poulantzas 1973). Diese historische Phase muß hier jedoch ausgeklammert werden, obwohl sie für Unternehmen, staatliche Wirtschaftspolitik und Gewerkschaften einen Traditionsbestand von Erfahrungen, Weltsichten, Strategien etablierte, der für das aktuelle Verhalten sicherlich von Relevanz ist.

Für uns wichtig ist, daß die deutsche Wirtschaft auch nach 1945 an diese Tradition anknüpfte. Dabei kam ihr zugute, daß sie nicht bei einer »Stunde Null« beginnen mußte, sondern auf einer weitgehend unzerstörten und im Krieg sogar technologisch erneuerten Kapitalausrüstung aufbauen konnte (Abelshauser 1975), die sich als hervorragend geeignet erwies, an der in den fünfziger Jahren einsetzenden Intensivierung des Welthandels überdurchschnittlich zu partizipieren. Bei dessen jährlicher Steigerung von 6,4% zwischen 1950 und 1960 kam der deutschen Wirtschaft vor allem die *Nachfrage nach Produktions- und Investitionsgütern* sowie die *Ausweitung und Liberalisierung des europäischen Marktes* durch Gründung der EWG

zugute (Welteke 1976; Busch 1978). In der Phase der »langen Exportkonjunktur« (Schmiede 1976) bis 1966 stieg der Anteil der bundesrepublikanischen Exporte am Weltexport von 3,3% 1950 über 7,3% 1957 auf rd. 11% 1965 (United Nations 1972). In der gleichen Zeit erhöhte sich der Anteil des Exports am Bruttosozialprodukt von 9% auf rd. 16% (BMWi 1978, S. 73); die Ausfuhr wuchs» jedes Jahr durchschnittlich um 20%.
In sektoraler und branchenstruktureller Hinsicht führte diese Entwicklung zu einer »*Überindustrialisierung*«, einem bestimmten *Spezialisierungsprofil* sowie einer »*Wachstumshierarchie*« innerhalb des Industriesektors (Institut für Weltwirtschaft 1979, S. 21 ff.). Die Orientierung lag eindeutig auf einer Ausweitung des industriellen Sektors, dessen Anteil am Bruttoinlandsprodukt von 44,5% 1950 auf 56,4% 1974 stieg. In ihm sind noch 1974 47,3% der deutschen Erwerbstätigen beschäftigt (SVR 1974, S. 225 und 229), während im gleichen Jahr der Beschäftigtenanteil in den USA im Industriesektor nur noch 28% und in Schweden 37% beträgt (Hauff/Scharpf 1975, S. 226). Umgekehrt sank der Anteil des Dienstleistungssektors am Bruttoinlandsprodukt von 46,6% 1950 auf rd. 39,6% 1974; allerdings stieg dessen Beschäftigungsanteil von 32,6% auf 45,3%. Zum Vergleich: USA 1974 = 60%; Schweden = 53%.
Innerhalb der dominierenden Stellung der Industrie avancierte vor allem der Bereich Produktions- und Investitionsgüterindustrie zum Träger des deutschen »Exportmodells«, während Landwirtschaft, Bergbau, Konsum- und Verbrauchsgüterindustrie, aber auch »alte Industrien« wie eisenschaffende, NE-Metallerzeugung, Gießerei, Zieherei, Kaltwalzwerke und Stahlverformung ab Anfang der sechziger Jahre einem kontinuierlichen Schrumpfungsprozeß unterliegen und einer steigenden Importkonkurrenz ausgesetzt sind. Nicht ganz so gut scheint in dieses Bild zu passen,

»daß sich im oberen und mittleren Teil der Wachstumshierarchie einige Branchen befinden, die ausgesprochen arbeitsintensiv sind, die also weder überdurchschnittlich viel qualifizierte Arbeitskräfte beschäftigen noch über hochtechnisierte Arbeitsplätze verfügen. Hierzu gehören die Kreditwirtschaft, das Gaststätten- und Beherbergungsgewerbe, der Einzelhandel sowie das Baugewerbe. Dies deckt sich jedoch mit der Beobachtung, daß sich in hochentwickelten Industrieländern auch Branchen mit komparativen Nachteilen bei der Faktorabsorption gut behaupten können, wenn sie überwiegend für den heimischen Markt produzieren und nicht unter Importkonkurrenz stehen« (Institut für Weltwirtschaft 1979, S. 28).

Die am exportinduzierten Strukturwandel partizipierenden »Wachstumsbranchen« sind im einzelnen: Maschinen-, Anlagen- und Fahrzeugbau, Chemie/Mineralöl- und Kunststoffverarbeitung, Elektrotechnik (Institut für Weltwirtschaft ebenda; Kleinknecht 1979).

Von 1950 bis 1967 stieg der Anteil der Fertigwaren an der Gesamtausfuhr von 64,8% auf 84,7%; der Gesamtanteil der Bereiche Maschinen, Fahrzeuge, Chemie, Elektrotechnik allein von 48% auf rd. 70% (BMWi 1978, S. 84). Bezogen auf den Gesamtumsatz der Industrie erhöhte sich im gleichen Zeitraum der Auslandsumsatz von rd. 10% auf rd. 22%; der Auslandsumsatz der vier wichtigsten Branchen betrug 1967 bereits 13% des Gesamtumsatzes der Industrie; im einzelnen erzielten Maschinenbau 46%, Fahrzeugbau 47%, Chemie 31% und Elektrotechnik 25% ihres Gesamtumsatzes im Ausland (BMWi 1967 und 1978, S. 47 bzw. S. 84).

Zu Beginn der sechziger Jahre war für die Gesamtreproduktion der deutschen Wirtschaft bereits folgende Situation erreicht:

»Bei den in der Konzentration am weitesten fortgeschrittenen Kapitalen, von deren Expansion der gesamtwirtschaftliche Wachstumsprozeß hauptsächlich abhängt und die in der BRD zu einem großen Teil für den Weltmarkt produzieren, würden bereits stagnierende Auftragseingänge das gesamtwirtschaftliche Wachstum gefährden. Insofern ist die Bundesrepublik in starkem, ja wachsendem Maße von der Konjunkturentwicklung der wichtigsten Importländer abhängig. Und weil in ihnen ebenso wie in der BRD die Produktionsmittelindustrien stärker expandieren als die Verbrauchsgüterindustrien und die aufgebauten Kapazitäten durch zunehmende Exporte ausgelastet werden müssen, nimmt der

Konkurrenzdruck zu. Außenwirtschaftliche Konkurrenz erzwingt daher in den exportorientierten, Produktionsmittel herstellenden Industrien einen hohen technologischen Standard, der mit starker Kapitalintensität und -konzentration einhergeht« (Welteke 1976, S. 56).

Eine Gefährdung trat jedoch in den fünfziger und sechziger Jahren nicht ein. Vielmehr erwies sich die erfolgreich vorangetriebene Weltmarktexpansion als zentraler Faktor bei der ökonomischen Prosperitätsphase dieser Zeit. So konnten sowohl die kurzfristigen zyklischen Schwankungen von Konjunktur und Wachstum durch einen neuen Schub des Exportbooms jeweils ausgeglichen (Vogt 1968; Hardach 1977) als auch der in diesem Modell angelegte Strukturwandel *beschäftigungsneutral* durch Eingliederung der Arbeitnehmer aus schrumpfenden in wachsende weltmarktorientierte Branchen aufgefangen werden. Die zentrale Rolle der Auslandsnachfrage war jedoch an eine wichtige Voraussetzung gebunden: die Ungleichzeitigkeit von Konjunktur und ökonomischen Krisen auf dem Weltmarkt (Altvater u. a. 1979, S. 163) – eine Voraussetzung, die außer 1958 tatsächlich gegeben war, in der Weltrezession Mitte der siebziger Jahre jedoch zum ersten Mal entfiel und der deshalb für Tiefe und Dauer dieses Einbruchs (2 Jahre) entscheidende Bedeutung zukommt.

Neben den günstigen Nachfragebedingungen für Produktions- und Investitionsgüter auf dem Weltmarkt dürfen andere Konkurrenzvorteile des wiedererstehenden deutschen »Exportmodells« jedoch nicht vergessen werden:

– Die *Reallöhne* in der Bundesrepublik lagen bis 1959 (und ab 1963 erneut) unter dem Durchschnitt der Mitkonkurrenten innerhalb der OECD (Altvater u. a. ebenda, S. 161; SVR 1976, S. 81 f.) – ein Tatbestand, der in den fünfziger Jahren mit der Schwäche der Gewerkschaften aufgrund hoher Arbeitslosenraten und in den sechziger Jahren mit deren verantwortungsvoller Mitarbeit bei Produktivitätssteigerungen erklärt wird;

– die *terms of trade*, d. h. das Verhältnis von Import- zu Exportpreisen, entwickelten sich zugunsten der deutschen

Wirtschaft: während die relativen Rohstoffpreise kontinuierlich sanken, stiegen ebenso kontinuierlich die Preise für Industriewaren. Diese relative Verbilligung der Importe senkte die eigenen Kosten und verbesserte die jeweiligen Profitraten (Altvater u. a. ebenda, S. 160);

– die faktische *Unterbewertung der Deutschen Mark*, die bis 1969 anhielt. In einer Analyse der Wechselkurse der 16 wichtigsten Handelspartner der Bundesrepublik kommt das *Institut für Weltwirtschaft* zu dem Schluß:

»Ein Vergleich der nominalen Wechselkurse mit den realen Wechselkursen auf der Basis von Exportpreisen deutet darauf hin, daß in den 60er Jahren die Währungen der Bundesrepublik Deutschland, der Niederlande, Belgiens sowie Japans strukturell unterbewertet waren. Strukturell überbewertet waren hingegen die Währungen Frankreichs und Großbritanniens. Diese Länder hielten ihre Wirtschaft künstlich weniger wettbewerbsfähig, als dies bei einem Gleichgewichtswechselkurs der Fall gewesen wäre« (Institut für Weltwirtschaft 1979, S. 78);

– schließlich entwickelte sich die deutsche Investitionsgüterindustrie deshalb immer mehr zur »Werkstatt der Welt«, weil – unabhängig von Kostenvorteilen – ihr *Angebotssortiment*, ihre *Qualität, technologisches Niveau* ihrer Produkte sowie *Lieferfähigkeit* und *-zuverlässigkeit* einschließlich des damit verbundenen Services internationale Vergleiche nicht zu scheuen brauchten (RWI 1979, S. 81 ff.; Ifo 1979, S. 121 ff.).

Die relativ rasche Überwindung der ersten schwerwiegenderen Rezession 1966/67 ist wiederum in entscheidendem Ausmaß der Auslandsnachfrage zuzuschreiben. Die Rezession selbst war das Ergebnis verschlechterter Verwertungsbedingungen des Kapitals in den sechziger Jahren: die Erreichung der Vollbeschäftigung 1961 ermöglichte den Gewerkschaften eine aktivere Lohnpolitik mit dem Ergebnis der Steigerung der Lohnquote. Zugleich erzwangen »Beschäftigungsschranke« (Vogt 1964), sinkendes Arbeitsvolumen und technologische Anpassungsprozesse an veränderte internationale Konkurrenzbedingungen eine Restrukturierung der technischen Kapitalbasis sowie eine Stei-

gerung der Kapitalproduktivität. Die Folge all dieser Maßnahmen war bei gleichzeitigen Lohnzuwächsen das Sinken der Kapitalrentabilität/Profitraten mit dem Ergebnis Wachstumsstagnation und Millionen-Arbeitslosigkeit (Hirsch 1980; Altvater u. a. 1979).
Neben gewerkschaftlicher Lohnzurückhaltung und effizientem keynesianischem Krisenmanagement war es vor allem der *international inhomogen verlaufende Konjunkturzyklus*, »der es dem westdeutschen Kapital bei sich krisenbedingt wieder verbessernder (Lohn-)Kostenlage gestattete, erneut auf die Auslandsmärkte auszuweichen« (Hirsch 1980, S. 15). Zugleich wurden in den Unternehmen – unterstützt von einer neukonzipierten staatlichen Forschungs- und Technologiepolitik – die Anstrengungen verstärkt, den wissenschaftlich-technischen Rückstand (technological gap) gegenüber den USA aufzuholen und durch qualitative Verbesserung der Produkte, der Produktionstechnik und der Arbeitsorganisation die Exportposition kosten- und qualitätsmäßig zu festigen. Neben der Sensibilisierung für die technologische Lücke bestimmten ab 1969 zwei weitere Faktoren die Forcierung der exportorientierten Rationalisierungs- und Modernisierungspolitik:
– die in den fünfziger und sechziger Jahren von den Gewerkschaften praktizierte »Einkommenspolitik von unten« (Kindleberger) – d. h. Kooperation, lohnpolitische Mäßigung, Verzicht auf Arbeitskämpfe – wurde seit den spontanen Streiks von 1969 und anschließend hohen Lohnsteigerungsraten unterbrochen;
– die Unterbewertung der DM gegenüber ihren wichtigsten Konkurrenten hörte 1969 mit der Freigabe der Wechselkurse auf.
Der deutschen Wirtschaft ist diese Modernisierungspolitik zu Beginn der siebziger Jahre gut gelungen. Ihre in den sechziger Jahren realisierte *ökonomische Dominanzposition* ist heute stärker denn je (vgl. die Struktur-Zwischenberichte der fünf wirtschaftswissenschaftlichen Forschungsinstitute: IfW 1979; RWI 1979; HWWA 1979; DWI 1979; Ifo 1979): ihr Anteil am gesamten Welthandel stieg von 1960 10,1% auf 1979 12%; der

der USA sank im gleichen Zeitraum von 18,2% auf 12,3%. (Der Anteil des drittgrößten Handelspartners Japan weist eine Steigerung von 3,6% auf 7% auf.) Der bundesrepublikanische Anteil am Weltexport beträgt 1979 11,5% (USA 10,7%), der Anteil am Weltimport 8,8%. Das bedeutet eine Verdreifachung bzw. Verdoppelung seit 1950. Gemessen am nominalen Sozialprodukt stiegen Aus- und Einfuhranteil von 20% bzw. 17% 1960 auf 28% bzw. 25% 1976. Der Überschuß im Warenverkehr mit dem Ausland betrug zwischen 1964 und 1968 noch 50,6 Mrd. DM, 1969 bis 1973 verdoppelte sich dieser Überschuß zum ersten Mal, 1974 bis 1978 erfolgte bereits die zweite Verdoppelung. Die Währungsreserven der Deutschen Bundesbank betrugen 1978 (ohne Sonderziehungsrechte, also nur Gold und US-Dollar) rd. 90 Mrd. DM. Anders gesagt: die Bundesrepublik hatte die höchsten Exporte, Außenhandelsüberschüsse und Währungsreserven der westlichen Welt aufzuweisen.

Der »internationale« Industriesektor bildet, »durch dichte Bezugs- und Lieferbeziehungen eng verkoppelt« (Schlupp 1979, S. 21), weiterhin den Kern des deutschen »Exportmodells« - ergänzt um den internationalen Dienstleistungssektor (Banken, Versicherungen, Planung, Konstruktion und Durchführung von Projekten). Maschinen- und Straßenfahrzeugbau, chemische, elektrotechnische, eisenschaffende und EBM-Industrie erreichen 1978 rd. 69% des Gesamtexportes (BMWi 1978, S. 84); 1977 entfallen

»49,1% der Bruttoproduktion im Stahl-, Maschinen- und Fahrzeugbau; 48,9% im Bereich von Eisen und Stahl, NE-Metallen; 41,5% in der elektrotechnischen und EBM-Industrie; 35,5% bei Chemie, Steine und Erden sowie 30,3% in Verkehr und Nachrichtenübermittlung auf direkte und indirekte Exporteffekte (DIW 1978b). Diese Industriegruppen vereinen 1977 aber nicht nur knapp 70% der gesamten Industrieexporte, sondern auch ca. 40% der Inlandsumsätze, 50% der Industriebeschäftigten und ca. 50% des Gesamtumsatzes ... auf sich« (Schlupp 1979, S. 20).

Dieser Sektor erhält jedoch ein »umso größeres absolutes wie relatives Gewicht in der Gesamt- und vor allem Außenwirtschaft, bezieht man ... auch dessen direkte ›Internationalisierung‹ durch Auslands-Direktinvestitionen und -produktion ein« (ebenda, S. 21). Die Auslands-Direktinvestitionen betragen 1978 58 Mrd. DM (ebenda, S. 21) – das sind ca. 17% des Bruttosozialprodukts. »Das Weltmarktangebot (Exporte und – geschätzte – Auslandsproduktion) hat sich von 1967 ca. 110 Mrd. DM (22% des BSP) auf 1976 ca. 443 Mrd. DM (ca. 39% des BSP) absolut vervierfacht und relativ zum BSP nahezu verdoppelt« (ebenda).

Auf den europäischen Kontext bezogen schlägt sich die ökonomische Potenz der Bundesrepublik in einer »*strukturellen Dominanzposition*« nieder: asymmetrische wirtschaftliche Austauschströme und -salden, absolute und relative Bedeutung des westdeutschen Außenhandels für die einzelnen Länder wie die Region insgesamt, Produktion sogenannter strategischer Güter, die technische Überlegenheit der Produktion und Produktionsverfahren gegenüber der Konkurrenz begründen (Schlupp 1978; Deubner u. a. 1978 und 1979; Kreile 1978).

Die enorme Ausweitung der Weltmarktverflechtung im Gefolge der Rezession 1966/67 freilich hat die Abhängigkeit der deutschen Wirtschaft von der Weltmarktentwicklung erheblich verstärkt. Die direkte und indirekte exportinduzierte Bruttoproduktion beläuft sich inzwischen auf rd. 23% der gesamten Bruttoproduktion, der Anteil der vom Export direkt und indirekt abhängigen Erwerbstätigen beträgt bereits über 20% (Schlupp 1979; DIW 1978a). Im verarbeitenden Gewerbe sind ca. 4,6 Mio. Erwerbstätige (36,6%) direkt oder indirekt vom Export abhängig (Stäglin/Wessels 1976, S. 276).

Die Spitzenposition der deutschen Wirtschaft auf dem Weltmarkt wurde auch durch die Weltrezession 1973-75 nicht entscheidend gefährdet. Obwohl 1975 zum ersten Mal in der Geschichte der Bundesrepublik ein 4prozentiger Exporteinbruch mit einer Stagnation auf dem Binnenmarkt (Rückgang des Bruttosozialproduktes um 3,4%) zusammenfiel und die Arbeitslosigkeit sprunghaft von 2,6% 1974 auf 4,6% anstieg, blieben die Ausfuhrüberschüsse während der Krise beachtlich

(1974 50,8 Mrd.; 1975 37,7 Mrd.; – BMWi 1978, S. 73). Ab 1976 stieg das reale Bruttosozialprodukt wieder an und gingen, wenn auch sehr langsam, Arbeitslosenquote und Inflationsrate wieder zurück. Im internationalen Vergleich standen lediglich die Schweiz und Österreich noch besser da als die Bundesrepublik.

Vor allem die Nachfrage der OPEC- und Staatshandelsländer kam der deutschen Investitionsgüterindustrie zugute. So stieg beispielsweise der Ausfuhranteil in die OPEC-Staaten von 1973 bis 1977 um 315%, von 6 auf rd. 25 Mrd. (Simonis 1979, S. 36 ff.; BDI 1974 und 1975). Die Exporte in die Ostblockländer stiegen von 6% auf 7,9% und gingen ab 1976 (6,8%) wieder auf rd. 6% 1977 und 1978 zurück (BMWi, S. 75). Zur gleichen Zeit sank der Anteil der Ausfuhren in die EG und stagnierte bei den übrigen westlichen Industrieländern.

»Die Verschiebungen in der Bedeutung einzelner Länder der Peripherie für den Export der BRD sind beträchtlich. 1976 befinden sich unter den 10 wichtigsten Exportländern der Bundesrepublik in der außereuropäischen Peripherie 8 OPEC-Staaten; 1973 waren es 3« (Simonis, ebenda, S. 45).

Von 1976 bis 1978 hatte die Bundesrepublik wieder jährlich steigende Exportüberschüsse aufzuweisen; 1979 beliefen sich die Gesamtexporte bereits auf 314 Mrd.; der Außenbeitrag ging allerdings von 41 Mrd. 1978 auf 22,5 Mrd. zurück.

2. Das »Exportmodell« Deutschland in den siebziger Jahren: Verstärkter Anpassungs- und Modernisierungsdruck durch neue Weltmarktbedingungen

Trotz all dieser Erfolge: seit Mitte der siebziger Jahre ist auch das deutsche »Exportmodell« vor schwierige Anpassungsprobleme gestellt, die aus *neuen weltwirtschaftlichen Strukturveränderungen* resultieren und eine Intensivierung der Konkur-

renz auf dem Weltmarkt – gerade in der deutschen Domäne der Investitionsgüter – zur Folge haben:
– In allen kapitalistischen Metropolen sinken seit den sechziger Jahren über alle Konjunkturzyklen hinweg stetig die durchschnittlichen Wachstumsraten des Brutto-Inlandsprodukts *(Tabelle 1)* und die durchschnittliche Kapitalrentabilität (Fall der Profitraten) (SVR 1974, S. 33 f. und S. 70 f.; Busch 1978; Mandel 1976). Die Ursachen sind: notwendige Ausweitung von Kapitalstock und Kapitalintensität (Steigerung der Arbeitsproduktivität); schrittweise Erhöhung der Reallöhne bis 1973/74 aufgrund verbesserter Verhandlungsmacht der gewerkschaftlichen Organisationen (Vollbeschäftigung); schließlich sprunghafter Anstieg der Rohstoff- und Energiekosten ab 1973.
Erhöht schon allein diese Stagnationstendenz den Wettbewerb um verbleibende Märkte, so kommt noch erschwerend hinzu, daß die technologischen Basisinnovationen (Produkt- und Prozeßinnovationen), denen die Wachstumsindustrien ihre lange Prosperität verdanken, aus den dreißiger Jahren unseres Jahrhunderts stammen und heute weitgehend standardisiert in allen entwickelten Industrieländern angewendet werden (Mensch

Tabelle 1

Durchschnittliche jährliche Wachstumsraten des realen Brutto-Inlandsprodukts (BIP) in ausgewählten Ländern der OECD und EG seit 1950 in %

Land/Region	Zeitraum 1950-60	1960-70	1970-75
alle OECD-Länder	4,1	4,9	2,7
USA	3,3	3,9	2,0
Japan	7,9	10,8	5,4
BRD	8,0	4,9	1,7
Frankreich	4,8	5,6	3,6
Großbritannien	2,8	2,7	1,9
Italien	5,5	5,5	2,1
alle EG-Länder	–	4,6	2,4

Quelle: Kommission für wirtschaftlichen und sozialen Wandel 1977, S. 46.

1975; Kleinknecht 1979).[9]

Dieses *technologische Patt* reduziert einerseits spezifische Konkurrenzvorteile und erzwingt andererseits Anstrengungen, neue Basisinnovationen zu entwickeln, um sie als Konkurrenzvorteil einsetzen zu können. Ergebnis dieser Entwicklung ist eine Intensivierung der Konkurrenz in und zwischen allen entwickelten kapitalistischen Industriegesellschaften mit verschärftem *Verdrängungswettbewerb*, steigender *Importkonkurrenz*, *Strukturkrisen* bei technologisch höherwertigen Industrieprodukten und Errichtung von *Handelsschranken* (»Neuer Protektionismus«).

Einen groben Einblick in den intensiver werdenden Konkurrenzkampf vermittelt die Einfuhrstatistik: der prozentuale Anteil der *Fertigwaren-Einfuhr* an der Gesamt-Einfuhr betrug in den fünfziger Jahren rd. 20%, stieg in den sechziger Jahren kontinuierlich auf 50% an und erhöhte sich zwischen 1970 und 1978 auf rd. 55%, wobei die Steigerung zwischen 1977 und 1978 allein 2,9% ausmacht (BMWi 1978, S. 83). Das Verhältnis von Vor- zu Enderzeugnissen beträgt inzwischen bereits 1:2 (SVR 1979, S. 303). Auch 1979 wuchs die Einfuhr industrieller Fertigwaren überproportional, und zwar um 12% und »damit doppelt so stark wie die heimische Endnachfrage« (BDI 1979/80, S. 17). Jährliche Steigerungsraten weisen dabei gerade Einfuhren aus den Branchen auf, in denen die deutsche Wirtschaft ihre besondere Exportstärke besitzt: reduziert man die Gesamt-Einfuhr um den das Bild zu sehr verzerrenden Erdöl-Anteil, so stieg die Einfuhr bei chemischen Waren zwischen 1970 und 1978 um 2%, bei Fahrzeugen um 2,9% und bei elektrotechnischen Erzeugnissen um 1,9% (berechnet nach BMWi 1978, S. 82). Nun sind diese Zahlen sicherlich noch nicht besorgniserregend. Immerhin haben sie die deutsche Industrie bereits für das Problem sensibilisiert, wie man den Außenhandels-Analysen des *Bundesverbandes der Deutschen Industrie* entnehmen kann:

»Die Importkonkurrenz macht sich immer stärker auf solchen Gebieten bemerkbar, in denen die deutsche Industrie aufgrund von Technologie und Qualität eine starke Position aufgebaut hatte. 1978 drängten nicht nur asiatische Billiganbieter auf den deutschen Markt, sondern verstärkt auch die Konkurrenten aus den westlichen Industriestaaten mit hochwertigen Fertigwaren. Spürbare Marktanteile gingen an ausländische Anbieter verloren ... Der Anteil importierter Produkte an den inländischen Ausrüstungsinvestitionen nahm seit 1973 von 14% auf rd. 20% kontinuierlich zu« (BDI 1978/79, S. 175).

Rd. 75% der deutschen Importe stammen aus den übrigen kapitalistischen Industrieländern, die Quote der Ostblockländer beträgt 5%, die der Entwicklungsländer 20%.
Strukturkrisen zeichnen sich in der Bundesrepublik vermehrt in den traditionellen Industriebranchen ab: neben Stahl vor allem bei Uhren, Optik und Feinmechanik, Automobilen, Chemiefasern, Schiffbau, Unterhaltungselektronik, Teilen des Maschinenbaus. Demgegenüber hat die deutsche Verbrauchs- und Konsumgüterindustrie (Textil/Bekleidung, Leder-, Holz-, Keramik- und Kunststoff-Verarbeitung, Schuhindustrie, Nahrungs- und Genußmittelindustrie) einen über Strukturkrisen vermittelten Gesundschrumpfungsprozeß und die Neu-Orientierung auf sogenannte Spezialprodukte bereits in den sechziger und zu Beginn der siebziger Jahre vollzogen. Freilich treten hier neue Probleme mit der exportorientierten Industrialisierung der sogenannten Schwellenländer auf, auf die ich gesondert eingehe.
Die außenwirtschaftliche *Protektion* der westlichen Industrieländer hat seit den fünfziger Jahren verschiedene Phasen der Liberalisierung (Senkung der Zölle und Abbau mengenmäßiger Einfuhrbeschränkungen im Rahmen des GATT) erfahren. Jedoch verstärken sich seit Beginn der siebziger Jahre Tendenzen, »neue Handelshemmnisse zu errichten oder bereits etablierte zu verschärfen« (Institut für Weltwirtschaft 1979, S. 113). Nichttarifäre Handelshemmnisse werden gesteigert, nationale Subventionspraktiken unterlaufen den Abbau des Zollschutzes, kritische Bereiche des Welthandels (Textil/Bekleidung, Schuhe, Keramik, Stahl- und Agrarprodukte) werden durch Systeme multilateraler Absprachen »organisiert«, und die Entwicklungs-

länder wollen im Rahmen einer »neuen Weltwirtschaftsordnung« die Rohstoffbeschaffungsmärkte politisch verwalten. In diesem Zusammenhang ist übrigens von Interesse, daß die gegenüber den Entwicklungsländern so antiprotektionistisch und marktwirtschaftlich auftretende Bundesrepublik – ähnlich wie die übrigen Industrieländer – durch ein System eines über den Nominalzoll hinausgehenden branchenspezifischen Effektivzollschutzes die »Exportbemühungen von Entwicklungsländern bei Halb- und Fertigwaren vergleichsweise stark behindert« (Institut für Weltwirtschaft, ebenda, S. 116). Denn gerade die rohstoff- und arbeitsintensiven Industrien, bei denen die Entwicklungsländer inzwischen internationale Wettbewerbsvorteile besitzen, »genießen aber die höchste tarifäre Protektion in der Bundesrepublik wie in anderen Industrieländern« (ebenda, S. 118).

– Mit steigender Importkonkurrenz verknüpfte technologische Stagnation trifft nun zugleich auf eine zunehmende *Marktsättigung* bei vielen gängigen Industrieerzeugnissen und langlebigen Konsumgütern (Hauff/Scharpf 1975, S. 24), – als Folge

»deutlicher Bedarfs- und Nachfrageverlagerungen: Erstens: der Rückgang der Bevölkerung und die Stagnation in der Zahl der Privathaushalte mindert latent das Wachstum des privaten Verbrauchs und des Infrastrukturbedarfs (z. B. Wohnraum, Bildung, Gesundheit, Verwaltung). Zweitens: das hohe Wohlstands- und Ausstattungsniveau im privaten wie im öffentlichen Bereich läßt den Bedarf an langlebigen Konsumgütern und Ausrüstungsinvestitionen entweder auf den Ersatzbedarf zurückgehen oder verschiebt ihn zugunsten höherwertiger Ausstattungen. Drittens: wachsende Qualitätsansprüche an Güter und Dienstleistungen bei allen Käufergruppen führen zu einer differenzierteren Nachfrage« (Prognos/Mackintosh 1979, S. 7).

– »Für die Zukunft muß damit gerechnet werden, daß die fortgeschrittenen Entwicklungsländer noch stärker auf den Weltmarkt drängen werden, nachdem sie ihr Industrialisierungskonzept von Importsubstitution auf Exportförderung umgestellt haben. Dieser Trend in der internationalen Arbeitsteilung beeinflußte den Wettbewerb auf den Exportmärkten und am Binnenmarkt« (BDI 1978/79, S. 175).

Die Strategie der *exportorientierten Industrialisierung* freilich ist zur Zeit noch auf einige wenige Entwicklungsländer, die sogenannten Schwellenländer, beschränkt. Als Schwellenländer werden diejenigen Entwicklungsländer bezeichnet, »die über ein exportorientiertes Wachstum zu einer raschen Industrialisierung ihrer Wirtschaft gelangt sind« (SVR 1979, S. 173) und inzwischen einen Industrialisierungsgrad von mehr als 30% erzielt haben. Die *OECD* bezeichnet sie als »newly industrializing countries« und führt im einzelnen die folgenden auf: Brasilien, Griechenland, Hongkong, Jugoslawien, Mexiko, Portugal, Singapur, Spanien, Südkorea, Taiwan. Die regionale Konzentration auf Südost-Asien, Lateinamerika und den europäischen Mittelmeerraum ist unverkennbar. Vorwiegend aus diesen Ländern – so stellt der *Sachverständigenrat* fest – sowie Indien und Israel kam die Zunahme der Industrie-Exporte der Entwicklungsländer in den siebziger Jahren (ebenda), die aber weniger spektakulär ist, als es häufig in der deutschen Öffentlichkeit diskutiert wird.

»Immerhin expandierten die Exporte von verarbeiteten Produkten aus Entwicklungsländern von 1960 bis 1976 real mit einer jährlichen Zuwachsrate von etwa 13%, während die Weltausfuhr dieser Produkte dem Volumen nach nur 9% je Jahr zunahm. In der Bundesrepublik stammten 1978 zwar nur 8,5% der Importe von verarbeiteten Erzeugnissen aus Entwicklungsländern, in einzelnen Bereichen war der Marktanteil dieser Länder aber wesentlich höher, so 31% bei Bekleidungswaren, 18% bei Ledererzeugnissen, 18% bei Textilien und 17% bei Erzeugnissen des holzverarbeitenden Gewerbes. Kräftige Zunahmen waren in den letzten Jahren auch bei Metallwaren und einfachen Maschinen zu verzeichnen. Stärker noch als in der Bundesrepublik ist die Marktposition der Entwicklungsländer in den Vereinigten Staaten, Großbritannien und in den skandinavischen Ländern« (ebenda, S. 176).

Unabhängig von den teilweise differierenden inneren ökonomischen, sozialen und politischen Verhältnissen und unabhängig von zahlreichen retardierenden Momenten, krisenbedingten Rückschritten und Brüchen (Simonis 1979) zeichnet alle diese

Länder das Streben aus, mit industriellen (auf standardisierten Technologien basierenden) Fertigwaren auf dem Weltmarkt die für die weitere innere Entwicklung notwendigen Erlöse zu erzielen. Zugleich haben die Unternehmen der kapitalistischen Metropolen aufgrund der kontinuierlich sich verschlechternden Verwertungsbedingungen seit Mitte der sechziger Jahre und verstärkt seit der Weltrezession 1974/75 aus Kosten- und Marktgesichtspunkten die Verlagerung von Branchen/Industriezweigen/Produktionsschritten in diese industrialisierten »Billiglohnländer« vorangetrieben. So entwickelt sich immer mehr eine weltmarktorientierte, auf industrielle Fertigwaren spezialisierte »neue internationale Arbeitsteilung« zwischen Schwellenländern und kapitalistischen Metropolen – und zwar als Ergebnis einer partiellen Interessenidentität herrschender Klassenfraktionen dieser Schwellenländer und der Verwertungsinteressen weltweit operierender multinationaler Konzerne (Simonis 1979). Dieser Prozeß wird sich in den achtziger Jahren sicherlich intensivieren: denn einmal werden die multinationalen Konzerne die neuen technisch-ökonomischen Möglichkeiten, wie unausgeschöpftes Reservoir billiger Arbeitskräfte, weltweite Zerlegbarkeit und Reintegration des Arbeitsprozesses, Verbesserung der Steuerungs- und Transporttechnologie (Fröbel u. a. 1977; Poulantzas 1975), optimal ausnutzen; zum anderen sind die Schwellenländer selbst in einen Konkurrenzkampf um das anlagesuchende internationale Kapital eingetreten und überbieten sich gegenseitig bei der Gewährleistung von Subventionen und Hilfsleistungen (Esser/Fach/Simonis 1980).
Den steigenden Anteil qualifikationsintensiver Industriewaren aus diesen Ländern am Import der Bundesrepublik hat *Simonis* (1979) zu quantifizieren versucht: Bei Nichtberücksichtigung der Erdölimporte

»betrug der Anteil der Industriewaren 1972 gut 33 und 1976 fast 43%. Diese Steigerung des Importanteils geht überwiegend auf die Importe aus Asien, genauer Südost-Asien, zurück ... Für das sich gegenwärtig neustrukturierende Verhältnis zwischen der Bundesrepublik und der

Peripherie ist symptomatisch, daß nicht allein der Importanteil von 15,3 (1972) auf 20,5% (1976) zunahm, sondern daß auch der Anteil von Industriewaren an der gesamten Einfuhr von 5,4 auf 7,7% gestiegen ist. 1972 noch 10,3%, hat die Bundesrepublik 1976 bereits 16,7% aller arbeitsintensiven Industriewaren aus außereuropäischen Entwicklungsländern bezogen ... Zwischen 1972 und 1976 nahm die Einfuhr von qualifikationsintensiven Waren um 266% zu. Der Importanteil wuchs von 1,4 auf 3%. Die Entwicklung innerhalb der verschiedenen Branchen und Warengruppen verlief sehr unterschiedlich: in zwei Produktgruppen konnten beachtliche Steigerungen der Importanteile erreicht werden: bei den elektrischen Maschinen, Apparaten und Geräten ... von 2,5 (1972) auf 6,6 (1976) und bei den feinmechanischen, optischen, fotochemischen Erzeugnissen und Uhren ... von 2,4 (1972) auf 5,7 (1976)%. Der Anteil der importierten chemischen Erzeugnisse war rückläufig. Die Produktgruppe der nicht-elektrischen Maschinen ... konnte die höchste Wachstumsrate von 512% verzeichnen. Der ›Marktanteil‹ wuchs jedoch wegen des niedrigen Ausgangsniveaus lediglich auf 2,7%. Den geringsten Importanteil hatte immer noch die Warengruppe ›Fahrzeuge‹. ... 1972 betrug der Anteil qualifikationsintensiver Produkte an der gesamten Einfuhr der Industriewaren aus außereuropäischen Entwicklungsländern 11,9%; 1976 war er auf 18,9% gestiegen, nachdem er im atypischen Krisenjahr 1975 bereits den Wert von 20,4% erreicht hatte« (ebenda, S. 49 f.).

Bei solchen Quantifizierungsversuchen muß freilich berücksichtigt werden, daß es aufgrund der zunehmend weltweit orientierten Produktion der multinationalen Konzerne kaum noch möglich ist, den steigenden Anteil an Fertigwaren aus sogenannten »Billiglohnländern« genauer statistisch zu erfassen. Insgesamt betrachtet ist die Bedeutung der Einfuhr von Fertigwaren aus der Peripherie und dem Ostblock für die Marktversorgung der Bundesrepublik noch nicht besorgniserregend. Und ihr »Hochspielen« in der öffentlichen wirtschaftspolitischen Diskussion soll eher von den eigentlichen Ursachen der kapitalistisch erzeugten Wirtschaftskrise *ablenken* und den »Schwarzen Peter« den ärmsten und am gründlichsten ausgebeuteten Ländern des kapitalistischen Weltsystems zuschieben. Hinzu kommt – wie die Entwicklungen im Iran, Südkorea oder

Brasilien zeigen –, daß die Konflikte dieser exportorientierten Industrialisierungsstrategie in diesen Ländern zu derart explosiven sozialen »Ausbrüchen« führen können, daß die gesamte Strategie aufgegeben (Iran), in Frage gestellt (Brasilien) oder zeitweise ausgesetzt (Südkorea) wird; deshalb kann über eine längerfristige »strukturelle« Veränderung des Weltmarktes durch diese Schwellenländer nichts Definitives ausgesagt werden. Gleichwohl werden die möglichen, längerfristig wirkenden Konsequenzen solcher exportorientierter Industrialisierungsstrategien bei den aktuellen Anpassungs- und Modernisierungsmaßnahmen der deutschen Wirtschaft *einkalkuliert*.

– Schließlich erzwingen die seit 1973 sprunghaft steigenden *Energie- und Rohstoffpreise*, ein Resultat der stärkeren Stellung der Entwicklungsländer auf dem Weltmarkt, neue Exportanstrengungen. Konnte die Bundesrepublik den ersten »Ölschock« noch einigermaßen durch Steigerung ihrer Exporte in die OPEC-Länder kompensieren, so teilt sie seit 1979 das Schicksal aller anderen Industrieländer: zum ersten Mal seit 1965 schloß die Leistungsbilanz mit einem 9-Mrd.-Defizit ab – und dies trotz eines Rekordanstiegs der Ausfuhr auf 315 Mrd. DM und einer mit 22 Mrd. DM positiv abschließenden Außenhandelsbilanz. Die Entwicklung der Leistungsbilanz im ersten Halbjahr 1980 läßt nach Ansicht der *Deutschen Bundesbank* sogar ein Minus von rd. 25 Mrd. für das ganze Jahr erwarten, nachdem es für das erste Halbjahr saisonbereinigt bereits 13 Mrd. DM beträgt (Monatsbericht der Deutschen Bundesbank, Juli 1980).

Um einer längerfristigen Verschlechterung der *terms of trade* und einer die Importe weiter verteuernden Abwertungsgefahr zu entrinnen, soll deshalb der Ausfuhranstieg noch intensiviert und die Attraktivität von Kapitalimporten (Stabilität der Mark, hohes Zinsniveau) verbessert werden. Freilich verschärft diese Strategie sowohl die internationale Konkurrenzintensität als auch Protektionismusgefahren, da alle anderen Industrieländer gleichermaßen von steigenden Rohstoff- und Energiepreisen betroffen sind.

3. Unternehmerische Anpassungsstrategie und staatliche Wirtschaftspolitik

In dieser Konstellation haben sich deutsche Wirtschaft und staatliche Wirtschaftspolitik für eine *offensive* und antiprotektionistische, alte Märkte sichernde und neue Märkte öffnende Anpassungsstrategie entschieden:

»Die westlichen Industrienationen stehen zu Beginn der 80er Jahre als Folge grundlegend veränderter binnen- und weltwirtschaftlicher Rahmenbedingungen unter dem Zwang, ihre Produktions- und Beschäftigungsstrukturen neuen Gegebenheiten anpassen zu müssen. Erschwert wird die Lösung dieser Aufgabe durch ein Umfeld, das durch abgeschwächtes Wirtschaftswachstum, Ölpreisexplosion und Verteuerung der Rohstoffe, starke Zunahme des Inflationsdrucks und das Vordringen der Entwicklungsländer auf die Weltmärkte geprägt ist. Der Bedarf an Strukturanpassung ist weltweit ... Für die Wirtschafts-, insbesondere die Finanzpolitik stellt sich die Aufgabe, Bedingungen zu schaffen, die die Stabilitätspolitik erleichtern und zugleich den Unternehmen jenen Raum geben, den sie für die notwendigen Anpassungsprozesse an weltweit veränderte Marktbedingungen benötigen. Die Anpassungsprozesse sind ohne weiteren technischen Fortschritt nicht zu bewältigen. Zur Nutzung neuer Technologien gibt es keine Alternativen, soll die Wettbewerbsfähigkeit der Unternehmen gestärkt und dauerhaft gesichert werden. Eine defensive Haltung zur Bewältigung der Strukturprobleme, sei es in Form von Erhaltungsstrategien oder protektionistischen Schutzmaßnahmen, ist als Lösungsansatz nicht erfolgversprechend. Kurzfristig kann sie höchstens das Erreichte sichern, auf mittlere Sicht jedoch sind Wachstums- und Beschäftigungseinbußen zwangsläufige Folgen; sie bindet Ressourcen in produktivitätsschwachen Bereichen und mindert damit die Leistungsfähigkeit der Volkswirtschaft. Die marktwirtschaftliche Ordnung ist wie kein anderes Wirtschaftssystem geeignet, die notwendige industrielle Umstrukturierung zu gewährleisten. Voraussetzung ist allerdings, daß die Funktionsfähigkeit dieses Systems gestärkt und damit der Freiraum für eigenverantwortliches unternehmerisches Handeln nicht weiter eingeschränkt wird ... Angesichts der drastischen Verschlechterung der Leistungsbilanz der Bundesrepublik Deutschland ... kommt es wesentlich darauf an, die Exportkraft der deutschen Wirtschaft nachhaltig und dauerhaft zu stärken. Die Verbesserung der Anpassungsfähigkeit der Unternehmen an die gewandelten Produktionsbedingungen sowie die Förderung der Produktentwicklung und der Produktivität durch zielgerichtete Innovationen sind die Ansatzpunkte einer erfolgversprechenden Strategie. Neben der Lohnpolitik und einer ausgewogenen Innovationsförderungspolitik kommt einer investitionsgerechten Steuerpolitik maßgebliche gesamtwirtschaftliche Bedeutung zu« (BDI 1979/80, S. 39 ff.).

Ähnlich argumentiert die Bundesregierung im »*Bundesbericht Forschung VI*«:

»Die rechtzeitige Beherrschung und wirtschaftliche Nutzung moderner Technologie sind für die Wirtschaft der Bundesrepublik Deutschland ein entscheidender Wettbewerbsfaktor. Bei zunehmender Arbeitsteilung und Produktionsverflechtung in der Weltwirtschaft sind ein technisch hochentwickeltes Güterangebot und rationelle, kostengünstige Fertigungsmethoden durch Einsatz modernster Technologien Voraussetzung für hohe ›Tauschwerte‹ im internationalen Handel, für ein hohes inländisches Produktivitätsniveau und damit für ein hohes Lohn- und Einkommensniveau. Die Nutzung unserer auf einem hohen Stand von Forschung und Technologie beruhenden, qualitativen Wettbewerbsvorteile ist damit nicht nur unverzichtbar für die Exportchancen eines breiten Spektrums von technischen Erzeugnissen, Investitionsgütern, Industrieanlagen und Infrastruktureinrichtungen. Auch die traditionellen Verbrauchsgüterindustrien, vor allem bei hochwertigen Qualitätsprodukten, können in Zukunft ihre Chancen nur wahren, wenn sie moderne Fertigungstechnologien nutzen und technologisch fortgeschrittene Konzepte und Bauteile in ihre Produkte einbeziehen. Schlüsseltechnologien – wie etwa die Datenverarbeitung oder die Anwendung elektronischer Bauelemente – und die generelle Stärkung der Innovationskraft der Unternehmen sind in dem einen wie in dem anderen Falle oft ausschlaggebend« (S. 10).

Die Komponenten dieser Strategie sind im einzelnen:
1. Kostensenkung durch *Produktivitätssteigerung* und *Rationalisierung*, durch Stabilisierung bzw. Senkung der Lohn- und Lohnnebenkosten sowie durch Steuererleichterungen.
– Bei der Steigerung der *Arbeitsproduktivität* hat das verarbeitende Gewerbe seit 1974 beträchtliche Fortschritte erzielt: gemessen als Produktionsergebnis je Beschäftigtenstunde über-

steigt die Veränderungsrate der Arbeitsproduktivität jene der Nettoproduktion *(Tabelle 2)*; zugleich ist innerhalb von 5 Jahren eine Steigerung von 26% zu verzeichnen.

Auch der Produktivitätszuwachs der Gesamtwirtschaft (je Arbeitsstunde) betrug in den siebziger Jahren jahresdurchschnittlich 4,5%. Erhebliche Produktivitätsfortschritte wurden vor allem im privaten (teilweise auch öffentlichen) Dienstleistungsbereich erzielt. Freilich bekümmert den *Sachverständigenrat*, daß der Produktivitätszuwachs in den sechziger Jahren mit jahresdurchschnittlich 5,5% höher war. Andererseits ist eine »Abschwächung des Produktivitätsanstiegs im Vergleich zu früheren Trends nicht nur in der Bundesrepublik zu beobachten, sondern auch in den meisten anderen westlichen Industrieländern; im allgemeinen ist sie dort sogar noch ausgeprägter« (SVR 1979, S. 52) – womit der Konkurrenzvorsprung noch gewahrt wäre. Außerdem: »Nimmt der Umfang der neu in Betrieb genommenen Produktionsanlagen weiterhin so kräftig zu, wie dies 1979 der Fall war, so könnte der Produktivitätsanstieg insoweit auch künftig wieder ähnlich hoch sein wie früher« (ebenda).

– Die *Rationalisierung* der technisch-organisatorischen Betriebsabläufe (im Produktions-, Verwaltungs- und Distributionsbereich) wurde in den letzten Jahren vor allem sowohl

Tabelle 2

Entwicklung der Produktivität im verarbeitenden Gewerbe der Bundesrepublik Deutschland seit 1974

	1974	1975	1976	1977	1978	3. Quartal 1979
Produktionsergebnis je Beschäftigtenstunde	123,0	127,9	138,4	145,3	150,1	155,2
Netto-Produktion im verarbeitenden Gewerbe 1970 = 100	110,1	103,3	110,9	114,5	116,6	119,6

Quelle: Sachverständigenrat 79/80, S. 285 und 289

durch die Einführung der Mikroelektronik (Roboter, CNC-Maschinen) als auch der Informations- und Kommunikationstechnologie (Daten- und Textverarbeitung) enorm verstärkt. Dabei übersteigen die Rationalisierungsinvestitionen bei weitem die Erweiterungsinvestitionen: Während letztere 1970 mit 18 Mrd. DM einen Höhepunkt erreichten und bis 1976 auf 6 Mrd. DM zurückfielen, sind erstere mit ca. 13 Mrd. DM pro Jahr seit den sechziger Jahren in etwa konstant geblieben (*Handelsblatt* vom 8. 2. 78 und 27. 6. 78).

Die Einsatzmöglichkeiten neuer Automationstechniken (Produktions- und Roboter-Systeme, Testverfahren und Qualitätskontrolle, neue Transport- und Lagertechniken), neuer Organisations- und Kommunikationstechniken (Satelliten, Faseroptik, elektronische Textverarbeitung, computergestütztes Design, interaktive Computersysteme) sowie neue Bearbeitungs- und Verfahrenstechniken (neue Verfahren der Energiegewinnung, -nutzung oder -einsparung, Laser, kontinuierliches Gießen, spezialisierte Wartungsmaschinen) werden freilich erst in den achtziger Jahren erhebliche Rationalisierungsmöglichkeiten für die deutsche Wirtschaft erschließen – und neben erheblichen Produktivitätssteigerungen erhebliche Personalfreisetzungen zur Folge haben (Prognos/Mackintosh 1979; Ifo/Fraunhofer/Infratest 1979).

In Zusammenhang mit Produktivitätssteigerung und Rationalisierungsmöglichkeiten ist zusätzlich von Interesse, daß sich die deutsche Wirtschaft seit Jahren erfolgreich dagegen wehrt, Produktivitätsfortschritte aus beschäftigungspolitischen Gründen mit Arbeitszeitverkürzung (sei es mit oder ohne Lohnausgleich) zu verbinden.

– Eine *Stabilisierung des Kostenniveaus* wird in erster Linie über die Lohnkosten zu erzielen versucht. Hier argumentiert die deutsche Wirtschaft mit international vergleichenden Untersuchungen, die die Bundesrepublik als »Hochlohnland« ausweisen: demnach liegt die Bundesrepublik zur Zeit bei den Arbeitskosten (Bruttostundenverdienst + Personalzusatzkosten) mit 21,14 DM an vierter Stelle hinter Belgien, Schweden

und den Niederlanden. Bezogen auf die sogenannten »konkurrierenden großen Sechs« des Weltmarktes (USA, BRD, Japan, Frankreich, Italien, Großbritannien) liegt die Bundesrepublik an der Spitze (*Handelsblatt* vom 11. 8. 80). Freilich kommt diese Spitzenstellung weniger durch die Effektivverdienste als vielmehr durch die hohen Personalzusatzkosten (1979 je 100,– DM Direktentgelt 69,7% je Arbeitnehmer) und die durch geringere Inflation noch verstärkte DM-Aufwertung zustande. Wenn die Unternehmer an der stabilen Mark nicht rütteln wollen und es ihnen außerdem gelungen ist, die Reallöhne in der Bundesrepublik zu senken (SVR 1979, S. 80) bzw. die Lohnkosten je Produkteinheit in fünf Jahren nur geringfügig zu erhöhen (Deutsche Bundesbank, Geschäftsbericht 1980), so gilt ihr Angriff umsomehr den Lohnnebenkosten. Von hierher wird die Ablehnung der Erhöhung von Renten- und Krankenversicherung (BDI 1975, S. 14) verständlich.
– Hinsichtlich der *öffentlichen Haushalte* vertreten die Unternehmer eine differenzierte Strategie: durch eine mittelfristige Konsolidierung (Abbau der Staatsverschuldung und Begrenzung des Haushaltszuwachses auf die Zuwachsrate des realen Bruttosozialproduktes) sollen investitionsfördernde, gewinnorientierte Steuererleichterungen (Abbau von Vermögens-, Gewerbe- und Lohnsummensteuer) erreicht werden. Zugleich wird eine Umstrukturierung des Haushalts gefordert: Begrenzung/Senkung der konsumptiven Ausgaben bei gleichzeitiger Erhöhung der Mittel für »wachstumsfördernde«, die »Risikobereitschaft« und internationale »Anpassungsflexibilität« erhöhende Ausgaben.
Die *staatliche Haushaltspolitik* ist diesen Forderungen in den letzten Jahren weitgehend nachgekommen. In mehreren Steueränderungsgesetzen wurden Vermögens-, Gewerbe-, Lohnsummen-, Körperschafts- und Einkommensteuern gesenkt, zugleich indirekte Verbrauchssteuern (Mehrwertsteuer, öffentliche Tarife) erhöht. Das Haushaltsstrukturgesetz von 1975 formulierte als vorrangiges Ziel, die mittelfristige Orientierung der Staatsausgaben an die Entwicklung des Produktionspotentials zu

koppeln. Konsequenterweise bringt dieses Gesetz die geforderte Umstrukturierung des öffentlichen Haushalts: von 1976 bis 1978 werden insgesamt Einsparungen (vor allem im sozialen Bereich) in Höhe von 23,1 Mrd. DM vorgenommen (Sörgel 1976; Laaser 1977; SVR 1976); die Maßnahmen für die privaten Investitionsanreize der folgenden Jahre sind vielfältig: Abschreibungserleichterungen für private Investitionen, Investitionszulagen, Konjunkturprogramme, steuerliche Begünstigungen von Eigenkapitalbildung, Anreize für zusätzliche Beschäftigung in Privatunternehmen durch befristete Subventionen der Lohnkosten, Subventionen zur Sanierung/Förderung strukturschwacher Branchen (SVR 1976 und 1979). 1978 wird diese selektive investitionsfördernde Haushaltspolitik noch ausgeweitet (SVR 1979, S. 103 ff.). Die Ausgaben aller Gebietskörperschaften für Sachinvestitionen und für die Förderung von Investitionen im privaten Sektor betragen von 1976 bis 1979 326 Mrd. DM und weisen erheblich größere Steigerungsraten auf als beispielsweise die für öffentliche Personalkosten (ebenda, S. 107). Allein 50 Mrd. DM Subventionen hat die deutsche Wirtschaft in den letzten fünf Jahren erhalten (Memorandum 80, S. 87). Besonders hervorzuheben ist der exponentielle Anstieg der staatlichen Aufwendungen für Forschung und Entwicklung, die – obwohl sie teilweise in die Rationalisierungsinvestitionen der Unternehmen eingehen – bei der nun folgenden Modernisierungsstrategie näher analysiert werden sollen.

2. *Modernisierung* der Produktionsstruktur, *Entwicklung von Basisinnovationen* sowohl bei Produkten als auch Produktionsverfahren, *Spezialisierung* auf sogenannte »intelligente«, d. h. technologisch hochstehende Produkte bzw. Entwicklung, Planung und Durchführung hochkomplexer Großanlagen.

Im Rahmen der neuen weltwirtschaftlichen Bedingungen bildet diese Strategie den *Kern* unternehmerischer Politik: ihr finanzieller Aufwand und ihre konkrete inhaltliche Gestaltung bestimmen jeweils Ausmaß und Richtung aller anderen hier aufgeführten Maßnahmen. Denn immerhin geht es für die deutsche Wirtschaft darum, ihre *strategische Schlüsselposition* bei den

Investitionsgütern auf dem Weltmarkt zu verteidigen. Drei Richtungen sind erkennbar: a) Einführung und Anwendung neuer Verfahren zur Energiegewinnung, -nutzung und -einsparung; b) Fortentwicklung (vor allem industrielle Anwendung) der Mikroelektronik in Verbindung mit Daten- und Nachrichtentechnik, die als die wichtigsten technologischen Entwicklungslinien der achtziger Jahre angesehen werden; c) Entwicklung technologisch hochwertiger Spezialprodukte in den Branchen, die aufgrund der verschärften internationalen Konkurrenz erheblichen Schrumpfungsprozessen ausgesetzt waren (sind) - z. B. Konzentration auf Qualitäts- und Edelstähle, kapitalintensive Fertigung von Qualitätstextilien und -bekleidung, Spezialschiffe, Laboreinrichtungen, Fotokopier- und Mikrofilmgeräte, Großuhren.

Modernisierung und Spezialisierung erfordern hohe Aufwendungen für *Forschung und Entwicklung*, und zwar auf allen Ebenen: Grundlagenforschung, angewandte Forschung, technische Entwicklung und industrielle Einführung (Hauff/Scharpf 1975, S. 46 ff.; Institut für Weltwirtschaft 1979, S. 120 ff.). Sie wuchsen dementsprechend stark an, von 12,3 Mrd. DM 1969 auf 30,4 Mrd. DM 1978 (durchschnittliche jährliche Zuwachsrate 10,6%). Ihr Anteil am Bruttosozialprodukt stieg von 2,1% 1969 auf 2,4% 1975 und betrug 1978 2,3% (Forschungsbericht VI, S. 74). Im internationalen Vergleich mit ihren wichtigsten Konkurrenten lag die Bundesrepublik 1975 (Meßgröße: Anteil der Ausgaben für Forschung und Entwicklung am Bruttoinlandsprodukt) gemeinsam mit Großbritannien hinter den USA (2,3%) an zweiter Stelle (2,1%) vor Frankreich (1,8%), Japan (1,7%), Kanada (1,0%) und Italien (0,9%) (Forschungsbericht VI, S. 96). Der staatliche Anteil dieser Aufwendungen betrug 1969 5,7 Mrd. DM und stieg 1978 auf 14,2 Mrd. DM an (durchschnittliche jährliche Zuwachsrate 10,7%); der Eigenbeitrag der Wirtschaft betrug 1969 6,4 Mrd. DM und 1978 15,3 Mrd. DM (durchschnittliche jährliche Zuwachsrate 10,2%). Prozentual erhöhte sich der Anteil des Staates von 46 auf 47%; der Anteil der Wirtschaft sank von 52,4 auf 50,4% (ebenda, S. 74 f.).

Tabelle 3
Verteilung der F- und E-Aufwendungen ausgewählter Wirtschaftsbranchen und ihre Beiträge zur Bruttowertschöpfung (BWS) 1977 in %

Branchen	F- und E-Aufwendungen	Beiträge zur BWS	F- und E-Ausgaben des Bundes	Anteil des Bundes an F- und E-Aufwendungen der Branchen
Chemische Industrie und Mineralöl	27,6	10,7	6,1	3,6
Stahl-, Maschinen- Fahrzeugbau	33,6	18,5	46,6	22,4
Elektrotechnik, Feinmechanik, Optik	28,9	13,1	33,3	18,5
Summe	90,1	42,3	86,0	44,5

Quelle: Bundesbericht Forschung VI, 1978, S. 89

Die Branchen-Aufschlüsselung zeigt die Konzentration auf die exportorientierten Schlüsselbranchen recht deutlich *(Tabelle 3)*. Rund 90% der gesamtwirtschaftlichen Forschungsintensität entfallen demnach allein auf die Branchen Chemie, Stahl-, Maschinen- und Fahrzeugbau, Elektrotechnik; ihr Anteil an der Bruttowertschöpfung beträgt jedoch nur rd. 42%. Auch die Bevorzugung von Großunternehmen ist kaum zu leugnen: 1977 wandten die Unternehmen, die einen Umsatz von 1000 Mio. DM und mehr erzielen, allein 69,9% aller von der Wirtschaft selbst finanzierten Forschungs- und Entwicklungs-Kosten (F- und E-Kosten) auf (ebenda, S. 84). Die F- und E-Ausgaben des Bundes fließen ebenfalls »überwiegend Großunternehmen zu, weil nur sie in der Lage sind, das hohe technische und wirtschaftliche Risiko von langfristigen F- und E-Projekten zu tragen und die erforderlichen Eigenleistungen aufzubringen« (ebenda, S. 82).[10] Die Förderprogramme des Bundes machten 1978 51,8% der Gesamtförderung aus; sie konzentrierten sich auf Energieforschung und -technologie, naturwissenschaftlich-technische Forschung und Entwicklung, Weltraumforschung und -technik, Transport- und Verkehrssysteme sowie Datenverarbeitung, Nachrichtentechnik, Elektronik (ebenda, S. 78).

Man kann die *F- und E-Politik* schwerlich, wie dies die sozialdemokratische Ideologie tut, als aktive, staatlich gesteuerte Strukturpolitik bezeichnen. Bisher haben die Unternehmen sich erfolgreich gegen solche Vorstellungen zur Wehr gesetzt. Strukturwandel ist nach ihrer Auffassung Sache der autonomen, über den Markt vermittelten Unternehmensentscheidung; Strukturpolitik hat lediglich eine subsidiäre Funktion, d. h., in Problembereichen notwendige Anpassungsprozesse flankierend zu fördern, internationale Wettbewerbsverfälschungen zu mildern, soziale Auswirkungen abzufedern und Erhaltungssubventionen für veraltete Industriestrukturen zu vermeiden (BDI 1977/78, S. 19). Ähnliche Vorbehalte gelten der Industriepolitik der Europäischen Gemeinschaft: Krisenpläne – wie den für die europäische Stahlindustrie – akzeptiert die starke deutsche Industrie nur als vorübergehenden Kompromiß, um gefährlicheren Protektionismus zu verhindern, d. h., den lukrativen europäischen Binnenmarkt längerfristig nicht zu gefährden.

Diese Unternehmerposition bestimmt inhaltlich die staatliche Forschungspolitik, einen Prozeß, den *Ronge* (1977) und *Hirsch* (1974) als »Privatisierung« und »Ökonomisierung« aktiver Strukturpolitik analysiert haben: die über den kapitalistischen Weltmarkt vermittelten Anpassungszwänge bewirken die Ausrichtung der staatlichen Förderprogramme sowie die Zurückhaltung gegenüber Erhaltungssubventionen in strukturschwachen Branchen. Gefördert werden anspruchsvolle Schlüsseltechnologien, die unter internationalen Profit- und Konkurrenzgesichtspunkten als längerfristig attraktiv erscheinen und »deren Entwicklung aus Gründen hoher Investitionskosten –

und Risiken durch miteinander konkurrierende Einzelkapitale nicht ohne weiteres gewährleistet ist« (Schmidt/Stoltenberg 1978, S. 701) – von im demokratisch-politischen Willensbildungsprozeß zustandegekommenen Zielsetzungen bei der Forschungs- und Technologiepolitik kann nicht gesprochen werden. Diese Erfahrung mußten auch die Gewerkschaften machen, die bisher bestenfalls mit dem »Humanisierungsprogramm« erreichen konnten, daß ein insgesamt bescheidener Betrag für die »Verbesserung der Arbeits- und Lebensbedingungen der Arbeitnehmer« innerhalb staatlicher Forschungspolitik aufgewandt wurde (Trautwein 1978).

Letztgenanntes läßt sich besonders eindringlich an der staatlichen Unterstützung der *Mikroelektronik* zeigen: diese wird (und muß) vorrangig gefördert werden, weil

»die USA und Japan ... gegenüber europäischen Unternehmen im gesamten Bereich moderner Informationstechniken Wettbewerbsvorsprünge (haben). Daraus resultieren Gefahren für die längerfristige Wettbewerbsfähigkeit der europäischen Wirtschaft, die Aufrechterhaltung und den Ausbau von Qualifikations- und Lohnniveau. Um internationale Wettbewerbsfähigkeit zu erreichen, müssen die Elektroniktechnologien mindestens so rasch eingesetzt werden wie in den Hauptkonkurrenzländern« (BMFT-Presseinfo zur 2. Sitzung des »Technologiepolitischen Dialogs« vom 24. 10. 79, S. 2; Gesprächskreis Modernisierung der Volkswirtschaft 1980).

Freilich darf ein wesentliches Element staatlicher Strukturpolitik nicht vergessen werden: die Herstellung eines *kooperativen Dialogs* der Sozialpartner. Im Klartext: Einbindung der Gewerkschaften in eine staatlich abgestützte Modernisierungspolitik zur Erhaltung der internationalen Wettbewerbsfähigkeit trotz anfallender sozialer Härten bzw. aktive Mitarbeit der Gewerkschaften bei notwendigen Fortbildungs-/Umschulungs-Maßnahmen (»lebenslanges Lernen«) und Mobilität der Arbeitnehmer (Hauff 1978; Presse- und Informationsamt der Bundesregierung 1979).

3. *Verlagerung* von unrentablen Produktionsbereichen in Billiglohnländer oder rentabler Bereiche in andere kapitalistische

Metropolen, um Konkurrenznachteile auszugleichen oder Exportbeschränkungen zu umgehen.
Die Auswertung der *Direktinvestitionen* Deutscher im Ausland ergibt für 1978 einen Gesamtwert von 58 Mrd. DM. Rund 54% dieser Kapitalexporte wurden erst ab 1973 getätigt, rd. 83% erst ab 1967. 1973 ist zusätzlich ein wichtiges Stichjahr, weil sich hier innerhalb eines Jahres der Zuwachs verdoppelt: von 2,8 Mrd. 1972 auf 5,6 Mrd. Seit 1973 liegen dann die jährlichen Zuwächse zwischen 5 und 6 Mrd. DM (BMWi 1978, S. 88).
Wichtigste Kapitalexporteure sind die bereits bekannten Wachstumsindustrien: Chemie 17%, Maschinenbau 7,5%, Elektrotechnik 10%, Eisen und Stahl 8%, Kreditinstitute 10% der Gesamt-Auslandsdirektinvestitionen. Der Hauptteil (rd. 75%) floß bisher in die übrigen Industrieländer, rd. 35% davon in die EG-Staaten. Wichtigstes Anlageland sind allerdings immer noch die USA mit rd. 8,6 Mrd. (15%); es folgen Frankreich, Belgien/Luxemburg, Schweiz mit je zwischen 5 und 6 Mrd. DM, Großbritannien 2,4 Mrd., Österreich und Italien liegen bei je 1,8 Mrd. Diese Angaben bestätigen, daß die deutsche Kapitalexportstrategie bislang eher zur *Absatzsicherung* in den Metropolen eingesetzt wurde denn zur Ausnutzung der billigeren Kosten in Entwicklungsländern. 1978

»erreichte der Anlagenbestand deutscher Investoren in Entwicklungsländern insgesamt 16,3 Mrd. DM, wovon rd. ein Viertel auf weniger entwickelte europäische Länder entfiel. Von den Investitionen in den übrigen Entwicklungsländern wurde rd. die Hälfte in Lateinamerika, insbesondere in Brasilien, auf den niederländischen Antillen, in Argentinien und in Mexiko getätigt. Die übrige Hälfte verteilt sich auf Entwicklungsländer in Afrika und Asien« (SVR 1979, S. 185).

Der *Sachverständigenrat* teilt die häufig formulierte Befürchtung des Abbaus von Arbeitsplätzen in der Bundesrepublik durch Verlagerung in Billiglohnländer bislang nicht, vermutet einen solchen Trend jedoch längerfristig:

»Nach den Vereinigten Staaten und Großbritannien ist die Bundesrepublik heute das Land mit dem drittgrößten Bestand an Direktinvestitionen in Entwicklungsländern. Die deutsche Wirtschaft hat ihr Engagement im Verlauf der 70er Jahre vervierfacht. Eine ähnlich stürmische Entwicklung hatte nur Japan zu verzeichnen. Gemessen am inländischen Anlagevermögen beläuft sich der deutsche Anlagenbestand in Entwicklungsländern im Jahre 1978 auf weniger als ¹/₂%; weniger als 1% der gesamten Investitionen im Inland beträgt das Volumen der jährlichen deutschen Direktinvestitionen in Entwicklungsländern. Zieht man in Betracht, daß bisher nur wenige Unternehmen wegen des inländischen Kostenniveaus in Entwicklungsländern investiert haben und daß die meisten Direktinvestitionen in engem Zusammenhang mit dem Export oder der Rohstoffbeschaffung stehen, so kann von einer besorgniserregenden Tendenz zur Verlagerung von Produktionsbereichen in Entwicklungsländer nicht gesprochen werden. Der Anpassungszwang, dem sich die deutsche Wirtschaft aufgrund einer intensiveren Arbeitsteilung mit den Entwicklungsländern ausgesetzt sah, rührte mehr vom autonomen Warenangebot dieser Länder her als von den Direktinvestitionen. Für die Zukunft kann freilich nicht ausgeschlossen werden, daß die hohen Produktionskosten im Inland vermehrt zu Direktinvestitionen in Entwicklungsländern führen, insbesondere in Bereichen, in denen die Produktion standardisierbar ist und hochqualifizierter Arbeitskräfte nicht bedarf« (ebenda, S. 186).

Daß diese »Zukunft« freilich schon begonnen hat, wird daran deutlich, daß die deutschen Direktinvestitionen in Entwicklungsländern kontinuierlich steigen und sich seit 1972 bereits verdoppelt haben; außerdem dürften sie in den bereits industrialisierten und für eine Verlagerung unrentabler Produktionsbereiche besonders attraktiven Schwellenländern inzwischen schon ca. 12 Mrd. DM und damit 20% der Gesamtinvestitionen im Ausland betragen.

4. *Konzentration/Zentralisation* zur vollen Ausnutzung der »economies of scale« und der Ausschaltung von Konkurrenten.

Seit 1974 untersucht die vom Bundeswirtschaftsminister eingesetzte *Monopolkommission* die Konzentrationsentwicklung in der deutschen Wirtschaft. Ihr drittes Zweijahresgutachten legte sie im Juli 1980 vor. Demnach hat sich die bereits im Hauptgutachten 1978 festgestellte Intensivierung der Unternehmenskonzentration der siebziger Jahre im Jahre 1977 gegenüber 1975 erneut vertieft. Der Anteil der jeweils drei größten Unternehmen am Umsatz der einzelnen Branchen betrug 1977 im Schnitt 26,9% (1975 25,3%); der Anteil der sechs größten lag bei 36,6% (34,5%); der der jeweils 10 größten erhöhte sich von 42,3% auf 43,7%. Im Durchschnitt waren die 10 größten Unternehmen eines Wirtschaftszweiges 56mal größer als ihre jeweiligen Konkurrenten zusammen. Die hundert größten Unternehmen in der Bundesrepublik hatten 1978 einen Gesamtumsatz von 564 Mrd. DM und damit einen Anteil an der Gesamtwirtschaft von 24,2% erzielt. 1972 hatte deren Anteil noch 21,7% betragen. Dabei sind die Unternehmen an der Spitze der Rangliste deutlich stärker gewachsen als die übrigen: die ersten sechs der hundert haben ihre Umsatzquote zwischen 1972 und 1978 von 19,8% auf 23,3% ausgebaut. Auch hat die Monopolkommission eine enge Verbindung der ersten hundert untereinander durch Gemeinschafts-Unternehmen und personelle Verflechtung über Banken-, Versicherungs- und Gewerkschaftsvertreter in den Kontrollorganen festgestellt.

Allerdings unterscheidet sich der Konzentrationsgrad der einzelnen Branchen erheblich: der prozentuale Anteil der größten drei, sechs und zehn Unternehmen umsatzmäßig wichtiger Branchen ist der *Tabelle 4* zu entnehmen.

Aus dem Rahmen fällt vor allem der Maschinenbau. Immerhin sind hier 1975 noch 4636 Unternehmen Hauptbeteiligte, und die größten zehn haben nur einen Umsatzanteil von 17,8%. Freilich muß diese Ausnahmesituation dahingehend relativiert werden, daß sich 1978 bei den 50 umsatzmäßig größten Industrieunternehmen 9 Elektro-, 7 Chemie-, 6 Stahl-, *6 Maschinen- und Anlagenbau-* und 5 Automobil-Konzerne befanden (zusammengestellt nach *Die Zeit* vom 7. 9. 79).

Eng verbunden mit diesem Konzentrationsvorgang ist eine *kapitalfraktionelle Verschiebung*. Immer mehr selbständige Existenzen im Bereich des kleinen und mittleren Kapitals und des »alten« Kleinbürgertums werden vernichtet: von 1950 bis 1978 sank der Anteil der Selbständigen an der Erwerbsbevölkerung

Tabelle 4
Ausgewählte Industriegruppen nach der Höhe ihres Anteils am
Umsatz der gesamten Industrie 1975

Industriegruppe	Anteil des Industriezweigs am Umsatz der gesamten Industrie (%)	Zahl der hauptbeteiligten Unternehmen	Anteil der größten Unternehmen am Umsatz der Industriegruppe (%) 3	6	10
Chemische Industrie	10,9	1638	27,0	38,8	46,4
Mineralölverarbeitung	6,2	74	50,4	74,5	87,2
Eisenschaff. Industrie	5,4	87	39,5	56,7	75,1
Maschinenbau	11,1	4636	9,1	13,6	17,8
Elektrotechnik	9,8	2283	32,1	41,9	48,3
Straßenfahrzeugbau	8,0	441	51,2	68,0	79,5
EBM-Industrie	3,3	3089	6,5	9,6	12,3
Schiffbau	0,8	123	45,4	65,2	–
Luftfahrzeugbau	0,4	40	81,3	90,8	95,1

Quelle: Monopolkommission 1978

von 16% auf 9,6% (BMWi 1967 und 1978, S. 13 bzw. S. 14). Im Zeitraum von 1949 bis 1978 gingen rd. 48% aller Handwerksunternehmen und 60% aller landwirtschaftlichen Unternehmen ein (BMWi 1978, S. 66 f.).[11] Die Konkursquote von Klein- und Mittelbetrieben steigt exponentiell an: zwischen 1967 und 1970 lag sie noch bei durchschnittlich 3700 jährlich, stieg zwischen 1971 und 1973 auf 4600 an und verdoppelte sich ab 1974 auf durchschnittlich 8700 pro Jahr (zusammengestellt nach Statistischen Jahrbüchern; Huffschmid/Schui 1976, S. 97). »Während 1968/69 auf eine Neugründung 0,7 Insolvenzen kamen, waren es 1974/75 bereits 7,1« (BDI 1977/78, S. 49).[12] An der Übernahme von Klein- und Mittelunternehmen sind wiederum vor allem die hundert größten Unternehmen beteiligt: zwischen

1976 und 1978 allein an 42,8% aller meldepflichtigen Fusionen (*Handelsblatt* vom 11./12. 7. 80). Dabei ist zu berücksichtigen, daß die Übernahme von Kleinunternehmen von einer kartellrechtlichen Prüfung freigestellt ist, sich die Großunternehmen hier jedoch sehr aktiv beteiligen (Bundeskartellamt, Jahresbericht 1978).

Bei all diesen Angaben ist zu beachten, daß die Auswertung der *Monopolkommission* wegen der mangelnden statistischen Tiefe kein hinreichendes Bild der wirklichen Konzentration der deutschen Wirtschaft geben kann. Da sie lediglich Verflechtungen erfaßt, die innerhalb steuer- bzw. handelsrechtlicher Schwellenwerte liegen, kann sie die Abhängigkeiten außerhalb dieser Werte nicht berücksichtigen (Arndt 1977; Memorandum 1980, S. 94 ff.).

Interessant für unsere Analyse ist die positive Einschätzung, die diese Konzentrationsvorgänge durch den ansonsten so wettbewerbs- und marktwirtschaftsfreundlichen BDI erfahren haben:

»Die Konzentrationsentwicklung in der Bundesrepublik Deutschland gibt keinen Anlaß zur Einführung von Entflechtungsvorschriften. Monopolkommmission und Bundeskartellamt orientieren sich nach wie vor einseitig an statistischen Kennziffern, die die vielfältig veränderten Rahmenkonstellationen der Märkte sowie die ökonomischen Beweggründe der Konzentration nicht hinreichend berücksichtigen« (BDI 1979/80, S. 63). »Für viele Produktionszweige sind Großunternehmen unabdingbare Voraussetzung für die Teilnahme am internationalen Wettbewerb. Von ihrer Wettbewerbsfähigkeit hängen zugleich die Absatzmöglichkeiten vieler mittlerer und kleinerer Zulieferer ab« (BDI 1978/79, S. 53)

Diesen ökonomischen Konzentrationsprozeß hat bislang keine Bundesregierung durch effektive gesetzgeberische Maßnahmen aufzuhalten versucht – trotz eines Kartellgesetzes und trotz seiner bisherigen vier Novellierungen (Welteke 1976; Arndt 1977). Im Gegenteil: von der staatlichen Strukturpolitik profitieren eindeutig die Großunternehmen (»Großorganisationen auf staatlicher Seite bevorzugen eben auch private Großorganisationen«; Scharpf 1980), und die behauptete aktive Förderung von Klein- und Mittelbetrieben wird (zumindest bisher) angesichts der harten Realität der jährlich steigenden Konkursverfahren zu reiner politischer Deklamation (vgl. dazu Ellwein u. a. 1980).

5. Selektive Personalpolitik. Rationalisierung, Modernisierung, Spezialisierung und Konzentration haben eine veränderte betriebliche Personalpolitik (vor allem in Großbetrieben) zur Folge (Hildebrandt 1976; WSI-Projektgruppe 1977; Lutz 1979). Eine *unmittelbare Reduzierung der Arbeitsplätze* ist gekoppelt an eine Intensivierung betriebsspezifischer (durch technisch-organisatorische Veränderungen verstärkte) Qualifizierung der »Stammbelegschaften« zu höherer *Elastizität, Flexibilität* und *innerbetrieblicher Mobilität.* Dabei geht diese betriebsspezifische Qualifizierung häufig durchaus mit Dequalifikation hinsichtlich der traditionellen beruflichen Erst- (Fach-)Ausbildung, verschlechterten Arbeitsbedingungen und Einkommensverlusten einher (Schultz-Wild 1978).

Bei der Kombination von Personalstabilisierung, -anpassung und -freisetzung hat sich ein *Selektionsmuster* herausgebildet, bei dem vor allem ältere, gesundheitlich beeinträchtigte, ausländische, weibliche und mit schlechtem »Arbeitsbild« versehene Arbeitnehmer (sogenannte Randbelegschaften) ausgesiebt und schließlich in die Arbeitslosigkeit entlassen werden. Die Stammbelegschaften (prototypisch: männliche deutsche Arbeitnehmer mittleren Alters mit einer häufig bereits längeren Betriebszugehörigkeit) werden demgegenüber mit zugesagter Arbeitsplatzsicherheit, betrieblichen Zulagen und ähnlichem gehegt und gepflegt und häufig auch dann »gehortet«, wenn konjunkturelle Abschwünge eigentlich Entlassungen erwarten ließen. Letzteres ist umso eher möglich, weil seit der Krise 1974/75 die innere Konsolidierung des »Kerns« mit Zurückhaltung bei Neueinstellungen (auch bei konjunkturellem Aufschwung) einhergeht. Hier vor allem liegt eine zentrale Ursache für die hohe Jugendarbeitslosigkeit in der Bundesrepublik.

Diese selektive Personalpolitik hat innerhalb der letzten Jahre zu einem »tiefgreifenden Wandel in der Arbeitsmarktstruktur« (Lutz 1979, S. 497) geführt, der in der Fachliteratur mit »Spaltung des Arbeitsmarktes«, »betriebszentrierte Arbeitsmarkt-Segmentation« oder »Abschottung des (vor allem) großbetrieblichen Teilarbeitsmarktes« (Sengenberger 1978; Lutz/Sengenberger 1980) umschrieben wird. Die offizielle Arbeitslosenstatistik (vgl. *Tabelle 5*) spiegelt – obwohl der Anteil der verharmlosend »Problemgruppen« genannten Arbeitskräfte auch hier signifikant ist – die erfolgreiche Verdrängung von ausländischen, älteren und weiblichen Arbeitnehmern aus dem Arbeitsmarkt (Scharpf 1980) nicht hinreichend wider; sei es, weil sie, wie viele Ausländer, die Bundesrepublik inzwischen verlassen haben, sei es, daß sie in die anonyme Masse der »stillen Reserve« (1979: 529 000) abgewandert sind, sei es, daß sie als Frührentner ihr (oft) kümmerliches Dasein fristen.

Die Zahl der *langfristig Arbeitslosen* (über ein Jahr) stieg von 7% im Jahr 1975 auf 22% im Jahr 1978 und lag im Mai 1980 bei 19% (Amtl. Nachrichten der BfA 2/78 u. 2/80). Auch zeigt sich eine *gruppenspezifische Betroffenheit* von langfristig Arbeitslosen: bei den Arbeitslosen ohne Berufsausbildung waren 1979 23% langfristig arbeitslos; bei den qualifizierten nur 18%. Von den 55 bis 60jährigen sind über 38% längerfristig arbeitslos, bei den 25 bis 45jährigen nur 18%; allein 34% beträgt der Dauerarbeitslosen-Anteil bei der Gruppe »Mit gesundheitlichen Einschränkungen«, hingegen nur 14% bei den »Gesunden«. Im Mai 1980 waren 56% aller amtlich registrierten Arbeitslosen ohne abgeschlossene Berufsausbildung, 35% gesundheitlich beschädigt, 17% 55 und mehr Jahre alt, 7% Jugendliche unter 20 Jahren und schließlich 14% Ausländer. Mehr als 71,9% aller Arbeitslosen gehören mittlerweile zu denjenigen, auf die eines oder mehrere der Merkmale: über 55 Jahre alt, länger als 1 Jahr arbeitslos, gesundheitlich eingeschränkt oder keine Berufsausbildung, zutrifft; auf 31,7% aller Arbeitslosen treffen sogar zwei oder mehr dieser Merkmale zu (ebenda).

Der Zynismus mancher offizieller Stellen ist bei dieser sozialen Problematik bemerkenswert. Wenn man auch nicht so weit wie

Tabelle 5
Arbeitslose im Mai 1979 nach ausgewählten Gruppen und nach Dauer der Arbeitslosigkeit

1000

	Insgesamt	davon Dauer der Arbeitslosigkeit von ... bis unter ...					
		unter 1 Monat	1 bis 3	3 bis 6 Monate	6 bis 12	1 bis 2 Jahre	2 Jahre und länger
Arbeitslose insgesamt	776	100	176	154	182	96	67
Nach Geschlecht							
Männer	345	50	77	67	70	43	38
Frauen	431	50	99	87	112	53	29
Mit gesundheitlichen							
Einschränkungen	262	21	43	45	64	46	43
darunter: Schwerbehinderte	60	3	8	9	14	12	14
Nach Nationalität							
Deutsche	688	86	154	136	162	87	63
Ausländer	88	14	22	18	20	9	4
Nach Berufsausbildung							
mit Abschluß	346	46	84	71	82	40	23
ohne Abschluß	430	54	92	83	100	57	44
Nach Beschäftigungsverhältnis							
Angestellte	298	36	73	62	74	35	19
Arbeiter	477	64	103	92	108	62	48

Fortsetzung Tabelle 5

	Insgesamt	davon Dauer der Arbeitslosigkeit von ... bis unter ...					
		unter 1 Monat	1 bis 3	3 bis 6	6 bis 12	1 bis 2 Jahre	2 Jahre und länger
			Monate				
Nach Altersgruppen							
unter 20 Jahre	58	12	18	13	11	2	0,5
20 bis unter 25 Jahre	127	22	36	28	29	10	3
25 bis unter 45 Jahre	344	47	83	71	83	39	22
45 bis unter 55 Jahre	122	11	21	21	28	21	21
55 bis unter 60 Jahre	94	6	14	16	22	18	18
60 Jahre und älter	31	1	4	6	10	6	4

Quelle: Sachverständigenrat 1979/80, S. 65

manche Presseorgane geht und diese Arbeitslosen als »Bodensatz« der Arbeitslosigkeit stigmatisiert, so impliziert doch bereits die Zuweisung als »Problemfall«, ihre *individuellen* Eigenschaften und nicht die selektive Personalpolitik der Unternehmen trage die Schuld an ihrem Schicksal.[13]

Die bisher vor allem auf industrie- und investitionsorientierte Strukturpolitik, konjunkturpolitische Investitionsanreize und Nachfrageimpulse (Scharpf 1978a; 1980) setzende Beschäftigungspolitik der Bundesregierung hat diese betriebliche Personalpolitik noch dadurch unterstützt, daß sie den Unternehmen die Möglichkeiten zu weiteren Rationalisierungsinvestitionen erleichterte. Auch die bisher vorliegenden empirischen Ergebnisse des von der Bundesregierung 1979 gestarteten »arbeitsmarktpolitischen Sonderprogramms für Regionen mit besonderen Beschäftigungsproblemen« bestätigen diesen Trend. Für das Saarland konnten wir feststellen, daß die Unternehmen vor allem die Mittel für »innerbetriebliche Qualifizierung« in Anspruch nahmen, jedoch kaum bereit waren, Schwervermittelbare und längerfristig Arbeitslose trotz recht ansehnlicher Einarbeitungs- und Eingliederungsbeihilfen einzustellen. Ihre Beurteilung dieser Personengruppe ist eindeutig: es handele sich hier um Arbeitskräfte, die nach einem jahrelangen Ausfilterungsprozeß innerhalb der verschiedenen Unternehmen übriggeblieben und deshalb für sie nicht attraktiv seien (Esser/Fach/Väth 1980).

Um die Konsequenzen exportorientierter Unternehmerstrategien für den Arbeitsmarkt richtig abschätzen zu können, muß man freilich noch weiter ausholen. Die bislang dargestellten Anpassungsstrategien haben zu einer sich immer weiter öffnenden Schere zwischen Produktions- und Produktivitätswachstum im verarbeitenden Sektor geführt. Hinzu kommt, daß auch der tertiäre Sektor zunehmend rationalisiert wird und deshalb nicht mehr – wie noch in den sechziger Jahren – alle in der Industrie freigesetzten Arbeitnehmer aufnimmt. Schließlich erzwingt die Umstrukturierung staatlicher Haushaltsmittel zugunsten der Modernisierungsinvestitionen eine Rationalisierung

des öffentlichen Dienstes, so daß auch hier längerfristig kaum eine Ausweitung, eher eine Reduzierung des Personals stattfindet.
All dies zusammengenommen erklärt, daß in der Bundesrepublik von 1973 bis 1977 die Zahl der Erwerbstätigen um 1,7 Millionen auf knapp 25 Mio. Beschäftigte abgenommen hat (Bundesanstalt für Arbeit 1978, S. 23). Zwar waren im Herbst 1979 über 600 000 Personen mehr beschäftigt als im Herbst 1977, gleichwohl fehlten (gemessen am Erwerbspersonen-Potential) noch 1,3 Mio. Arbeitsplätze (SVR 1979, S. 54 f.). An dem längerfristig bereits erkennbaren Trend stagnierender Arbeitsplätze im verarbeitenden Gewerbe hat sich bislang nichts geändert; die Zuwächse erfolgten vor allem im Dienstleistungsbereich und im Baugewerbe (ebenda).
Bis 1985 wird die Erwerbsbevölkerung aufgrund der bestehenden Altersstruktur jedoch noch um weitere 900 000 Personen zunehmen. Zugleich werden durch den verstärkten Einsatz der neuen Technologien (Mikroelektronik usw.) zwar neue Arbeitsplätze geschaffen, aber zahlreiche wegrationalisiert, so daß »die Zahl der Arbeitsplätze (1977 25 Millionen) . . . konstant bleiben wird« (Prognos/Mackintosh 1979, S. 19). Deshalb rechnet diese jüngste, den technischen Fortschritt einkalkulierende Arbeitsmarkt-Prognose 1985 mit 1,65 Mio. Arbeitslosen und 1990, bei wieder zurückgehenden Neuzugängen auf dem Arbeitsmarkt, noch mit 1,2 Millionen (ebenda, S. 24). Andere Prognosen (Bundesanstalt für Arbeit 1978; Pestel 1978; WSI 8/1980) sind mit 2,5 bis 3 Mio. Arbeitslosen (einschließlich »stiller Reserve«) in den achtziger Jahren noch pessimistischer.

Daß die *staatliche Wirtschaftspolitik* bisher diesen als objektiven Sachzwang aufgefaßten offensiven Anpassungskurs unterstützt (oder zumindest nicht andere Prioritäten setzt), wurde an den aufgeführten Haushalts-, Struktur- und (nicht-)wettbewerbspolitischen Maßnahmen bereits demonstriert. Und das ist nicht erst seit Regierungsantritt der sozialliberalen Koalition so: wirtschaftliche Prosperität durch exportorientiertes Wachstum war auch das wirtschaftspolitische Kredo der fünfziger und sechziger Jahre:

»Eine entschiedene Stabilitäts- bzw. Deflationspolitik sorgten für niedrige Inflationsraten und eine Zügelung der Binnennachfrage mit dem Erfolg, daß der Drang in die Exportmärkte doppelt angeregt wurde. Preisstabilität im Innern und Wettbewerbsfähigkeit nach außen bildeten die Eckpfeiler der Geld- und Währungspolitik. Vollbeschäftigung wurde – wie die Rezession 1966/67 demonstrierte – der Preisstabilität untergeordnet. Trotz steigender Exportüberschüsse seit der zweiten Hälfte der 50er Jahre – verursacht durch eine nahezu chronische Unterbewertung der DM – war die Parität tabu, und Wechselkursänderungen wurden nur als ›ultima ratio‹ praktiziert, wenn die importierte Inflation das Ziel der Preisstabilität gefährdete. Die Anpassung der Zahlungsbilanzen wurde zur Sache der Defizitländer erklärt, welche von dem Pfad der Währungsdisziplin abgewichen waren. Im Zielkonflikt zwischen Preisstabilität und Exportchancen vermochte der Exportsektor (Industrie- und Geschäftsbranchen) erfolgreich notwendige Aufwertungen zu verzögern, wie der Verlauf der Aufwertungsdebatten 1961 und 1968/69 zeigte« (Kreile 1978, S. 250).

Freilich haben die neuen Weltwirtschaftsbedingungen auch die Wirtschaftspolitik vor neue Probleme gestellt.
Fiskalpolitik muß die »Modernisierung der Volkswirtschaft« verstärkt (mit-)finanzieren: durch Forschungsaufwendungen für Modernisierung und Spezialisierung sowie neue Rohstoff-/Energiequellen; durch Anpassungs-(nicht Erhaltungs-)Subventionen zur Stärkung exportschwacher Branchen; durch Aufwendungen für die internationale wirtschaftliche Zusammenarbeit mit dem Ziel, neue Märkte zu schaffen und bestehende Exportverbindungen zu stabilisieren; durch vermehrte Förderung von Erst-, Fort- und Weiterbildung/Umschulung/Mobilität der Arbeitskräfte; durch soziale Abfederung der Modernisierungsopfer (Sozialfürsorge, Gesundheitswesen); durch erhöhte Ausgaben für die politische Kontrolle der Modernisierungsgegner (Ausweitung von Polizei- und Überwachungs-Apparat) (Esser/Fach 1980). Gleichzeitig jedoch erzwingen stabilitätspolitische Erwägungen (Konsolidierung von Staats- und Steuer-

quote) einen Kurswechsel; denn die keynesianische Globalsteuerung allein ist nicht mehr in der Lage, das Dilemma zwischen Inflation, Wachstumsrückgang, Unterbeschäftigung und Modernisierungsanforderungen haushaltspolitisch zu lösen. Eine *flexible Mischung* aus selektiver Gewinnsubventionierung, Ausgabenerhöhungen und Haushaltskürzungen, d. h. eine Kombination von rechtskeynesianischen Expansionsprogrammen, und neoklassischen Stabilitäts- und Restriktionsmaßnahmen, charakterisiert seit 1973 die Haushaltspolitik der sozialliberalen Koalition (Altvater u. a. 1979, S. 324 ff.).
Auch die *Geldpolitik* der Deutschen Bundesbank ist (noch verstärkt durch die Freigabe der Wechselkurse 1972/73) eindeutig *außenmarkt-orientiert:* durch eine rigide Anpassung der Geldmenge an das Produktionspotential wird versucht, die Inflationsrate niedriger zu halten als die der wichtigsten Konkurrenten und zugleich das Vertrauen in den stabilen Außenwert der DM zu erhalten. Dieser Prioritätensetzung werden binnenkonjunkturelle Erwägungen untergeordnet: Ausweitung der Geldmenge und Zinssenkungen zur Belebung der Konjunktur im Inland dürfen die außenwirtschaftlich erforderliche Stabilität der DM nicht gefährden – auch wenn diese Art von Geldpolitik zusätzlich die Arbeitslosigkeit erhöht, wie 1973 geschehen und wie derzeit erwartbar. Im Zielkonflikt zwischen Vollbeschäftigung und Geldwertstabilität dominiert in der Bundesrepublik seit Jahren letztere – von der Bundesregierung, der Bundesbank, dem Sachverständigenrat der »herrschenden« neoklassischen Nationalökonomie bis zu den Unternehmerverbänden politisch und ideologisch abgestützt. Lediglich die Gewerkschaften treten seit Jahren (zumindest programmatisch) für eine expansive, die Vollbeschäftigung sichernde Geldpolitik ein. Deutlich wird die außenwirtschaftliche Priorität bei der aktuell sich verschärfenden Auseinandersetzung um die Zinspolitik der Bundesbank angesichts sich abschwächender Weltkonjunktur und negativer Leistungsbilanz:

»Einerseits verlangt die zunehmende konjunkturelle Schwäche in der

Bundesrepublik auch von der Geld- und Kreditpolitik kräftige Impulse, andererseits erforderte die von hohen Leistungs- und Zahlungsbilanz-Defiziten geprägte außenwirtschaftliche Situation, den restriktiven Kurs und damit auch das Zinsniveau hochzuhalten. Niedrige Zinsen würden den Kapitalfluß ins Ausland tendenziell beschleunigen bzw. die Anlage von ausländischen Geldern bei uns verhindern. Mit seiner Entscheidung (den Leitzins hoch zu halten; J. E.) hat der Zentralbankrat allerdings klare außenwirtschaftliche Prioritäten gesetzt. Denn obwohl im Inland das Zinsniveau auf den Geld- und Kapitalmärkten schon seit geraumer Zeit deutlich nach unten zeigt, mochte er sich nicht entschließen, die Leitzinsen anzupassen. Die jetzt gefundene Lösung kann deshalb nur als Kompromiß zu Lasten der konjunkturellen Entwicklung im Inland gewertet werden« (*Frankfurter Rundschau* vom 22. 8. 1980).
Verwundert über diesen Kurs der Deutschen Bundesbank kann freilich niemand sein; denn in ihrem letzten *Geschäftsbericht* formuliert sie, wie sie gegen die negative Leistungsbilanz angehen will, nämlich durch eine »möglichst marktmäßige Finanzierung des Defizits ... und d. h. zunächst vor allem durch Kapitalimporte«; dann durch »die Fortsetzung der konsequenten Stabilitätspolitik im Inland, die die internationale Wettbewerbsfähigkeit der deutschen Wirtschaft hinsichtlich der Preise und der Liefermöglichkeiten verbessert, den Inflationsimport aber dadurch zu begrenzen versucht, daß sie das Vertrauen in die eigene Währung stärkt und den Wechselkurs möglichst stabilisiert« (Geschäftsbericht der Deutschen Bundesbank 1979, S. 42 f.).
Seit dem Scheitern der Konzertierten Aktion gibt es in der Bundesrepublik zwar keine institutionalisierte staatliche *Einkommenspolitik* zur Absicherung der Exportstrategie mehr; gleichwohl sind die seitdem von der Bundesregierung in ihren Jahreswirtschaftsberichten empfohlenen Jahresprojektionen für die Zunahme der Bruttolöhne und -gehälter auf lohnpolitische Mäßigung bzw. »verantwortungsvolle« Rücksichtnahme der Arbeitnehmer und ihrer Gewerkschaften auf die Notwendigkeit steigender Investitionen/(Gewinn-)Erwartungen der Unternehmer ausgerichtet. »Anpassungsflexibilität« der Unternehmen an neue weltwirtschaftliche Rahmenbedingungen erhält eindeutig

den Vorrang vor verteilungspolitischen Forderungen der Gewerkschaften. Freilich verfügt staatliche Wirtschaftspolitik über keine Sanktionsmöglichkeiten zur Durchsetzung ihrer einkommenspolitischen Ziele[14], so daß es bei gegebener Tarifautonomie immer noch Sache der Gewerkschaften ist, wo und wie sie ihre Prioritäten setzen.
Bei allen parteipolitischen Auseinandersetzungen in der Bundesrepublik unterwerfen sich dieser die Wirtschaftspolitik determinierenden Weltmarktlogik bisher Sozialdemokraten, Liberale und Christdemokraten gleichermaßen, was freilich taktische Differenzen in einzelnen Politikbereichen und hinsichtlich des Ausmaßes der Aufrechterhaltung des »sozialen Konsenses«, d. h. des Grades der Einbeziehung der Gewerkschaften in diesen Prozeß, nicht ausschließt (Hirsch/Roth 1980).

4. Fazit

Die bisher relativ erfolgreiche ökonomische Reproduktion der Bundesrepublik ist entscheidend vom Spezialisierungsprofil der deutschen Industrie auf dem kapitalistischen Weltmarkt bestimmt. Diese weltwirtschaftliche Verflechtung/Abhängigkeit hat sich in den siebziger Jahren derart verstärkt, daß sich die herrschenden gesellschaftlichen Kräfte in Wirtschaft und Politik (sozialliberal oder sozial-konservativ) keine Alternative zu dem gleichsam sachzwanghaft ablaufenden offensiven Anpassungsprozeß an neue Weltmarktbedingungen vorstellen können: Die Profit- und Expansionsstrategien der Weltmarkt-Sektoren bestimmen die Entwicklungslogik der Bundesrepublik:

».. . fortwährende Erneuerung der internationalen Konkurrenzfähigkeit, absoluter Vorrang der Außen- vor der Binnenwirtschaft, des Exports vor dem Verbrauch, der Lohn- und Preisstabilisierung vor kaufkraftgestütztem Wachstum und des Modernisierungs- vor dem Beschäftigungsinteresse. Neue ›außenwirtschaftliche Daten‹ sind es dann jeweils, die das profitgesteuerte ›Glücksspiel‹ der nationalen Anpassung an den Strukturwandel der Weltwirtschaft in Gang halten. Die inländischen Produktionsstrukturen und Arbeitsprozesse, Beschäftigungsniveaus und Qualifikationsmuster, Arbeits- und Lebensbedingungen erscheinen nur noch als abgeleitetes Nebenprodukt der Internationalisierungsstrategien des Weltmarktsektors« (Esser/Fach/Schlupp/Simonis 1980, S. 2).

Diese objektive Funktionslogik weist auch der im 1. Kapitel resümierten Fallstudie ihre exemplarische Bedeutung zu: Strukturkrisen von der Art der saarländischen Stahlkrise sind von ihren Verursachungsfaktoren, ökonomischen Bewältigungsstrategien und sozialen Folgelasten her typisch für die bundesrepublikanische Entwicklung. Gewinnt damit auch das am Saar-Fall analysierte Gewerkschaftsverhalten exemplarische Bedeutung?

III. Gewerkschaftspolitik
in der Stagnations- und Anpassungskrise

Vorliegende Analysen gewerkschaftlicher Politik in der Stagnations- und Anpassungskrise basieren häufig auf der Auswertung programmatischer Stellungnahmen oder auf Gewerkschaftstagen gefaßter Beschlüsse. Auch wenn die so zustande gekommenen Ergebnisse einiges über gesellschaftspolitisches Selbstverständnis, innere Fraktionierung/Kräfteverhältnisse/Widersprüche des DGB oder seiner Einzelgewerkschaften aussagen, vermögen sie doch nicht, die *konkrete* gewerkschaftliche Politik auch nur annähernd darzustellen. Abgesehen von dem häufig appellativen, an Regierungen gerichteten Charakter solcher Stellungnahmen, die ein bemerkenswertes Licht auf die traditionelle Staatsfixiertheit der deutschen Gewerkschaften werfen, zeichnen sie sich zusätzlich durch allgemeine, vorsichtige, vage, einschränkende und damit insgesamt *interpretierbare* Formulierungen aus, die es den Vorständen jeweils erlauben, die von *Scharpf* so geschätzte strategisch-taktische Flexibilität aufrechtzuerhalten. Ich verzichte deshalb hier auf ihre erneute detaillierte Wiedergabe. Die »Wahrheit« gewerkschaftlicher Politik liegt in ihrer *Tarifpolitik*, ihrem einzigen »politisch wie ökonomisch wirksamen Aktionsparameter« (Jacobi 1979, S. 351), ihrem *konkreten Verhalten* bei aktuellen Problemlagen (Betriebsstillegungen, Massenentlassungen usw.) sowie der *Akzeptanz/Nicht-Akzeptanz* der bei den Problemlösungen erzielten Resultate.

In der Bundesrepublik hat die empirische Gewerkschaftsforschung, die faktisch erst zu Beginn der siebziger Jahre als sozialwissenschaftliches Forschungsfeld in größerem Umfang entwickelt wurde, bislang vor allem mittels *Fallstudien* konkrete Gewerkschaftspolitik zu rekonstruieren versucht. Deren *sekundäranalytische* Auswertung ist Gegenstand dieses Kapitels.

Dabei ist freilich zu berücksichtigen, daß sowohl die Anzahl/Repräsentativität vorliegender Studien beschränkt ist, als auch die ihnen zugrundeliegenden Fragestellungen aus unterschiedlichen forschungsstrategischen Interessen resultieren, wodurch ihre Auswertung für meine Untersuchung nur beschränkte Aussagen/Verallgemeinerungen zuläßt. Zur Verbreiterung der empirischen Basis habe ich deshalb für Bereiche, die für die Gewerkschaftseinschätzung wichtig, aber bisher kaum erforscht sind, soweit möglich eigene Auswertungen vorgenommen. Mir scheint dieser Weg unter den gegebenen Bedingungen der einzig gangbare zu sein, um überhaupt längerfristig zu verallgemeinerbaren Forschungshypothesen zu gelangen.
Entsprechend den in Kapitel II dargestellten Unternehmerstrategien wähle ich solche Fallstudien aus, in denen *Betroffenheit* und *Reaktionsweisen* betrieblicher und gewerkschaftlicher Interessenvertretung hinsichtlich dieser Strategien besonders deutlich hervortreten. Ich beginne mit der Auswertung gewerkschaftlicher *Lohnpolitik* im Jahr 1975, dem Jahr, in dem Unternehmer und staatliche Wirtschaftspolitik gleichermaßen gewerkschaftliche Lohndisziplin zur wichtigsten Komponente der Krisenüberwindung erklärten. Es folgen Analysen, die – unserer Stahlstudie vergleichbar – das Verhalten der Gewerkschaften bei *Massenentlassungen*, *Betriebsstillegungen* und *Strukturkrisen* dokumentieren. Die gewerkschaftlichen *Reaktionen* auf zunehmende Rationalisierung und Einführung neuer Technologien will ich anhand der wohl spektakulärsten Arbeitskämpfe der letzten Jahre *(Drucker-, Metall- und Stahlstreik 78/79)* untersuchen. Dabei werde ich mich vor allem mit der These zahlreicher Gewerkschaftsanalytiker auseinanderzusetzen haben, diese Kämpfe deuteten eine Wende der Gewerkschaftspolitik in der Bundesrepublik an. Schließlich vermag eine Analyse der *struktur-/technologiepolitischen Position*, die die deutschen Gewerkschaften beim 1979 vom Bundesforschungsminister institutionalisierten »*Technologiepolitischen Dialog*« einnehmen, deren Einstellung zur weltmarktorientierten Modernisierung der Volkswirtschaft umfassender zu verdeutlichen.

Am Ende dieses Kapitels steht eine Auswertung der in den letzten Jahren angefertigten Studien zur Entwicklung des *Arbeiterbewußtseins/-verhaltens* in der Krise. Von ihnen erhoffe ich mir Aufschlüsse darüber, inwieweit die Gewerkschaftsbasis die Politik ihrer Organisation aktiv oder passiv mitträgt.

1. Lohnpolitik 1975-1979

Fallstudien zur gewerkschaftlichen Lohnpolitik seit der Krise Mitte der siebziger Jahre hat eine *Projektgruppe des Instituts für Sozialforschung an der Universität Frankfurt* für die wichtigsten Branchen der deutschen Wirtschaft vorgelegt (Projektgruppe 1976; 1977; 1978; 1979). Von dieser Gruppe stammt auch eine *zusammenfassende* Einschätzung der gewerkschaftlichen Tarifpolitik seit dieser Zeit (Jacobi 1979; Jacobi/Müller-Jentsch 1977). Außerdem veröffentlicht das *Wirtschafts- und Sozialwissenschaftliche Institut des DGB* jährlich zusammenfassende Tarifberichte (Piecha 1976; 1977; 1978; WSI-Tarifarchiv 1979; 1980; Welzmüller 1980; Kuda 1980).

Im Gefolge der ersten Nachkriegsrezession 1966/67 wurde die gewerkschaftliche Lohnpolitik bereits vor neue Probleme gestellt. Eine Verlangsamung des wirtschaftlichen Wachstums ging mit einem ständig steigenden Preisniveau einher. Zugleich erhöhten die Unternehmen ihre Rationalisierungs- und Modernisierungsanstrengungen, und seit 1972/73 schaltete die staatliche Wirtschaftspolitik auf eine restriktive antiinflationistische Geld- und Fiskalpolitik um. Obwohl bald nach der Rezession wieder Vollbeschäftigung hergestellt war, verengten sich von seiten des Kapitals aufgrund geringerer Wachstumsraten, internationaler Instabilitäten und der verstärkten Anpassungsstrategien die ökonomischen Konzessionsspielräume. Staat und Unternehmer forderten deshalb von den Gewerkschaften die Fortsetzung der nach der Krise begonnenen und durch die »Konzertierte Aktion« abgesicherten maßvollen Lohnpolitik, der diese jedoch wegen der zunehmenden Unzufriedenheit der

Basis (Septemberstreiks 1969) nur teilweise nachkamen. Insgesamt kann man die Lohnpolitik dieser Phase als »periodischen Wechsel von der Anpassung an einkommenspolitische Orientierungsdaten der Bundesregierung zur aktiven, teilweise kämpferischen Durchsetzung von Lohninteressen der Mitglieder« (Jacobi/Müller-Jentsch, S. 38) bezeichnen. Mittels spontaner (1969 und 1973) und gewerkschaftlich organisierter (Chemie, Metall 1971, Öffentlicher Dienst 1974) Streiks konnten die Inflationsschäden teilweise wettgemacht werden, die bereinigte Lohnquote erreichte 1974 sogar mit 66,3% ihren höchsten Stand in der Geschichte der Bundesrepublik.

Die Lohnpolitik seit der Krise hebt sich signifikant von dieser vorhergehenden Phase ab, was allein schon am permanenten Sinken der bereinigten Lohnquote deutlich wird: 1979 erreichte sie mit 63,6% wieder den Stand von 1971 (SVR 1979, S. 78).

Bevor ich etwas näher auf die Fallstudien eingehe, soll die *Tabelle 6* die maßvolle Lohnpolitik der Gewerkschaften verdeutlichen. Hier wurden von der Bundesregierung projektierte und effektiv eingetretene Einkommensentwicklungen von Unternehmern und Lohnabhängigen gegenübergestellt. Die Differenz zwischen Spalte 3 und Spalte 5 ergibt sich dadurch, daß die von der Bundesregierung aufgestellten Jahresprojektionen für »Bruttoeinkommen aus unselbständiger Arbeit« nicht die projektierten Tarifabschlüsse meinen. Einmal enthält erstere Angabe die geschätzte Veränderung von Beschäftigung und Arbeitszeit; zum anderen spart die *Bundesregierung* in ihren *Jahreswirtschaftsberichten* nicht mit zusätzlichen Anmerkungen, daß etwa Lohnüberhänge aus dem Vorjahr oder steuer- und sozialpolitische Maßnahmen bei der Tarifpolitik zu berücksichtigen seien. Quantifiziert man diese Angaben, so ergibt sich eine geringere Projektion für die zu tätigenden Tarifabschlüsse. Vergleicht man die Orientierungsdaten für »Bruttoeinkommen aus Unternehmertätigkeit und Vermögen« mit denen für »Bruttoeinkommen aus unselbständiger Arbeit« (Spalten 1 und 3), so wird die kapitalorientierte Einkommenspolitik der Bundesre-

Tabelle 6

Einkommensorientierungsdaten der Bundesregierung und effektive Einkommensentwicklung von 1975-79

	Bruttoeinkommen aus Unternehmertätigkeit und Vermögen		Bruttoeinkommen aus unselbständiger Arbeit		Tarifabschlüsse	
	projektiv	effektiv	projektiv	effektiv	projektiv	effektiv
	1	2	3	4	5	6
1975	8-10	4,4	7,5-8,5	4,1	6 -6,5	6,9
1976	12-14	15,2	6,5-7,5	7,3	5 -5,5	5,8
1977	9-10	3,5	8 -9	7,1	6,5-7	6,9
1978	9-11	10,5	5,5	6	5 -5,5	5,2
1979	9-11	8,5	6,5	7,5	6 -6,5	4,8

Quellen: Jahreswirtschaftsberichte der Bundesregierung 1975-79
Spalte 5: Jacobi 79 und eigene Berechnungen
Spalte 6: Tarif-Archiv in WSI-Mitteilungen 76-80
SVR 1979, S. 81, 123

gierung deutlich: in allen Jahren soll letztere (teilweise erheblich) niedriger als erstere ausfallen. Zwar stimmt die effektive Entwicklung mit den Prognosen nicht immer überein, die Relationen bleiben aber auch hier (außer 1977) die gleichen. Schließlich veranschaulicht der Vergleich der effektiven Arbeitnehmereinkommen (Spalte 6: d. i. die getätigten Tarifabschlüsse von ca. 17 Millionen = 80% der unselbständig Beschäftigten) mit den entsprechenden Prognosen, daß die gewerkschaftliche Lohnpolitik sich immer an die Prognosen gehalten hat.
Den Effekt der Trendumkehr in der Einkommensverteilung dokumentiert ebenfalls die *Tabelle 7:*
Zwar steigt die *reale* Bruttolohn- und Gehaltssumme je Arbeitnehmer als Differenz der Bruttolohn- und Gehaltssumme und des Preisindexes für die Lebenshaltung im letzten 5-Jahres-Durchschnitt noch um 2,5% an; diese Steigerung ist jedoch wesentlich geringer als die des Durchschnitts 1960-1969 (5,9%) oder 1970-1974 (5,8%).
Außerdem ist erkennbar, daß die gewerkschaftliche Lohnpolitik die in den siebziger Jahren vom *Sachverständigenrat* und der *Bundesregierung* geforderte Veränderung der *Verteilungsregel* (zumindest teilweise) akzeptiert hat: Seit Anfang der sechziger Jahre hatten die Gewerkschaften in harten Tarifauseinandersetzungen durchgesetzt, daß sich die Höhe der Bruttolohnsteigerungen aus der Summe von erwartbarer Inflationsrate und erwartbarem Produktivitätsanstieg der Gesamtwirtschaft zusammensetzen sollte (modifizierte Produktivitätsregel). Bei dieser, später vom *Sachverständigenrat* so genannten »kostenniveauneutralen Lohnpolitik« handelt es sich verteilungspolitisch um »eine Status quo-Regelung, da sie die Konstanz der Verteilungsrelationen beinhaltet« (Jacobi, S. 341). Gleichwohl rücken *Sachverständigenrat* und *Bundesregierung* seit der Krise von ihr ab und empfehlen Lohnsteigerungsraten lediglich in der Höhe der voraussichtlichen Preissteigerungsraten. Spalte 8 der Tabelle 7 zeigt nun, daß die Reallohnposition der Arbeitnehmer, die den Produktivitätseffekt der Gesamtwirtschaft und den Außenhandelsvorsprung berücksichtigt, 1975, 1976, 1978 und 1979 sinkt

und 1977 stagniert.
Daß die Gewerkschaften diese Linie auch weiterhin beibehalten wollen, verdeutlichen die vom *IG Metall-Vorstand* abgeblockten »Nachschlagsdiskussionen« im Sommer 1979. Wegen der im Sommer 1979 auftretenden Ölverteuerungen und einer Inflationsrate von 6% (bei einer erreichten Tariflohnerhöhung zwischen 4% und 4,5%) forderten Teile der Mitgliedschaft (vor allem im Bezirk Baden-Württemberg) Lohnzuschlagsverhandlungen, die der IG Metall-Vorstand jedoch kategorisch mit dem Hinweis auf Vertragstreue gegenüber dem Tarifpartner ablehnte. Ebenso »problembewußt« (so der *Sachverständigenrat* in seinem Gutachten für das Jahr 1979) verlief bisher die Lohnrunde 1980: bis zur Jahresmitte erreichten die Gewerkschaften für 15,5 Mio. Arbeitnehmer im Durchschnitt Erhöhungen der Löhne und Gehälter um 6,8% – das ist exakt der Prozentsatz, den der »Vorreiter« IG Metall im Februar für seinen Bereich einschließlich Eisen und Stahl abgeschlossen hatte. Im einzelnen schwanken die Abschlüsse zwischen 6,3 und 7,1%; der öffentliche Dienst blieb mit 6,3% – wie in den letzten Jahren – unterhalb des Durchschnitts (*Handelsblatt* vom 20. 8. 80).
Immerhin können die Gewerkschaften – das verdeutlichen diese Zahlen schon – es als Erfolg ihrer Lohnpolitik ansehen, den realen *Lebensstandard* der Beschäftigten (nicht jedoch der Arbeitslosen und ihrer Familien) bisher aufrechterhalten zu haben, obgleich sie verteilungspolitisch in den letzten Jahren ins Hintertreffen geraten sind.
Sie selbst begründen diesen »Rückschritt« mit den veränderten gesellschaftlichen Kräfteverhältnissen seit Mitte der siebziger Jahre und dem Disziplinierungsdruck einer faktisch 2 Millionen Arbeitslose (einschl. stiller Reserve) ausmachenden industriellen Reservearmee (Kuda 1980). Ob freilich *allein* die Stärke des Gegners und die geringer gewordene eigene Kampfkraft für diese Entwicklung verantwortlich sind, läßt sich anhand der vorliegenden Fallstudien näher beantworten.
Im einzelnen wurde die tarifliche Lohnpolitik der metallverarbeitenden, chemischen und Druckindustrie sowie des öffentli-

Tabelle 7
Zur Entwicklung der Reallohnposition[1]
Veränderung gegenüber dem Vorjahr in vH

	Realer Verteilungsspielraum			Reale Verteilung			
	ingesamt						
Jahr	Produktivitätseffekt[2]	Terms of Trade-Effekt[3]	Lohnkosteneffekt der Arbeitgeberbeiträge[4]		Bruttolohn- und gehaltssumme je Arbeitnehmer (Inland)	Preisindex für die Lebenshaltung[5]	Reale Bruttolohn- und gehaltssumme je Arbeitnehmer	Reallohnposition der Arbeitnehmer
				(1)+(2)-(3)			(5)-(6)	(7)-(4)
	(1)	(2)	(3)	(4)	(5)	(6)	(7)	(8)
1961	+4,0	+0,6	+0,0	+4,6	+10,5	+2,3	+ 8,0	+3,3
1962	+4,4	+0,3	-0,1	+4,8	+10,0	+3,0	+ 6,8	+1,9
1963	+3,0	-0,3	+0,0	+2,7	+ 6,0	+2,9	+ 3,0	+0,3
1964	+7,4	+0,1	-0,7	+8,3	+ 9,6	+2,3	+ 7,1	-1,0
1965	+5,4	-0,1	+0,3	+5,0	+ 8,9	+3,3	+ 5,4	+0,4
1966	+2,9	+0,0	+0,4	+2,6	+ 7,0	+3,5	+ 3,4	+0,8
1967	+3,6	+0,2	-0,0	+3,9	+ 3,1	+1,5	+ 1,6	-2,2
1968	+6,7	-0,2	+0,6	+5,9	+ 6,4	+1,2	+ 5,1	-0,7
1969	+6,7	+0,1	+0,3	+6,5	+ 9,1	+1,5	+ 7,5	+0,9

118

Fortsetzung Tabelle 7

1970	+5,0	+0,8	+0,6	+5,2	+15,1	+3,4	+11,3	+5,8
1971	+3,3	+0,6	+0,4	+3,6	+11,0	+5,3	+ 5,4	+1,8
1972	+4,4	+0,4	+0,8	+4,0	+ 9,1	+5,2	+ 3,7	−0,3
1973	+5,0	−1,0	+0,8	+3,2	+11,9	+6,6	+ 5,0	+1,8
1974	+2,8	−1,4	+0,6	+0,8	+11,0	+7,0	+ 3,7	+2,9
1975	+1,9	+1,1	+0,6	+2,4	+ 7,1	+6,0	+ 1,0	−1,3
1976	+7,0	−0,6	+0,8	+5,5	+ 7,7	+4,5	+ 3,1	−2,3
1977[6]	+3,2	+0,0	−0,2	+3,4	+ 7,0	+3,4	+ 3,5	+0,0
1978[6]	+2,7	+1,0	+0,0	+3,7	+ 5,3	+2,0	+ 3,2	−0,4
1979[7]	+3,2	−1,1	+0,0	+2,0	+ 5,9	+4,0	+ 1,8	−0,2

1 Gesamtwirtschaft ohne Staat. Berechnung der Spalten (4), (7) und (8) durch multiplikative Verknüpfung.
2 Bruttoinlandsprodukt in Preisen von 1970 je Erwerbstätigen.
3 Gesamtwirtschaft.
4 Tatsächliche und unterstellte Arbeitgeberbeiträge zur Sozialversicherung.
5 Preisindex für die Lebenshaltung aller privaten Haushalte abzüglich der darin enthaltenen Verbrauchsteuererhöhungen (Mehrwertsteuer; Steuer auf Branntwein, Mineralöl, Tabak); eigene Schätzung.
6 Vorläufige Ergebnisse.
7 Eigene Schätzung.

Quelle: Sachverständigenrat 1979/80, S. 80

chen Dienstes im vierjährigen Vergleich analysiert. Damit sind sowohl die sogenannten tarifpolitischen Vorreiterbranchen als auch der sogenannte kämpferische Außenseiter Druckindustrie empirisch erfaßt. Indem *IG Metall* und *IG Chemie, Papier, Keramik* die dominanten Wachstumsbranchen des »Exportmodells Deutschland« repräsentieren und sich alle anderen Gewerkschaften bislang an deren Abschlüssen orientierten, wird zugleich verdeutlicht, daß die Tarifpolitik des weltmarktabhängigen Sektors der deutschen Wirtschaft bestimmend für den Gesamttrend ist. Die Ergebnisse der recht ausführlichen Studien lassen sich wie folgt zusammenfassen.

– Die Lohn*forderungen* waren von einkommenspolitischer Kooperation bestimmt. Sie waren von der Höhe her so bemessen, daß bei Abzug des traditionell einkalkulierten Verhandlungsabschlags (zwischen 25% und 30%) das letztlich zustande gekommene Ergebnis dem geplanten entsprach – auch wenn die einzelnen Gewerkschaften eine Orientierung an inoffiziellen Lohnleitlinien von *Bundesregierung* und *Sachverständigenrat* öffentlich immer in Abrede stellten. Diese »defensive Forderungspolitik« ist auch an der Forderungs*begründung* ablesbar. Weder ein Insistieren auf der modifizierten Produktivitätsregel noch eine Korrektur der Einkommensverteilung sind als Verhandlungslinie erkennbar. Demgegenüber tritt als Verhandlungsziel die Sicherung des Lebensstandards in den Vordergrund, der jedoch teilweise unterschiedlich interpretiert wird. Aufgrund innerorganisatorischer Interessengegensätze setzte sich 1976 eine soziale Akzentuierung in der Weise durch, daß mittels Sockel-, Fest- oder Mindestbeträgen eine stärkere Berücksichtigung der unteren Lohngruppen angestrebt wurde. Diese »Nivellierungspolitik« wurde freilich in den nächsten Jahren aufgrund des schärfer werdenden Widerstands höherer Lohngruppen (Spezial- und Facharbeiter, Angestellte) sowie der Angriffe der Arbeitgeber, die eine solche Politik als »leistungsfeindlich« bezeichneten, wieder aufgegeben. Letztlich bewirkten diese Sockel- oder Mindestbeträge nur *geringe Nivellierungseffekte* zwischen den einzelnen Lohngruppen, und zu

einer »solidarischen Lohnpolitik« ist es bislang nicht gekommen (von Beyme 1978, S. 134).
Drei weitere Dinge sind bemerkenswert: Obwohl alle Gewerkschaften seit Jahren öffentlich gegen die Bevorzugung unternehmerischer Investitionsanreize als zentrale beschäftigungspolitische Strategie polemisieren und dieser die These von der Notwendigkeit der *Steigerung der Massenkaufkraft* entgegensetzen, haben sie als »handlungsleitendes Motiv« die Investionsanreiz-These verwendet, während das Massenkaufkraft-Argument lediglich in der Vorphase der Tarifauseinandersetzungen eine Rolle gespielt hat (Projektgruppe 78, S. 330). Ebenso interessant ist das *enge Beieinanderliegen* von Forderungen und Abschlüssen verschiedener Gewerkschaften trotz nicht unbeträchtlicher branchenstruktureller Differenzen. Darin kommt einmal die Bevorzugung der gesamtwirtschaftlichen Daten vor branchenspezifischen, zum anderen die faktisch akzeptierte Vorreiterrolle (vor allem) der *IG Metall* als der größten Gewerkschaft zum Tragen. Schließlich fällt auf, daß *höhere Steuern und Sozialabgaben* nicht zum Verhandlungsgegenstand bei der Lohnhöhe erhoben werden. Im Gegenteil erklärte die *IG Metall,* die Tarifpolitik sollte nicht korrigierend eingreifen, wenn steigende Steuern und Sozialabgaben zu gesellschaftlichen Reformen und verbesserter sozialer Sicherheit beitragen könnten (Jacobi, S. 357).
Betrachtet man die *Entwicklung im öffentlichen Dienst* gesondert, so fällt auf, daß dort die Lohnabschlüsse (außer 1976) unterhalb der Margen der Privatwirtschaft lagen: 1975 um 0,5%, 1977 um 1% bis 1,5%, 1978 um 0,7%. Damit hat die ÖTV faktisch sowohl die restriktive staatliche Haushaltspolitik als auch den immer wieder geforderten Beschäftigungssicherheitsabschlag akzeptiert, obgleich eine Lebenszeitanstellung zwar für ca. 75% der Beamten, aber nur für 25% der öffentlichen Angestellten/Arbeiter garantiert ist (Dammann 1977, S. 96).
– Mit Ausnahme der frühzeitigen und umfassenden Mitgliedermobilisierung beim Druckerstreik 1976 (auf den ich noch

gesondert eingehe) ist das dominante Mitgliederverhalten bei allen Lohnrunden eher *passiv*. Man kann innerorganisatorisch sogar eine *Tendenz zunehmender Zentralisierung* der Tarifpolitik auf die Verbandsspitzen hin erkennen. Einmal sind die Vorstände von *IG Metall, IG Chemie, Papier, Keramik* und *ÖTV* »dazu übergegangen, vor Beginn der tarifpolitischen Diskussionen in den Betrieben, Vertrauensleute-Gremien, Ortsverwaltungen und Tarifkommissionen Empfehlungen über Höhe und Struktur der Forderungen über die Presse zu veröffentlichen« (Jacobi/Müller-Jentsch 1977, S. 47). Zum anderen haben *IG Metall* und *IG Chemie* zusätzlich die Praxis eingeführt, den ersten regionalen Vertrag sozusagen als Mustervertrag abzuschließen, dem dann die anderen Bezirke (mit manchmal minimalen Abweichungen) folgen.
– Außer den Druckern 1976 hat keine der Gewerkschaften überhaupt durch Kampfaktionen empirisch festgestellt, wie es nun um die berühmten gesellschaftlichen Kräfteverhältnisse bei Lohnkämpfen konkret bestellt gewesen wäre. Man hat deshalb eher den Eindruck, der Verweis auf die recht abstrakt bleibende und nie konkret analysierte Metapher »gesellschaftliche Kräfteverhältnisse« soll die *freiwillige* Kooperationsbereitschaft bei der Lohnpolitik kaschieren.

Exkurs: Der Druckerstreik 1976

In diesem Zusammenhang ist ein näheres Eingehen auf den Arbeitskampf in der Druckindustrie 1976 deshalb notwendig, weil er zu weitreichenden Interpretationen über veränderte Perspektiven gewerkschaftlicher Entwicklung hin zu autonomerer, antiintegrationistischer Politik geführt hat. Den umfassendsten Versuch einer theoretischen Einschätzung dieses Streiks hat *Erd* (1976) vorgelegt.
Er charakterisiert ihn als bewußt »politischen, gegen die staatliche Einkommenspolitik« (S. 517) gerichteten Streik, der »im Gegensatz zu sämtlichen bisher in der Nachkriegsgeschichte geführten gewerkschaftlichen Streiks« eine »Auseinanderset-

zung um die Autonomie gewerkschaftlicher Tarifpolitik in der schwersten ökonomischen Krise seit 1929« darstelle und dessen längerfristige Folge deshalb »die Rückgewinnung einer partiell radikalen Interessenvertretung sein kann« (S. 518 ff.) – aber *nicht muß*, wie *Erd* relativierend hinzufügt. Denn sein politischer Charakter sei bislang schwer verallgemeinerbar: »Da es sich um einen Arbeitskampf in einer Branche handelt, die seit Jahren von folgenreichen Umstrukturierungsprozessen erfaßt ist, kann für die Tarifpolitik aller Gewerkschaften in den nächsten (Krisen-)Jahren nicht der Schluß einer zunehmenden Politisierung gezogen werden« (S. 520). Immerhin: die Ausnahme könnte dann zur Regel werden, wenn die im Gefolge dieser Auseinandersetzung stärker werdenden staatlichen Drohungen einer Einschränkung von Tarifautonomie und Streikrecht bisherige Differenzen zwischen den einzelnen Gewerkschaften aufhöben zugunsten eines objektiven Solidaritätszwangs und einer allgemeinen Radikalisierung gewerkschaftlicher Tarifpolitik zur Abwehr staatlicher Eingriffe. In diesem Fall wäre dieser Arbeitskampf ein wichtiger Beitrag zur Neuorientierung gewerkschaftlicher Tarifpolitik gewesen (S. 549). Die empirische Analyse dieses Streiks kann nun in der Tat seinen explizit formulierten *politischen* Charakter belegen: Gewerkschaftsspitze und Gewerkschaftsbasis kämpften bewußt und erfolgreich gegen die staatliche Leitlinie zur Erhöhung der Löhne um 5% bis 5,5% an, die von so großen Gewerkschaften wie *IG Metall* und *ÖTV* (5,4%) bereits akzeptiert worden war. Mit rund 6,7% (einschließlich der Pauschal-Zulagen) lag der Abschluß über 1,3% höher. Zugleich argumentierte die *IG Druck* gegen die etablierte Krisenmanagement-Ansicht, nur Lohnverzicht und Stabilisierung der Gewinne führe über erhöhte Investitionen aus der Krise heraus. Dagegen setzte sie als Krisenursache den ruinösen Konkurrenzkampf der Betriebe und den darin eingeschlossenen Konzentrations- und Rationalisierungsprozeß. Ebensowenig akzeptierte sie die Ansicht, höhere Steuern und Sozialabgaben dürften nicht tarifpolitischer Verhandlungsgegenstand sein. Schließlich demonstrierte sie, daß auch und gerade in einer Krise Angriffe auf sozialen Besitzstand und Einschränkung der Tarifautonomie mittels Basis-Mobilisierung und notfalls Kampfmaßnahmen abzuwehren sind.

Obwohl diese Verhaltensweise zu intensiven Diskussionen innerhalb der anderen Gewerkschaften geführt und sicherlich einen Einfluß auf die noch gesondert zu behandelnden Arbeitskämpfe 78/79 gehabt hat, darf man ihren Stellenwert wegen bestimmter Besonderheiten nicht überschätzen. Dabei ist die von *Erd* selber angeführte Besonderheit, die Druckindustrie befinde sich seit Anfang der siebziger Jahre in einer Strukturkrise und habe aufgrund verschärfter Rationalisierungsmaßnahmen eine Belegschaftsschrumpfung von ca. 15% in 6 Jahren hinnehmen müssen, nicht recht überzeugend. Denn wie bereits am Stahlfall gezeigt und weiter unten noch vertieft, hat fast jede DGB-Gewerkschaft mit diesem Problem in den siebziger Jahren verstärkt zu tun. Allerdings trifft dieser Beschäftigungsrückgang in der Druckbranche in bisher weitaus stärkerem Maße als anderswo die Arbeitsplätze der *Facharbeiter,* die in der *IG Druck* in hohem Maße organisiert und in den Gewerkschaftsgremien überrepräsentiert sind (Projektgruppe 1977, S. 288).

»Aufgrund dieser Konstellation ist die Annahme plausibel, daß dem Lohnkampf, schon wegen seiner größeren Verallgemeinerungsfähigkeit, eine stellvertretende Funktion zukam. Unruhe und Unzufriedenheit über die verschlechterten Berufsperspektiven und unsicheren Arbeitsplätze der traditionellen Facharbeiter bestimmten zwar die Intensität der Tarifauseinandersetzung 1976, aber nicht deren eigentlichen Gegenstand« (ebenda, S. 291).

Infolge dieses übermäßigen Arbeitsplatzabbaus bei Facharbeitern ist deshalb auch die organisatorische Bestandsbedrohung bei dieser Gewerkschaft weitaus höher als beispielsweise bei der *IG Metall* oder *IG Chemie*. Dies zugegeben, begründen meiner Ansicht nach zusätzlich zwei andere Faktoren die Außenseiterposition der IG Druck: erstens beträgt der Anteil der Druckindustrie an Umsatz und Beschäftigten der Gesamtindustrie lediglich 1,8% bzw. 2,6%. Selbst an den Gesamtwerten der

Verbrauchsgüterindustrie erreicht sie nur 12% (IG Druck und Papier 1977, S. 12); zweitens stellt sie ein Produkt her, das weder auf dem Weltmarkt konkurrenzfähig sein muß noch verschärfter Importkonkurrenz ausgesetzt ist.
Indem ihre Größenordnung für die Gesamtindustrie ziemlich bedeutungslos ist und ihre relative Unabhängigkeit vom Weltmarkt sie und die dort Beschäftigten im härter werdenden internationalen Konkurrenzkampf gegenüber anderen Branchen überdurchschnittlich privilegiert, verliert die euphorische These, der Kampf der Drucker zeige eine zunehmende Politisierung der Klassenauseinandersetzungen in der Bundesrepublik (Pickshaus 1978), für die Gesamteinschätzung der deutschen Gewerkschaftsbewegung einiges an Plausibilität.
Letzteres wird durch die Fallanalyse *Erds* zusätzlich bestätigt. Auch wenn innergewerkschaftliche Diskussionen den Forschungsteams nicht zugänglich waren, sind Zurückhaltung und Widerstand der (vor allem) großen Gewerkschaften gegenüber der IG Druck-Politik nicht verborgen geblieben. Dazu *Erd:*

»Die IG Druck wird daher vor dem Problem stehen, den durch den Streik erreichten, objektiv notwendigen Politisierungsprozeß der Mitglieder in weitere Aktionen überzuführen. Erschwert wird diese Situation für die IG Druck noch durch die offensichtlich weitgehend ablehnende Haltung der großen Gewerkschaften gegenüber der begonnenen neuen tarifpolitischen Strategie. Zwar lassen sich die im Verlaufe und nach Beendigung des Streiks geführten Diskussionen zwischen dem Hauptvorstand der IG Druck und den anderen DGB-Gewerkschaften nicht rekonstruieren, denn die großen Gewerkschaften beharren zu sehr auf ihrer Praxis, innerorganisatorische Debatten nicht zu veröffentlichen. Die wechselnden Argumentationen des Vorsitzenden der IG Druck, Mahlein, lassen jedoch vermuten, daß es an Kritik seitens der anderen Gewerkschaften nicht gemangelt hat. Nicht nur unterließ es Mahlein, wie vier Wochen nach Beendigung des Streiks versprochen, darüber zu berichten, in welcher Weise von den anderen Gewerkschaften Kritik geäußert wurde, er gab auch wenig später eine Interpretation des Streiks, die erheblich hinter dem zurückblieb, was er während und kurz nach dem Streik erklärt hatte. Hieß es ursprünglich, daß der Streik auch gegen die Aushöhlung der Tarifautonomie geführt wurde, so meinte Mahlein jetzt, es wäre ›töricht, den zurückliegenden Druckerstreik zu einem einmaligen Ereignis, das etwa zu einer Neuorientierung des Arbeitskampfes zwingen würde, hochstilisieren zu wollen‹... All dies deutet darauf hin, daß eine Radikalisierung der Tarifpolitik der IG Druck auch in den kommenden Jahren auf den Widerstand der anderen Gewerkschaften stoßen wird« (Erd 1976, S. 538 f.).

Und die *IG Druck* selbst stellt fest:

»Auch aus den Betrieben anderer Industriebereiche erreichten die Industriegewerkschaft Druck und Papier eine Menge Solidaritätsbeweise. Inhaltlich bezogen sich die Solidaritätstelegramme der Betriebe, Ortsvereine und Verwaltungsstellen mehr oder minder ausdrücklich positiv auf unsere Lohnforderung und unseren Streik. Demgegenüber beschränkte sich die Sympathie der Vorstände des Deutschen Gewerkschaftsbundes und der Einzelgewerkschaften auf die Verurteilung der bundesweiten Aussperrung. Mit Bedauern wurde seitens der Industriegewerkschaft Druck und Papier auch die spät formulierte Sympathieerklärung des Geschäftsführenden Bundesvorstandes des Deutschen Gewerkschaftsbundes zur Kenntnis genommen« (IG Druck und Papier 1977, S. 73). Und weiter: »Erst nach Beginn des Streiks stellte sich heraus, daß es dem ›Unternehmer-Zentralkommando‹ um eine grundsätzliche Machtprobe ging. Auf eine solche Möglichkeit werden sich die im Deutschen Gewerkschaftsbund vereinigten Einzelgewerkschaften in Zukunft wohl einrichten müssen. Es war andererseits ein Charakteristikum des Arbeitskampfes in der Druckindustrie, daß der geballten Macht der Unternehmerverbände nicht die ebenso konzentrierte Macht der Gewerkschaften gegenüberstand. Zumindest, was die konkrete Aktionsbereitschaft angeht, war es nur eine einzelne Gewerkschaft, die dazu noch nicht einmal zu den größten gehört. Daß dies die Durchbrechung des Unternehmerdiktats nicht gerade erleichtert hat, versteht sich von selbst« (ebenda, S. 98).

Als vorläufiges *Fazit* läßt sich deshalb festhalten, daß der Arbeitskampf in der Druckindustrie weit überinterpretiert wurde und seine spezifischen Besonderheiten wenig berücksichtigt wurden. Hinzu kommt, daß der schließlich akzeptierte Lohnabschluß immer noch *maßvoll* zu nennen ist, liegt er doch lediglich um 1% über den Orientierungsdaten für zu tätigende Tarifabschlüsse und sogar noch innerhalb der vorgesehenen Steigerungsmarge des Bruttoeinkommens aus unselbständiger Arbeit. Allein aus *einem* für bundesrepublikanische Verhältnisse sicherlich ungewöhnlich politisierten Streik, der dann jedoch relativ maßvoll endet und keine weitertreibende Militanz, sondern eher deren Begrenzung zur Folge hat, auf eine beginnende Zuspitzung der Klassenauseinandersetzungen zu schließen, ist wohl zu gewagt. Umso mehr, wenn man die Analyse der folgenden Tarifrunde (im Jahre 1977) berücksichtigt: »Kurze Vorbereitungsphase; relativ unbeeinflußte Entscheidungsfindung in der Tarifkommission; Forderungen, die in Struktur und Höhe denen anderer Gewerkschaften angeglichen sind; konfliktloser Verhandlungsverlauf; relativ kritiklose Aufnahme der Verhandlungsergebnisse in der Mitgliederschaft« (Projektgruppe 1978, S. 207). Allerdings erklärt die *Projektgruppe* diese »Zahmheit« mit der Vorbereitung weitergehender manteltarifvertraglicher Forderungen (Absicherung gegen Fotosatz), die dann 1978 im erneuten Streik eskalierten. Insofern muß die weiter unten vorgelegte Analyse dieses zweiten Arbeitskampfes ergeben, ob die IG Druck aus der traditionellen Kooperationsbereitschaft tatsächlich ausgeschert ist.

Fazit: Insgesamt bestätigen die Fallstudien zur gewerkschaftlichen Lohnpolitik den Eindruck einer kooperativen, von der Gewerkschaftsspitze zentral gesteuerten Lohnpolitik, und es fällt schwer, dafür die gesellschaftlichen Kräfteverhältnisse und nicht freiwillige Zurückhaltung verantwortlich zu machen. Tarifpolitische Forderungen nach Schaffung neuer Arbeitsplätze für das (einschließlich stiller Reserve) 2-Millionen-Heer der Arbeitslosen haben keine Rolle gespielt. Nimmt man hinzu, daß die Gewerkschaften schon seit längerem der These nicht trauen (und in ihrer Skepsis auch empirisch bestätigt wurden), daß höhere Gewinne mehr Investitionen und mehr Arbeitsplätze bedeuten, sie offiziell mit ihrer keynesianisch begründeten Massenkaufkraftthese dagegen sogar antreten, dies aber bislang nicht in ihrer Lohnpolitik umsetzten, so läßt sich folgendes Resümee ziehen: Seit der Weltrezession befleißigen sich die deutschen Gewerkschaften *freiwillig* einer maßvollen Lohnpolitik, die den (Noch-)Arbeitsplatzbesitzern bisher die Sicherung des Reallohnes ermöglichte und die zugleich die internationale Wettbewerbsfähigkeit der deutschen Wirtschaft nicht gefährdete, sondern dadurch eher verbesserte, daß die Lohnabschlüsse *unterhalb des Produktivitätsfortschritts,* des realen Verteilungsspielraumes in den Worten des *Sachverständigenrates,* geblieben sind.

2. Reaktionen auf Massenentlassungen, Betriebsstillegungen, Strukturkrisen

2.1 Massenentlassungen bei VW 1974/75 (Dombois 1976)

Bei den VW-Werken haben zwischen 1974 und 1975 rd. 40 000 Arbeitnehmer (etwa ein Viertel der Gesamtbelegschaft) ihren Arbeitsplatz verloren. Obwohl Bundeskanzler *Schmidt* und der IG Metall-Vorsitzende *Loderer* (Aufsichtsratsmitglied bei VW) darin übereinstimmten, daß die VW-Krise Resultat einer falschen Management-Politik (und nichts weiter) sei, weist *Dombois* den engen Zusammenhang zwischen der 1974 einsetzenden weltweiten Überproduktionskrise der Automobilbranche, »die sich in Stagnations- und Rezessionstendenzen der Gesamtproduktion, erhöhter Konkurrenz und Verschiebung von Marktanteilen auf den verschiedenen nationalen Märkten ausdrückte« (S. 436), und der Situation bei VW nach. Gerade die inzwischen expansiv vorangetriebene Multinationalität (zahlreiche Produktions- und Montagewerke in Belgien, Brasilien, Mexiko, Südafrika, Jugoslawien, Nigeria) und hohe Exportabhängigkeit (1973 wurden 70%, 1975 noch 56% aller Produkte exportiert) bewirkten bei einem starken Rückgang der Nachfrage (vor allem in den USA, dem wichtigsten Abnehmer von VW-Produkten) die Absatzkrise, die bereits Anfang der siebziger Jahre begann und 1974 mit einem Rückgang von 11%

gegenüber dem Vorjahresniveau kulminierte. Zugleich verdeutlicht *Dombois'* Fallstudie, daß VW mit einer »planmäßigen Auslagerung der Produktion in Niedriglohnländer einerseits, der rigorosen Durchsetzung einer strukturellen Rationalisierung andererseits« (S. 439) offensiv auf diese Krise reagierte: eine inländische Produktionsdrosselung von 35% zwischen 1970 und 1975 korrespondiert mit einer ausländischen Produktionsausweitung von 14% auf 37% der Gesamtproduktion; die Rationalisierung erfolgt durch Einführung von Baukastensystem und Verbundproduktion, d. h. universelle Verwendbarkeit vieler Einzelteile für alle Modellreihen sowie weltweite Herstellung und Montierung der einzelnen VW-Teile im jeweils kostengünstigsten Land (Wallraff 1975, S. 83).

Die mit dieser Strategie einhergehende umfassende Belegschaftsreduzierung sollte zunächst durch Stillegung ganzer Werke (vor allem *Audi-NSU*) realisiert werden. Nach heftigen Protesten öffentlicher Instanzen *(Landesregierung Baden-Württemberg)* und der *IG Metall* entschied sich der Konzern schließlich für eine Umlegung des Personalabbaus auf alle Werke.

»Nach einigem Tauziehen um die Vorgabequoten für die einzelnen Betriebe, bei dem jeweils Betriebsräte und Werksleitungen an einem Strick zogen, wurde schließlich vom Vorstand der Schlüssel für den Personalabbau festgelegt. Wichtigste Maßnahmen zum Beschäftigungsabbau waren: Einstellungsstopp; vorgezogene Verrentungen ab 62, später ab 59 Jahren; einvernehmliche Lösungen des Arbeitsverhältnisses mit Aufhebungsverträgen und nach Betriebszugehörigkeit und Lohngruppe gestaffelten Abfindungssummen; Abbau von Überstunden; Nichtverlängerung befristeter Arbeitsverträge von Ausländern; Übernahme der Arbeiten von Fremdfirmen und schließlich verschärfte Einzelkündigungen bis 49 pro Werk und Monat, also bis zur Schwelle von anmeldungspflichtigen Massenentlassungen« (Dombois 1979, S. 174).

Spektakuläre (und möglicherweise konflikthafte) Massenentlassungen konnten auf diese Weise verhindert werden. Quantitativ machen die *Aufhebungsverträge* (57% aller Abgänge) und die *vorgezogenen Verrentungen* (10% aller Abgänge) den Hauptteil der zu Entlassenden aus. Neben der auf diese für das Unternehmen eleganten Weise, die durch den tayloristischen Arbeitsprozeß verschlissenen und demnach unrentablen älteren deutschen Arbeitnehmer loszuwerden, schieden vor allem ausländische angelernte, in den unteren Lohngruppen beschäftigte Akkordarbeiter (67% aller entlassenen Akkordlöhner) aus. Demgegenüber »konnte eine Gruppe den Beschäftigungsabbau relativ stabil überstehen: männliche deutsche Arbeiter, die älter als 40 Jahre, über 10 Jahre bei VW beschäftigt und eher in eine der höheren Lohngruppen eingestuft waren – eine Gruppe also, die als Kern der betrieblich qualifizierten, disponiblen und mit Statusansprüchen ausgestatteten Stammbelegschaft anzusehen ist« (ebenda, S. 178).

Dombois führt die Freiwilligkeit des Ausscheidens gerade der ausländischen Arbeitnehmer auf direkte und indirekte Drohungen (Umsetzung auf schlechtere Arbeitsplätze, Kündigungsdrohung) zurück. *Dohse* (1976) zeigt zusätzlich, daß sich der Staat seit Beginn der Rezession in zunehmendem Maße, soweit es um Ausländer geht, in die Arbeitsmarktpolitik der Betriebe einmischte, um aus stabilitätspolitischem Kalkül einen Beschäftigungsprimat für Deutsche durchzusetzen, auch wenn einzelne Betriebe mit Leistung und Produktivität ihrer ausländischen Arbeiter durchaus zufrieden waren. Am Beispiel des *VW-Werkes Kassel* demonstriert er, daß solchen ausländischen Arbeitnehmern, die das Abfindungsangebot des Werkes nicht annahmen, vom Arbeitsamt die Arbeitserlaubnis nicht verlängert wurde. Dieser staatlich vermittelte Zwang brachte dann andere Ausländer aus Nicht-EG-Ländern dazu, die Abfindung einer (geldlosen) Abschiebung vorzuziehen.

Sowohl *IG Metall* als auch *Betriebsräte* haben diesen Beschäftigungsabbau »mitgetragen«. Obwohl die *IG Metall* bei VW eine sehr starke Stellung hat (hoher gewerkschaftlicher Organisationsgrad, starke Einbindung der Betriebsräte in die gewerkschaftliche Organisation, Präsenz des IG Metall-Vorsitzenden im VW-Aufsichtsrat), hat sie niemals versucht, die Entlassungspläne zu verhindern oder Widerstand gegen sie zu mobilisieren. Prinzipiell hielt der IG Metall-Vorstand Entlassungen für unumgänglich, da der VW-Konzern seit 1974 in einem Ausmaß in die Verlustzone geraten sei, daß weitere Anpassungen notwendig geworden wären. Die Anpassungslasten müßten aber zwischen Kapital und Arbeit möglichst gleich verteilt werden. Niemand könne verlangen, daß die Arbeitnehmer allein den Buckel hinhielten (so *Eugen Loderer* nach Dombois 1976, S. 462). Aus diesem Grund legte die *IG Metall* einen eigenen Rationalisierungsvorschlag vor und plädierte für Reduzierung und zeitliche Streckung der zu Entlassenden. Freilich wurde diesem Alternativvorschlag im Aufsichtsrat nicht zugestimmt – die IG Metall war's trotzdem zufrieden. Die betriebswirtschaftliche Rentabilität des Unternehmens VW war die Richtschnur ihrer Interessenvertretung:

»Es wird unterstellt, daß gerade die Verletzung der Rentabilitätsprinzipien durch das Management Krise und Entlassungen hervorgebracht hätten, die paritätische Mitbestimmung aber mit der strengen Beachtung von Rentabilitätsgesichtspunkten Marktpositionen und Beschäftigung langfristig sichern könnte. So führte Eugen Loderer in einem Interview mit der ›Wirtschaftswoche‹ aus: ›Wenn wir z. B. bei VW soviele faktische Möglichkeiten gehabt hätten wie in einem montan-mitbestimmten Aufsichtsrat, dann hätte der Vorstand jetzt mehr bieten müssen als nur beschäftigungspolitische Maßnahmen‹« (ebenda, S. 462).

Dabei verwundert ein Pochen auf der paritätischen Mitbestimmung in diesem Fall umso mehr, als Arbeitnehmervertreter mit *sozialliberaler Bundesregierung, sozialdemokratischer Landesregierung* (Niedersachsen) sowie gewerkschaftseigener *Bank für Gemeinwirtschaft* eine solide Mehrheit im Aufsichtsrat für eventuelle Alternativ-Strategien gehabt hätten.
Für die Betriebsräte wirkte sich die mangelnde Information und Koordination zwischen den einzelnen Werken nachteilig aus. Zugleich kämpften sie, in traditionellem Betriebsegoismus verfangen, eher gegen- denn miteinander. Als Schlüsselinstanzen der betrieblichen Interessenpolitik besiegelten sie durch

»Betriebsvereinbarungen die skizzierten Maßnahmen und waren vornehmlich daran interessiert, soziale Härten zu vermeiden, die legitimationsrelevante Stammbelegschaft zu schützen, ohne den Beschäftigungsabbau zu behindern. Sie verzichteten daher auch darauf, Vertrauenskörper und Belegschaft in den Konflikt einzubeziehen und zu mobilisieren und dadurch ihre – durch das Betriebsverfassungsgesetz thematisch wie auch prozedural sehr eingeschränkte – Konfliktfähigkeit und Verhandlungsposition zu stärken« (Dombois 1979, S. 179).

Insgesamt wirkten differenzierte Entlassungsstrategien des Unternehmens, staatliche Ausländerpolitik, fragmentierte und punktuelle Einwirkungsmöglichkeiten der Betriebsräte und faktische Hinnahme des massiven Personalabbaus durch die *IG Metall* derart zusammen, daß ein schwerwiegendes soziales Problem *individualisiert*, »eine kollektive Zwangssituation« ohne größere soziale Konflikte in eine »individuelle Entscheidungssituation« umgemünzt werden konnte (Dombois 1976, S. 442).

2.2 Personalabbau und betriebliche Interessenvertretung in der Automobilkrise 1974/75 (Mendius/Schultz-Wild 1976; Schultz-Wild 1978)

Eine Projektgruppe des *Instituts für Sozialwissenschaftliche Forschung* (ISF) München hat im Rahmen eines Forschungsprogramms über betriebs- und sozialpolitische Aspekte/Probleme betrieblicher Personalplanung bei fünf großen Automobilherstellern der Bundesrepublik sowie fünf Zuliefer-Firmen u. a. die *Betriebsratspolitik* in der Absatzkrise dieser Branche untersucht. Immerhin reduzierte die Automobilindustrie aufgrund der weltweiten Rezession und der daraus resultierenden Rationalisierungs-/Modernisierungspolitik ihr Personal von Oktober 1973 bis zum Rezessionstiefstand 1975 um rd. 12% = 59 000 Beschäftigte. Ab 1971 gerechnet, betrug die Personalreduktion bei der Mehrzahl der Unternehmen sogar rd. 30% (Hildebrandt 1976, S. 154).

Zunächst ist bemerkenswert, daß die ISF-Forscher folgende

Ergebnisse der VW-Studie von *Dombois* als für die Gesamtbranche repräsentativ bestätigen:
– Spektakuläre und politisch brisante Massenentlassungen wurden vermieden; statt dessen bildeten *Aufhebungsverträge* und *Frühverrentung* die Haupttypen der angewandten Entlassungsstrategien;
– dadurch wurde eine *Individualisierung der Konfliktbewältigung* bei den von Entlassung Betroffenen erreicht;
– das *Sozialprofil* der Ausgeschiedenen deckte sich weitgehend mit den betrieblichen Selektionsinteressen, d. h.: »Stets waren Arbeiter mehr betroffen als Angestellte, Un- und Angelernte mehr als Facharbeiter bzw. Akkordlöhner mehr als Zeitlöhner, und in allen Betrieben, die in nennenswertem Umfang ausländische Arbeitskräfte beschäftigten, traf diese der Arbeitsplatzverlust in überproportionalem Maße« (Schultz-Wild, S. 274).
Die Einschätzung der Betriebsrätepolitik fällt für die Gesamtbranche differenzierter aus als für VW allein. Obwohl die Betriebsräte keinerlei Kampfaktionen dagegen organisierten, daß die Arbeitnehmer die Hauptlast der Krisenüberwindung (neben Entlassungen Einkommenseinbußen, Verschlechterung der Arbeitsbedingungen aufgrund von Umsetzungen/Kurzarbeit usw.) zu tragen hatten, erreichten sie durch ihre Mitarbeit bei den Abfindungsaktionen doch immerhin, daß »der Arbeitsplatzverlust nicht ohne eine gewisse, wenn auch sicherlich nicht ausreichende (finanzielle; J. E.) Kompensation hingenommen wurde« (Mendius/Schultz-Wild, S. 478). Ein Tatbestand, der vor dem Hintergrund gesehen werden muß, daß nach einer Repräsentativbefragung von allen Unternehmen, die während der Rezession 74/75 Entlassungen durchführten, nur 4% Aufhebungsverträge anboten oder Sozialpläne aufstellten. Hinter diese erkämpften Präzedenzfälle dürfte – so vermuten die Autoren – keine Massenentlassung mehr (zumindest nicht bei Großunternehmen) zurückfallen. Andererseits ist es »der Betriebsratspolitik anzulasten, daß auch von dieser Form des Personalabbaus in erster Linie die bekannten Gruppen mit geringen Arbeitsmarktchancen (Ausländer, Frauen) betroffen

werden, die damit objektiv die Funktion von Konjunkturpuffern übernehmen« (ebenda, S. 481).

Beurteilungsschwierigkeiten bereitet den Autoren die Bereitschaft aller Betriebsräte, an Aufhebungsverträgen und Frühverrentung mitzuwirken, da dieser Weg die Entlassungsaktionen für die Unternehmen konflikt- und reibungslos gestaltete und der Individualisierung der Entlassungsverarbeitung Vorschub leistete, während »Massenentlassungen die kollektive Betroffenheit deutlicher« gemacht und damit »bessere Anknüpfungspunkte für Strategien der Mobilisierung und Politisierung der Belegschaften« ermöglicht hätten (ebenda, S. 479). Hierbei muß man freilich den Betriebsräten die negativen Erfahrungen bei entschädigungslosen Massenentlassungen in der Vergangenheit zugute halten.

Die Ursache für die Einschätzungsschwierigkeiten der Betriebsräte, sich für oder gegen Aufhebungsverträge zu entscheiden, sehen *Mendius/Schultz-Wild* bei den Gewerkschaften: Die Betriebsräte waren hilflos und unvorbereitet mit einer Problemsituation konfrontiert, für deren Bewältigung es ihnen an Erfahrungen und Konzepten fehlte. Hier hätte die Gewerkschaft eingreifen müssen, die für die befragten Betriebsräte (trotz teilweiser betriebsegoistischer Abkoppelung) die Funktion hat, konkrete Hilfen zu geben, weiterreichende Perspektiven zu entwickeln und bei kollektiver Entlassungsbetroffenheit die Politisierung und Mobilisierung der Belegschaften in eine programmatische Gesamtkonzeption einzubeziehen.

»Fehlt diese Voraussetzung, so manifestiert sich die Unzufriedenheit der Belegschaften entweder erst gar nicht oder die Mobilisierung, soweit sie auf betrieblicher Ebene dennoch stattfindet, bricht früher oder später zusammen – zumal unter den gegebenen Bedingungen einer schlechten Arbeitsmarktsituation« (ebenda).

Demgegenüber war die Politik der Gewerkschaften »auf eine möglichst schnelle Überwindung der Krise auch um den Preis der Überwälzung von Kosten und Lasten auf die abhängig Arbeitenden« gerichtet (ebenda, S. 465).

Exkurs

Inzwischen ist die seit längerem erwartete zweite weltweite Absatzkrise der Automobilindustrie ab Anfang 1980 ausgebrochen, und der Konkurrenzkampf um die verbleibenden Märkte hat sich verschärft. Obwohl Produktionsrückgang (35%) und Beschäftigtenabbau (rd. 300 000) in den USA bisher am spektakulärsten ausfielen, sind auch einige europäische Hersteller bereits hart getroffen *(Fiat, Peugeot-Citroen, British-Leyland)*, und in der Bundesrepublik führte *VW* bereits bei einigen Werken Kurzarbeit ein, während *Opel* und *Ford* schon Massenentlassungen durchführten (Opel 5300; Ford 6000). Bemerkenswert ist, daß die in den Fallstudien beschriebene Entlassungsstrategie sich 1980 zu wiederholen scheint: neben Abfindungsangeboten für jüngere gibt es vor allem Frühverrentung von älteren Arbeitnehmern. Die Betriebsräte haben diese Strategie nach den vorliegenden Zeitungsmeldungen in beiden Fällen akzeptiert, ja sie sogar den Unternehmensleitungen abgetrotzt. Bei *Opel Rüsselsheim* ist die Aktion inzwischen abgeschlossen und wirkt sich zahlenmäßig folgendermaßen aus: 2800 Frührentner und der Rest jüngere, vornehmlich (rd. 80%) ausländische Arbeitnehmer *(Frankfurter Rundschau* vom 10. 6. 1980; *Express* vom 22. 7. 1980).
IG Metall-Vorsitzender *Loderer* bekräftigte inzwischen die weltmarktoffene Position seiner Gewerkschaft auch in der gegenwärtigen Krise und vor allem gegenüber der japanischen Exportoffensive. Die *IG Metall* bejahe weiterhin – so *Loderer* – den freien Welthandel und sehe in protektionistischen Maßnahmen keine Lösung. Freilich halte man freiwillige Exportbeschränkungen der Japaner gegenüber Westeuropa und den USA für nötig – und die japanischen Gewerkschaften dürften die extremen Unterschiede in sozialen Leistungen, sozialer Sicherheit und Arbeitszeit nicht länger akzeptieren *(Frankfurter Rundschau* vom 22. 7. 1980; *Handelsblatt* vom 16. 7. 1980).

2.3 Stillegung eines Röhrenwerks
(Lichte 1978; Bosch 1978)

Der Konzentrationsprozeß der Stahlindustrie an der Ruhr setzte bereits in den sechziger Jahren als Reaktion auf zunehmende internationale Konkurrenz, Steigerung der fixen Kosten und des Kapitalminimums aufgrund neuer technologischer Entwicklungen sowie gewachsener Überkapazitäten ein. Infolge der hohen Kosten und Risiken bei technologisch notwendigen Modernisierungsmaßnahmen vereinbarten zwei große Montan-Unternehmen (*Thyssen* und *Mannesmann*; J. E.) 1969 eine grundlegende Arbeitsteilung und Abgrenzung der Interessen auf dem Eisen- und Stahlmarkt: Walzstahl- und Blechverarbeitung wurde die Domäne des einen, Rohrherstellung die des anderen Konzerns.

»Durch diese Arbeitsteilung übernahm jedes Unternehmen in seiner jeweils wichtigsten Anlagesphäre die Produktionsanlagen des anderen Unternehmens. Eine direkte Konkurrenz beider Unternehmen wurde in diesen Bereichen ausgeschaltet und besteht heute nur noch im Maschinenbau, da sich inzwischen beide Konzerne große metallverarbeitende Unternehmen eingegliedert haben. Gleichzeitig weiteten beide Unternehmen durch die Arbeitsteilung in den jeweiligen Bereichen ihre Marktanteile erheblich aus« (Bosch, S. 39).

Der auf Stahlrohrherstellung spezialisierte Konzern

»verdoppelte seinen Marktanteil an der Röhrenproduktion der Bundesrepublik Deutschland von 32% (1969) auf 66% (1970) und an der Röhrenproduktion der Europäischen Wirtschaftsgemeinschaft von 16% (1969) auf 32% (1970). Er wuchs in der Bundesrepublik Deutschland und in der Europäischen Gemeinschaft zum weitaus größten Röhrenproduzenten und bei vielen Röhrentypen zum marktbeherrschenden und preisbestimmenden Konzern heran« (ebenda).

Opfer der mit dieser Restrukturierung einhergehenden Stillegungsmaßnahmen wurde das der Fallstudie zugrundeliegende Röhrenwerk Ruhrtal – und zwar wegen technischer Rückständigkeit und regionaler Randlage. Freilich wurde die Stillegung

nicht in einem Akt, sondern sukzessive (über 2 Jahre verteilt) vollzogen, ohne daß die insgesamt 2000 Belegschaftsmitglieder von der Unternehmensleitung je umfassend über die längst feststehende Stillegungsentscheidung informiert worden wären. Vielmehr bestand die Strategie der Kapitalseite darin, die Betroffenen so lange wie möglich über ihr Schicksal im unklaren zu lassen und durch schrittweise Verlagerung/Abbau von Betriebsabteilungen einmal das Konfliktpotential so gering wie möglich zu halten und zum anderen bis zum Ende genügend Arbeitskräfte in den verbleibenden Restabteilungen zu halten.
Die detailreiche Nachzeichnung der Belegschaftsreaktionen: Angst, Unsicherheit, schließlich Resignation, Spaltung in verschiedene Gruppen von aktuell Betroffenen, verschärfte Konkurrenz untereinander, Ausländerdiskriminierung, zu spät gestartete und ineffektive Gegenwehr in Form von kurzfristigen Demonstrationen und Streiks, soll hier nicht resümiert werden; wichtig für meine Fragestellung ist das Verhalten von betrieblicher und gewerkschaftlicher Interessenvertretung:
Der *Betriebsrat*, obwohl ab 1971 über die Gesamtstillegung informiert, hat sein Wissen weder an den Vertrauensleutekörper und die Belegschaft weitergegeben noch gemeinsam mit diesen Abwehrmaßnahmen entwickelt.

»Der Betriebsrat war frühzeitig von der Unternehmensleitung in die Einzelheiten der Planung eingeweiht, gleichzeitig aber zur Verschwiegenheit gegenüber der Belegschaft verpflichtet worden. Er selbst hoffte bei frühzeitiger Beteiligung möglichst umfassend die sozialen Belange der Belegschaft vertreten zu können und unternahm keinen Versuch, aus dieser Eingrenzung seiner Handlungsmöglichkeiten auszubrechen. So mußte er in dem Moment, als die Unternehmensleitung ihre Planungen – angeblich durch konjunkturelle Entwicklungen gezwungen – revidierte und die Stillegungen zeitlich vorzog, in den Augen der Belegschaft als sozialpolitischer Erfüllungsgehilfe der Geschäftsleitung erscheinen. Er hatte sich durch seine Bindung an die ihm auferlegte Schweigepflicht der Möglichkeiten begeben, die Belegschaft frühzeitig und umfassend über die Konsequenzen aufzuklären. Seine ursprüngliche Intention, schon in den Planungen den Interessen der Belegschaft Geltung zu verschaffen, mußte sich in dem Moment gegen ihn wenden, in dem die Unternehmensleitung ihre Planungsschritte verwarf. Ohne tatsächlich an der Revision der Entscheidungen beteiligt zu sein und obwohl er sehen mußte, daß mit der Verkürzung des Planungszeitraumes und der nicht realisierten Ersatzarbeitsplatzversprechen seine Taktik der frühzeitigen Beteiligung ihre Voraussetzungen verloren hatte, behielt er seine Taktik der reinen Verhandlungspolitik ohne Einbeziehung der Belegschaft (etwa durch Information) bei. Bereits mit der Bildung der paritätischen Planungskommission etwa war er dazu verdammt, die Entscheidungen der Unternehmensleitung in Zusammenarbeit mit der Betriebsleitung betrieblich abzuwickeln. Durch seine Politik der Geheimverhandlungen abgelöst von den Betroffenen war er auf ›Sachzwänge‹ festgelegt, die ihm die Unternehmensleitung vorgegeben hatte. Damit war tendenziell eine Entfremdung zur Belegschaft angelegt« (Lichte, S. 479).

Fatale Konsequenzen hatte diese Betriebsratspolitik für den *Vertrauensleutekörper:*

»Betriebsrat und Vertrauenskörperleitung gerieten so zunehmend in kritische Distanz zueinander. Eine Abstimmung ihrer Aktivitäten fand immer weniger statt: der Betriebsrat hatte sich zu weit in die ihm von der Unternehmensleitung zugedachte Rolle als Erfüllungsgehilfe verstrickt, als daß er sich ohne organisierten Druck aus der Belegschaft daraus hätte befreien können. Die Vertrauenskörperleitung hatte die Taktik der Unternehmensleitung zu spät durchschaut. Als sie die erste Protestaktion organisierte, war für wesentliche Teile des Werkes die Stillegung kaum noch abwendbar, während große Teile der Rohrziehereibelegschaft noch von der Weiterexistenz ihres Werksteils ausgingen. Die kollektiven Aktionen konnten kaum überdecken, daß zumindest in der Rohrzieherei eine verschärfte Konkurrenz um die verbleibenden Arbeitsplätze eingesetzt hatte. Als Anfang 1972 sichtbar wurde, daß nur eine Minderheit der ehemaligen Beschäftigten in Ruhrtal weiterbeschäftigt werden könnte, war der Zeitpunkt überschritten, zu dem noch mehr als nur demonstrative Aktionen möglich waren. Vorher hatten sich alle, einschließlich der Vertrauenskörperleitung, allzu bereitwillig an die Versprechungen der Konzernleitung geklammert« (ebenda, S. 482).

Die Entwicklung einer einheitlichen Handlungsperspektive von Betriebsrat, Vertrauensleutekörper und Belegschaft kam also nicht zustande. Vielmehr deutete sich vor Beginn des Stilllegungsprozesses im Vertrauensleutekörper bereits

»eine Spaltung der führenden Kader an, die sich während des Stilllegungsprozesses verstärkte. Auf der einen Seite stand eine Fraktion, die eher die Betriebsratsspitze in ihrer Verhandlungspolitik zu unterstützen gedachte, dagegen opponierte eine zweite Fraktion, die sich mehr an den Erfahrungen in den kollektiven Widerstandsaktionen... orientierte. Diese Spaltung, die den Betriebsrat von der Vertrauenskörperleitung trennte, erschwerte eine zureichende Verarbeitung der Stillegungsplanung der Unternehmensleitung im Vertrauenskörper. Nur der Betriebsrat wurde ausreichend informiert, konnte die Weitergabe der Information inhaltlich und zeitlich steuern und schränkte damit in wesentlichen Entwicklungsphasen die Handlungsmöglichkeit der gegen seine Politik opponierenden Fraktion im Vertrauenskörper ein« (ebenda, S. 498).

Eine Analyse der *IG Metall-Politik* wird in den Fallstudien überraschenderweise nicht vorgenommen. Trotzdem läßt sich eine solche (sozusagen zwischen den Zeilen) rekonstruieren, wenn man berücksichtigt, daß das stillgelegte Röhrenwerk zu einem montanmitbestimmten Stahlkonzern gehörte. *Lichte* geht ausführlich auf die *Konzernstrategie* ein, die, bezogen auf die Stillegungstaktik, nicht nur darin bestand, den Betriebsrat des Röhrenwerks durch Verweis auf die Geheimhaltungspflicht des Betriebsverfassungsgesetzes zu neutralisieren, die Belegschaften verschiedener Werksteile voneinander zu isolieren und durch unterschiedliche Begünstigung/Benachteiligung deren gegenseitige Konkurrenz/Fraktionierung zu verstärken (S. 511 ff.). Entscheidend war vielmehr, »daß die Unternehmensleitung in ihrer Stillegungsplanung auf Konzernebene operierte und damit der Konflikt auf eine Handlungsebene gehoben war, auf der die Konzernbelegschaft keine adäquate Organisationsstruktur entwickelt hatte« (S. 512). Deshalb schlug im Falle des

»Abbaus von Arbeitsplätzen innerhalb des Konzerns das Fehlen einer betriebsübergreifenden Interessenvertretung der Konzernbelegschaften in direkte Konkurrenz der Betriebe gegeneinander um... Die jeweils von Stillegungen betroffenen Belegschaften standen damit in ihrem Abwehrbemühen nicht nur der Unternehmensleitung gegenüber, sondern gleichzeitig anderen um ihre Arbeitsplätze bangenden Betriebsbelegschaften, die wiederum ihre Arbeitsplätze durch die Stillegung des Konkurrenzbetriebes gesichert glaubten« (S. 512 f.).

Lichte folgert richtig, daß

»ein erfolgreicher Abwehrkampf gegen die Stillegung des Röhrenwerkes Ruhrtal erst dann möglich geworden wäre, wenn die gesamte Konzernbelegschaft die Sicherung dieser Arbeitsplätze zu ihrem gemeinsamen Ziel gemacht und durchzusetzen versucht hätte. Einzelne Belegschaften im Konzern fürchteten aber eine Vernichtung ihrer Arbeitsplätze für den Fall, daß der Ruhrtaler Betrieb weiter produzieren würde. Sie waren damit direkt an der Schließung der Ruhrtaler Röhrenwerke interessiert. Die Konzernleitung hatte so mit einer von ihrem sonstigen Vorgehen unterschiedenen Politik erfolgreich betriebsegoistische Positionen mobilisiert« (S. 515).

Spätestens hier drängt sich die Frage nach einer konzernbezogenen, den Betriebsegoismus überwindenden Taktik der *IG Metall* auf, die immerhin über den paritätisch besetzten Aufsichtsrat genauestens über die Stillegungsaktionen informiert gewesen sein muß. Obwohl die Studie dieser Frage nicht nachgeht, folgt aus dem ausgebreiteten Material, daß die Gewerkschaft weder eine betriebsübergreifende Informationspolitik geleistet noch Handlungsstrategien entwickelt hat.

Bei der Frage nach den Gründen für dieses Verhalten bleibe ich auf Vermutungen angewiesen. Dabei ist es sicherlich nicht unplausibel, davon auszugehen, daß die Gewerkschaft den mit der internationalen Wettbewerbsfähigkeit begründeten Modernisierungs- und Rationalisierungsprozeß wegen ihrer grundsätzlichen Bejahung der (kapitalistischen) Stahlpolitik im Ruhrgebiet (vgl. Kapitel I, 2) akzeptiert hat oder zumindest diesem keine Alternative entgegensetzen konnte (oder wollte). Für diese Vermutung spricht sowohl das rasche Einschwenken der Betriebsräte auf die eingespielten sozialen Abfederungsstrategien (Sozialpläne, Frühverrentung, Lohngarantien für die zu Versetzenden) als auch die Zustimmung zur raschen Entfernung der Ausländer, die 1971 immerhin noch 22% der Belegschaft ausmachten (ebenda, S. 368 ff.; S. 412 ff.).

Bei der Stillegung dieses Röhrenwerks in einer Randregion des Ruhrgebietes nahm – so legen Verhalten von Betriebsräten und Tatenlosigkeit der IG Metall nahe – letztere die Vernichtung von 2000 Arbeitsplätzen in Kauf; und zwar aus »übergreifenden« Gründen, nämlich der Wettbewerbsfähigkeit des Gesamtkonzerns.

Exkurs

Daß eine militante Basis-Aktivität bis hin zur Betriebsbesetzung eine Betriebsstillegung ebenfalls nicht verhindern kann, wenn die Politik der übergeordneten Gewerkschaftsinstanzen dies nicht unterstützt, demonstriert – ebenfalls beim *Mannesmann-Konzern* – der monatelange Kampf der Belegschaft des *DEMAG-Werks*, Kalletal, im Jahre 1975. Diesem widmen sich ebenfalls einige Analysen, und von manchen linken Analytikern wurde dieser Kampf fälschlicherweise als Beginn einer gewerkschaftspolitischen Sensibilisierung für die Sicherung der Arbeitsplätze mit anderen Mitteln eingestuft (Funke/Neusüß 1975; Bär u. a. 1976).

Die Stillegung dieses Werks resultierte ebenfalls aus einer Konzentrations- und Konsolidierungsstrategie des Konzerns, nachdem man 1972 im Rahmen eines Programms der Diversifizierung der Produktionsstruktur die *DEMAG* gekauft und damit neben der Röhrenproduktion den Maschinen- und Anlagenbau als zweites Bein der Produktion ausgebaut hatte. Obwohl die Arbeiter in Kalletal mit Unterstützung der örtlichen *IG Metall* monatelang die Stillegung zu verhindern suchten, durch Betriebsbesetzungen, Hungerstreiks, Demonstrationen auf ihre Probleme aufmerksam machten, kam es nie zu einer Solidarisierung der Belegschaften der anderen Werke oder zu einer konzernweiten Abwehrstrategie. Im Gegenteil: es gelang auch hier der Konzernleitung, die einzelnen Belegschaften in Konkurrenz zueinander zu halten. Ende 1975 wurde die Stillegung trotz aller Proteste vollzogen. Auch hier kann man davon ausgehen, daß der IG Metall-Vorstand das sachzwanghaft dargebotene Konzernsanierungsinteresse im Bereich von Kunststoff-Spritzgießmaschinen, dem Produkt dieses Werkes, akzeptierte.

2.4 Entlassungsaktionen in den bremischen Häfen – Hafenarbeiterstreik 1978
(Dombois 1979; Abendroth/Beckenbach/Dombois 1978)

»Da der konjunkturelle Zyklus der Häfen an die Entwicklung des Außenhandels gekoppelt ist und zudem die spektakulären Rationalisierungsschübe (z. B. Einführung des Containers) schon mehrere Jahre zurückliegen, war der Beschäftigungsrückgang in den Häfen weniger stark als in anderen Branchen: 1975 verminderte sich der Umschlag in den bremischen Häfen um ca. 20% gegenüber dem Vorjahr, ist aber seitdem wieder auf den Vorkrisenstand gestiegen. Die Zahl der Beschäftigten wurde von ca. 7200 auf 6600, also um ca. 10%, verringert und seitdem annähernd konstant gehalten. Die Krisenauswirkungen sind also weniger dramatisch als in anderen Wirtschaftsbereichen; es gab weder Massenentlassungen noch Betriebsstillegungen, die eine kollektiv definierte Situation der Interessenverletzung und einen offenen Konflikt geschaffen hätten« (Dombois, S. 165).

Gleichwohl bieten betriebliche Entlassungsstrategien, Verhalten der betrieblichen Interessenvertretung und der Gewerkschaft ÖTV sowie schließlich Krisenwahrnehmung der Hafenarbeiter interessante Aufschlüsse für meine Analyse.

Die *Entlassungsaktionen* verliefen nach dem Muster eines »beschäftigungspolitischen Kaskadeneffekts«: wegen der teilweise beträchtlichen Schwankungen im täglichen Arbeitsanfall wurde für die bremischen Häfen ein sogenannter Arbeitskräftepool, der Gesamthafenbetrieb, eingerichtet, aus dem die jeweils zusätzlich benötigten Arbeitskräfte rekrutiert werden. Darüber hinaus bieten Hafenarbeitsamt und private Firmen sogenannte Tagelöhner je nach Nachfrage an. Auf diese beiden Gruppen wurden die Entlassungen in erheblichem Umfang abgewälzt, um die eigenen Stammbelegschaften zu halten. Zugleich griff man auf das probate Mittel der staatlich finanzierten Frühverrentung (ab 59 Jahre) zurück und konnte sich so »billig eines großen Teils der Arbeiter mit geminderter Leistungsfähigkeit entledigen und die – durch die Rationalisierungs- und Produktivitätsschübe der letzten beiden Jahrzehnte bedingte – Überal-

terung der Stammbelegschaften mindern« (ebenda, S. 168). Auf das angehäufte Qualifizierungspotential der Stammbelegschaften wollte man nicht verzichten und betrieb hier eine Strategie der *Hortung*, indem man Überstunden abbaute und Arbeitszeit sowie Arbeitseinsatz flexibilisierte.
Ansätze zu einer betriebs- und hafenübergreifenden gewerkschaftlichen Rationalisierungs- und Krisenpolitik gab es nicht. Die einzelnen *Betriebsräte* waren in die betriebliche Krisenverarbeitung einbezogen und betrieben (wohl auch mangels Alternativen) eine Politik des »betriebsbornierten Partikularismus« sowie der Sicherung der legitimationsrelevanten Stammbelegschaften. Für das Fehlen einer gewerkschaftlichen Krisenpolitik führt Dombois folgende Gründe an:

»Erstens hat die Gewerkschaft ÖTV trotz enormer Rationalisierungsschübe und langfristiger Arbeitsplatzvernichtung in den Häfen weder Defensivstrategien gegen Rationalisierung und Krise (etwa Rationalisierungsschutzabkommen, Absicherung gegen Abgruppierungen, Mindestgangbesetzungen etc.) noch Argumentationen gegen Arbeitsplatzvernichtung entwickelt. Vielmehr hat die ÖTV in ihrer Seehafenpolitik eher die *Technisierung und arbeitsorganisatorische Rationalisierung als Voraussetzung für Konkurrenzfähigkeit, Rentabilität und Arbeitsplatzsicherheit akzeptiert*, die sozialen Konsequenzen (Arbeitsplatzvernichtung, Überalterung der Stammbelegschaft, Intensivierung) sind bisher nicht Gegenstand tariflicher Auseinandersetzung geworden. Der Entwicklung einer gewerkschaftlichen Politik gegen Krise und Rationalisierung stand zweitens die Aufsplitterung des gewerkschaftlichen Apparates in lokale Einheiten entgegen, die in ihrer Tarifpolitik die Konkurrenz zwischen den Seehäfen reproduzieren und bei lokalen Veränderungen tariflicher Regelungen stets die Auswirkungen auf die relative Konkurrenzposition ›ihres‹ Hafens im Konzert der deutschen und ausländischen Seehäfen berücksichtigen... Schließlich ist ein dritter Grund bedeutsam: die wirtschaftliche Dominanz meist eines Großbetriebs in jedem Hafen gibt den Betriebsräten dieser meist halbstaatlichen Unternehmen... einen besonders großen Einfluß innerhalb des lokalen ÖTV-Apparates und der nationalen Abteilung Seehafenbetriebe. Die Betriebsräte versuchen, ihre Handlungsspielräume auch gegenüber der Organisation zu halten und die besonderen Konzessionsmargen der

Großbetriebe für eine eher betriebsbornierte Politik der Betriebsvereinbarungen zu nutzen« (S. 170 f. Hervorhebung von mir).

Die standardisierte und Intensivbefragung der Arbeiter 1975 und 1976 ergab, daß »Entlassungen ... überwiegend nicht als gemeinsame Gefährdung, als Verletzung gemeinsamer Interessen kollektiv erfahren, sondern als individuelles Verschulden, Fehlverhalten, Disziplinlosigkeit u. ä. interpretiert« werden (ebenda, S. 173).

Daß die Krisenerfahrung sowohl bei Gewerkschaft als auch Arbeitern bislang keine erkennbaren Verhaltensänderungen zeitigte, widerlegt auch nicht der *Hafenarbeiterstreik 1978*, obwohl es sich um den ersten gewerkschaftlich organisierten Streik dieses Jahrhunderts in diesem Bereich handelt und obwohl sein Ergebnis (Lohnerhöhung um 7%) die Orientierungsdaten der Bundesregierung um 2% überschritt. In einer zusammenfassenden Beurteilung kommen *Abendroth* u. a. (1978) zu dem Schluß, daß der Streik der Hafenarbeiter eher konventionelle Verteilungsforderungen zum Gegenstand hatte, unter relativ günstigen branchenkonjunkturellen Bedingungen ausgerufen wurde und wegen seiner Beschränkung auf Lohnforderungen und Ausklammern der durch Rationalisierung und Technisierung bewirkten Verschlechterung der Arbeitsbedingungen besonders konsensträchtig war. Eine offensive Konfliktstrategie der Gewerkschaft *ÖTV* oder eine »neue Militanz« der Hafenarbeiter können die Autoren nicht feststellen.

2.5 Strukturkrise der Schwarzwälder Uhrenindustrie (Armingeon 1980)

Die Schwarzwälder Uhrenindustrie gehört zusammen mit der im Schweizer und französischen Jura zu den Zentren der europäischen Uhrenindustrie. 95% der westdeutschen Uhrenproduktion ist auf die Gebiete Villingen-Schwenningen, Rottweil-Schramberg und Pforzheim – typische Monostruktur-Gebiete –

konzentriert (Hinz 1977); 40% ihres Umsatzes tätigt sie im Ausland.
Seit Anfang der siebziger Jahre zeichnet sich ein intensiver werdender Konkurrenzkampf auf Auslands- und Inlandsmärkten ab, als dessen Ursachen – ähnlich wie bei Stahl – ein Überangebot an Uhren, neuauftretende Anbieter aus den Schwellenländern und zunehmende Marktsättigung auszumachen sind. Zur Sicherung ihrer Marktposition setzte die Schwarzwälder Uhrenindustrie vor allem auf umfassende Rationalisierung des Produktionsprozesses bei gleichzeitiger Verringerung der Fertigungstiefe mit dem Ergebnis eines Arbeitsplatzabbaues von über 45% zwischen 1970 und 1977 und einer Betriebsstillegungsquote von ca. 12% zwischen 1970 und 1975 (Hinz, S. 112). Bei den Entlassenen handelt es sich überwiegend um ausländische Arbeitskräfte, die in ihre Heimat zurückgingen, und Frauen, die in die »stille Reserve« abwanderten, so daß die offiziellen Arbeitslosenzahlen noch nicht besorgniserregend hoch sind (Armingeon, S. 23).
Längerfristig werden jedoch nur diejenigen Firmen den schärfer werdenden Konkurrenzkampf bestehen, die mit Produkt- und Prozeßinnovationen, konkret: elektronische Fertigung und Digital-Quarz-Uhr, ganz vorn liegen. Nach einer vom *Bundesministerium für Forschung und Technologie* veranlaßten Studie sollen 1985 bereits 43% der Kleinuhren (1977: 5%-8%), 65%-70% der Großuhren (1977: 20%-30%) und 45% der technischen Uhren (1977: 6%) ein Quarzwerk haben (ebenda, S. 5).
Auf diesen notwendig werdenden neuen Modernisierungs- und Rationalisierungsschub freilich ist die Schwarzwälder Uhrenindustrie wegen ihrer mittelständischen Struktur und des daraus resultierenden Fehlens genügenden Risiko- und F.- u. E.-Kapitals denkbar schlecht vorbereitet. *Armingeon* unterscheidet in seiner Studie zwei Typen von Unternehmerstrategien:

»Einmal jene Unternehmen, die sich mit z. T. massiven Umstellungen an die veränderte Marktlage anpassen, und zum zweiten jene Unternehmer, die weitgehend von Innovationen absehen. Die wenigen ›Anpasser‹

betreiben eine Politik, die die staatlichen Angebote (Subventionen, andere Unterstützungsmöglichkeiten) voll ausnutzt, die zu relativ hohem technologischen Stand von Produktion und Produkten führt, die auf Produktdiversifikation zielt und die das Kooperationsangebot der betrieblichen Gewerkschaftsvertreter wahrnimmt... Diese Strategien werden jedoch nur von einer kleinen Minderheit der Uhren-Unternehmer praktiziert. Dominant ist eine Verhaltensweise, die als ›unfreiwillige Vogel-Strauß-Politik‹ bezeichnet werden kann. Produkt- und Prozeßinnovationen werden nicht oder nicht in ausreichendem Maße durchgeführt und gesetzt wird auf das Renommee Schwarzwälder Produkte, das einen weiterhin existierenden Markt für veraltete Produkte garantieren soll« (S. 7).

Interessant ist bei dieser Spaltung im Unternehmerlager die Strategie der *IG Metall*. Sie spielt faktisch (freilich z. T. erfolglos) die Rolle des »ideellen Branchenkapitalisten bei der Modernisierung der Uhrenindustrie« (ebenda, S. 14). Auf einer »*Branchenkonferenz Uhren*« (1975) thematisierte sie als erste die neuen strukturellen Probleme, die sowohl von der *Landesregierung* als auch dem *Unternehmerverband Uhren* als nicht existent abgetan worden waren.

»Die zentrale Forderung dieser Konferenz zielte auf eine rasche Überwindung des technologischen Rückstands der deutschen Uhrenindustrie zum Zweck der Sicherung bestehender Arbeitsplätze durch umfangreiche Förderungsmaßnahmen des Bundes und des Landes. 1976 wurde daran anschließend die Forderung nach einer Innovationsberatungsstelle erhoben. Sie sollte vor allem mittleren und kleineren Unternehmen dienen, indem versucht werden sollte, die Innovationsbarrieren zwischen den Informationsquellen und den Unternehmen abzubauen. Die Gewerkschaft fordert die Innovationsberatungsstelle unter dem Gesichtspunkt, daß die Erhaltung bzw. Schaffung von Arbeitsplätzen nur dann gelingen könne, wenn die Wettbewerbsvorteile der BRD-Wirtschaft (hoher Stand der Technologie und hohes Qualifikationsniveau der Arbeiterschaft) permanent und gezielt mit den neuesten technischen Entdeckungen konfrontiert würden. Die zweite Überlegung, die für eine Innovationsberatungsstelle sprach, war die darin für die Gewerkschaft enthaltene Möglichkeit, die sozialen Folgen technologischer Veränderungen einzudämmen bzw. zu kontrollieren. In dem anfangs vom BMFT finanzierten Gremium, das später eine Stiftung mit Selbstverwaltung durch Unternehmer, Gewerkschaften und Staat werden sollte, sollten neben Unternehmern und Wissenschaftlern auch Vertreter der Gewerkschaften, der Verbraucherverbände und der öffentlichen Verwaltung sein« (ebenda, S. 12 f.).

Auf der *betrieblichen Ebene* fordern vor allem die Betriebsräte von ihren Unternehmensleitungen eine Politik der Umstrukturierung sowie der Ausschöpfung aller Innovationsmöglichkeiten. Im ganzen ist hier jedoch eine defensive Strategie dominant,

»die versucht, über organisationsinterne Informationsmöglichkeiten ein Bild über die zu erwartenden Veränderungen zu bekommen, Mitglieder und Betriebsräte über Formen und Folgen von Innovationen zu informieren, um damit die betrieblichen Vertreter zu befähigen, bei Rationalisierungen oder bei Betriebsstillegungen (Sozialpläne) die abhängig Beschäftigten, soweit dies möglich ist, abzusichern« (S. 14).

Wie bereits angedeutet, verweigerte jedoch bislang die Mehrzahl der Mittel- und Kleinbetriebe sowohl die gewerkschaftliche als auch die staatliche Kooperation. Statt dessen bevorzugt man zur Information über mögliche Anpassungsstrategien kapitaleigene Innovationsberatungsstellen, um politische und soziale Folgen der Umstrukturierung nicht berücksichtigen zu müssen.
Armingeon hat gut herausgearbeitet, daß im Fall der Strukturkrise der Uhrenindustrie ein korporatistisches Krisenmanagement, vergleichbar dem in der Stahlindustrie, deshalb nicht stattfindet, »weil die Mehrzahl der Unternehmer von der Mitwirkung der Gewerkschaften ebenso nichts wissen wollten wie von staatlicher Intervention« (S. 2). Seine gegen uns gerichtete Zentralthese freilich, die Generalisierung der Stahlkrisenerfahrung zum Normalfall des Strukturkrisenmanagements treffe auf die Uhrenindustrie nicht zu und es sei anzunehmen, daß der sektorale und selektive Korporatismus nur in bestimmten, durch die Dominanz von Groß- und Mittelbetrieben charakterisierten Branchen zu beobachten sein werde, ist jedoch nur insoweit richtig, als es um die *Realisierung* gewerkschaftlicher

Kooperationsbereitschaft geht. Durch die Feststellung, daß die *IG Metall* trotz Scheiterns ihres Kooperationsangebots weiterhin an dieser Strategie festhält und sie nicht durch eine andere (»die darauf zielen würde, politische Lernprozesse in der Mitgliedschaft zu initiieren, ... und die auf der betrieblichen Ebene versucht, die Kosten des Strukturwandels so wenig wie möglich auf die Lohnabhängigen abwälzen zu lassen«; S. 17) ersetzt, bestätigt auch diese Fallstudie die offenbar bislang alternativlose Kooperationspolitik der Gewerkschaften. Es kann vermutet werden, daß in der Schwarzwälder Uhrenindustrie letztlich nur die großen innovations- und kooperationsbereiten Unternehmen übrig bleiben – und der korporatistische Block hätte sich dann der strukturwandelfeindlichen Unternehmen, aber auch ihrer Arbeitnehmer, entledigt. Im übrigen wirkten auch die bisherigen Entlassungsmaßnahmen *selektiv;* denn sie trafen vorwiegend Ausländer und Frauen.

2.6 Exkurs: Statt Fallstudien

Leider liegen mir für die dem Stahl- und Uhrenfall ähnlich gelagerten Branchenkrisen bei Werften, Textil/Bekleidung, Chemiefasern, Kunststoff- und Mineralölverarbeitung keine empirischen – die Gewerkschaftspolitik analysierenden – Fallstudien vor (auf eine Studie, die das Verhalten der Werftarbeiter in der Krise zum Gegenstand hat, werde ich gesondert eingehen). Auch die Untersuchung des Verhaltens von betrieblicher und gewerkschaftlicher Interessenvertretung bei der spektakulären Sanierung von AEG-Telefunken steht noch aus. Entsprechend der Intention dieser Arbeit, eine neue, durch die qualitativ veränderten Weltmarktbedingungen der siebziger Jahre bestimmte *Problemsicht* innerhalb der Gewerkschaftsforschung zu formulieren und dies mit Anregungen für weitere empirische Forschung zu verbinden, habe ich deshalb auf Basis des mir zur Verfügung stehenden Materials (gewerkschaftliche Stellungnahmen, Geschäftsberichte, Zeitungs-/Zeitschriftenauswertung) versucht, eine *Informationsgrundlage* für die weitere Forschungsarbeit zu schaffen. Zugleich gibt diese erste Auswertung bereits Auskunft darüber, ob auch in diesen Fällen die Plausibilität meiner Gewerkschaftseinschätzung eher bestätigt oder eher verneint wird.

2.6.1 Gewerkschaftliche Lösungsvorschläge für die Strukturkrisen bei Werften, Textil/Bekleidung, Chemiefasern, Kunststoff- und Mineralölverarbeitung

Die deutsche *Werftenindustrie* (in den fünfziger Jahren noch drittgrößter Produzent auf dem Weltmarkt) hatte bereits vor Ausbruch der Weltwirtschaftskrise unter der Konkurrenz der Japaner zu leiden. Während Japan von 1956 bis 1974 seinen Anteil am Weltschiffbaumarkt verdoppelte und bereits über 50% aller Schiffe herstellte, sank der deutsche Anteil von 17,3% auf 6,4% (Pitz 1977). Ölkrise und Weltrezession führten dann zu weltweiten Nachfrageeinbrüchen, Überkapazitäten und verschärfter, durch unterschiedliche staatliche Subventionspraktiken zusätzlich angeheizter Konkurrenz. Der infolge der Krise einsetzende Schrumpfungsprozeß reduzierte in den letzten fünf Jahren die Kapazitäten um 25%, die Produktion um rd. 40% und die Belegschaften um rd. 30%; der Anteil am Weltschiffbau sank bis 1979 auf 4,4%. Mit 6% aller Schiffbauaufträge nahm das Schwellenland *Südkorea* 1979 bereits Platz zwei der Weltrangliste ein – vor *Spanien* (5%), *Polen* (4,6%) und schließlich der *Bundesrepublik*. Einen noch tieferen Sturz freilich tat *Schweden*, das 1965 fast 11% des Weltschiffbaus erreichte, jetzt unter 4% liegt und sich noch härter von den aufstrebenden Südkoreanern, Brasilianern und Taiwanesen bedroht fühlt als die Bundesrepublik.

Die Werftenindustrie gehört mit einem Anteil am Gesamtumsatz der Industrie, Beschäftigung und Investitionen von jeweils unter 1% nicht zu den Wachstumsbranchen der deutschen Wirtschaft. Daß ihre Krise gleichwohl zu einer Strukturkrise ausartete, ist in ihrer räumlichen Konzentration auf die vier deutschen Küstenländer begründet.

»In den vier norddeutschen Küstenländern Schleswig-Holstein, Hamburg, Niedersachsen und Bremen arbeiten rd. 70 000 Arbeitnehmer im Schiffbau. Hinzuzurechnen sind die Beschäftigten, die indirekt vom Schiffbau abhängig sind, die also in Zulieferbetrieben für die Werften arbeiten. In Schleswig-Holstein arbeiten über 11% der Beschäftigten auf den Werften, in Hamburg sind es rd. 10%, in Bremen knapp 20%. Ganze Städte wie Kiel und Bremerhaven z. B. sind praktisch schiffbauabhängig« (Pitz 1977, S. 106).

Zusätzlich hat die Werftenindustrie auch einige Bedeutung für die Stahl-, Elektro- und Maschinenbau-Industrie anderer, nichtküstennaher Bundesländer.

Trotz heftiger Auseinandersetzungen und der Gegnerschaft vor allem der »reinen« Marktwirtschaftler gewährte die *Bundesregierung* 1979 (rückwirkend ab Anfang 1978) den Werften ein 660 Millionen DM-Hilfsprogramm. Gleichzeitig wurden die Einzelsubventionen für jedes gebaute Schiff von 12,5% auf 17,5% erhöht (*Die Zeit* vom 12. 1. 79; *Handelsblatt* vom 18. 1. 79; *Süddeutsche Zeitung* vom 18. und 20./21. 1. 1979). Freilich sollen die Subventionen nur für 3 Jahre gewährt werden, um den für notwendig gehaltenen *Modernisierungs- und Diversifizierungsprozeß* abzustützen. Zusätzlich erarbeiten derzeit Bund, Länder, Unternehmer und Gewerkschaften gemeinsam ein *»Strukturprogramm Küstenländer«*, und im November 1979 legten die *DGB-Bezirke Nordmark* und *Niedersachsen* auf einer *DGB-Küstenstrukturkonferenz* bereits einen Entwurf für ein solches Strukturprogramm vor (*Handelsblatt* vom 5. 11. 79). Bevor ich die wichtigsten gewerkschaftlichen Forderungen dieses Programms, die weitgehend identisch sind mit dem bereits 1976 verabschiedeten schiffbaupolitischen Programm der *IG Metall*, vorstelle, kann bereits festgehalten werden, daß die Strukturkrise der Werftenindustrie offenbar zum Aufbau eines *sektoralen korporatistischen Verbundsystems* geführt hat, dessen sozialwissenschaftliche Analyse allerdings noch aussteht.

Die *IG Metall* erhebt in ihrem schiffbaupolitischen Programm zunächst die kaum realisierbare Forderung nach einer *weltwei-*

ten Abstimmung der Schiffbaukapazitäten und -investitionen unter Beteiligung von Regierungen, Arbeitgebern und Gewerkschaften und unter Berücksichtigung sogenannter sozialwirtschaftlicher Richtlinien (Pitz, S. 106; IG Metall 1977a, S. 187 ff.). Zugleich setzt sie sich für einen weltweiten *Abbau der Schiffbausubventionen* ein. Solange freilich beide Maßnahmen nicht verwirklicht seien, sehe sie sich aus Wettbewerbsgründen gezwungen, die Subventionen an die deutschen Werften zu unterstützen.

»Dabei ist zur Form der Subventionierung anzumerken, daß Subventionen nicht nur in der Form der Auftragssubventionierung vergeben werden sollten, sondern daß die Gewährung von Investitionshilfen zur *Verbesserung der Struktur der Schiffbaubetriebe und zur Anpassung an technologisch und ökonomisch veränderte Anforderungen* in Zukunft wieder zur Debatte stehen muß. Soweit aus Gründen des Wettbewerbs und der Auftragssituation Umstrukturierungen unumgänglich erscheinen, muß demzufolge geprüft werden, inwieweit die Erhaltung der Arbeitsplätze durch zweckgebundene Investitionshilfen geleistet werden kann« (Pitz, S. 107; Hervorhebung von mir).

Um dies zu gewährleisten, ist entweder über öffentliche Auflagen oder öffentliche Beteiligungsrechte eine Kontrolle geboten.
Längerfristig jedoch setzt die *IG Metall* auf die *Technologie-* und *Forschungsförderung:*

»Insbesondere die Förderung von Projekten der zukunftsweisenden Schiffbautechnologie und Meerestechnik sowie die Grundlagenforschung. Hier handelt es sich zum großen Teil um Bereiche, in denen die deutsche Werftindustrie einen führenden Rang aufweist« (ebenda).

All dies muß eingebettet werden in ein von Bundesregierung, Ländern, Werftunternehmen und Gewerkschaft gemeinsam zu entwickelndes *sektorales und regionales* »*Strukturkonzept Werften*«, das über größere Fertigungstiefe und -breite den Diversifizierungsprozeß vorantreiben soll – bei gleichzeitiger Abstimmung infrastruktureller und räumlicher Anpassungsmaßnahmen sowie geplanter Industrieansiedlungen. Als Instrumente

dafür sind vorgesehen: ein Entwicklungsplan Werften, Investitionsmeldestellen, eine tripartistische Werftenkonferenz. Inzwischen wurde dieses Programm mit der ÖTV abgestimmt und um den Bereich Entwicklung und Bau von *umweltschonenden Spezialschiffen* erweitert (Pitz 1980).[15]
Die *Textil- und Bekleidungsindustrie* der Bundesrepublik hat wesentlich früher als andere Branchen den zunehmend härter werdenden internationalen Konkurrenzkampf zu spüren bekommen, zugleich jedoch durch intensive Umstrukturierungs- und Internationalisierungsmaßnahmen ihre Position, größter Textilexporteur der Welt zu sein, behaupten können. Vor allem die Importkonkurrenz aus den südostasiatischen Schwellenländern Südkorea, Taiwan, Hongkong und den Ostblockländern bescherte der Branche die höchste Importquote der westlichen Welt, wobei die im Gegensatz zu anderen westlichen Industrieländern großzügige Liberalisierungspolitik der Bundesregierung das Problem noch verschärfte. Allerdings kommt der Hauptanteil der Gesamteinfuhr (rund zwei Drittel) immer noch aus den kapitalistischen Konkurrenzländern in Europa und den USA; und darüber hinaus beteiligen sich finanzkräftige deutsche Textil-/Bekleidungsunternehmen selber mittels der sogenannten *Lohnveredelung* an den steigenden Importen: bestimmte Bearbeitungsstufen werden in das »Billiglohn«-Ausland verlagert (*passive* Variante) oder von dorther hereingenommen (*aktive* Variante). All dies zusammengenommen führte in den letzten 10 Jahren zu einem Beschäftigungsabbau von rund 350 000 Personen (40%). Die Textilindustrie allein verlor über 200 000 Arbeitsplätze, und rund 30% der Unternehmen schlossen. Der Erfolg: die Exportquote stieg von 21% auf 27%; und trotz des massiven Beschäftigungsabbaus wurde 1979 um 9% mehr produziert als 1970 (*Handelsblatt* vom 13./14. 6. 1980). Obwohl nicht ganz so erfolgreich, gelang es inzwischen auch der Bekleidungsindustrie, den Importüberschuß abzubauen – und bereits 1975 betrug ihre Exportquote wieder 13% (Deubner 1979a, S. 40). Textil- und Bekleidungsindustrie zusammen exportieren rund ein Viertel ihrer Jahresproduktion.

Wie stellt sich nun die *Gewerkschaft Textil und Bekleidung* zu dieser aus Rentabilitätsgesichtspunkten bislang erfolgreich verlaufenen Strategie der produktionstechnischen Anpassung, der Produktionseinstellung bei Produkten minderer Qualität, der Produktivitätssteigerung durch Rationalisierung und Kapitalintensivierung, der Verlagerung arbeitsintensiver Fertigung in »Billiglohn«-Länder?
Den massiven Beschäftigungsabbau hat sie wohl mehr oder weniger zähneknirschend hingenommen, auch wenn sie ihn durch *Rationalisierungsschutzabkommen* sozial abfedern und mittels Urlaubsverlängerungen, Arbeitszeitverkürzungen zusätzliche Arbeitsplätze retten konnte (Keller 1979, S. 410). Dem exportorientierten Modernisierungsschub hat sie zugestimmt, wie die beiden nachfolgenden Zitate des früheren und jetzigen Gewerkschaftsvorsitzenden belegen:

»Grundsätzlich kann erwartet werden, daß die strukturellen Wandlungen, was die Produktionspalette angeht, in den Industrieländern weg von der Massen- und Stapelware und hin zu höherwertigen, modischen Artikelgruppen führen werden. *In dieser Hinsicht kommt den Unternehmern und ihrer Anpassungsfähigkeit höchste Bedeutung für die Entwicklung der Textil- und Bekleidungsindustrie* zu. Die Textil- und Bekleidungsindustrie produziert daher nicht für einen anonymen, sondern für einen sehr konkreten Markt. Diejenigen Unternehmen jedoch, die engstirnig und starrsinnig Markt- und Verbrauchsänderungen mißachten, haben ihren Untergang selbst zu vertreten. *Wir wissen aus Erfahrung, daß viele Betriebsstillegungen in der Textil- und Bekleidungsindustrie zu verhindern gewesen wären, wenn eine bessere Marktbeobachtung und Marktanalyse betrieben worden wäre.* Viele Unternehmer der Textil- und Bekleidungsindustrie haben sich leider jedoch noch die Mentalität jener ›guten alten Zeit‹ erhalten, als ihnen die Ware in jeder Menge, in jeder Qualität und zu jedem Preis an den Werkstoren aus den Händen gerissen wurde« (Buschmann 1978, S. 358 f., Hervorhebung von mir).
»Der harte Wettbewerb führt gleichzeitig dazu, daß die Unternehmen ständig *Produktinnovationen* betreiben müssen und technische Neuerungen relativ schnell eingeführt werden. Der rasche Produktivitätsanstieg ist dafür ein deutliches Indiz. Dadurch kann zwar der Bestand der

Unternehmen gesichert werden. Beeinflußt werden aber auch Arbeitsbedingungen und Beschäftigung. Hier liegt nun das eigentliche Aufgabengebiet gewerkschaftlicher Tarifpolitik, die *ständig den neuen wirtschaftlichen und technischen Bedingungen Rechnung tragen* muß, darüber hinaus aber auf die eigenständige Verbesserung der Arbeitsbedingungen gerichtet ist« (Keller 1980, S. 467, Hervorhebung von mir).

Gleichwohl enthält die Politik der *IG Textil und Bekleidung* *zwei* Elemente, die neben exportorientierter Kooperation andersartige Akzente setzen: *einmal* ist es u. a. ihrem Druck zu verdanken, daß die sozialliberale Bundesregierung sich aktiv am Zustandekommen des *Welttextilabkommens* von 1973 (teilweise sogar gegen Unternehmerwiderstände) und dessen Modifizierung 1977 beteiligte. Dieses Abkommen ermöglicht trotz vieler Mißbräuche immerhin eine internationale Interessenabstimmung im Textil- und Bekleidungshandel zwischen den Industrie- (USA, Japan, EG) und den Entwicklungsländern.[16] Obwohl von Verfechtern eines freien Welthandels als Einfallstor des Protektionismus verketzert, hat es nach Meinung der Gewerkschaft in den letzten Jahren eine größere Arbeitsplatzsicherheit ermöglicht (Buschmann 1978). Freilich gelang es der Gewerkschaft nicht, den viel weitergehenden Anspruch durchzusetzen, mittels einer *Sozialklausel* die Handelsverträge mit »Billiglohn«-Ländern an die Einführung sozialer Mindestbedingungen in diesen Ländern zu koppeln. Dies hätte wahrscheinlich die Attraktivität mancher kapitalistischer Verlagerungsstrategie hinfällig gemacht. Man darf in diesem Zusammenhang gespannt sein, welches Gewicht die Gewerkschaft bei der 1981 anstehenden Erneuerung des Welttextilabkommens der Realisierung dieser Forderung beimißt.[17] Den *zweiten* Alternativakzent – und mit der Forderung nach einer Sozialklausel eng verwandt – stellt der Beschluß des letzten Gewerkschaftskongresses dar, eine *Sozialsteuer* auf Importwaren einzuführen. Mit ihr soll erreicht werden, »daß die Gewinne, die durch die billige Produktion in den Entwicklungsländern und den teuren Verkauf in den Industrieländern gemacht werden, durch eine solche

Sozialsteuer zumindest teilweise den Entwicklungsländern zur Verfügung gestellt werden« (Buschmann, S. 352 f.). Dieser Beschluß wurde von den übrigen Gewerkschaften des DGB nicht allzu freundlich kommentiert und bislang von keiner der großen Gewerkschaften übernommen. Es bedarf weiterer, hier nicht durchführbarer Untersuchungen, um zu klären, warum solche auf internationale Solidarität vor allem mit den Entwicklungsländern abzielende Forderungen, die auch positive beschäftigungspolitische Effekte in der Bundesrepublik selber haben könnten, innerhalb des DGB noch ein Schattendasein fristen. Vorläufig bestätigt diese »Reserve« freilich den bisherigen Befund, daß die deutsche Gewerkschaftsbewegung vollständig in die Reproduktionsbedingungen des »Exportmodells Deutschland« eingebunden ist – und diese Einbindung bisher einem wie auch immer inhaltlich bestimmten gewerkschaftlichen Internationalismus vorzieht.

Im Organisationsbereich der *IG Chemie, Papier, Keramik* – der *Chemiefaser-, Kunststoff- und Mineralölverarbeitungsindustrie* – wurden weltweite Überkapazitäten aufgebaut, die nach der Energieverteuerung 1973 und der allgemeinen Wachstumsschwäche ab Mitte der siebziger Jahre den internationalen Konkurrenzkampf enorm verschärften (Krüper 1977; 1978).[18] Obwohl die damit verbundenen Strukturprobleme bisher noch nicht zu gravierenden Beschäftigungseinbrüchen geführt haben, sieht die *IG Chemie, Papier, Keramik* solche längerfristig voraus und plädiert deshalb bereits jetzt für eine *vorausschauende Strukturpolitik*, weil diese »vielleicht dazu beitragen (könnte), daß nicht immer so lange gewartet wird, bis es zu spät ist« (Krüper 1978, S. 381). Nichts als das intensive Werben der *IG Chemie, Papier, Keramik* um gemeinsam zu besetzende *Branchenausschüsse, Investitionsmeldestellen* und die damit einhergehende Verteidigung dieser Investitionslenkung als Instrument, die Marktwirtschaft zu retten und die internationale Anpassungsfähigkeit der Chemieindustrie zu verbessern, könnte deutlicher die *korporatistische Strategie* dieser Gewerkschaft demonstrieren (Krüper 1977 und 1978).

Überhaupt weist das von der IG Metall initiierte und auf dem *DGB-Kongreß 1975* angenommene Konzept einer »aktiven, vorausschauenden Strukturpolitik« starke Ähnlichkeit mit der von *Hauff/Scharpf* (1975) formulierten, korporatistisch gemeinten Strategie der »Modernisierung der Volkswirtschaft« auf: Erhaltung und Ausbau der internationalen Wettbewerbsfähigkeit durch eine innovationsfördernde aktive Struktur- und Technologiepolitik, Erhöhung des Qualifikationsniveaus der Arbeitnehmer nach dem Konzept »lebenslanges Lernen«, Spezialisierung auf wachstumsintensive Industriezweige – so lauten die Ziele. Deren längerfristige Plan- und Steuerbarkeit auf Branchen- und Regionalebene zur Abwehr struktureller Beschäftigungsrisiken und der rechtzeitige Einbau sozialer Abfederungsmaßnahmen (Übergangsbeihilfen, Umschulung, Arbeitszeitverkürzung) soll mittels betrieblicher und überbetrieblicher Mitbestimmung und gleichrangiger Kooperation von Unternehmen, Staat und Gewerkschaften in Strukturräten und Investitionslenkungsgremien realisiert werden (Loderer 1977; Kuda 1978; Henschel 1978). Auf die Modernisierung der Konjunkturpolitik in den sechziger Jahren müßte nun eine *Modernisierung der Strukturpolitik* in den achtziger Jahren folgen – so IG Metall-Vorsitzender *Loderer* auf dem *IG Metall-Gewerkschaftstag* im September 1980.

2.6.2 Zur bisherigen Entwicklung der AEG-Telefunken-Sanierung[19]

Einen ebenfalls für die deutsche Gewerkschaftspolitik wichtigen Fall stellt die im Herbst 1979 begonnene Sanierung des vor dem Konkurs stehenden zweitgrößten deutschen Elektro-Konzerns AEG-Telefunken dar.
Die Bedeutung der Branche *Elektrotechnik* für das »Exportmodell Deutschland« wurde in Kapitel II bereits dargestellt, so daß hier einige kurze Hinweise genügen sollen. Die Elektroindustrie ist mit rd. 1 Million Arbeitnehmern nach dem Maschinenbau der zweitgrößte industrielle Arbeitgeber der Bundesrepublik.

Sie beschäftigt nahezu 5% aller und mehr als 27% der Arbeitnehmer in der Metallverarbeitung. Als typische Wachstumsbranche vervierfachte sie zwischen 1950 und 1970 ihren Beschäftigtenanteil und verdoppelte ihren Anteil am Nettoproduktionsvolumen der Industrie. Zugleich erneuerte sie ihre bereits vor dem Zweiten Weltkrieg bestehende starke Weltmarktposition (Weltmarktanteil 25%) und ist heute, gemeinsam mit den USA (je 20%), größter Exporteur elektrotechnischer Güter. Zusammen mit Japan bestreiten die »großen Drei« mehr als 55% der Weltexporte, während kein anderes Land mehr als 10% erreicht. Im zentralen und weiterhin zukunftsträchtigen Bereich der elektrotechnischen *Investitionsgüter,* dessen Weltumsatzanteil zwei- bis dreimal so hoch ist wie der elektrotechnischer *Gebrauchsgüter,* ist die deutsche Elektroindustrie sogar unangefochtener Spitzenreiter auf dem Weltmarkt. Der Anteil des Auslandsumsatzes am Gesamtumsatz steigerte sich auf über 30% (Gesamtindustrie ca. 34%). Dabei vereinigen die drei größten Konzerne (Siemens, AEG-Telefunken und Bosch) ca. 80% der Auslandsproduktion auf sich (IG Metall 1977a, S. 123 ff.).

Obwohl die Elektroindustrie – wie in früheren Abschwungphasen – auch 1974 das Exportventil öffnen und ihre starke Stellung auf dem Weltmarkt ausbauen konnte, ist sie gleichwohl einem verschärften außenhandelsbedingten Strukturwandel ausgesetzt: einmal hat sich die internationale Wettbewerbsfähigkeit dieser Branche weniger verbessert als die der gesamten verarbeitenden Industrie; zum anderen sind neben Japan die Entwicklungsländer (hier vor allem wieder die Schwellenländer) zu einem potenten Anbieter auf dem westdeutschen Markt geworden. Bei der recht heterogenen Produktionsstruktur der Elektroindustrie werden Elektrowerkzeuge und Produkte der Meß- und Regeltechnik als wettbewerbsstark, Unterhaltungselektronik und Haushaltsgeräte dagegen als wettbewerbsschwach eingeschätzt (Weiß 1976).

Vor diesem Hintergrund ist die aktuelle Misere des AEG-Telefunken-Konzerns zu sehen. Obwohl umsatzmäßig viertgrößter Elektrokonzern Europas und zwölftgrößter der Welt, vernachlässigte man die Ausweitung oder technologische Weiterentwicklung der zukunftsträchtigen Bereiche Datenverarbeitung, Bauelemente, Bürotechnik oder mußte wegen Fehlkalkulationen die Kernenergietechnologie *Siemens* überlassen (1976). Demgegenüber lag der Expansionsschwerpunkt bei der Konsumgüterproduktion und der Starkstromtechnik (Umsatzanteil über 50%). Auch die Auslandsproduktion wurde weit weniger intensiv und wesentlich später vorangetrieben als beim Rivalen *Siemens*. Der Anteil der Auslandsproduktion am Gesamtumsatz erhöhte sich bei *Siemens* von 1970 bis 1975 von 17,9% auf 23,1%, bei AEG-Telefunken von 7,7% auf 16,1% (Burger 1980). Hohe Summen für Beteiligungskäufe, Fehlschläge bei der Kernkraft- und Computer-Entwicklung sowie gleichzeitige Umsatzrückgänge bzw. -stagnation bei einer Reihe elektrotechnischer Konsumgüter führten zu Bilanzverlusten seit 1974 und einer sich immer mehr zuspitzenden *Finanzkrise*.

Im Herbst 1979 wurde als letzter Ausweg vor dem Konkurs ein Sanierungskonzept verabschiedet, an dessen finanziellem Teil die Spitzen der deutschen Wirtschaft (Großbanken, Versicherungen, Großindustrie) beteiligt sind. Bei gleichzeitiger Abwertung und Neuaufstockung des Grundkapitals sowie zusätzlichen Krediten und Schuldscheindarlehen erhält der Konzern rd. 3,4 Milliarden DM Finanzmittel, um ein aufeinander abgestimmtes Umstrukturierungs- und Rationalisierungsprogramm einzuleiten, dessen Umrisse inzwischen zwar bekannt sind, mit dessen Durchführung jedoch erst teilweise begonnen wurde.

Die *Umstrukturierung* zielt auf eine Ausweitung der Bereiche Energie-, Industrie-, Nachrichten- und Verkehrstechnik, eine Verdoppelung der Auslandsproduktion in den nächsten 5 Jahren, eine Erhöhung des Auslandsumsatzes (Export und Auslandsproduktion) auf 50% des Gesamtumsatzes, Kooperationsprojekte mit internationalen Partnern bei Prozeßrechnern (Modcomp, USA) und Farbbildröhren (Thompson-Brandt, Frankreich) sowie schließlich Stillegung unrentabler Fertigungs-

betriebe im In- und Ausland (z. B. Teilstillegung von AEG-Kanis, Essen – Gasturbinenfertigung; Schließung des Werkes Hannover II – Hausgerätefertigung).
Die *Rationalisierungsmaßnahmen* konzentrieren sich neben der Materialeinsparung auf einen Personalabbau von 13 000 Beschäftigten bis Ende 1980, das sind 10% der derzeitigen Inlandbelegschaft. Dabei ist bemerkenswert, daß trotz der konzernoffiziellen Verlautbarungen, es bestehe seit Jahren ein Personalüberhang, die Belegschaft in den letzten 10 Jahren im Inland bereits um rd. 40 000 (25%) reduziert wurde, seit 1974 allein um über 27 000 (19%). In den 13 Westberliner Werken sank sie in 10 Jahren um mehr als die Hälfte (von 29 000 auf 13 500). Diese Zahlen belegen bereits, in welchem Ausmaß AEG in den vergangenen Jahren Produktivität und Arbeitsintensität gesteigert hat und daß das Gefühl sozialer Unsicherheit bei den Beschäftigten erheblich gestiegen sein muß. Übrigens vermuten Kenner des Konzerns, daß der faktische Personalabbau weitaus höher als die angegebenen Zahlen ausfallen wird, da bestimmte Konzernbereiche (z. B. Olympia-Schreibmaschinen) noch gar nicht eingerechnet sind. Darüber hinaus bedeutet die bereits in Angriff genommene Kooperation mit ausländischen Partnern bei technologischen Spitzenprodukten, daß neue, hochqualifizierte Arbeitsplätze nicht in der Bundesrepublik geschaffen werden – wie das immer wieder behauptet wird –, sondern bei diesen ausländischen Partnern.[20]
Insgesamt ist das Sanierungskonzept in seiner inhaltlichen Ausrichtung, der Intensivierung der Forschungstätigkeit, der Ausweitung des Auslandsanteils sowie dem geplanten Personalabbau darauf angelegt, sich dem führenden Konkurrenten *Siemens* anzupassen, der den lange unentschiedenen Konkurrenzkampf Anfang 1970 zu seinen Gunsten entschied. In dieser Zeit sank der AEG-Umsatz – gemessen am Siemens-Umsatz – von 71,7% auf 50,7% (Burger, S. 64).
Einer Branchenanalyse der *IG Metall* von 1977 entnehme ich, daß diese die offensive Anpassungsstrategie der deutschen Elektroindustrie für unumgänglich hält:

»Die extreme außenwirtschaftliche Verflechtung der elektrotechnischen Industrie läßt Strategien, die auf die längerfristige Erhaltung bestehender Strukturen ausgerichtet sind, von vornherein als aussichtslos erscheinen. Gewerkschaftliche Politik kann sich deshalb dem Produktivitätsfortschritt nicht generell entgegenstellen. Sie muß ihn jedoch dann verhindern, wenn er die Arbeitsbedingungen verschlechtert oder Leben und Gesundheit der Arbeitnehmer gefährdet. Längerfristig kann jedoch in einer Industrie, in der die weltwirtschaftliche Arbeitsteilung bereits so weit fortgeschritten ist und weiter zunimmt, ein angemessener Produktivitätsfortschritt zum Existenzkriterium der gesamten Branche werden« (IG Metall 1977a, S. 137).

Im Vokabular und nach den Maßstäben der »bürgerlichen« Betriebswirtschaftslehre – so merkt das *Handelsblatt* (v. 27./28. 4. 79) ironisch an – ist auch eine AEG-Analyse der IG Metall-Zeitschrift *Der Gewerkschafter* vom April 1979 abgefaßt: die schwierige Lage des Konzerns resultiert demnach vor allem aus dem Versäumnis, das Exportgeschäft durch Produktionsstätten im Ausland abzusichern, weshalb die veränderten Wechselkurse und der zunehmende ausländische Konkurrenzdruck umso negativere Auswirkungen hätten zeitigen müssen.
Auf die personalpolitischen Konsequenzen des Sanierungsprogramms *allein* bezog sich deshalb auch bislang der Widerstand der Arbeitnehmervertreter im AEG-Aufsichtsrat und des IG Metall-Vorstandes. In einem Interview erklärte *M. Kittner*, AEG-Aufsichtsratsmitglied von der IG Metall:

»Die Arbeitnehmervertreter im Aufsichtsrat haben den Kapitalmaßnahmen zugestimmt, weil diese offenkundig unabdingbar waren. Dieses Unternehmen brauchte Geld, es war verpflichtet, Anpassungsmaßnahmen im aktienrechtlichen Sinne vorzunehmen, und es war kaufmännisch genötigt, Geld zu beschaffen. Dem wird sich kein vernünftiger Mensch widersetzen. Eine ganz andere Frage ist, ob zur Sanierung des Unternehmens auch Kostensenkungsmaßnahmen im betrieblichen Bereich erforderlich sind und ob dies dann so aussehen muß, daß 13 000 Arbeitnehmer auf die Straße gesetzt werden. Zu diesem Teil des sog. Sanierungskonzepts, einem – wie wir meinen – überstürzten, in keiner Weise notwendigen Entlassungsprogramm, haben die Arbeitnehmervertreter immer Nein gesagt« (*Die Zeit* vom 11. 1. 1980, S. 17).

Und der Gesamtbetriebsrats-Vorsitzende und stellvertretende Aufsichtsrats-Vorsitzende *H. Rupke*

»hält allenfalls die Zustimmung der Arbeitnehmerseite zu einem Abbau von 7000 Stellen für denkbar. Mehr sei nicht drin. Wo die anderen 6000 Stellen herkommen sollen, hat der Vorstand noch nicht sagen können« (*Frankfurter Rundschau* vom 11. 1. 1980, S. 5).

Während die Arbeitnehmervertreter einerseits eine für sie überzeugende Begründung für die Entlassungsaktionen fordern, informieren sie andererseits die Öffentlichkeit über die (noch) geheimen Pläne – was ihnen den Vorwurf des Bruchs der Geheimhaltungspflicht einbringt. Zugleich mobilisieren sie Bundesfinanz- und Bundeswirtschaftsminister. In gesonderten Verhandlungen fordern sie eine *Staatsbeteiligung* oder zumindest *Bundesbürgschaft* für AEG, weil diese den notwendigen Anpassungsprozeß »sozialer«, d. h. mit geringerem oder zumindest längerfristig gestrecktem Personalabbau gestalten würde.

Die *Bundesregierung* freilich verhält sich abweisend und setzt auf die von der Privatwirtschaft eingeleitete »Paradesanierung« (Kittner). Nachdem *Finanzminister Matthöfer* zunächst (Oktober 1979) auf einer Gewerkschaftstagung noch, allerdings nicht klar definierte, Hoffnungen auf Staatshilfe gemacht hatte, erklärt er später:

»Ich habe den Eindruck, daß es dem Unternehmen selbst in Abstimmung und im Einvernehmen mit den übrigen Beteiligten, wie z. B. den Banken, sehr wohl gelingen wird, ein tragfähiges und dauerhaftes Konzept zu erarbeiten, um die Erhaltung der Arbeitsplätze zu sichern, das allerdings auch für die Gewerkschaften akzeptabel sein muß« (*Frankfurter Rundschau* vom 20. 10. 1979, S. 5).

Die Bundesregierung ist schließlich lediglich bereit, dem Unternehmen zur Liquidationsverbesserung einen Grundstückskomplex abzukaufen und die jährlichen Forschungsmittel zu erhöhen. Zusätzlich – so *FAZ* vom 5. 11. 79 und *Die Zeit* vom 30. 11. 79 – habe sie den Banken *mäßigenden Einfluß auf die Gewerkschaften* zugesagt, wenn es zu den geplanten Entlassungen komme. Im November 1979 trägt Bundesfinanzminister *Matthöfer* sogar zur Verharmlosung der beschäftigungspolitischen Probleme bei:

»Zum Thema Entlassungen meinte Matthöfer, er habe nicht gehört, daß 13 000 Beschäftigte entlassen werden sollen, ›sondern daß die Zahl der jetzt Beschäftigten um 13 000 vermindert werden soll‹. Angesichts der Fluktuationsquote von 11% und etwa 150 000 Beschäftigten bei AEG dürfte sich deshalb ein großer Teil dieses Problems durch Fluktuation lösen lassen. Facharbeiter und sonstige qualifizierte Kräfte seien angesichts des Facharbeitermangels auch bei AEG nicht betroffen. ›Hier muß man wirklich das Problem reduzieren auf den tatsächlichen Umfang, auf die tatsächlich betroffenen Personengruppen‹« (*Handelsblatt* vom 12. 11. 79).

Obwohl ich den »mäßigenden Einfluß der Bundesregierung auf die Gewerkschaften« nicht nachweisen kann, ist gleichwohl ein IG Metall-Verhalten erkennbar, das fatal an die in unserer Stahlstudie identifizierte Doppelstrategie erinnert: *Verbalradikalismus gegenüber den Mitgliedern bei faktischer Hinnahme der Entlassungen*. Im Dezember 79 kündigt der IG Metall-Vorstand harten Widerstand gegen den geplanten Personalabbau an. Er entwickelt jedoch kein konzernübergreifendes Abwehrkonzept, sondern beschließt, »daß in den Betrieben entsprechend den dortigen Gegebenheiten gegen die Entlassungspläne vorgegangen wird« (nach *Frankfurter Rundschau* vom 6. 12. 1979).[21] Zugleich betont er, daß er im Aufsichtsrat den Entlassungen nicht zugestimmt habe. Letzteres kann man vernachlässigen, da eine gewerkschaftliche Zustimmung zu den Entlassungen bei den Mehrheitsverhältnissen im Aufsichtsrat der AEG nicht notwendig ist. Wichtiger ist, daß das Nicht-Handeln der Gewerkschaft auf Konzern-Ebene und die Konzentration auf Abwehrmaßnahmen in den Einzelbetrieben zur Parzellierung und Fragmentierung der Abwehrkämpfe und einer gegenseitigen Konkurrenz der betroffenen Betriebsräte führen muß. Vor allem die internen (öffentlich nicht bekannten) betrieblichen Entlassungszahlen einer Studie des Schweizer Unternehmensberaters *Hayek* haben die Auseinandersetzung zwi-

schen den Betriebsräten enorm verstärkt.
Inzwischen ist bekannt, daß nicht nur 13 000, sondern seit Anfang 1980 bis August 1981 bereits 20 000 Arbeitsplätze im Inlandskonzern durch direkte Entlassungen ohne Sozialplan, durch vorzeitige Pensionierung, Verkäufe von Werken und Nichtersatz der Fluktuation abgebaut worden sind (*Frankfurter Rundschau* vom 29. 8. 81). Während ich über die Selektivität der Entlassenen mangels hinreichender Informationen keine näheren Angaben machen kann, ist immerhin von Interesse, daß »diese Freisetzungsaktion wesentlich dazu beitrug, im Inlandskonzern die Wertschöpfung pro Kopf – wohl der wichtigste Indikator für die Produktivitätsentwicklung – nach einer Stagnation in den Jahren 1978/79 im letzten Jahr um real 7,5%, in diesem Jahr um rd. 8% zu erhöhen« (*Handelsblatt* vom 5. 10. 81). Offenbar hat die massive Belegschaftsreduktion die »Gesundheit/Funktionsfähigkeit« der verbleibenden Lohnabhängigen wesentlich verbessert. Nicht nur den Umfang des Arbeitsplatzverlustes halten IG Metall und Gesamtbetriebsrat für unvermeidlich, auch eine Kürzung der künftigen Ruhestandsgelder auf rd. ein Drittel der bisherigen Leistung fand nach längeren Verhandlungen ihre Zustimmung (*Handelsblatt* vom 11. 5. 81).
Abschließend will ich noch kurz auf die Interpretation der AEG-Krise durch die IG Metall eingehen, weil diese das korporatistische Selbstverständnis dieser Gewerkschaft erneut verdeutlicht. Als Hauptursache werden »Management-Fehler« genannt, die nicht geschehen wären, wenn es die paritätische Mitbestimmung gegeben hätte.

»›Im übrigen weiß ich mich in der besten Gesellschaft, wenn ich sage, bei AEG wäre manches anders gelaufen, wenn es die paritätische Mitbestimmung gegeben hätte.‹ Der das gesagt hat, war kein anderer als unser Bundeskanzler Helmut Schmidt... Ganz sicher hätte sich die Unternehmensleitung in einem wesentlich früheren Stadium und in wesentlich breiterem Maße der Arbeitnehmerseite gegenüber verantwortlich fühlen müssen. Ich muß hinzufügen, daß die Arbeitnehmervertreter nicht erst jetzt geschrieen haben, das durfte nicht passieren. Das kann jeder sagen, wenn das Kind im Wasser liegt. Sondern daß sie schon die ganze Zeit vorher – und Personalabbau ist ja bei AEG nichts Neues, sondern geradezu eine chronische Krankheit in den letzten Jahren – immer auf alle möglichen Schwachstellen hingewiesen haben. Nur, das wurde in taube Ohren gepredigt« (M. Kittner, in: *Die Zeit* vom 11.1. 1980, S. 17).

Hätte – so muß man dieses Zitat wohl interpretieren – der »ideelle Branchenkapitalist« IG Metall eher und umfassender Einfluß auf die Unternehmenspolitik nehmen können, wäre der notwendige Strukturwandel hin zu den international konkurrenzfähigen technologischen Spitzenprodukten wesentlich eher begonnen worden und damit auch betriebswirtschaftlich und sozialpolitisch reibungsloser und krisenfreier verlaufen.

3. Abwehrkämpfe gegen negative Modernisierungs- und Rationalisierungsfolgen

Drucker-, Metaller- und Stahlstreik 1978/79 gelten zahlreichen Analytikern der deutschen Gewerkschaftsbewegung von rechts bis links – je nach Perspektive – als Belege für abnehmende Kooperationsbereitschaft, Zäsur in den industriellen Beziehungen, stärkere Autonomisierung der gewerkschaftlichen Tarifpolitik oder gar Zuspitzung der Klassenwidersprüche. Dabei gründen diese Urteile nicht allein auf der zunehmenden und durch Unternehmerhärte (mangelnde Konzessionsbereitschaft, Aussperrungspraktiken) noch verstärkten gewerkschaftlichen Konfliktbereitschaft und -fähigkeit. Hinzu kommt die *inhaltliche* Ausrichtung dieser Arbeitskämpfe: *Abwehr* negativer Rationalisierungs- und Modernisierungsfolgen für Arbeitsplatz, Qualifikation, Einkommen durch Eingruppierungsschutz, Verdienstsicherung, Besitzstandsregelung einerseits, *Einstieg* in die 35-Stunden-Woche andererseits.

Die folgende Einzelauswertung dieser Arbeitskämpfe versucht nachzuweisen, daß weder deren *Verlauf* eine Änderung der in der Bundesrepublik eingefahrenen institutionellen Konfliktaustragungsmuster anzeigt noch die *Ergebnisse* über eine Anpassung traditioneller gewerkschaftlicher Forderungen an neue Bedingungen hinausgehen. Zwar mögen die Auseinandersetzungen härter als in den letzten Jahren verlaufen sein, die traditionelle Kooperationsfähigkeit und -bereitschaft auf beiden Seiten hat darunter nicht gelitten. Und auch wenn innerorganisatorische Widersprüche/Konflikte bei den betroffenen Gewerkschaften stärker hervortraten als in der Vergangenheit, konnten die Gewerkschaftsführungen ihren auf Kooperation ausgerichteten Kurs fortsetzen, ohne in nennenswertem Umfang die Folgebereitschaft der Basis verloren zu haben.

3.1 Der Kampf um Arbeitsplatz-, Qualifikations- und Einkommenssicherung in der Druckindustrie (Mahlein 1978; Pickshaus/Roßmann 1978; Projektgruppe 1979)

In der Druckindustrie hat die schrittweise Verdrängung des herkömmlichen Bleisatzes durch elektronisch gesteuerten Lichtsatz in Verbindung mit arbeitsorganisatorischen Neuerungen allein bis 1978 rund 36 000 Facharbeiterplätze vernichtet. Nach den Plänen der Unternehmer sollte der Beruf des Schriftsetzers völlig überflüssig und die Arbeit der Satzherstellung teilweise auf die Journalisten, teilweise auf An- und Ungelernte verteilt werden. Gegen diese Schrumpfung ihres Organisationspotentials bei den traditionell hochorganisierten Facharbeitern versuchte die *IG Druck und Papier* seit 1975 vergeblich, durch Verhandlungen über die Änderung des Manteltarifvertrages vorzugehen. Ihr *tarifpolitisches Ziel:* langfristige Besetzungsregeln auf Basis des Maschinensetzer-Ecklohns (120% des Facharbeiter-Ecklohns) für die mit der neuen Technik weiterhin ausschließlich arbeitenden Setzer bei gleichzeitiger Ablehnung der Texteingabe durch Journalisten.
Diese Zielvorstellung resultiert aus der grundsätzlichen Einstellung dieser und auch anderer DGB-Gewerkschaften zu technischem Fortschritt und Rationalisierung: technologische Neue-

rungen und Rationalisierungsmaßnahmen werden prinzipiell positiv eingeschätzt, da dadurch die Arbeitsbedingungen humaner gestaltet werden könnten und den Menschen mehr Zeit für schöpferische Tätigkeit übrigbliebe. Diese an sich positive Funktion des technischen Fortschritts könne freilich nicht zur Geltung kommen, wenn die allein am Gewinn orientierten Unternehmer diesen für ihre Zwecke monopolisierten. Dann seien verschlechterte Arbeitsbedingungen und unsichere Arbeitsplätze die notwendige Folge. Konnte man diese negativen Folgen in Zeiten hohen wirtschaftlichen Wachstums noch akzeptieren und durch Rationalisierungsschutzabkommen die materiellen Nachteile für die einzelnen Arbeitnehmer so lange verringern, bis sie einen neuen Arbeitsplatz gefunden hatten, so ist jetzt in Zeiten verringerten Wachstums, stagnierenden Arbeitsplatzangebotes und hoher Dauerarbeitslosigkeit eine veränderte Politik vonnöten:

»Es geht uns nicht um einen Stopp des Rationalisierungs- und Technisierungsprozesses, sondern darum, daß er unter Berücksichtigung der Arbeitnehmerinteressen kontrolliert und gesteuert wird. Wenn nötig, muß auch ein zeitliches Strecken solcher Vorgänge möglich sein« (Mahlein, S. 11).

Deshalb müsse durch tarifvertragliche Garantien erreicht werden,

»daß der Rationalisierungsprozeß in Betrieb, Unternehmen und Branche an die Einhaltung bestimmter inhaltlicher und verfahrensmäßiger Kriterien gebunden wird. Prinzip muß sein, daß Rationalisierungsmaßnahmen erst dann eingeleitet werden dürfen, wenn die sozialen Folgen für die Arbeitnehmer abzusehen und befriedigend gelöst sind...
Wenn durch die neue Technik der gesellschaftliche Reichtum in Milliardenhöhe vergrößert werden kann, und wenn es Gründe geben sollte, daß einige zehntausend Arbeiter und Angestellte nicht sofort einen anderen Arbeitsplatz bekommen können, dann hat die Gesellschaft die Aufgabe, für einen beschränkten Zeitraum – bis andere qualifizierte Arbeitsplätze geschaffen sind – einen Teil dieser Mittel abzuzweigen, um negative Folgen auszuschließen... Ein marktwirtschaftliches System, dessen Funktionieren im reibungslosen Vollzug der Unterneh-

merinteressen verstanden wird, ist unter den heutigen Bedingungen nicht mehr in der Lage, die neuen Techniken ohne Verletzung der Arbeitnehmerinteressen einzuführen. Die Gewerkschaften werden deshalb nicht darum herumkommen, die bisherige Form der Marktwirtschaft auf ihre Fähigkeit zur sozial adäquaten Bewältigung der Probleme der heutigen Zeit zu hinterfragen und die notwendigen Eingriffe zu verlangen« (ebenda, S. 11 f.).

Für die Unternehmer des Druckereigewerbes war die aus dieser Konzeption entwickelte Forderung nicht kompromißfähig. Aus ihrer Sicht wären damit die geplante Personaleinsparung und die kostengünstige Ersetzung von Facharbeitern durch Un- und Angelernte hinfällig geworden. Sie boten lediglich auf fünf Jahre befristete Übergangsregelungen für diejenigen Arbeitskräfte an, deren Arbeitsplätze durch die neue Technik entfielen. Ein einheitliches Arbeitsentgelt für alle mit der neuen Technik Arbeitenden sowie Texteingabeverbot für Redakteure lehnten sie kategorisch ab.

Die *IG Druck und Papier* versuchte nach dem Scheitern der Verhandlungen im Herbst 1977, durch eine Kombination weiteren aktiven Verhandelns und flexibel eingesetzter Kampfmaßnahmen (Warnstreiks) die Arbeitgeber kompromißbereit zu stimmen und die eigene Basis für die häufig als Spezialprobleme der Setzer interpretierten Tarifziele zu mobilisieren. Dabei gelang letzteres so gut, daß ein von beiden Verhandlungspartnern im Januar 1978 gefundener Kompromiß, Übergangsregelungen für 5 Jahre festzulegen, von der Basis nicht mehr akzeptiert wurde. Ein Streik wurde unvermeidlich, nachdem die Arbeitgeber auf diesem Kompromiß beharrten und neue Verhandlungen ablehnten.

Der *Streik* selbst dauerte drei Wochen und war bestimmt von dosierten, auf einige Unternehmen beschränkten Schwerpunktstreiks, kontinuierlicher Ausweitung der Betriebe, in denen Urabstimmungen durchgeführt werden sollten, und gleichzeitigem Schielen auf die Verhandlungsbereitschaft des Gegners. Dieser antwortete mit »gebremsten« Aussperrungsmaßnahmen (mal lokal, mal bundesweit, mal für 24, mal für 48 Stunden) und wünschte wegen eigener innerverbandlicher Solidaritätsprobleme nichts sehnlicher als die politische Vermittlung.

Auf eine Offenlegung ihrer Streikkonzeption gegenüber den Mitgliedern verzichtete die zentrale Streikleitung mit dem Argument, diese vor dem Gegner geheimhalten zu müssen. Auf diese Weise konnte sie deren »Rationalität« allein aus eigenen strategisch-taktischen Kalkülen heraus begründen und brauchte sie nicht vor der Basis zu legitimieren. So war auch dieser Streik – wie in der Bundesrepublik seit längerem üblich – von *passivem Mitgliederverhalten* geprägt. Und als durch politische Vermittlung und gleichzeitigen massiven politischen Druck schließlich ein Streikende erreicht wurde, verzichtete die Streikleitung auf eine zweite Urabstimmung. Weder dies noch das erzielte Ergebnis bewirkten freilich bei den Mitgliedern größere Auseinandersetzungen oder Kritik.

Das *Ergebnis* selber ist schwerlich als ein Ausscheren der Gewerkschaft *IG Druck und Papier* aus der bisherigen gewerkschaftlichen Rationalisierungsschutzpolitik zu interpretieren, wenngleich die quantitativen Verbesserungen für die Betroffenen erheblich sind:

– Bis zu 8 Jahren nach der Umstellung auf elektronische Textsysteme führen Fachkräfte der Druckindustrie (vor allem Schriftsetzer) Gestaltungs- und Korrekturarbeiten aus;

– für die Texterfassung im neuen System sind Fachkräfte der Druckindustrie, deren Arbeitsplatz durch Umstellung entfällt, *vorrangig* zu beschäftigen;

– Arbeitnehmer, die ihren alten Arbeitsplatz verlieren, aber an den neuen Geräten nicht wiederbeschäftigt werden können, werden umgeschult; solche, die das Unternehmen verlassen, erhalten Mobilitätshilfen, Abfindungen usw.;

– die Tätigkeiten im neuen Textsystem werden als Angestelltentätigkeiten entgolten. Die Differenz zwischen dem alten (höheren) und dem neuen (niedrigeren) Tarifentgelt wird durch eine Zulage ausgeglichen, die jedoch schrittweise mit den Erhöhungen der Gehaltstarife gekürzt wird. Eine Reduzierung der Ausgleichszulage für Schriftsetzer findet nicht statt;

– die Arbeit mit Bildschirmgeräten darf von Redakteuren nur zum Lesen und Redigieren verlangt werden. Die Eingabe eigener Texte kann von ihnen nur insoweit gefordert werden, als es sich um deren erstmalige Niederschrift handelt und eine entsprechende Tätigkeit vor Einführung des rechnergesteuerten Textsystems redaktionsüblich war. Die Eingabe fremder Texte darf von Redakteuren nicht verlangt werden.

Damit hat die *IG Druck und Papier* die Rationalisierungs- und Modernisierungsmaßnahmen der Druckindustrie – wie das ihrem eigenen Selbstverständnis entspricht – akzeptiert. Und zwar mit dem längerfristigen Ergebnis eines *Schrumpfens/Aussterbens* des Schriftsetzerberufes. Lediglich für die aktuell Betroffenen wurde eine befristete *individuelle Besitzstandssicherung* erreicht. Zugleich führt diese Regelung zur Durchbrechung des gewerkschaftlichen Prinzips »gleicher Lohn für gleiche Arbeit«, da die in Zukunft immer häufiger eingesetzten un- und angelernten Schreibkräfte mit den niedrigeren Angestelltenlöhnen vorlieb nehmen müssen. Für die Redakteure bedeutet das Ergebnis zusätzliche Arbeitsbelastung, da sie ihre eigenen Texte in den Bildschirm eingeben müssen. Ein weiteres Problem besteht darin, daß die Umsetzung des Tarifvertrages in den Betrieben wegen unterschiedlicher und dehnbarer Auslegungsmöglichkeiten weitgehend bei den Betriebsräten liegen wird und eine Einigung vermutlich häufig erst durch arbeitsgerichtliche Verfahren zustandekommt (Projektgruppe, S. 232).

Auch wenn dieser Streik mit einer erheblichen Konfliktintensität von beiden Seiten durchgeführt wurde – als wegweisend für eine Wende gewerkschaftlicher Politik kann man ihn schwerlich bezeichnen: Den in der Bundesrepublik herrschenden Konsens über die Notwendigkeit/Unvermeidlichkeit technischen Fortschritts und damit verbundener Rationalisierungsmaßnahmen hat die Gewerkschaft *IG Druck und Papier nicht* angegriffen. Nur um die zeitliche Streckung von dessen negativen Folgen ging es. Daß diese Form technischen Fortschritts notwendigerweise weitere Taylorisierung des Arbeitsprozesses und damit weitere Entfremdung des Arbeitenden von seinem Produkt erzeuge und damit prinzipiell arbeitnehmerfeindlich sei, eine Position, die bei italienischen oder französischen Gewerkschaftern weit verbreitet ist (Trentin 1978), hat bei diesem Arbeitskampf und auch nachher bei der IG Druck oder anderen Gewerkschaften nie zur Debatte gestanden.

Die Gewerkschaftsführung benutzte, der Folgebereitschaft der Basis im großen und ganzen gewiß, ihre *strategisch-taktische Flexibilität* lediglich zur kompromiß- und konsensfähigen Absicherung individueller Rationalisierungsfolgen. Eine in Teilen der Gewerkschaft erkennbare Radikalisierung (Forderung nach Sozialisierung der publizistischen Medien und deren öffentliche Kontrolle) bestimmte nicht Verlauf und Ergebnis dieses Arbeitskampfes. Auch konnte dieser radikale Flügel – soweit erkennbar – seine Basis nicht wesentlich verbreitern, da die Mehrheit der Schriftsetzer mit der erzielten individuellen Absicherung zufrieden ist und kaum weitergehende Politisierung wünscht oder anstrebt.

Der gerade von linken Analytikern gern als Trend zur radikaleren Politisierung angeführte *Kampf gegen die Aussperrung* bewegt sich in den institutionellen Bahnen kontrollierter und kanalisierter Konfliktregulierung bundesrepublikanischen Typs. Mit Massenklagen vor den Arbeitsgerichten sowie einer Musterklage beim Bundesarbeitsgericht bleibt die Gewerkschaft ihrem legalistischen Selbstverständnis treu.

Aber auch wenn die in Teilen der *IG Druck und Papier* erkennbare Politisierung/Radikalisierung und die Reflexionen über die gesellschaftsverändernde Rolle der Gewerkschaften sich verbreitern würden, ist kaum mit einer Initialzündung bei den anderen DGB-Gewerkschaften zu rechnen. Abgesehen von ihrer relativen Kleinheit stehen die meinungsbildenden großen Gewerkschaften den Entwicklungen innerhalb der IG Druck mit weitgehender Skepsis gegenüber. Um die vielbeschworene gewerkschaftliche Solidarität gegenüber den Druckern war es 1978 – ähnlich wie 1976 – trotz aller offiziellen Verlautbarungen nicht allzu gut bestellt. Für die anderen hat der Kampf der

Drucker weniger die Funktion des Vorreiters für ihre eigenen Probleme; sie sehen

»mehr die berufsständischen und gruppenegoistischen Interessen, die sicherlich auch im Spiele sind, als das darüber hinausgehende generelle Interesse an der Abwehr negativer Rationalisierungsfolgen, mit denen auch andere Gewerkschaften zunehmend konfrontiert werden ... Das Vorhutgefecht der IG Druck und Papier erscheint anderen Gewerkschaften somit als Nachhutscharmützel. In dieser Einschätzung schlagen sich frühere Erfahrungen mit Rationalisierungswellen und Strukturkrisen nieder, die andere Gewerkschaften (etwa im Bergbau oder in der Textilindustrie) gemacht haben und deren Folgen sie als notwendige Opfer des technischen Fortschritts mehr oder weniger hingenommen haben« (Erd/Müller-Jentrasch 1979, S. 46).

Inzwischen ist das *organisationspolitische Interesse* der *IG Druck und Papier* nach dem Schrumpfungsprozeß bei den Facharbeitern auf die Gewinnung der Angestellten ausgerichtet:

»Nicht auszuschließen ist daher, daß aus dieser Problemlage heraus die IG Druck und Papier die Wiederherstellung der Kooperation mit ihrem Tarifkontrahenten anstreben könnte, um mit dessen Duldung oder gar Unterstützung ihr Mitgliederpotential unter den (technischen) Angestellten und den in den Medien Tätigen zu erschließen. Überlegungen dieser Art dürften dem auf pragmatische Lösungen hin orientierten Gewerkschaftsflügel nicht fremd sein« (ebenda, S. 47).

Zusammenfassend kann festgehalten werden, daß die *IG Druck und Papier* bei dem Arbeitskampf im Jahre 1978 die Erfahrung machen konnte, daß der Rationalisierungsschutz inhaltlich um wichtige Absicherungsmaßnahmen erweitert werden kann und dies *innerhalb der institutionalisierten Tarifautonomie auch in Krisenzeiten möglich und erfolgreich ist*. Zugleich bleibt auch dieses »schwarze Schaf« der deutschen Gewerkschaftsbewegung (so gängige Formulierungen zur Einschätzung der IG Druck und Papier in der bürgerlichen Presse) selbst dann noch innerhalb der traditionellen Kooperations- und Kompromißgrenzen, wenn sein organisatorischer Kern, die Facharbeiter, einem erheblichen Schrumpfungsprozeß ausgesetzt ist.

3.2 Der Kampf um »Sicherung der Eingruppierung und Verdienstsicherung bei Abgruppierung« in der Metallindustrie Nordwürttemberg/Nordbaden (Projektgruppe 1979; Dzielak u. a. 1979; Hildebrandt 1979; Watkinson u. a. 1979)

Wie hoch das quantitative Ausmaß von individueller Abgruppierung aufgrund neuer Technologien oder erfolgter Rationalisierungsmaßnahmen bei Beginn des Arbeitskampfes 1978 in der deutschen Metallindustrie bereits war, ist nach den vorliegenden Fallstudien schwer zu sagen. Ermitteln ließ sich lediglich, daß die Arbeitnehmer der Uhrenindustrie (aufgrund der tiefgreifenden Strukturkrise), der feinmechanischen, und in Teilen der Elektroindustrie bereits spektakuläre Abgruppierungserfahrungen gemacht hatten, während diese beim Maschinenbau und der Automobilindustrie erheblich geringer waren (Watkinson u. a.). Gleichwohl war die *IG Metall* seit längerem für die Problematik sensibilisiert, wie die Referate der *Technologietagung von 1977* demonstrieren (IG Metall 1977b). Insofern ist ihre Entscheidung für einen Absicherungstarifvertrag auch als *Präventivmaßnahme* gegen erwartbare Entwicklungen in den achtziger Jahren zu verstehen. Hinzu kommt der *qualifikationspolitische Aspekt:* durch Verhinderung der Abgruppierung sollte den Unternehmen der Anreiz zur Errichtung von Arbeitsplätzen mit verminderten Qualitätsanforderungen an die Beschäftigten genommen werden. Gerade die Qualifikation der Lohnabhängigen in der Bundesrepublik – so wurde argumentiert – sichere die internationale Konkurrenzfähigkeit der deutschen Wirtschaft. Gegenüber einem kurzfristigen Gewinninteresse der Unternehmer sei es eine Aufgabe gewerkschaftlicher Politik, diese Quelle des gesellschaftlichen Reichtums zu erhalten (Dzielak u. a., S. 153). Letzteres fügt sich nahtlos ein in das struktur- und technologiepolitische Konzept der *IG Metall,* d. h. Erhaltung und Ausbau der internationalen Wettbewerbsfähigkeit durch Innovationsförderung, Spezialisierung auf wachstumsintensive

Industriezweige und Erhöhung des Qualifikationsniveaus der Arbeitnehmer (Loderer 1977; IBS/IGM-Info 1980).
Trotzdem wählte der *IG Metall-Vorstand* eine vorsichtige Strategie. Aufgrund innerorganisatorischer Differenzen über eine Prioritätensetzung zwischen »Absicherung« oder »Arbeitszeitverkürzung« sowie mangelnder Unterstützung der Absicherungsforderung im Bezirk Nordrhein-Westfalen wurde der »tarifpolitische Durchbruch« (Loderer 1978) zunächst nur im am weitesten für diese Materie sensibilisierten und kampferfahrensten Bezirk Nordwürttemberg/Nordbaden gesucht (Projektgruppe).
Die gewerkschaftliche *Forderung* enthielt vier Bestandteile: erstens personenbezogene *individuelle* Absicherung der bestehenden Eingruppierung für alle Arbeiter und Angestellten; zweitens Festschreibung des gegebenen durchschnittlichen Eingruppierungsniveaus eines Betriebes (mit dieser *kollektiven* Absicherung sollte verhindert werden, daß ein Unternehmen durch überproportionalen Abbau Beschäftigter in höheren Lohngruppen bei gleichzeitigem Ersatz durch Neueingestellte niedrigerer Lohngruppen die Qualifikations- bzw. Lohnstruktur senken und damit den Absicherungsvertrag unterlaufen konnte); drittens Verpflichtung der Betriebe, dem Tarifvertragspartner einmal jährlich die diesen Tarifvertrag betreffenden Informationen zur Verfügung zu stellen *(Tarifstatus-Bericht);* viertens *Anhebung der Lohngruppen 1 und 2* auf das Lohnniveau der Gruppe 3.
Obwohl die inhaltliche Ausgestaltung der Absicherungsforderung lange Zeit allein von einer kleinen Kommission im Bezirk Stuttgart diskutiert und ausgearbeitet und wegen erwartbarer vorgezogener Abgruppierungsstrategien der Unternehmer lange Zeit geheimgehalten wurde (Hildebrandt 1978), fand deren Bekanntgabe im Januar 1978 bei den Mitgliedern rasch die notwendige Unterstützung. Und zwar einmal wegen eines durch Krise und Rationalisierungsmaßnahmen gesteigerten »generellen Sicherheitsbedürfnisses«, vor allem der Einkommenssicherung. Zum anderen aber auch deswegen, weil sie alle

Gruppen der abhängig Beschäftigten (Angestellte wie Facharbeiter, An- wie Ungelernte, Männer wie Frauen, Deutsche wie Ausländer) gleichermaßen betraf (Projektgruppe, S. 49). Auch in den anderen Tarifbezirken war die Forderung populär (Loderer 1978, S. 260). In gewissem Sinne desavouierte sie sogar einen gerade in der nordrhein-westfälischen Stahlindustrie abgeschlossenen Tarifvertrag, der lediglich eine Sicherung des bisherigen Einkommens im Falle von versetzungs- oder rationalisierungsbedingten Lohnverlusten für 7 bis 12 Monate vorsah (Projektgruppe, S. 78).

Für die Arbeitgeber war die Forderung nicht kompromißfähig. Nach anfänglicher Ablehnung jedweden Absicherungsvertrages waren sie schließlich nur bereit, bei individueller Abgruppierung eine *zeitlich begrenzte* Verdienstsicherung zu garantieren. Abgruppierungsverbot und kollektive Absicherung sowie Wegfall der unteren Lohngruppen lehnten sie kategorisch ab, weil sie darin richtigerweise einen Angriff auf ihren betriebswirtschaftlichen Dispositionsspielraum und die bestehenden, von ihnen dominierten Leistungs- und Lohnbewertungssysteme erkannten.

Freilich erklärt diese prinzipielle Ablehnung noch nicht, daß es überhaupt zum Streik kam. Denn innerhalb der *IG Metall* wurde die Forderung nach kollektiver Absicherung »gelegentlich als taktisches Instrument zur Erhöhung des Verhandlungsdrucks in bezug auf die individuelle Absicherung bezeichnet« (Dzielak u. a., S. 155). Und man war sich dessen bewußt, »mit dieser Forderung an den Grundfesten des Systems gerüttelt zu haben« (E. Schmidt, 1. Bevollmächtigter der IG Metall in Ludwigsburg, in: Jacobi u. a. 1979, S. 76). »Zudem scheint vom Zentralen Vorstand der IG Metall auch nur die individuelle Absicherung getragen worden zu sein« (Hildebrandt, S. 68). Für diese Einschätzung spricht zusätzlich, daß die Verhandlungsführer der *IG Metall* bereits am dritten Streiktag ein Kompromißangebot entwickelten, das weder Abgruppierungsverbot noch kollektive Absicherung enthielt und in den Grundzügen dem Verhandlungsangebot der Arbeitgeber weitgehend entgegenkam (Projektgruppe, S. 95). Außerdem dauerte es von den ersten Verhandlungen bis zu Beginn des Streiks rund 8 Wochen, während deren »trotz stufenweiser Eskalation des Tarifkonflikts in bestimmten Phasen die Möglichkeit einer friedlichen Einigung greifbar nahe zu sein schien« (ebenda, S. 71). Weniger die Absicherung als die große Differenz im Lohnangebot (Unternehmerangebot 3%, Gewerkschaftsforderung 8%) und der Tatbestand, daß die Gewerkschaft zuerst die Absicherung erreichen wollte, bevor sie über einen Lohnkompromiß zu Verhandlungen bereit war, scheinen für Härte und Eskalation der Tarifauseinandersetzung bestimmend gewesen zu sein.

Der *Streik* selbst dauerte 16 Tage, war aber von Beginn an mit zahlreichen Verhandlungsrunden auf Bezirks- und Bundesebene verknüpft. Die *IG Metall* setzte das die Streikkasse schonende und das Streikgeschehen besser kontrollierende Instrument des Schwerpunktstreiks in einzelnen Betrieben ein; die Arbeitgeber freilich antworteten mit flächenweiten Aussperrungsmaßnahmen und brachten, um den Streik möglichst rasch zu beenden, eine wesentlich härtere Gangart als in früheren Arbeitskämpfen ein.

Während des gesamten Streiks stand die *Bezirksleitung Stuttgart* der *IG Metall* unter permanentem innerorganisatorischem Konkurrenz- und Erfolgsdruck, vor allem aus dem Bezirk Nordrhein-Westfalen, dem die Absicherungsforderung nicht zusagte und der wegen höherer Löhne gern selbst gestreikt hätte. Außerdem befürchtete man zu frühe politische Vermittlungsangebote von seiten der sozialliberalen Bundesregierung, die die eigene Autonomie zu sehr eingeschränkt hätten. Beides zusammen erklärt sowohl die große Verhandlungsbereitschaft als auch den kanalisierten und von oben gesteuerten Streikablauf, was zahlreiche Mitglieder mit Begriffen wie »Funktionärs- oder Fernsehstreik« belegten. Eine breite und umfassende Information über den Stand der Verhandlungen oder eine aktive Präsenz und Einbeziehung der Mitglieder fanden kaum statt. *Dzielak u. a.* interpretieren die überwiegend passive Streikbeteiligung der Mitglieder als Ausdruck einer langfristigen Entwicklung, die bei Funktionären und Mitgliedern gleichermaßen zu einer bestimmten Rollenverteilung geführt habe. Danach erwarte die Mitgliederschaft, daß ehrenamtliche Funktionäre im Betrieb und hauptamtliche Funktionäre der Organisation den Streik für sie führten, weil sie es im Betriebsalltag und auch von den vorausgegangenen Streiks her nicht anders gewohnt seien (S. 163).

Das *Ergebnis* kommt dem ziemlich nahe, was die Arbeitgeber von Anfang an zuzugestehen bereit waren:

– Kein genereller individueller Abgruppierungsschutz, sondern *zeitlich begrenzte individuelle Absicherung*. Ein Arbeiter darf höchstens zwei Lohn- bzw. Arbeitswertgruppen, ein Angestellter höchstens eine Gehaltsgruppe abgruppiert werden. Dies ist jedoch nur zulässig, wenn ein gleichwertiger Arbeitsplatz nicht zur Verfügung steht und eine Umsetzung oder Umschulung nicht möglich ist. Bei Umschulung erhält ein Arbeitnehmer bis zu 12 Monaten seinen vollen Lohn bzw. sein volles Gehalt. Die Kosten trägt der Arbeitgeber. Ist eine Abgruppierung unumgänglich und eine rechtzeitige Information des Betriebsrates erfolgt, erhält der Arbeitnehmer einen Verdienstausgleich für insgesamt 18 Monate, der ihm das Einkommen der bisherigen Gruppe sichert. Auch danach sinkt der Verdienst nicht, sondern wird langsam unter teilweiser Anrechnung der folgenden Lohn- bzw. Gehaltserhöhungen auf das Niveau der neuen Gruppe gebracht (»weiche Landung«). Der Arbeitgeber muß ferner den Betriebsrat über den Lohn- und Gehaltsgruppendurchschnitt vierteljährlich informieren und jährlich mit ihm darüber beraten. Kommt er seiner Informationspflicht nicht nach, kann er eine eventuell geplante Abgruppierungsmaßnahme erst nach einer zusätzlichen Sperrfrist durchführen (Gerlach 1979, S. 225).

– *Anhebung der Lohngruppe 1 auf die Gruppe 2*, die bestehen bleibt.

– *Keine kollektive Absicherung*.

– Erhöhung der Löhne und Gehälter um 5% plus Pauschale für die Monate Januar bis März 1978.

– Dem IG Metall-Vorstand gelang es nicht, eine bundesweite Übernahme des Stuttgarter Ergebnisses durchzusetzen. Als die Arbeitgeber sich bei einem unmittelbar nach dem gefundenen Kompromiß stattfindenden Spitzengespräch hartnäckig weigerten – entgegen der ursprünglichen Planung –, diesen für alle Bezirke als allgemein verbindliche Lösung zu akzeptieren, steckte der IG Metall-Vorstand »überrascht und verbittert« (Projektgruppe, S. 99) zurück – erneute Kampfmaßnahmen leitete er nicht ein. Freilich konnte das Ergebnis noch für den *Bezirk Frankfurt* übernommen werden, da hier sowieso neue Manteltarifverhandlungen anstanden.
Der Unmut der Gewerkschaftsbasis gegenüber dem erreichten Ergebnis manifestierte sich in der nur knapp über 50% liegenden Zustimmung der abstimmungsberechtigten Mitglieder.

»Was die eigentliche Auseinandersetzung mit dem Tarifergebnis betraf, so spiegelte die artikulierte Kritik relativ deutlich die unterschiedlichen Interessenlagen und die darauf gründenden Erwartungshaltungen innerhalb der Mitgliederschaft wider. Breite Unzufriedenheit an der vereinbarten Lohnerhöhung äußerte sich vor allem unter den Beschäftigten in der Automobil-Industrie, von denen der 5%-Abschluß und die vereinbarte Pauschale vor dem Hintergrund der florierenden Wirtschaftslage dieses Industriezweiges als viel zu niedrig kritisiert wurde. Die Nichtanhebung der Lohn- und Arbeitswertgruppe II führte vor allem in Betrieben mit einem hohen Frauen- und Ausländeranteil zu sichtlicher Unzufriedenheit, wobei hier vor allem die Belegschaften in der Elektroindustrie zu den exponierten Kritikern zählten. Da die Beschäftigten in dieser Branche zugleich jene Gruppen ausmachen, die potentiell am stärksten von Abgruppierung bedroht sind, verband sich hier der Unmut über die ungenügende Angleichung der Lohnstruktur nach oben mit der Kritik an dem Absicherungsvertrag« (Projektgruppe, S. 109).

Auch im Bezirk *Nordrhein-Westfalen* waren Kritik und Unzufriedenheit groß. Denn konnte Baden-Württemberg die relativ niedrige Lohnerhöhung von 5% immerhin noch mit dem erreichten Absicherungsvertrag kompensieren, so fiel letzteres in Nordrhein-Westfalen weg. Und das, obwohl man sich seit März ebenfalls – durch Urabstimmung bekundet – zum Streik bereitfand. Der Frage, warum der *IG Metall-Vorstand* für die übrigen Bezirke das niedrige Lohnergebnis trotz fehlenden Absicherungsvertrags akzeptierte, gehen die Fallstudien leider nicht nach. Bei der harten Ablehnung der generellen Übernahme des Absicherungsvertrages durch die Unternehmer und dessen fehlender Schlichtungs- und Streikfähigkeit in den anderen Bezirken (Loderer 1978) hätte die als so stark und kämpferisch eingeschätzte *IG Metall* bei der Lohnhöhe nicht unbedingt gleich klein beigeben müssen.

Auch bei der *Beurteilung* des Metallerstreiks will ich die erkämpften Verbesserungen nicht unterschlagen, obwohl zu fragen bleibt, warum bisher kein erneuter Versuch der bundesweiten Übernahme gestartet wurde. Hier interessiert jedoch lediglich, ob sich in diesem Arbeitskampf eine Abkehr der *IG Metall* von ihrer Kooperationsbereitschaft mit Staat und Unternehmen ankündigt. Und in diesem Punkt beweisen die vorliegenden Fallstudien eher das Gegenteil:

– Daß ein Arbeitskampf überhaupt stattfindet und daß er konfliktreicher als vorhergehende ausgetragen wird, ist noch kein Indiz für abnehmende Kooperationsbereitschaft, wenn Arbeitskampf selbst und eingeschlagene Strategie lediglich als Mittel dafür eingesetzt werden, möglichst bald zu einem für beide Seiten tragbaren Kompromiß zu kommen. Genau aus diesem Grund jedoch wurde das Streikmittel eingesetzt, und insofern unterscheidet sich dieser Streik kaum von der bisherigen bundesrepublikanischen Praxis.

– Der *strategisch-taktischen Flexibilität des Vorstandes* und seiner Offenheit für »vernünftige« Kompromisse entsprechen auf seiten der Mitglieder deren »vergleichsweise geringe Partizipationschancen und passive Identifikation mit der Organisation« (Dzielak u. a., S. 27). Eine Politisierung oder Radikalisierung der Basis, die die Streikleitung zur Änderung ihrer Politik gezwungen hätte, ist nicht feststellbar. Den Mitgliedern geht es im wesentlichen um ihren *eigenen* Arbeitsplatz und um Verstetigung und Sicherung des individuell erreichten Einkommens

(ebenda, S. 169).
– Wenngleich fraglich bleibt, ob der erreichte Absicherungsvertrag eine Sicherheit für die Arbeitsplätze bedeutet, haben die Mitglieder ihn so interpretiert und die *IG Metall* hat keine gegenteilige Aufklärungsarbeit geleistet. Sie bleibt bei ihrer Praxis, Kompromisse als Erfolge zu feiern, ohne deren Begrenztheit zu thematisieren (Kern 1979).
– Der gefundene Abschluß verbleibt trotz wesentlicher Verbesserungen in der Tradition der Rationalisierungsschutzabkommen (Loderer 1978). Er garantiert denjenigen eine soziale Abfederung, die von technischem Fortschritt und Rationalisierungsmaßnahmen aktuell bedroht sind – den technischen Fortschritt und die Rationalisierungsmaßnahmen selbst greift er nicht an. Auch liegt er »weniger auf der Linie der direkten Einwirkung auf betriebliche Rationalisierungsprozesse und Qualifikationsstrukturen« (Hildebrandt, S. 71). Damit bleibt die *IG Metall* auch weiterhin bei ihrer grundsätzlich positiven Haltung gegenüber der von der verschärften Weltmarktkonkurrenz geforderten Einführung technologischer Neuerungen.
– Eine Vorbereitung auf die bei der einzelbetrieblichen Umsetzung zu erwartende Gegenwehr der Unternehmer im Sinne einer Verallgemeinerung der Betriebsrätepolitik ist ebenfalls kaum erkennbar. So wird es bei der Umsetzung des Vertrages wesentlich vom Typ des jeweiligen Betriebsrates (auf Konflikt oder Sozialpartnerschaft orientiert) abhängen, welche Verbesserungen für die konkret Betroffenen dabei herauskommen (Schauer 1980).
– Auch die *selektive Interessenwahrnehmung und -politik* der *IG Metall* wird in diesem Arbeitskampf bestätigt. Als traditionelle Facharbeitergewerkschaft ist sie erst dann für die negativen Probleme des technischen Fortschritts sensibilisiert, wenn die Facharbeiter selbst von Abgruppierung und Dequalifikationsprozessen betroffen werden. Der Wegfall der Lohngruppe II stellte kein Essential ihrer Kompromißpolitik dar, obwohl in diese Gruppe zahlreiche an- und ungelernte Arbeiter (Frauen, Ausländer) eingestuft sind, während die Lohngruppe I besten-

falls noch statistischen Wert hat (Hildebrandt).
– Schließlich bedeutet – ähnlich wie bei den Druckern – auch der Kampf gegen die Aussperrung im Anschluß an den Streik kein Abgehen von der bisherigen Politik.

»Die Gewerkschaften haben durchweg den durch die Rechtsprechung gesetzten institutionellen Rahmen von Arbeitskämpfen zwar scharf kritisiert, aber doch respektiert, auch angesichts einer ihre Handlungsfähigkeit immer stärker einschränkenden Entwicklung. Ihre in diesem Jahr verstärkte Kampagne gegen die für sie immer problematischer werdende Aussperrung bewegt sich bislang in den vorgezeichneten institutionellen Bahnen: durch massenweise Klagen gewerkschaftlich organisierter Arbeitnehmer gegen die Aussperrung sollen die Gerichte formal selbst zur Korrektur bisheriger höchstrichterlicher Positionen veranlaßt werden, und der Gesetzgeber wird aufgefordert, durch Verbot der Aussperrungen Voraussetzungen für eine Kampfparität zwischen Kapital und Arbeit zu schaffen« (Dzielak u. a., S. 174; ähnlich Erd 1978b, S. 82 ff.).

Legalistisches Selbstverständnis und Staatsfixiertheit scheinen ungebrochen zu sein.

3.3 Der Kampf um beschäftigungssichernde Arbeitszeitverkürzung in der Stahlindustrie 1978/79 (Martens 1979; Hautsch/Semmler 1979; IG Metall 1979)

Der Wegfall von rund 40 000 Arbeitsplätzen in der deutschen Stahlindustrie seit Ausbruch der Strukturkrise 1975 veranlaßte die *IG Metall-Führung* Mitte 1978 zu einer Änderung ihrer tarifpolitischen Strategie. Nachdem Einstellungsstopps, Kurzarbeit und Frühverrentungsregelungen einerseits, die Unterstützung von Investitionsprogrammen andererseits weder eine weitere monatliche Belegschaftsschrumpfung um rund 1000 Personen verhindern noch neue Arbeitsplätze schaffen konnte, befürchtete sie im *Ruhrgebiet* einen weitaus gefährlicheren Schrumpfungsprozeß als jenen, dem sie im eher am Rande

liegenden und aus organisationspolitischem Bestandsinteresse weit weniger wichtigen Saarland kurz vorher zugestimmt hatte. Dieses Urteil gründet sich auf die von uns selbst geführten Expertengespräche, denn die vorliegenden Fallstudien gehen der Frage des unterschiedlichen Verhaltens im Saarland und in Nordrhein-Westfalen nicht nach.
Die Kündbarkeit des Manteltarifvertrags zum 30. 6. 1978 bot die »legale«, im Rahmen des eingespielten Verhandlungssystems verbleibende Möglichkeit, die *Arbeitszeitverkürzung* tarifpolitisch durchzusetzen. Freilich mußten zunächst innerorganisatorische Differenzen über deren Form ausgeräumt werden. Sollte man auf die Lebensarbeitszeitverkürzung auf 55 Jahre oder den Einstieg in die 35-Stunden-Woche setzen? Die zweite Forderung setzte sich aus zwei Gründen durch: erstens war sie auf dem letzten Gewerkschaftstag, übrigens gegen den Willen des Vorstandes, beschlossen worden und hatte deshalb eine größere Legitimation für sich; zweitens wäre mit ihr die Einführung einer fünften Schicht verbunden gewesen und damit zugleich die Schaffung zusätzlicher Arbeitsplätze sowie die Reduzierung des im Stahlbereich besonders hohen Arbeitsverschleißes. Hinzu kam, daß ähnliche Regelungen von der *EG-Kommission* für alle europäischen Stahlhersteller verbindlich gemacht werden sollten und auch in anderen Ländern (Italien, Belgien) bereits eingeführt waren. Damit konnte man dem Vorwurf einer sinkenden Konkurrenzfähigkeit gegenüber den europäischen Partnern begegnen.
Als die *Große Tarifkommission* für die Stahlindustrie am 16. 6. 1978 einstimmig die Forderung nach »Verkürzung der tariflichen wöchentlichen Arbeitszeit bei vollem Lohnausgleich mit dem Ziel der 35-Stunden-Woche« erhob, erwartete man kaum harten Widerstand der Unternehmer. Sollte er trotzdem auftreten, hoffte man wegen eines konjunkturellen Zwischenhochs der Branche auf die Kompromißbereitschaft des Tarifpartners. Mit der Möglichkeit eines Arbeitskampfes rechnete man kaum, obwohl die Arbeitgeber bereits vor Aufstellung der Forderung signalisiert hatten, daß sie eine Verkürzung der Wochenarbeits-

zeit ablehnen und lediglich über eine Urlaubsverlängerung mit sich reden lassen würden.

Bei den folgenden Verhandlungen demonstrierte die *IG Metall* ihre Kompromißbereitschaft: sie betonte immer wieder, bei der geforderten Arbeitszeitverkürzung handele es sich um eine *stahlspezifische* Lösung, die nicht auf die metallverarbeitende Industrie übertragen werden solle. Zur Abstützung ihrer Glaubwürdigkeit gab sie bereits im September für die Metallverarbeitung die Forderung nach Urlaubsverlängerung bekannt. Und im Oktober schließlich zeigte sie mit der niedrigen Lohn- und Gehaltsforderung von 5%, daß sie bereit war, »sich eine anständige Arbeitszeitverkürzung auch etwas kosten zu lassen« (Martens, S. 12).[22]

Offenbar überschätzte die Gewerkschaft die Kompromißbereitschaft der Stahlunternehmer. Deren Härte hinwiederum hat zwei Gründe: einmal erkannten sie, daß die angestrebte Arbeitszeitverkürzung nicht nur Kostensteigerungen verursachen würde (die die Gewerkschaft durch niedrigeren Lohnabschluß kompensieren wollte), sondern auch den aus Modernisierungs- und Rationalisierungsgründen für notwendig erachteten Arbeitsplatzabbau verhindern würde. Hinzu kamen gesamtwirtschaftliche Überlegungen des Unternehmerlagers der Bundesrepublik. Wie aus dem Anfang 1979 bekanntgewordenen »Tabu-Katalog« der *Bundesvereinigung der Arbeitgeberverbände (BDA)*, einem »Instrumentarium zur Koordinierung der Lohn- und Tarifpolitik«, hervorgeht, »ist eine weitere Reduzierung des Arbeitsvolumens durch Verkürzung der Wochenarbeitszeit unter 40 Stunden keinesfalls zu verantworten ... Sie würde das notwendige wirtschaftliche Wachstum ernstlich beeinträchtigen und damit auch die Wettbewerbsfähigkeit der deutschen Wirtschaft gefährden« (zitiert nach: *Frankfurter Rundschau* vom 26. 1. 1979, Dokumentation S. 13). Den Kampf für die Arbeitszeitverkürzung sollten also die Stahlunternehmer – unterstützt von *BDA* und dem Metallarbeitgeberverband *»Gesamtmetall«* – stellvertretend für alle anderen Wirtschaftsbereiche abwehren.

Als die Gewerkschaft noch über Verhandlungen zum Ziel kommen wollte, bereiteten die Unternehmer sich bereits auf den Arbeitskampf vor: Vorziehen der Produktion durch Überschichten, Bevorratung im Handel und bei den Abnehmern, Absicherung von notwendigen Zulieferungen aus dem Ausland. Es ist deshalb nicht übertrieben zu sagen, die Gewerkschaft sei völlig unvorbereitet in den Arbeitskampf hineingeschlittert. Denn als die Unternehmer Anfang November einseitig das Scheitern der Verhandlungen über die Wochenarbeitszeitverkürzung erklärten und die IG Metall in Zugzwang versetzten, hatte diese weder die Mitglieder für den Streik mobilisiert noch die bereits länger laufende Streikvorbereitung des Gegners durch Abwehr von Überschichten, Überstunden usw. vereitelt.

Wegen der tiefsitzenden Krisenerfahrung und der Angst um die eigenen Arbeitsplätze ließ sich die Mitgliedermobilisierung freilich rasch nachholen – und die Unternehmer haben offenbar nicht mit der hohen Popularität der Arbeitszeitverkürzungsforderung bei den Stahlarbeitern gerechnet.

Obwohl die Streikbereitschaft sehr hoch war, taktierte die *IG Metall-Führung* weiterhin vorsichtig. Nur insgesamt 8 Werke mit zusammen 38 000 Beschäftigten wurden in den am 28. 11. 79 beginnenden *Schwerpunktstreik* einbezogen. Auch als erkennbar wurde, daß die gründliche Vorbereitung der Unternehmer die Einbeziehung von mehreren Werken erforderlich gemacht hätte, weitete man – trotz mannigfacher Forderungen der Basis – die Streikaktivitäten nicht aus. Ebensowenig veranlaßte die bereits am 1. 12. vollzogene Aussperrung der bestreikten und acht zusätzlicher Betriebe die *IG Metall* zu einer Ausweitung des Streiks oder einer Zurücknahme der großzügig angebotenen Notdienstregelung. Man hat deshalb insgesamt den Eindruck, daß die *IG Metall* trotz bei solchen Anlässen üblicher markiger Worte (»Kampf gegen die ›Stahlbarone‹, gegen die ›Wegbereiter des Faschismus‹«) eigentlich den Streik nicht wollte, ihn deshalb klein und kontrolliert hielt und nach einem passablen Ausweg suchte.

Dieser Eindruck wird noch dadurch verschärft, daß man recht früh (5. 12.) bereits der Forderung der Arbeitgeber nach politischer Vermittlung nachgab und den nordrhein-westfälischen Arbeitsminister *Farthmann* akzeptierte, von dem bekannt war, »daß er kein Verfechter der 35-Stunden-Woche ist. Er hatte sich öffentlich für alternative Lösungsmodelle ausgesprochen und die 35-Stunden-Woche nur als ›letztes Mittel‹ bezeichnet« (Martens, S. 16).

Obwohl – zumindest in den bestreikten Betrieben – die Basismobilisierung sehr hoch war und sich darin vom »Fernsehstreik« in Nordwürttemberg/Nordbaden unterschied, erfuhren die Streikenden kaum etwas über den Inhalt der Vermittlungsgespräche oder geplante Änderungen in der Streiktaktik (Hautsch/Semmler, S. 37). Am 17. 12. veröffentlichte die Verhandlungskommission einen »Gesprächsstand«, der in seiner Struktur erheblich von der ursprünglichen Forderung abwich: 4% Lohnerhöhung bei 15 Monaten Laufzeit; 4 Freischichten und ab 1980 weitere 2,5 Freischichten *für Nachtschichtarbeiter;* 2 Tage mehr Urlaub und ab 1981 29 Tage Urlaub für alle. Damit war die Forderung nach Verkürzung der Arbeitszeit *für alle* aufgegeben.

Trotz massiver Proteste der Streikenden war die *IG Metall* bereit, auf Basis dieses Modells »Verbesserungen« herbeizuführen, die aber vorerst nicht zustande kamen, da *Minister Farthmann* seine Vermittlungsbemühungen zunächst für gescheitert erklärte. In dieser verfahrenen Situation hatte die *IG Metall* zwei Möglichkeiten: durch Ausweitung der Streikaktivitäten und Steigerung des Druckes für ihre alte Forderung weiterzukämpfen oder durch Ignorieren der mannigfachen Mitgliederproteste auf Basis des erreichten Standes weiter zu verhandeln. Ihre Unsicherheit kommt darin zum Ausdruck, daß sie zunächst weder das eine noch das andere tat und schließlich dann beides zugleich. Am 20. 12. beschloß sie zwar die Streikausweitung, jedoch ohne Angabe von Datum und Umfang. Eineinhalb Wochen, bis zum 28. 12., tat sich dann überhaupt nichts, ehe die Gewerkschaft für den 3. 1. des nächsten Jahres

die Ausweitung auf drei weitere Betriebe mit 20 000 Arbeitnehmern verkündete. Für alle Beobachter überraschend kam es dann bereits am 30. 12. zu erneuten Vermittlungsgesprächen mit *Arbeitsminister Farthmann*, bei denen das Zugeständnis einiger Freischichten auch auf die über 50jährigen ausgedehnt wurde. Auf Basis dieses erneuten Vermittlungsangebotes gelangte man schließlich am 7. 1. trotz Streikausweitung und trotz großer Unzufriedenheit zahlreicher Streikbeteiligter, die sich auch in offenem Protest gegenüber der Streikleitung artikulierte, zu einem von beiden Seiten akzeptierten *Verhandlungsergebnis:*
– Erhöhung der Einkommen um 4% bei einer Laufzeit von 15 Monaten; umgerechnet auf 12 Monate entspricht dies einer Lohnhöhung von 3,2%;
– stufenweise Verlängerung des Urlaubs auf 6 Wochen bis 1982;
– Verringerung der Arbeitszeit von Nachtschichtlern um 4 Freischichten 1979 und 2 weitere Freischichten 1981;
– Verringerung der Arbeitszeit von über 50jährigen Arbeitnehmern um 2 freie Tage 1979 und einen weiteren freien Tag 1981 (Martens, S. 18).
Dem stimmten die *Große Tarifkommission* mit 87 gegen 38 Stimmen und die Mitglieder mit 54,5% gegen 45,1% zu.
Auch hier geht es bei der *Bewertung* nicht um die überproportionalen Verbesserungen für besonders belastete Beschäftigtengruppen und die nach Berechnungen der Gewerkschaft ca. 6000 neu zu schaffenden Arbeitsplätze aufgrund der Freischichtregelungen (Martens, S. 18 f.). Wobei letzteres wiederum entscheidend von der betrieblichen Umsetzung (Definition der »regelmäßigen Nachtschichtarbeit«; Freischichtregelung nach individueller Entscheidung oder als »kollektive Blockfreizeit«) abhängt.[23]
Entscheidend für mich ist auch hier, daß erstens der Streikverlauf trotz zunehmender Politisierung und Radikalisierung von Teilbelegschaften im ganzen von der *IG Metall* in der eingespielten kontrollierten und kalkulierten Form gehalten wurde,

d. h. dosierte Streikaktivitäten, Aufrechterhaltung von Notdiensten, ständige Verhandlungsbereitschaft, keine antikapitalistische Agitation; zweitens vom Ergebnis her die Kooperations- und Kompromißbereitschaft sogar soweit ging, vom eigentlichen Streikziel rasch abzugehen und auf die Verhandlungslinie der Unternehmer (und wohl auch des politischen Vermittlers) einzuschwenken. In diesem Zusammenhang ist übrigens von Interesse, daß in der zweiten Dezemberhälfte auch *Bundeskanzler Schmidt* mehrere »Streik-Gespräche« mit *IG Metall-Vorsitzendem Loderer* und *DGB-Vorsitzendem Vetter* führte, bei denen – auch wenn der Inhalt unbekannt blieb – eine der sozialliberalen Wirtschafts- und Gesellschaftspolitik gemäße Verhandlungslinie besprochen worden sein dürfte. Die Kompromißfähigkeit der Gewerkschaft ging soweit, daß der in den nächsten Jahren zu erwartende weitere Arbeitsplatzabbau in der Stahlindustrie (geschätzt auf ca. 50 000) durch das gefundene Ergebnis kaum aufzuhalten ist. Zusätzlich akzeptierte man für die gesamte Metallbranche als Preis für die stufenweise Einführung des 6-Wochen-Urlaubs bis 1984 die ausdrückliche Festschreibung der 40-Stunden-Woche bis 1983.

Obwohl die inneren Auseinandersetzungen um Streikverlauf und -ergebnis im Laufe des Jahres 1979 weitergingen und die Kritiker sogar die Ablösung des als Streikführer tätigen *Bezirksleiters Herb* forderten, konsolidierte die *IG Metall-Führung* inzwischen ihre Position. Der Streik wird als Erfolg hingestellt – die Begrenztheit des Kompromisses oder vielmehr die erlittene Niederlage wird nicht mehr thematisiert und in organisationsinterne Lernprozesse umgesetzt. Die besonders harten Kritiker – wie der Betriebsratsvorsitzende von Mannesmann, Huckingen – werden mit Gewerkschaftsausschluß bedroht.[24] Und entgegen linken Hoffnungen oder rechten Befürchtungen entwickelten sich aus den Streikerfahrungen in der *IG Metall* – soweit bislang erkennbar – keine Diskussionen über kooperatives Selbstverständnis oder gar grundsätzliche Änderung der traditionellen Politik.

Dieses Urteil wird von der im Mai 1979 stattfindenden und von der *Landesregierung Nordrhein-Westfalen* einberufenen <u>Ruhrkonferenz</u> bestätigt: Unter Beteiligung von Kommunen, Abgeordneten, Arbeitgebern, Gewerkschaften u. a. wurden dort Probleme und Lösungsvorschläge zur aktuellen Ruhrkrise (überdurchschnittlich hohe Arbeitslosigkeit, schwerindustrielle Monostruktur, Strukturkrise bei Stahl, ungenügende Anzahl von Arbeitsplätzen in Weiterverarbeitung, Dienstleistung, hohe Wanderungsverluste) diskutiert. Im Gegensatz zu ihrer anfänglichen Konfliktstrategie im Stahlstreik betonten die Gewerkschaften

»ausdrücklich das Zustandekommen der Ruhrkonferenz als den Anfang eines notwendigen gemeinsamen Handelns. Der Umstrukturierungsprozeß im Stahlbereich wurde nicht grundlegend in Frage gestellt. Die Gewerkschaften schienen sich im wesentlichen auf eine soziale Flankierung zu beschränken, und es wurden keine weiteren Forderungen z. B. nach Investitionslenkung oder Verstaatlichung gestellt ... Durch die Konferenz schaffte es die Landesregierung, die wohl davon ausgehen konnte, daß weder Opposition noch die Gewerkschaften weitergehende Forderungen stellen würden, eine annähernd homogene Problemanalyse und ein gemeinsames Problemlösungsbewußtsein bei allen Beteiligten und vor der Öffentlichkeit zu verdeutlichen. Diese Übereinstimmung ist u. a. dann wichtig, wenn es der Landesregierung zumindest kurzfristig nicht gelingen wird, die ökonomischen Daten im Ruhrgebiet nachhaltig positiv zu verändern. Da die sich artikulierenden politischen Gruppen durch eine relative Alternativlosigkeit geprägt sind, scheint es trotz einer manifesten Politisierung der ökonomischen Krise im Ruhrgebiet zumindest nicht kurzfristig zu delegitimatorischen Prozessen zu kommen (Meyer 1980, S. 678 und 689).

Das klägliche und inzwischen positiv bewertete Scheitern im Kampf um die Arbeitszeitverkürzung in der Stahlindustrie diskreditiert auch alle programmatischen Verlautbarungen der *IG Metall*, Interessenvertreter der Arbeitslosen und Kämpfer gegen den Arbeitsplatzabbau zu sein. Mögen ihre Funktionäre bei Gewerkschaftstagen oder ähnlichen Anlässen auch die Arbeitszeitverkürzung als beschäftigungspolitisches Instrument anbieten, in der praktischen Politik hat diese Gewerkschaft bisher

Kooperation mit Unternehmern und Staat der Durchsetzung dieser Forderung vorgezogen.

4. Gewerkschaften und »Technologiepolitischer Dialog

Die auf *»konfliktorische« Kooperation*, *innovationsfördernden Strukturwandel* und *soziale Abfederung* angelegte Gewerkschaftspolitik – wie sie bislang auf Basis vorliegender Fallstudien zu rekonstruieren versucht wurde – findet sich gebündelt in der gewerkschaftlichen Begründung zur Mitarbeit an einem *»Technologiepolitischen Dialog«* (TPD) wieder, den der *Bundesforschungsminister* 1979 nach längeren Vorverhandlungen organisiert hat. Leider liegen über Entstehung, inhaltliche Entwicklung und bisherige Ergebnisse dieses Dialogs noch keine Untersuchungen vor; möglicherweise ist es dazu auch nach bisher erst drei Sitzungen dieses Gremiums (Juni 79, Oktober 79, Mai 80) noch zu früh. Da ich aber von der Vermutung ausgehe, daß in diesem Dialog die – freilich noch embryonale – Institutionalisierung dessen stattfindet, was ich im abschließenden Kapitel dieser Arbeit als »korporatistischen Block« theoretisch begründen will, habe ich versucht, durch Gespräche, Briefe, Telefonate usw. eine *Informationsgrundlage* für weitere empirische Arbeit auf diesem Gebiet zu schaffen. In diesem Zusammenhang ist übrigens von Interesse, daß die in den letzten Jahren so zahlreich gewordenen Neokorporatismusforscher in der Bundesrepublik der längst begrabenen »Konzertierten Aktion« immer noch viel, dem zwar weniger spektakulären, aber dafür möglicherweise längerfristig umso effizienteren »Technologiepolitischen Dialog« dagegen bisher kaum Aufmerksamkeit widmeten. Und das, obwohl in der bereits mehrfach zitierten Studie zur »Modernisierung der Volkswirtschaft« von *Hauff/Scharpf* die politische Notwendigkeit eines solchen Dialogs überzeugend dargelegt worden ist und sich inzwischen in zahlreichen sozialdemokratischen Strategiepapieren und -konferenzen niedergeschlagen hat

(repräsentativ dafür: SPD-Zukunftsforum »Arbeit und Technik«, Februar 1979; Matthöfer 1978; Hauff 1978).
Zwei eng miteinander verknüpfte Problemlagen, die ein 1978 mehrmals einberufener Expertenkreis aus Vertretern von Wirtschaft, Gewerkschaften und Wissenschaft erarbeitet hatte, veranlaßten den *Bundesforschungsminister* nach Abstimmung mit dem *Bundeswirtschaftsminister* offenbar zu der Einrichtung des TPD:
1. Nur eine breite Anwendung der Elektronik sowie der Aufbau einer eigenen, gegenüber USA und Japan konkurrenzfähigen Bauelemente- und Geräte-Industrie könne die internationale Wettbewerbsfähigkeit der deutschen Wirtschaft und deren Arbeitsplätze längerfristig sichern.
2. Auch wenn durch staatliche Forschungs- und Technologiepolitik sowie Eigenanstrengungen der Wirtschaft dieses Ziel technisch als realisierbar gelte, sei doch seine *»soziale Akzeptanz«* durch die betroffenen Arbeitnehmer und die Gesamtbevölkerung nicht gleichermaßen gesichert. Einmal bestünden bei großen Teilen der Arbeitnehmer erhebliche Ängste, daß die Einführung und Ausweitung der Mikroelektronik ihre Arbeitsplätze oder zumindest ihre Qualifikation vernichte; zum anderen erfordere die neue Technik die aktive Bereitschaft aller Betroffenen, sich auf neue Arbeitsstrukturen, Produktionsmethoden und Technologien flexibel einzustellen und durch veränderte Erst-, Weiter- und Fortbildung, Umschulung die erforderliche Qualifikation zu sichern. Zusätzlich müsse das gesamte Bildungssystem längerfristig den neuen technologischen Anforderungen angepaßt werden. Ebenso sollten die sozialen Akzeptanzprobleme anderer wachstumssichernder Technologien (z. B. Kernenergie, Chemie) Gegenstand dieses Dialogs werden.
Nach den mir vorliegenden Informationen[25] des *BMFT* konzentrierten sich die bisherigen Sitzungen dieses Gremiums (insgesamt rund 20 Personen) auf einen *Informationsaustausch* über positive und negative Beschäftigungskonsequenzen der Mikroelektronik sowie ihre bisherige unterschiedliche Umsetzung in

Produkt- und Prozeßinnovationen in der Bundesrepublik, den USA und Japan. Nach den Diskussionen zugrundeliegenden Gutachten (vgl. Kapitel II) sind innerhalb der nächsten fünf Jahre 10% und innerhalb der nächsten zehn Jahre 50% der Beschäftigten von der Mikroelektronik in der »einen oder anderen Weise an ihrem Arbeitsplatz betroffen« (BMFT 1979); der prognostizierte Netto-Arbeitsplatz-Wegfall soll (ohne derzeitige »stille Reserve«) bis 1985 1,65, bis 1990 noch 1,2 Millionen betragen.

Für die Bundesrepublik gelte jedoch ohne Einschränkung, daß mit breiter Anwendung der Elektronik mehr Arbeitsplätze gegen den Sog des internationalen Wettbewerbs gesichert werden könnten als ohne Elektronik. Voraussetzung dafür sei allerdings, daß die moderne Elektronik in der deutschen Wirtschaft nicht später als bei den Hauptkonkurrenzländern in neue Produkte und Herstellungsverfahren umgesetzt werde. Eine erste Schätzung zeige, daß durch die Elektronik die Entwicklung neuer Produkte in rund drei Viertel der gesamten deutschen Industrie angeregt werden könnte. Das Forschungsministerium befürchte jedoch, daß Unternehmensleitungen und Arbeitnehmer in der Bundesrepublik weniger aufgeschlossen für diese Neuerungen seien als in den USA oder Japan. Auch der dynamische Prozeß, in dem Anbieter und Nutzer der Mikroelektronik sich gegenseitig zu immer neuen Innovationen antrieben, sei in der Bundesrepublik noch nicht genügend entwickelt. Ein Forum »Technischer Wandel und Beschäftigung« solle deshalb zur Verminderung des Informationsdefizits über positive und negative Auswirkungen der Mikroelektronik beitragen.

Laut *BMFT* haben die Vertreter von Arbeitgeberverbänden und Gewerkschaften die Notwendigkeit eines gemeinsamen Vorgehens einstimmig betont. Obwohl alle Teilnehmer die Bedeutung der vorliegenden Untersuchungen zur Versachlichung der Technologiedebatte, und hier besonders der Diskussion über die Beschäftigungskonsequenzen der modernen Mikroelektronik und Informationstechnik, hervorgehoben hätten, wiesen sie

auch auf die mit solchen Untersuchungen verbundenen Unsicherheiten hin, die eine vertiefende und kritische Auseinandersetzung mit den Untersuchungsergebnissen erforderlich machten – eine elegante Umschreibung für offenbar bestehende Meinungsunterschiede. Man kam überein, über Annahmen, Schlußfolgerungen und Handlungsempfehlungen der Untersuchungen erneut zu beraten.
Nach anfänglichem Zögern erklärten sich *DGB-Chef Vetter, IG Metall-Vorsitzender Loderer* und *IG Chemie-Vorsitzender Hauenschild* bereit, am TPD teilzunehmen.

»Vor allem bei den Gewerkschaften mußten erhebliche Vorbehalte gegen das neue Gremium ausgeräumt werden, das zunächst unter dem Namen ›Technologiepolitische Aktion‹ vorgestellt worden war und damit zwangsläufig Assoziationen an die Konzertierte Aktion wecken mußte, die wegen des Mitbestimmungsstreits zwischen Arbeitgebern und Arbeitnehmern wohl gestorben ist. Nach der Umbenennung und einem ausführlichen Gespräch *Hauffs* mit dem DGB-Bundesvorstand ... habe man sich dann zur Teilnahme bereiterklärt. Die Gewerkschaften handelten sich dabei noch das Versprechen ein, künftig in den zahlreichen Beratungsgremien des Forschungsministeriums stärker vertreten zu sein« (*Handelsblatt* vom 22. 1. 1979).

Bei meiner an die Gewerkschaften gerichteten schriftlichen Anfrage nach der Begründung für die Mitarbeit wurde ich auf Äußerungen des DGB-Vorsitzenden beim *SPD-Forum »Arbeit und Technik«* verwiesen (Vetter 1979): Demnach befürworten die DGB-Gewerkschaften technischen Fortschritt, Modernisierung der Volkswirtschaft und Steigerung der internationalen Wettbewerbsfähigkeit der deutschen Wirtschaft. Mit dem gegen die Unternehmer gerichteten Vorbehalt freilich, daß deren inhaltliche Entwicklung nicht wie bisher *allein* der Verfügungsgewalt der Unternehmer unterstehen und vom Zweck der einzelwirtschaftlichen Profitmaximierung gesteuert werden dürfe. Vielmehr müsse die Verbesserung der Arbeits- und Lebensbedingungen der Arbeitnehmer *gleichgewichtig* berücksichtigt, müsse technischer Fortschritt zugleich *sozialer Fortschritt* werden.

Dieser *Paritätsgedanke* bestimmt auch die gewerkschaftliche Strategie: über eine Ausweitung der Mitbestimmung im Unternehmen sollen bereits bei der »Planung von Innovationen und Investitionen Arbeitnehmerinteressen zur Geltung« gebracht werden; die gesamtwirtschaftliche Mitbestimmung soll gleichgewichtige Berücksichtigung der Ziele: Wiederherstellung der Vollbeschäftigung, Humanisierung der Arbeitswelt, Beschleunigung des qualitativen Wirtschaftswachstums und soziale Beherrschung der Produktivitätsentwicklung bei einer einzuführenden »vorausschauenden Strukturpolitik«, gewährleisten; solange einzel- und gesamtwirtschaftliche Mitbestimmung nicht realisiert sind, »bleibt qualitative Tarifpolitik der entscheidende Hebel für einen sozialen Gestaltungsdruck auf die technologische Entwicklung«.

»Umso mehr Mindestanforderungen an Arbeitsinhalte und Arbeitsplatzgestaltung wir durchsetzen können, umso bessere Maschinenbesetzungsvorschriften und längere Taktzeiten wir erreichen, umso mehr müssen sich die Unternehmen schon im Stadium der Planung von Innovation und Investition auf diese Anforderungen einrichten, weil wir sie bei der Realisierung einfordern werden« (Vetter 1979, S. 6).

Letztlich laufen all diese Einzelstrategien darauf hinaus, ein *»Frühwarnsystem«* zur Erkennung negativer Folgen zu institutionalisieren und eine *Sozialklausel* für die Prüfung aller geplanten Investitionen, Innovationen, Forschungsprojekte »hinsichtlich ihrer sozialen Verträglichkeit« (S. 9) zwingend vorzuschreiben.

Zur *Durchsetzung* dieser Forderungen ist –

»weil Gewerkschaften als gesellschaftliche Kraft ja im engeren politischen Raum von Regierung und Gesetzgeber nur beratend, meinungsbildend tätig werden können – eine *Verstärkung des Dialogs mit Staat und den gesellschaftlichen Gegenkräften* notwendig. Volker Hauff hat zu diesem technologiepolitischen Dialog aufgefordert. Wir sind bereit, ihn aufzunehmen, unsere Vorschläge und Forderungen einzubringen zur Erreichung des *gemeinsamen Zieles:* die Menschen, die arbeitenden Menschen, zum Herren der technischen Entwicklung zu machen« (S. 10 ff.). Denn »hier handelt es sich um so gewichtige Fragen für die

Entwicklung unserer Gesellschaft und Wirtschaft, daß wir *alle miteinander gefordert und in die Verantwortung genommen sind*« (S. 1; Hervorhebung von mir).
Einordnung in die gemeinsamen Ziele: Modernisierung der Volkswirtschaft und Erhaltung der internationalen Wettbewerbsfähigkeit, *Partnerschaft* und *Mitverantwortung* bei *gleichgewichtiger Einflußnahme* – das ist die Botschaft dieses Textes. Zwar fehlen nicht die kritischen Töne zur unternehmerischen Übermacht und alleinigen Verfügungsgewalt über die Produktionsmittel, zwar wird auf die Gefahr hingewiesen, Technologiepolitik könne bloße »Industrie-Unterstützungspolitik« werden (als wenn sie das nicht längst wäre). Aber zugleich werden die Unternehmer als dialogfähige Partner eingeschätzt und wird die Leistung des Bundesforschungsministeriums positiv gewürdigt, weil es versucht habe, den einseitigen Zugriff der Industrie auf die staatliche Forschungspolitik einzuschränken, wie sich am Förderungsprogramm »Humanisierung des Arbeitslebens« zeigen lasse, das sich zu einem Beispiel sozial-orientierter Forschungs- und Entwicklungspolitik entwickelt habe.
Gerade der positiv herausgestellte Beispielcharakter des *Humanisierungsprogramms* demonstriert die ungetrübte Kooperationsbereitschaft des DGB trotz gravierender Mißerfolge. Denn die schönfärberische Darstellung *Vetters* enthält nicht die ganze Wahrheit. Innerhalb der Gewerkschaften selbst wird dieses Humanisierungsprogramm weitaus kritischer eingeschätzt und zugegeben, daß die damit intendierten Ziele nicht erreicht worden seien (Balduin 1977; WSI 1980; Pöhler 1980; Helfert 1980; Naschold 1980). Einerseits hätten sich eine Reihe exemplarischer Unternehmensvorhaben weitgehend als staatlich subventionierte einzelbetriebliche Rationalisierungsprozesse erwiesen; sei die Beteiligung der Betriebsräte häufig nur als formale Zustimmungserfordernisse durchgeführt worden und seien durch eine Vielzahl von Restriktionen der sozial- und arbeitswissenschaftlichen Begleitforschung bisher enge Grenzen gesetzt worden, so daß sie den hochgespannten Erwartungen auf humanisierungsrelevante Ergebnisse kaum hätte entsprechen kön-

nen. Andererseits sähen sich die Gewerkschaften als notwendige Träger des Humanisierungsprogramms zunehmend in einer Falle gefangen, an einer staatlichen Humanisierungspolitik mit meist negativen Sozialfolgen für die Arbeitnehmer mitgewirkt und dabei Mitverantwortung getragen zu haben, obwohl sie gegen die unternehmerischen Unterlaufungsstrategien und die ungenügende Kontrollfähigkeit und -bereitschaft des Staates nichts hätten ausrichten können (Naschold, S. 223).

Aber obwohl diese Kritik innerhalb der Gewerkschaften ein offenes Geheimnis ist, obwohl die Einsicht formuliert wird, nur nach Veränderung der gesellschaftlichen und politischen Machtverhältnisse könne man an einem solchen Programm sinnvoll mitarbeiten, wird, ohne daß solche Veränderungen überhaupt angegangen worden wären, weiterhin die Bereitschaft zur Mitarbeit an Technologie-Planungen verkündet: bei den vom *BMFT* neu eingerichteten Forschungsprogrammen »*Fertigungstechnik*« und »*Informationstechnologie*« ist wiederum die Beteiligung des Betriebsrates, ein von den Gewerkschaften beschickter drittelparitätisch besetzter Fachausschuß und projektübergreifende sozial- und arbeitswissenschaftliche Begleitung vorgesehen – alles das von den Gewerkschaften getreu der bisherigen Haltung begrüßt und gegen Kritiker verteidigt (Janzen 1980). Eventuelle Ängste der Unternehmer, die Betriebsratsbeteiligung hemme den technischen Fortschritt, zerstreute *K. H. Janzen*, Geschäftsführendes Vorstandsmitglied der IG Metall, in einem Gespräch mit dem *Handelsblatt:* er vermöge dieser These ebensowenig Glauben zu schenken wie der früher geäußerten Befürchtung, daß die Ausweitung der Mitbestimmungsrechte der Betriebsräte die Entscheidungsfähigkeit und Wettbewerbsfähigkeit der Unternehmen und der Wirtschaft beeinträchtigen werde. Der Hinweis auf die sozialen Risiken des technischen Wandels habe nichts mit Maschinenstürmerei zu tun und lasse nicht auf kurzsichtige Kirchturmspolitik von Betriebsräten und Gewerkschaften schließen. Die Arbeitnehmer und ihre Gewerkschaften wollten mit ihren Forderungen zur Forschungsförderung vielmehr erreichen, daß die langfristigen

Interessen an sicheren und menschengerechten Arbeitsplätzen nicht zugunsten kurz- oder mittelfristiger Kostenersparnis und Gewinnerhöhung »untergebuttert« werden. Deshalb halte er die Gegenüberstellung unkontrollierte Forschungsförderung = Fortschritt und Wettbewerbsfähigkeit, Einschaltung der Gewerkschaften und Betriebsräte = Innovationsbremse für falsch (*Handelsblatt* vom 2. 6. 1980).
Die tiefere Ursache dieses – trotz der Mißerfolge – weiterhin stabilen Vertrauens in die Möglichkeiten eines auf Kooperation gegründeten sozialen Gestaltungsspielraums liegt im gesellschaftstheoretischen Technik- und Staatsverständnis der deutschen Gewerkschaften: *Technologie* oder technischer Fortschritt an sich werden als *gesellschafts- oder interessenneutral* aufgefaßt. Erst deren einseitige Unterwerfung unter private Unternehmerinteressen bewirkt die beklagten negativen sozialen Folgen für die Arbeitnehmer. Diese gilt es deshalb durch Ausweitung des eigenen Einflusses in *Form von institutionalisierter paritätischer Gegenmacht* abzubauen. Die weit radikalere marxistische Position – bei französischen und italienischen Gewerkschaften weit verbreitet –, daß in der Struktur der im Kapitalismus entwickelten Technologie selbst die negativen Folgen für die Arbeiterklasse angelegt seien und es deshalb gelte, diese kapitalistische Technologie nicht durch Beeinflussung, sondern Abschaffung und Neuentwicklung alternativer sozialistischer Technologien zu ersetzen, ist bei den deutschen Gewerkschaften nicht anzutreffen.
Ähnliches gilt für ihre *Staatsauffassung*. Prinzipiell ist auch der Staat eine *interessenneutrale, gemeinwohlorientierte Institution*. Dessen Funktionalisierung durch Kapitalinteressen, beispielsweise in der Forschungs- und Technologiepolitik (Trautwein 1978, S. 706 ff.), ist dem stärker wirkenden Einfluß/Machtpotential der Unternehmer zuzuschreiben. Ausbau und Verstärkung gewerkschaftlicher Gegenmacht in Form von Besetzung einflußrelevanter Institutionen hinwiederum ermöglicht dann eine, die Interessen von Kapital und Arbeit positiv ausgleichende, vorausschauende sozialadäquate Struktur- oder Tech-

nologiepolitik. Auch im Staatsverständnis deutscher Gewerkschaften spielt die radikale marxistische Alternative einer von kapitalistischen Gesetzmäßigkeiten durchsetzten und durchdrungenen Staatsstruktur, die es nicht zu beeinflussen, sondern gemeinsam mit der kapitalistischen Produktionsweise zu transformieren gelte (Basso 1975; Poulantzas 1978), kaum eine Rolle.[26]

Deshalb führen die von den Gewerkschaften nicht bestrittenen negativen Erfahrungen seit der Weltwirtschaftskrise nicht zur radikalen Infragestellung des dieser Entwicklung zugrunde liegenden kapitalistischen Akkumulationsmodells, sondern zum Bemühen um den Ausbau kooperativer, gewerkschaftlichen Einfluß sichernder und verstärkender Institutionen. An diesem Punkt treffen sich Gewerkschaften und liberale/sozialdemokratische Gesellschaftstheorie. Die Vernachlässigung dieses theoretischen Selbstverständnisses begründet meiner Ansicht nach, neben der ungenügenden Analyse der konkreten Gewerkschaftspolitik, die Illusionen bzw. Befürchtungen linker wie rechter Gewerkschaftskritiker. Warum freilich dieses Selbstverständnis trotz zunehmender Krisenerfahrung und der Auflösung traditioneller reformistischer/wirtschaftsdemokratischer Fixierungen stabil bleibt, will ich im letzten Kapitel zu klären versuchen.

5. Arbeiterbewußtsein und Arbeiterverhalten während der Krise

Das bisher präsentierte empirische Material behandelt *vorrangig* die Politik von Gewerkschaftsvorständen, Streikleitungen oder Betriebsräten. Das Verhalten der eigentlichen Basis, der Lohnabhängigen selbst, wird nur sporadisch einbezogen. Dabei konnten allerdings bereits typische Verhaltensweisen festgestellt werden: gesteigerte Angst um den eigenen Arbeitsplatz mit der Folge zunehmender Konkurrenz untereinander, individualisierte Schuldzuweisungen an die Entlassenen, Ausländerfeind-

lichkeit, Zustimmung zur Krisenabwälzung auf Alte, Frauen oder Jugendliche, resignative Hinnahme der Krisenfolgen, schließlich geringe Partizipation und passive Identifikation mit Betriebsrat oder Gewerkschaft bei Streiks.
Um nicht den Eindruck entstehen zu lassen, kooperativ angepaßte Gewerkschaftsfunktionäre auf unterschiedlichen Hierarchiestufen dominierten (manipulierten) eine an sich militante, konfliktorientierte, kooperationsfeindliche Gewerkschaftsbasis, will ich Arbeiterbewußtsein und Arbeiterverhalten in der Bundesrepublik etwas genauer untersuchen. Dabei deuten die oben resümierten Verhaltensweisen wie auch die Ergebnisse unserer eigenen Stahlstudie bereits auf die These hin, daß sich kooperativ-pragmatischer Gewerkschaftsapparat und individualistisch-pragmatische Gewerkschaftsbasis wechselseitig durchdringen und diese »Dialektik« eine wichtige Ursache für die Stabilität korporatistischen Gewerkschaftsverhaltens in der Bundesrepublik darstellt.
Bevor ich diese These mit den vorliegenden Studien zum Arbeiterbewußtsein/-verhalten in der Bundesrepublik konfrontiere, sind freilich einige Vorbemerkungen notwendig.
Auf keinem Gebiet der empirischen Sozialforschung herrscht derzeit eine so große *theoretische wie methodische Unsicherheit* wie bei der Analyse von Konstitutionsbedingungen und Bestimmungsgründen für Arbeiterbewußtsein und -verhalten.

»Zusammenfassend kann man sagen, daß sich beim gegenwärtigen Stand der theoretischen Diskussion und empirischen Forschung erst zögernd ein Konsens über die für die Erschließung der inhaltlichen Struktur und Konstitutionsbedingungen von Arbeiterbewußtsein und dessen Handlungspotential relevanten Dimensionen und Variablen auszubilden beginnt. Die verschiedenen theoretischen Konzeptionen und die mehr oder weniger stringent an sie anschließenden empirischen Untersuchungen unterscheiden sich erheblich hinsichtlich der für zentral gehaltenen allgemeinen und besonderen Bestimmungsgründe der inner- und außerbetrieblichen objektiven Situation von Arbeitern (bzw. spezifischer Kategorien von Arbeitern), der durch diese vermittelten ›typischen‹ oder ›wesentlichen‹ individuellen und kollektiven Erfahrungen, der für

Arbeiterbewußtsein zentralen Kategorien und Dimensionen der Wahrnehmung und Interpretation ihrer Arbeits- und Lebenswelt, der Bedeutung vorgängiger, subkulturell variierender Sozialisationsprozesse und der für die Umsetzung von ›Bewußtsein‹ in soziales Handeln relevanten intervenierenden Variablen. Große Unterschiede bestehen auch in bezug auf die Unterscheidung ›wesentlicher‹ von ›affizierenden‹ Merkmalen des Konstitutionsprozesses von Arbeiterbewußtsein« (Kudera u. a. 1979, S. 13).

Inzwischen hat allerdings *Voß* (1980) zumindest eine systematische Zusammenfassung der verschiedenen typischen Erklärungsweisen des gesellschaftlichen Arbeiterbewußtseins vorgelegt, so daß die erste Voraussetzung »für die Entwicklung einer stärker integrierten und damit kumulativen Forschung« (Kudera, S. 13) vorzuliegen scheint.
Neben der Auseinandersetzung um die theoretische Konzeptualisierung und Erklärungskraft zahlreicher Bewußtseinsstudien rückt immer mehr auch die Problematisierung der methodischen Instrumente, insbesondere des längere Zeit vorherrschenden standardisierten Interviews, in den Vordergrund. Inzwischen scheint insoweit Konsens zu herrschen, daß beim standardisierten Interview »die Asymmetrie im Verhältnis von Interviewer und Befragtem, die in der Erhebungssituation normative Dominanz kategorialer Vorgaben des Wissenschaftlers gegenüber genuinen Strukturierungsmustern und Interpretationsfiguren der befragten Arbeiter ... zu einer systematischen Verzerrung der Befragungsergebnisse« (ebenda, S. 12 f.) führten. Außerdem ist bei dieser Methode die Differenz zwischen Einstellung und Aktivität nicht in den Griff zu bekommen. Aus diesen Gründen haben sich immer mehr *qualitative* Befragungsmethoden durchgesetzt, »die dem Interviewpartner einen größeren Spielraum für die Artikulation von Vorstellungen und Empfindungen in seiner eigenen Sprache einräumen« (ebenda).
Drei Varianten stehen im Vordergrund:
Einmal das durch einen groben, nur als Checkliste für den Interviewer gedachten Leitfaden aufgebaute qualitative, mehrstündige *»Tiefen-Interview«*. Hier kann der befragte Arbeiter

selbst initiativ werden und eigene Überlegungen, Vorstellungen, Interpretationsweisen bestimmter Begriffe einbringen. Außerdem soll der Interviewer durch Nachfragen und Konfrontation mit zusätzlichen, zum Teil gegenläufigen Argumenten den Partner immer wieder dazu zwingen, in seinen eigenen Worten seine Sicht, seine Probleme und seine Logik von Zusammenhängen darzustellen.
Dann die *soziographische* Methode (Osterland 1973; Fuchs 1980). Diese, obwohl sehr zeitaufwendig und für Wissenschaftler wie Interviewpartner gleichermaßen mühsam, knüpft an der unmittelbaren persönlichen Erfahrung an und versucht, Bewußtsein als Ausdruck eines *komplexen Lebenszusammenhangs* in *historischer* Dimension zu erfassen.
Schließlich die *mehrjährige teilnehmende Beobachtung*. Diese hat *Lichte* (1978) beim Stillegungsprozeß eines Röhrenwerks angewandt. Als aktiv am Arbeitsprozeß Beteiligter konnte er die Arbeiter über einen längeren Zeitraum in ihrem betrieblichen Handeln beobachten und analysieren.
Wenngleich dem traditionellen Fragebogen in der adäquaten Erfassung von Bewußtseinsstrukturen überlegen, sind bei diesen drei Varianten die Probleme von Vergleich- und Kontrollierbarkeit nicht gelöst (Hartmann 1978). Es ist allerdings nicht sinnvoll, wegen dieses Mangels auf einem rein formalen Methodenstandpunkt bei einem Gegenstand zu beharren, der sich diesem verschließt. Trotz verbleibender Vergleich- und Kontrollierbarkeitsprobleme spricht der erzielbare Erkenntnisgewinn für die qualitativen Methoden.
In dieser Arbeit kann eine vertiefte Diskussion von Theorie und Methode der Arbeiterbefragung nicht geleistet werden. Vielmehr sollen die – trotz aller Differenzen im einzelnen – von allen Positionen *gemeinsam* konstatierten *Grundzüge von Arbeiterbewußtsein und -verhalten* in der Bundesrepublik zusammengefaßt werden. Allerdings verdeutlichen die benannten theoretischen und methodischen Schwächen die Vorläufigkeit der Ergebnisse.
Entgegen der weitverbreiteten These von einer »Verbürgerli-

chung der Arbeiterklasse« aufgrund ständig steigenden Lebensstandards zeigten *Popitz u. a.* (1957) sowie *Kern/Schumann* (1970), daß sich die deutschen Arbeiter in ihrer Mehrzahl in der Gesellschaft *unten* einordnen und *strukturell benachteiligt* fühlen. Dies gilt unabhängig davon, ob sie die Gesellschaftsstruktur als »dichotomisch« oder »hierarchisch« charakterisieren, d. h. sich selbst ganz unten oder oberhalb einer durch materielles Elend definierten »Unterschicht« ansiedeln. Ebenso sprechen das kollektiv vorhandene Gefühl der Unsicherheit gegenüber der eigenen ökonomischen Zukunft und die Angst vor Arbeitslosigkeit – unabhängig davon, ob der einzelne Arbeiter selbst Arbeitslosigkeit oder gesellschaftlichen Abstieg erfahren hat oder nicht – gegen die Verbürgerlichungstendenz. Hinzu kommen die Gewißheit von der eigenen Arbeit als unattraktiver, repressiver Tätigkeit sowie die Einsicht, eine die gesamten Lebensverhältnisse bestimmende Lohnarbeit zu verrichten (Herkommer u. a. 1979, S. 53 f.). Andererseits ist das Bewußtsein der Arbeiter freilich auch von der Erfahrung geprägt, daß sich die eigenen Lebensbedingungen im Laufe der bundesrepublikanischen Geschichte entscheidend verbessert haben – und zwar nicht nur beim Einkommen, sondern auch bei der Arbeitszeit sowie den Bildungsmöglichkeiten und -einrichtungen für sich selbst und die eigenen Kinder. Das Nebeneinander beider Komponenten hat in der Literatur dazu geführt, das Arbeiterbewußtsein als *widersprüchlich* zu charakterisieren.

Die Erfahrung, sich »unten« einigermaßen »einrichten« zu können, sowie der Verzicht von Gewerkschaften und Sozialdemokratie, klassenspezifische, antikapitalistisch/sozialistische Deutungsmuster der gesellschaftlichen Lage zu vermitteln, verstärkten die zweite Komponente, so daß die »Arbeiter ihre gesamte Situation im wesentlichen aus ihren unmittelbaren Arbeits- und Lebensbedingungen interpretieren« (Schumann/Wittemann 1977, S. 70). Die Dimensionen dieser Situationseinschätzung sind im einzelnen:

– Eine *»instrumentelle« Arbeitseinstellung,* die *Goldthorpe u. a.* (1968) auch für den britischen »Affluent Worker« festgestellt hatten (der ebenfalls nicht als verbürgerlicht gelten kann). Demnach verhalten sich die Arbeiter zum Inhalt ihrer Arbeit, die sie als unattraktiv, »Plackerei«, »Maloche« empfinden, relativ gleichgültig; sie ist lediglich *Mittel zum Zweck* eines angemessenen Lohnes und der zufriedenstellenden Gestaltung der eigenen (Familien-)Freizeit. *Kudera u. a.* weisen darauf hin, daß es sich bei der Arbeits- und Lohnorientierung der Arbeiter allerdings um einen *»gebrochenen«* Instrumentalismus handelt:

»Der gebrochene Instrumentalismus ist Resultat des Zwangs, sich einerseits instrumentell auf die vorgegebenen Reproduktionsbedingungen beziehen zu müssen, sich andererseits wegen der Spezifika des Mittels Lohnarbeit nicht durchgängig instrumentell verhalten zu können. Entscheidend für die Gebrochenheit der instrumentellen Orientierung ist, daß sich das dem Instrumentalismus zugrundeliegende Zweck-Mittel-Kalkül beim Versuch, es strikt durchzuhalten, gegen die Arbeiter selbst kehrt: sowohl in dem widersprüchlichen Zusammenhang zwischen Leistung, Lohn und Verschleiß, in der Leistungskonkurrenz der Arbeiter untereinander, durch die die Leistungs-Lohn-Schraube angezogen wird und der Verschleiß überproportional zunimmt, als auch in der Konkurrenz mit dem Unternehmer, dessen Gewinninteresse nicht nur als entgegengesetztes und als Schranke des eigenen erfahren wird, sondern das auch als Voraussetzung zu akzeptieren ist, ist doch die Rentabilität des Kapitals Bedingung für die Verwirklichung des eigenen Interesses ... Weder ungetrübte Gleichgültigkeit noch ungebrochene Identifikation mit dem Arbeitsinhalt lassen sich empirisch als arbeitsinhaltliche Bezugsweise ›rein‹ konstatieren. Alle Formen sind beeinträchtigt oder maßgeblich bestimmt durch die Unterwerfung und die Forderung, in der Arbeit die eigenen Fähigkeiten gemäß fremdem Willen einzusetzen« (S. 118 f.).

Insgesamt bedarf die instrumentelle Einstellung der Arbeiter noch genauerer und differenzierterer empirischer Untersuchungen; denn dahinter

»können sich die unterschiedlichsten Haltungen verbergen: völlige Apathie als Folge der Resignation, das Bemühen, sich gegenüber dem unmittelbaren Leiden an den konkreten Arbeitsbedingungen zu schützen, der gezielte Versuch der Distanzierung als Abwehrmechanismus gegenüber den subjektiven Auswirkungen möglicher Um- und Freisetzungen als Voraussetzung subjektiver Mobilitätsfähigkeit, die bewußte Relativierung einzelner Arbeitstätigkeiten angesichts des übergeordneten Ziels der Überführung der Produktion in die gesellschaftliche Verfügung etc.« (H. Osterkamp 1980, S. 19; ähnlich Osterland 1975).

– Das *Leistungsprinzip* hat »ungeachtet seiner geringen faktischen Relevanz Gültigkeit für Bezahlung und beruflichen Aufstieg« (Herding/Kirchlechner 1979, S. 111). Sowohl für das eigene berufliche Fortkommen, die Differenzierung der Lohnarbeit nach unterschiedlichen Lohngruppen als auch bei der Aufhebung der Arbeiterexistenz durch vermehrte Bildungschancen für sich oder die Kinder werden die bürgerlichen Leistungskriterien als objektiv, d. h. für alle verbindlich, anerkannt. Auch die gemeinsame Konkurrenz um höhere Löhne oder bessere Arbeitsbedingungen erfolgt »unter legitimatorischem Rekurs auf die Leistung« (Kudera u. a., S. 121).

– Dominante Leistungsorientierung sowie instrumentelle Arbeitseinstellung haben für das Arbeiterbewußtsein zweierlei Konsequenzen: einmal führen durch unterschiedlichen technologischen und arbeitsorganisatorischen Wandel bedingte objektive Differenzierungen der Arbeitsbedingungen (Unterschiede bei Entlohnung, Belastung und Qualifikation) zu *relevanten Bewußtseinsdifferenzen* zwischen Fach-, an- und ungelernten Arbeitern, Frauen oder Ausländern. Während Facharbeiter ihr Interesse an Differenzierung und Abgrenzung nach unten deutlich aussprechen, benutzen die Benachteiligten das Egalisierungsargument häufig nur, um die Verbesserung der eigenen Situation zu legitimieren (Herding/Kirchlechner, S. 300). Daß die Forderungen benachteiligter Gruppen nicht die Unterstützung der traditionell kampfstarken Facharbeiter und der betrieblichen Interessenvertretungen finden, wurde besonders deutlich bei der Ablehnung der Streiks ausländischer Arbeitnehmer 1973, der mangelnden Unterstützung linearer Lohnerhöhungen sowie der faktischen Hinnahme von hohen Eingruppierungs- und Lohnunterschieden zwischen Männern und Frauen. Schließlich: 1976 sprachen sich 49% der Facharbeiter und 54%

der an- und ungelernten Arbeiter dafür aus, in der schwierigen Wirtschaftslage die ausländischen Arbeitnehmer nach Hause zu schicken; und 92% der Bevölkerung stimmten einem Anwerbestopp für ausländische Arbeitnehmer von außerhalb der EG zu (Gewerkschaftsbarometer 1976, S. 14; ebenso Bierbaum u. a. 1976). Zum zweiten erzeugt die Erfahrung des *Nicht-Gelingens individuellen Aufstiegs* auch das Gefühl *selbstverschuldeten Versagens* (Kern/Schumann 1970). Beides zusammen: individuelle Leistungsorientierung sowie Gefühl selbstverschuldeten Versagens, bewirken, da keine entgegenwirkenden Klassendeutungsmuster vermittelt werden, den weiteren *Abbau* kollektiv erfahrener Solidarität und verstärken den Trend zur *Individualisierung*.

– Im Anschluß an die Septemberstreiks von 1969 durchgeführte Untersuchungen (Schumann u. a. 1971; Bergmann 1972; Eckart u. a. 1975; Herding/Kirchlechner 1979) haben ergeben, daß die Erfahrung materieller Besserstellung eine *verfestigte Anspruchshaltung* bei der Mehrzahl der Arbeiter bewirkt hat. Diesen Anspruch sind sie dann bereit, auch durch spontane Streiks einzuklagen, wenn sie sich trotz günstiger Konjunkturentwicklung benachteiligt fühlen. *Herding/Kirchlechner* haben dies »Anspruch auf einen dynamisierten Status quo« genannt:

»Weder werden die ökonomischen Ansprüche nur auf Bedarfskriterien gegründet, noch orientieren sich die Lohnarbeiter bloß rückwärts gewandt an den Preisen. Lohnsteigerung im Maßstab des Gewinns der Unternehmen ist die am weitesten verbreitete Forderung« (S. 292).

Freilich richteten sich die spontanen Kämpfe 1969 und 1973 nicht *gegen* die Gewerkschaften, wie häufig vermutet wurde. Deren Bindung an Tarifverträge und Friedenspflicht wurde akzeptiert, sollte jedoch durch diese Aktionen für die konkrete Situation außer Kraft gesetzt werden – eine prinzipielle Kritik an lohnpolitischer Kooperation oder Legalismus der Gewerkschaften blieb auf Randgruppen beschränkt. Die Bereitschaft der Lohnarbeiter, für als *berechtigt,* d. h. im Rahmen der ökonomischen Entwicklung ihres Betriebes, der Branche oder der

Gesamtwirtschaft als realisierbar angesehene Forderungen zu streiken, ist sehr groß.

»Voraussetzung für die Mehrheit ist dabei eindeutig der gewerkschaftliche Schutz. Nur – allerdings beachtenswerte – Minderheiten der politisierten und benachteiligten Arbeiter sind auch bereit, gegen das ausdrückliche Votum der Gewerkschaften zu streiken. Die meisten Lohnarbeiter kalkulieren, so scheint es, sehr realistisch, ob sich ein Streik ›lohnt‹« (Herding/Kirchlechner, S. 293; ebenso Kudera u. a., S. 262 ff.).

Diese Ergebnisse weisen bereits darauf hin, daß die Ansprüche nicht nur wachsen können, sondern tendenziell rücknehmbar sind, wenn es die ökonomische Lage (und deren Interpretation durch die Gewerkschaft) erfordert – eine Folgerung, die durch die disziplinierte Hinnahme der Lohnstagnation seit der Krise 1974/75 bestätigt wird.
– Die überwiegende Mehrheit der Erwerbstätigen (1979: 80%) hält die Gewerkschaften für notwendig, auch wenn nur rund 34% in einer DGB-Gewerkschaft organisiert sind (Gewerkschaftsbarometer 1979). Auch die Mitgliederzahl steigt nach einem Rückgang bis Ende der sechziger Jahre seit 1970 sowohl absolut (1970 6,7 Millionen; 1979 7,8 Millionen) als auch in Hinsicht auf den Organisationsgrad (1970 30%; 1979 34,3%) kontinuierlich an. Diese positive Einschätzung der Gewerkschaften resultiert freilich nicht aus einem kollektiven Solidaritätsgefühl oder gar antikapitalistischem Politisierungsanspruch, sondern aus einer ebenfalls *instrumentellen*, den Nutzen der Organisation für Lohn- und Arbeitsplatzsicherheit in den Vordergrund stellenden Verhaltensorientierung. Die individuelle Kosten-Nutzen-Kalkulation entscheidet offenbar auch darüber, ob die prinzipiell positive Gewerkschaftseinschätzung zur Mitgliedschaft führt oder nicht. Und der Mitgliederanstieg seit Beginn der siebziger Jahre ist wohl darauf zurückzuführen, daß die Zeiten reibungs- und konfliktlosen Prosperitätsanstiegs vorbei sind und gewerkschaftlicher Schutz in Zeiten höherer Arbeitslosigkeit und häufigerer Arbeitskämpfe wieder attrakti-

ver geworden ist. Dieses Kalkül scheint auch – ersten Untersuchungsergebnissen von *Kudera* u. a. 1979b zufolge – die zunehmende Bereitschaft der Angestellten zu bestimmen, sich vom traditionellen Loyalitätsgefühl gegenüber Betrieb und Vorgesetzten und individueller Aufstiegserwartung zu lösen und den Schutz der kollektiven gewerkschaftlichen Interessenvertretung zu suchen.

Eine *Politisierung* der Gewerkschaften (Einmischung in die »große« Politik) wird von der Mehrheit der Erwerbstätigen und der Gewerkschaftsmitglieder abgelehnt. Vielmehr sollten sich diese auf die Vertretung der unmittelbaren Interessen der Lohnabhängigen konzentrieren (Gewerkschaftsbarometer 1979; Herding/Kirchlechner, S. 249).

– Letzteres schließt freilich nicht aus, daß die Lohnabhängigen sich nicht der zunehmenden staatlichen Eingriffe in den Wirtschaftsablauf bewußt wären. Als wichtigste Aufgabe der staatlichen Politik gilt, daß sie »stabile und möglichst prosperierende wirtschaftliche Verhältnisse sichern soll« (Herding/Kirchlechner, S. 249), weit vor ordnungs- oder sozialpolitischen Aufgaben. Allerdings entspricht dieser wiederum vorherrschenden *instrumentellen Erwartungshaltung gegenüber dem Staat* kaum ein ausgeprägtes *Vertrauen* in die staatliche *Leistungsfähigkeit*. Staatsfixiert (Zeuner 1976) sind eher die Gewerkschaftsführungen als die Arbeitnehmer selbst. Diese schätzen die Staatstätigkeit für ihre eigenen Interessen eher skeptisch ein und lokalisieren den

»eigentlichen gesellschaftlichen Kampf um die Verteilung des Sozialprodukts ... nach wie vor in den unmittelbaren Auseinandersetzungen zwischen Kapital und Arbeit: dem Staat werden demgegenüber periphere Regulationsfunktionen zugebilligt« (Baethge/Schumann 1975, S. 62).

Damit erledigt sich auch die von politischen Krisentheoretikern vorausgesagte Legitimationskrise, die aus der mit nichterfüllbaren Steuerungsleistungen des Staates verbundenen Gefährdung der Massenloyalität resultieren soll (Offe 1972; Habermas 1973). Illusionen über Demokratie und soziale Gleichheit bzw.

die Beeinflußbarkeit staatlicher Politik durch die Lohnabhängigen sind ebenfall wenig verbreitet.

»Wahrnehmung und Kritik sozialer Ungleichheit und das Bewußtsein eingeschränkter Beteiligungschancen im Bereich der Politik gehen in der Regel zusammen mit affirmativen Stellungnahmen zu den bestehenden sozialen und politischen Verhältnissen, weil man sein Auskommen hat und, so unsere Vermutung, weil es keine realisierbare Alternative gibt« (Herding/Kirchlechner, S. 265).

Zusammengefaßt:

»Die Lage der Arbeiter ist, so wie sie selber es sehen, charakterisiert durch ein Arrangement mit dem Status quo, dessen Ziel es ist, unter den gegebenen Bedingungen der eigenen Existenz das Niveau zu sichern, das gegenüber früher erreicht worden ist. Man hofft zwar überwiegend, auf dem Wege von Reformen die eigene gesellschaftliche Situation für die Zukunft verbessern zu können, ist jedoch gleichzeitig gegenüber den konkreten Möglichkeiten skeptisch. Mit der bestehenden gesellschaftlichen und politischen Ordnung hat man sich abgefunden, weil man weder realiter eine erstrebenswerte Alternative sieht noch aus einer gesellschaftlichen Utopie Vorstellungen für eine verändernde Praxis zu gewinnen vermag. Interessenpolitik wird von den aktuellen Problemen her bestimmt, nicht von einer Idee möglicher gesellschaftlicher Veränderungen. Anstelle einheitlicher ›theoretischer‹ Perspektiven, die es erlauben würden, Systemzusammenhänge zu identifizieren und auf die eigene Interessenlage zu beziehen, findet sich eine durch den unmittelbar erfahrenen Interessengegensatz zwischen Arbeit und Kapital bestimmte, skeptisch bis resignativ gebrochene pragmatische Orientierung, nicht nur gegenüber den Bedingungen der eigenen Arbeit und Reproduktion, sondern gegenüber dem gesamten gesellschaftlichen System und seinen politischen Institutionen. Gewerkschaften, Parteien, Staat werden als Mittel zum Zweck der den Umständen nach bestmöglichen Realisierung eines Interesses gesehen: des Interesses an angemessener Reproduktion; freilich als Mittel, deren Tauglichkeit selber angezweifelt wird. Insofern zeigt sich keine Integration in Form einer affirmativen Identifikation, sondern einzig ein pragmatisches Einverständnis mit dem vorgefundenen und mit eigenen Mitteln kaum für veränderbar gehaltenen gesellschaftlichen und politischen System« (Kudera u. a., S. 373).

Die *Krisenerfahrungen seit Mitte der siebziger Jahre* haben ersten Untersuchungen zufolge an dieser Grundhaltung nichts geändert. Allerdings ist eine *Verstärkung* der Ungewißheit über die eigene ökonomische Lage und hier vor allem über die Sicherheit des eigenen Arbeitsplatzes feststellbar. *Bierbaum u. a.* (1977) konstatieren in ihrer im Herbst 1975 durchgeführten Befragung in der *Berliner Maschinenbau- und Elektroindustrie* sowie bei *öffentlichen Unternehmen* zunehmende Verunsicherung; gleichzeitig jedoch die Hoffnung, daß die Krise bald überwunden werde und der soziale Status quo gesichert bleibe. Letzteres reflektiert ziemlich genau die zu dieser Zeit von den Gewerkschaften und sozialliberaler Regierung vertretenen Statements. Andererseits reaktivieren die Lohnabhängigen bürgerliche Wertvorstellungen und Vorurteile wie verstärktes Festhalten an persönlicher Leistung, Sparsamkeit, Sicherheit und Ordnung, gepaart mit teilweise konservativ/reaktionären Komponenten wie Reformfeindlichkeit (»zurück zu den alten Verhältnissen«), Rauswurf der Ausländer, Ruf nach dem »starken Mann«. Dies hinwiederum weist darauf hin, daß bei erschütterter sozialer und ökonomischer Stabilität und damit verbundenem erhöhten Interpretations- und Verhaltensdruck konservative bis reaktionäre Deutungs- und Lösungsansätze dann an Gewicht gewinnen, wenn Gewerkschaften oder SPD darauf verzichten, die Krise als Ausdruck der Bewegungsgesetze kapitalistischer Weltwirtschaft zu vermitteln und dementsprechende Lösungsstrategien vorzuschlagen (Schumann 1979).
Die optimistische These von *Bierbaum u. a.* freilich lautet, daß diese konservative Wertorientierung lediglich als *Durchgangsstadium* zu realistischerer Betrachtung der bestehenden gesellschaftlichen Verhältnisse und zu fortschreitendem Abbau von Illusionen zu charakterisieren sei. Dies glauben sie durch eine 1978 abgeschlossene Untersuchung bei Industriearbeitern im *metallverarbeitenden* und *chemischen Bereich* (Methode: Gruppendiskussion) bestätigt zu finden. Demnach wird von den Befragten verstärkt
»Selbstkritik an dem eigenen und dem gewerkschaftlichen Handeln

geübt, und diese Kritik geht einher mit dem Bewußtsein, in größerem Maße als früher selbst tätig werden zu müssen. Denn im Bewußtsein der Lohnabhängigen sind die verschlechterten Bedingungen, die sie heute vorfinden, auch das Resultat eigener Versäumnisse. Auch wenn alle Fortschritte in der Vergangenheit wesentlich auf der Stärke der gewerkschaftlichen Organisation beruhten, so zeigt sich jetzt doch für die Lohnabhängigen, daß weder ihre Bewußtheit noch ihre Aktivität ausgereicht haben, um unter den veränderten Umständen Fortschritte für sich selbst zu erzielen. Was sie daran gehindert hat und hindert, ihre gemeinsame Macht als Gewerkschaft selbst voll einzusetzen, nennen sie selbst: Es ist die Gleichgültigkeit gegenüber den Lebensverhältnissen der Kollegen, solange die eigene Kasse stimmt, der Egoismus der vielen ›Einzelkämpfer‹, die hinter dem Geld herjagen, die selbstbestärkte Grenzziehung und Spaltung, zum Beispiel zwischen Arbeitern und Angestellten, die mangelnde Aktivität und das Desinteresse gegenüber der Gewerkschaftsarbeit« (Herkommer u. a. 1979a, S. 717).

Nach Ansicht der Autoren führt diese Selbstkritik zur Einsicht, daß gemeinsame Aktionen durchgeführt werden müßten und mehr als bisher die gewerkschaftliche Organisation unterstützt werden sollte. Andererseits werden Zweifel laut, »ob sich tatsächlich etwas ändert; das Bewußtsein, daß Selbsttätigkeit mehr denn je notwendig ist, enthält auch die Unsicherheit, wie und in welcher Richtung man denn aktiv werden soll« (ebenda, S. 718).

Wenn diese Analyse immerhin zunehmende Konflikt- und Kampfbereitschaft der Lohnabhängigen sowie deren steigenden gewerkschaftlichen Organisationsgrad feststellen kann, bleiben die daraus abgeleiteten Überlegungen einer veränderten Rolle der Gewerkschaften bei der Durchsetzung gesellschaftlicher Reformen oder gar der Hinwendung zu autonomer, von Staat und Sozialdemokratie sich lösender Politik höchst fragwürdig. Sie resultieren eher aus dem theoretischen (ökonomistischen) Vorverständnis der Autoren, wonach ökonomische Krisen längerfristig *notwendigerweise* Lernprozesse bei Basis und Apparat bewirken (Durchgangsstufe) und die Aktivierung der gewerkschaftlichen Basis sowie verstärkte Selbstaktivität und Selbstkritik automatisch zu einer Veränderung der gewerkschaftlichen

Willensbildung und zu neuen gesellschaftspolitischen Anstrengungen führen. Die empirischen Belege für diese These sind eher dürftig: angeführt werden das »Beschäftigungspolitische Programm des DGB von 1977« sowie die intensiver gewordene innergewerkschaftliche Diskussion über Arbeitsmarkt- und Sozialpolitik. Nun mögen zwar solche Diskussionen auf eine erhöhte Konfliktbereitschaft, aber nicht notwendigerweise auf eine Ablösung des Modells der »konfliktorischen« Kooperation hinweisen – eher auf deren Ausbau über Mitbestimmung und Investitionslenkung, was neben den Ergebnissen der Fallstudienauswertung auch das angeführte beschäftigungspolitische Programm des DGB nahelegt. Außerdem bestätigen die Autoren selbst, daß weiterhin eine individualistische Grundhaltung bei den Arbeitern vorherrscht, daß syndikalistische und kooperative Spaltungstendenzen zunehmen und insgesamt Unsicherheit sowie Plan- und Perspektivlosigkeit über den weiteren Weg dominierend sind. Den Mangel an alternativen gesellschaftlichen Deutungsmustern sowie an alternativen, antikapitalistischen Lösungsvorschlägen für die Krise können auch *Herkommer u. a.* nicht leugnen. Während solche aber der individualisierten und verunsicherten Basis in einem längeren Prozeß vermittelt werden müßten, damit die von *Herkommer u. a.* prognostizierten Entwicklungen eintreten könnten, bewirkt die faktische Kooperationsbereitschaft der Gewerkschaften eher das Gegenteil: eine Verfestigung bestehender individueller und gesellschaftlicher Deutungsmuster und damit verbunden eine Verfestigung individueller Leistungsorientierung sowie zunehmender Konkurrenz um die verbleibenden Arbeitsplätze.

Dies bestätigen unsere eigenen Erfahrungen mit saarländischen Stahlarbeitern, ebenso die Untersuchungen von *Schumann u. a.* (1977) über die Situation von Werftarbeitern seit der Strukturkrise dieser Branche, die Befragung von Industriearbeitern in unterschiedlichen Branchen, die *Deppe* (1980) 1976 durchführte, sowie vorherrschende Bewußtseinsorientierung Jugendlicher eines chemischen Großbetriebs (von Heiseler 1978 a und

b). Dies bestätigen schließlich auch die Fallstudien *Dombois'* und *Lichtes* (vgl. Kapitel III. 2.1; 2.3; 2.4).
– Daß die Krise der *Werftindustrie* erhebliche Beschäftigungsprobleme für ganze Regionen aufwirft und eine große Zahl von Arbeitsplätzen, ja sogar ganze Betriebe gefährdet, habe ich bereits ausgeführt. *Schumann u. a.* versuchen herauszufinden, wie die Krisensituation von den Werftarbeitern wahrgenommen und interpretiert wird und inwieweit sich die Krise auf die innerbetriebliche Interessendefinition und -wahrnehmung auswirkt. Obwohl die untersuchte Werft zum Zeitpunkt der Befragung noch ausgelastet war und krisenbedingte Entlassungen nicht vorgenommen worden waren, weiß nahezu jeder Arbeiter, daß eine Krisensituation besteht.

»Die Erklärungen für die Krisensituation sind allerdings von unterschiedlicher Reichweite: während generell die Krise auf die starke internationale Konkurrenz, insbesondere durch die japanischen Werften, zurückgeführt wird, verweisen weiterreichende Interpretationen auf die Krise auf dem Tankermarkt (›Ölkrise‹) oder auf gleichsam naturwüchsig entstehende Überkapazitäten oder Überproduktionen. Das Wirtschaftssystem als Krisenursache bleibt dabei allerdings unbenannt. Gleichzeitig fehlt es völlig an Vorstellungen, wie eine Bewältigung der Krise aussehen könnte ... Entsprechend dieser Einschätzung von Krisen als einem geradezu unentrinnbaren Schicksal hat man auch für die eigene Werft nur die vage Hoffnung, daß sie auch ›diesmal‹ irgendwie durchkommt. Da die Arbeiter auch bei der Geschäftsleitung das Interesse vermuten, die Werft durch die Krise zu bringen, sehen sie sich in dieser Frage mit dem betrieblichen Management durchaus im vielzitierten ›einen Boot‹, d. h., es gibt kaum grundsätzliche Kritik oder Schuldvorwürfe an die Adresse der Geschäftsleitung.
Nach Lösungswegen gefragt, herrscht die Meinung vor, Betriebsrat und Gewerkschaft hätten kaum Möglichkeiten, einen eigenständigen wirkungsvollen Beitrag zur Krisenbewältigung zu leisten. Am ehesten sieht man noch beim Staat eine gewisse Handlungsfähigkeit, die von Subventionierung bis hin zur Verstaatlichung reicht, doch ohne daß sich bisher eine militante Anspruchshaltung auf eine solche staatliche Hilfeleistung herausgebildet hätte. Die Zwangsläufigkeit der Krise und ihre möglichen oder sogar als wahrscheinlich angesehenen Konsequenzen –

Entlassungen größeren Stils und damit verbunden längere Arbeitslosigkeit – werden keineswegs verdrängt, sondern deutlich gesehen (was beim einzelnen nicht die Hoffnung ausschließt, zumindest nicht zu den ersten Betroffenen zu gehören), aber es entstehen aus dieser Einsicht – jedenfalls bisher – nicht einmal Überlegungen, wie z. B. mit kollektiven Aktionen wenigstens den Entlassungen entgegengetreten werden könnte...
Diesem Gefühl der Ohnmacht entspricht die allgemeine objektive Schwierigkeit, in Krisensituationen wirksame Maßnahmen gegen die drohende Arbeitslosigkeit zu entwickeln – eine Handlungsblockade, der gegenwärtig die Arbeiterbewegung insgesamt unterliegt. Dies Bewußtsein, den Krisenfolgen wehrlos ausgeliefert zu sein, wird aber auch nicht dadurch kompensiert, daß die Arbeiter individuelle Lösungsmöglichkeiten für sich sehen oder gar vorziehen würden; vielmehr sind eher Perspektiv- und Planlosigkeit vorherrschend, und dies, obwohl bei den meisten die Vorstellung von Arbeitslosigkeit – trotz von ihnen durchaus anerkannter sozialer Absicherung – eher deprimierend wirkt und den Charakter persönlichen Unglücks nur wenig eingebüßt hat« (Schumann/Wittemann 1977, S. 72 f.).

Bestätigt dieser Befund die These vom vorherrschenden kollektiven Angstgefühl, so führt dieses gleichwohl nicht zu einer »vertieften Einsicht in die gesellschaftlichen Zusammenhänge und die Ursachen der Krise« oder gar der »Perspektive einer gemeinsamen Gegenwehr« (ebenda). Vielmehr reagieren die einzelnen Arbeiter mit der

»Bereitschaft, sich verstärkt betrieblichen Normen und dem Druck der Hierarchie widerspruchslos unterzuordnen bis hin zur bewußten Konkurrenz der Arbeiter untereinander. In der Hoffnung, überhaupt einen Arbeitsplatz auf der Werft zu behalten, ist ein Teil der Arbeiter letztlich sogar zu einer extremen Reduktion beruflicher und finanzieller Ansprüche bereit: selbst der vorübergehende Wechsel vom Facharbeiter zum Hofkehrer wird nicht völlig ausgeschlossen. Auch das Argument der Geschäftsleitung, besonders in dieser Situation sei Rationalisierung unumgänglich, um die Existenz des Betriebes zu retten, scheint unter dem Eindruck der Auswegslosigkeit aus der Krise eine gewisse Plausibilität zu gewinnen« (ebenda).

Obwohl – so folgern die Autoren – durch die Krisenerfahrung

»Momente kollektiven Bewußtseins gestärkt werden, kann man dieses zumindest bisher nicht mit einer Stärkung kritischen Bewußtseins, in dem eine Klassenperspektive ausgebildet wird, gleichsetzen« (ebenda, S. 74). Zwar seien die in der Prosperität ausgebildeten Vorstellungen brüchig geworden, Ansätze für zusammenhängende neue Interpretationen der eigenen Situation seien allerdings nicht zu sehen, und dieser *kollektive Mangel an Interpretationsfähigkeit* der veränderten Situation sei das *hervorstechende Merkmal* des gesellschaftlichen Bewußtseins der Arbeiter.

– Die Befragungen *Deppes* fanden in Betrieben der *Aluminiumverarbeitung*, der *Automobil-*, *Mineralöl-* und *chemischen* Industrie statt. Ein allgemeines Krisenbewußtsein ist trotz unterschiedlicher individueller Betroffenheit vorhanden, zugleich jedoch die Hoffnung, die Krise sei rasch überwindbar. Fatalistisch reagieren viele Arbeiter auf die Frage nach Krisenursachen: viele können sich eine Gesellschaft ohne Krisen und Arbeitslosigkeit überhaupt nicht vorstellen; andere sehen die Ursachen in weltweiten Entwicklungen, auf die ein einzelnes Land ohnehin keinen Einfluß habe; außerdem träten Krisen in jedem System, auch einem sozialistischen, auf – auch wenn sie dort besser vertuscht würden (ebenda, S. 121). Insgesamt überwiegt der Stolz,

»daß es die BRD im Vergleich zu anderen Ländern mal wieder geschafft habe, besonders gut dazustehen: die höhere Arbeitslosigkeit und Inflationsrate in den übrigen europäischen Staaten seien schlagende Beweise für die nationalen Leistungen sowie für die nach wie vor starke Stellung innerhalb der EWG. So hatte die Krise neben vielen negativen Erscheinungen auch deswegen ›etwas Gutes‹, weil ihre Bewältigung zum Gradmesser nationaler Leistungsfähigkeit gemacht werden konnte und damit einmal mehr unter Beweis stellte, ›wie die Deutschen in diesem Teil Deutschlands mit solchen Entwicklungen fertig zu werden vermögen‹« (ebenda, S. 120).

Eine allgemein vorhandene Angst um den Arbeitsplatz bestimmt die individuellen Verarbeitungsstrategien:

»Den Eindruck, daß die Kollegen in der Krise schon mal eher den Mund halten, weniger meckern, sich ducken und einiges mehr schlucken, hat mehr als jeder dritte Arbeiter und Angestellte. Beinahe doppelt so vielen ist außerdem aufgefallen, daß sich die Kollegen mehr anstrengen: entweder um ›besser‹ zu sein oder zumindestens um nicht unangenehm aufzufallen. Dabei heißt dies gar nicht so sehr, mehr oder Besseres leisten: gemeint ist vielmehr eine Aktivierung bzw. bewußte Herauskehrung sog. Arbeitstugenden. Diese reichen von mehr Pünktlichkeit und weniger ›Krankfeiern‹ bis hin zum Verzicht auf die ›Kaffeepause außerhalb der Reihe‹ oder die ›Zigarette zwischendurch‹« (ebenda, S. 113).[27]

Zugleich hält man sich die eigene fachliche Qualifikation, Arbeitsmoral oder lange Betriebszugehörigkeit als Sicherung gegen Arbeitslosigkeit zugute. Daß Unqualifizierte, »Faulenzer«, »Meckerer«, »Krankfeierer« oder Leistungsunwillige in Rezessionszeiten die Entlassung verdient hätten – diese Auffassung ist weit verbreitet (ebenda, S. 114).

Die Haltung den Arbeitslosen gegenüber ist weitgehend distanziert:

»Fast jeder Dritte glaubt, daß die Arbeitslosen so gut wie keine ernsthaften Probleme haben. Eine gleichgroße Gruppe hat entweder überhaupt kein (positives oder negatives) Verhältnis zu deren Situation bzw. Problemen oder ist der Ansicht, nur sogenannte ›echte‹ Arbeitslose hätten gravierende Probleme und Schwierigkeiten. Lediglich jeder Fünfte ist im übrigen der Meinung, der finanzielle Aspekt der Arbeitslosigkeit sei heute nach wie vor ein ernsthaftes Problem für die Betroffenen. Selbst die von der überwiegenden Mehrheit geteilte Einschätzung, die Arbeitslosigkeit werde auch in Zukunft auf einem relativ hohen Stand bleiben bzw. sogar noch zunehmen, vermag diese Sichtweise gegenüber der Situation der Arbeitslosen nicht zu relativieren« (ebenda, S. 116).

Während *Deppe* diese Ergebnisse einerseits dahingehend zusammenfaßt, daß ein zwangsläufiger Zusammenhang von Krise und der Entwicklung von Klassenbewußtsein nicht bestehe, vermutet er andererseits, daß ein langfristiger Lernprozeß in entscheidender Weise von politischen Alternativen abhänge, die die gewerkschaftlichen und politischen Organisationen freilich formulieren müßten.

– 15- bis 25jährigen Arbeitnehmern (Arbeiter, Angestellte, Lehrlinge) in einem *chemischen Großbetrieb* galt das Interesse *von Heiselers;* die Untersuchung fand ebenfalls 1976 statt. Erkenntnisziel war freilich nicht deren Krisenverhalten, sondern, allgemeiner, die Form in der sich heute Elemente von Klassenbewußtsein in der Arbeiterjugend herausbilden. Ein signifikanter Unterschied im Bewußtsein junger und älterer Lohnabhängiger konnte nicht festgestellt werden.

Obwohl Wertvorstellungen wie »gemeinsames Handeln«, »Kollegialität« und »Gleichheit« vorhanden sind, werden sie doch dominiert von *individueller Leistungsorientierung*. Gesellschaftliche Widersprüche werden als individuelles Geschehen wahrgenommen, Arbeitslosigkeit gilt als individuelles Versagen. 58% der Jugendlichen, dabei 25% ohne Einschränkung, stimmten beispielsweise der Aussage zu: »Wenn man sich genügend anstrengt, bekommt man auch eine gute Lehrstelle. Die meisten suchen aber nicht richtig, haben zu schlechte Noten oder sind zu pingelig.«

Gerade das Ansteigen der Arbeitslosenzahlen – so interpretiert *von Heiseler* – habe offenbar dazu geführt, daß die Individual- und Gruppenkonkurrenz stark betont werde (1978b, S. 277). »Der Vorgabe ›Wenn die Ausländer weg sind, gibt es wieder Arbeit für uns‹ stimmten 45% der Befragten zu; der Vorgabe ›Die Arbeitslosen sind häufig auch faul, oft arbeiten sie schwarz‹ 62%, mindestens einer von beiden Vorgaben 79%« (S. 279).

Auch in der *Dominanz sozialpartnerschaftlicher Vorstellungen* (bei 86% bis 96% der Befragten) unterscheiden sich Jungarbeiter nicht von ihren älteren Kollegen. Ebensowenig in der Erwartungshaltung gegenüber dem Staat und der Überzeugung, der eigene erreichte soziale Status müsse erhalten bleiben.

Schließlich billigt auch *von Heiseler* der Politik der gewerkschaftlichen Organisation die zentrale Bedeutung für Entwicklung und mögliche Änderung dieses Bewußtseinszustandes zu.

Abschließend noch die ersten Ergebnisse eines Bremer Forschungsprojekts über »Arbeiterbewußtsein in der Wirtschaftskrise« (Geissler/Zoll 1979): Hier sollen in einer mehrjährigen Prozeßanalyse die kollektiven Krisenreaktionen und ihre Auswirkungen auf die betrieblichen Arbeitsbeziehungen in der *Metallindustrie* Norddeutschlands untersucht werden. Nach ersten vorläufigen Ergebnissen identifizieren *Geissler/Zoll* drei Typen kollektiver Krisenreaktion bei Betriebsstillegungen – wobei die angewandten Entlassungsstrategien weitgehend mit den von mir bereits präsentierten identisch sind.

Während *Typ 1* durch betriebsrätliche Sozialplanverhandlungen, Individualisierung der Krisenreaktion und Stigmatisierung der Betroffenen charakterisiert ist, zeichnet sich *Typ 2* durch offensive Reaktion und ein hohes Maß von Solidarität zwischen Betriebsrat und gesamter Belegschaft aus. Freilich bewirkte dieser kollektive Widerstand in dem bisher untersuchten Betrieb auch nur, daß die Zahl der Entlassenen fast halbiert wurde, diese eine relativ hohe Abfindung erhielten und für den Rest der Belegschaft eine Beschäftigungsgarantie von mehreren Jahren gegeben wurde. Andererseits gab es dort nie *das* Ausländerproblem oder *das* Generationenproblem, obwohl Ansätze zum Konkurrenzverhalten zwischen den verschiedenen Gruppen existierten. *Typ 3* schließlich ist eine Kombination von 1 und 2: einer ersten Phase der Resignation und Passivität folgt ein Lern- und Veränderungsprozeß hin zu größerem kollektiven Widerstand, wobei es dem Forscherteam vor allem darum geht, den Schwellenwert zu bestimmen, dessen Erreichen die Wende im Belegschaftsverhalten erklärt. Auch bei Typ 3 ist in dem bisher untersuchten Fall der Ausgang des Konflikts noch ungewiß – und es wurden Hindernisse sichtbar wie mangelnde Kampferfahrung der Belegschaft, Instrumentalisierung des Vertrauensleutekörpers für die bisherige kooperative Betriebsratspolitik oder geringe Ausprägung solidarischen Verhaltens der Belegschaft.

Bisher können *Geissler/Zoll* aufgrund mangelnder empirischer Befunde nur die unterschiedlichen Typen identifizieren – und es bleibt der weiteren Arbeit vorbehalten, deren quantitatives Ausmaß in der Betriebsstillegungspolitik zu erfassen.[28]

Trotz aller theoretisch-methodischer und empirischer Lücken
der Arbeiterbewußtseinsforschung in der Bundesrepublik will
ich doch einige Schlußfolgerungen wagen: Die Widersprüchlichkeit des Arbeiterbewußtseins – einerseits kollektive Ahnung
von unsicherer Klassenlage, andererseits individuelle Zufrieden-
heit mit den erreichten materiellen Lebensbedingungen und
teilweise Übernahme bürgerlicher Wertvorstellungen – änderte
sich durch die Krisenerfahrungen der letzten Jahre nicht nachhaltig. Vielmehr prägten sich *beide* Komponenten stärker aus.
Die Tatsache, daß die Gewerkschaften die steigende kollektive
Verunsicherung/Existenzangst nicht mit alternativen Ursachen-
und Lösungsansätzen vermittelten, führte zu individualisti-
schem, die gegenseitige Konkurrenz verschärfendem Anpas-
sungsverhalten.
Hier setzen nun meine Fragen an. Die präsentierte Literatur
betont die zentrale Bedeutung der gewerkschaftlich vermittelten
kollektiven Deutungsmuster für Bewußtsein und Verhalten der
Lohnabhängigen. Dieser These stimme ich zu. Sie widerspricht
auch nicht der instrumentellen Gewerkschaftseinstellung vieler
Arbeitnehmer. Denn immerhin sehen diese in den Gewerkschaften – weit vor Staat und Parteien – am ehesten das
Instrument zur Durchsetzung ihrer Interessen. In einer langan-
haltenden Krisensituation hängen dann umsomehr individuelle
Interessenartikulationen bei Lohnhöhe, Arbeitsplatzsicherheit
oder Arbeitsbedingungen davon ab, wie die Gewerkschaften
deren Realisierungsmöglichkeiten einschätzen.
Das Eigenartige der vorliegenden Untersuchungen liegt allerdings darin, daß sie von den Gewerkschaften diese alternativen
Deutungsmuster *erwarten*. In keiner wird der Frage systematisch nachgegangen, warum diese bislang nicht entwickelt
wurden. Das mag im erkenntnisleitenden Interesse der jeweiligen Autoren und ihrer Hoffnung begründet liegen, auf die
Gewerkschaften hinsichtlich der Entwicklung von Klassenbewußtsein einwirken zu können. In dieser Hoffnung ist freilich
die bereits im ersten Kapitel problematisierte gewerkschafts-
theoretische Prämisse enthalten, die deutschen Gewerkschaften

hätten immer noch ein sozialistisches Selbstverständnis und betrachteten sich als die Interessenvertreter der gesamten Lohnabhängigen einer Branche, Region usw.

Meine Schlußfolgerung aus der bundesrepublikanischen Gewerkschaftspolitik lautet allerdings anders: ohne daß die deutschen Gewerkschaften in ihrer Programmatik diesen soeben formulierten Anspruch aufgegeben hätten, dominiert in ihrer *Praxis* das Interesse an kooperativer Mitarbeit zur Sicherung und Ausweitung der Konkurrenzposition der deutschen Wirtschaft auf dem Weltmarkt. Und zwar nicht, weil deutsche Gewerkschaftsführer üble »Imperialisten« oder mit dem Management der deutschen Großunternehmen verfilzt wären, sondern weil diese Strategie bisher die im internationalen Vergleich überdurchschnittliche Prosperität der deutschen Wirtschaft begründete und den Lohnabhängigen ansehnliche Reallohnsteigerungen und Sozialleistungen bescherte. Was liegt näher, als in der Krise weiterhin auf diese Strategie zu setzen, wenn darüber hinaus Alternativen kaum erkennbar oder, wo erkennbar, unkalkulierbar erscheinen? Die aus dieser Strategie resultierenden negativen sozialen Folgen müssen, sozusagen sachzwanghaft, in Kauf genommen werden.

Anders gesagt: Die deutschen Gewerkschaften *vermitteln ihrer Basis ein gesellschaftliches Deutungsmuster* und damit verbundene Verhaltensstrategien. Und zwar die, die ich bei meiner Analyse der Gewerkschaftspolitik und des Verhaltens der Lohnabhängigen festgestellt habe: Modernisierung und Rationalisierung der Volkswirtschaft bedeuten in den Unternehmen unter den heutigen Bedingungen notwendigerweise Freisetzung von Arbeitskräften, Ausmusterung der Alten, Schwachen, Leistungsunwilligen, Ausländer. Modernisierung und Rationalisierung der Volkswirtschaft erfordern Flexibilität, Mobilität sowie permanente Qualifizierungsbereitschaft der Arbeitnehmer. Und schließlich bedeuten Modernisierung und Rationalisierung der Volkswirtschaft notwendigerweise Akzeptanz neuer Technologien und Arbeitsbedingungen. In den Zielen und den daraus resultierenden Konsequenzen stimmen offenbar große Teile der deutschen Lohnabhängigen und ihre Gewerkschaften überein. Das gemeinsame Interesse gilt dann nur noch der Ausweitung der sozialen Komponente in diesem an sich akzeptierten Modernisierungsprozeß. Dafür lohnen sich auch wohldosierte Kampfmaßnahmen. Aber Kampfmaßnahmen, die das Ganze, die von allen gewollte ökonomische Spitzenposition der Bundesrepublik auf dem Weltmarkt, nicht gefährden. Diese gegenseitige Durchdringung von Basis- und Apparat-Interesse/-verhalten kann man schwerlich Manipulation von seiten des Apparates nennen. Wer eine Änderung dieser Strategie wünscht, müßte Notwendigkeit, Inhalte und Realisierungsmöglichkeit alternativer Verhaltensweisen in der konkreten weltwirtschaftlichen Situation benennen. Dabei läßt sich deren Notwendigkeit aufgrund der quantitativen und qualitativen Zunahme sozialer Folgekosten wesentlich leichter aufzeigen als Inhalte und Realisierungsmöglichkeiten von Alternativstrategien.[29] Darüber hinaus würde eine sinnvolle Alternativdiskussion voraussetzen, daß eine Mehrheit der Lohnabhängigen und ihrer Gewerkschaften nicht mehr bereit ist, sowohl die offensive Modernisierungsstrategie als auch deren negative Folgen mitzutragen – ein Zustand, der in der BRD bisher noch nicht erreicht ist.

Bliebe schließlich noch zu fragen, ob die *Arbeitslosen* (vor allem Dauerarbeitslosen) ein Konfliktpotential für die gewerkschaftliche Politik darstellen und die relativ reibungslose organisationsinterne Anpassung an die Modernisierungspolitik stören könnten. Wir haben auf Basis einer Auswertung einschlägiger Studien, vor allem des Arbeitslosenverhaltens im Gefolge der Weltwirtschaftskrise 1929, allerdings zeigen können, daß Arbeitslose trotz ökonomischer Deprivation und psycho-sozialer Desintegration keine eigene politische Perspektive entwickeln konnten. Damals und heute ist ihre dominierende Grundhaltung *Resignation*.

»Teilnahme an politischen Veranstaltungen und Mitgliedschaft in politischen Organisationen bringt ›keine sofortigen Resultate, sondern bedeutet nur einen Extraaufwand an Geld, Zeit und Energie, den sich allgemein nur die Arbeiter erlauben können, denen es noch verhältnismäßig gut geht. Die Arbeitslosen haben jedoch nichts zu opfern, weder Zeit noch Geld; sie können an keiner Politik auf längere Sicht interessiert sein, da ihre augenblickliche Lage nach sofortiger Änderung drängt. Nicht die Erweiterung ihres Horizonts, sondern die Verringerung entspricht ihren direkten Notwendigkeiten am besten. Die Organisationsaktivität würde sie in ihrem auch weiterhin individuell zu leistenden Existenzkampf eher behindern als unterstützen.‹« (Esser/Fach/Väth 1978, S. 157, das Zitat im Zitat stammt aus Mattick 1969, S. 109; siehe auch Wacker 1979).

Vor Entwicklung einer politischen Perspektive wären die Arbeitslosen wiederum auf die Hilfe der gewerkschaftlichen Organisation angewiesen, die diese jedoch in der Bundesrepublik nirgendwo anbietet. Und nach unseren bisherigen Kenntnissen des Verhaltens der deutschen (noch) beschäftigten Lohnabhängigen behält das von *Mattick* (1969) nach der Weltwirtschaftskrise 1929 gefällte Urteil auch heute einiges an Plausibilität:

»Selbst eine Riesenarmee von Arbeitslosen ist außerstande, die Gesellschaft zur Berücksichtigung ihrer Interessen zu zwingen, wenn die große Mehrheit noch imstande ist, auf der Basis der bestehenden gesellschaftlichen Bedingungen auskömmlich zu leben« (S. 113).

6. Fazit

Bevor ich die wichtigsten Ergebnisse dieses Kapitels zusammenfasse, sollen zunächst die Probleme/Defizite meiner empirischen Auswertung noch einmal benannt werden. Nicht zuletzt deshalb, um auch andere zur Weiterarbeit innerhalb dieses Problemkomplexes anzuregen.
– Die vorliegenden Fallstudien konnten aufgrund unterschiedlicher Untersuchungsziele für mich relevante Fragen teils nicht, teilweise nur unvollständig beantworten, so daß ich manchmal nur – allerdings relativ plausible – Vermutungen formulieren konnte.
– Die vorliegenden Fallstudien leiden an einer *Überrepräsen-*

tanz der IG Metall. Das ist zwar naheliegend, da diese Gewerkschaft mit rund 2,7 Mio. Mitgliedern über 34% der Gesamtmitgliedschaft des DGB stellt und darüber hinaus die Lohnabhängigen in zentralen Wachstumsbranchen der deutschen Volkswirtschaft (Maschinen- und Anlagenbau, Fahrzeugbau, Elektroindustrie) organisiert. Außerdem konnte bei der Analyse sogenannter schrumpfender Gewerkschaften (IG Textil und Bekleidung, IG Druck und Papier) gezeigt werden, daß keine größeren Differenzen zwischen den Einzelgewerkschaften bei der Bewältigung beispielsweise von Strukturkrisen oder der Abwehr negativer Rationalisierungsfolgen erkennbar sind. Schließlich zeigte sich die Vorreiterrolle der IG Metall auch bei der Lohnpolitik. Gleichwohl sind zentrale Lücken der empirischen Forschung nicht zu übersehen: wenig konnte ich über die Politik der *IG Chemie, Papier, Keramik,* der drittgrößten DGB-Gewerkschaft, sagen, die nicht nur in einer der wichtigsten Branchen der deutschen Volkswirtschaft präsent ist, sondern in ihrem Organisationsbereich ebenfalls mit zahlreichen Strukturproblemen konfrontiert ist (Beispiel: Chemiefaser- und Papierindustrie). Wichtig wäre hier vor allem die Analyse der Auswirkungen des Spannungsverhältnisses zwischen wachstumsorientierten und stagnierenden bis schrumpfenden Bereichen auf die Organisation der Gewerkschaft und die Beantwortung der Frage, warum die in den stagnierenden/schrumpfenden Bereichen Tätigen die offensichtliche, ebenfalls auf weltmarktorientierte Expansion ausgerichtete Politik dieser Gewerkschaft mittragen. Ich vermute zwar, daß – ähnlich wie bei der *IG Metall* – auch die Organisierten dieser Branchen den offensiven Anpassungskurs trotz wesentlich höherer sozialer Opfer mittragen, genauere Kenntnisse würden aber auch hier erst empirische Fallstudien vermitteln.
Besondere Aufmerksamkeit verdienen in Zukunft auch die beiden »Dienstleistungs-Gewerkschaften« *Handel, Banken und Versicherungen* (HBV) und *Öffentliche Dienste, Transport und Verkehr* (ÖTV). Nicht nur, daß die Strategie der Modernisierung der Volkswirtschaft mit forcierter Rationalisierung des

privaten und öffentlichen Dienstleistungsbereiches und mit Konsolidierung der Staatsfinanzen (und d. h. Sparpolitik sowie Privatisierungs-/Entstaatlichungstendenzen im öffentlichen Dienst) verbunden ist. Zusätzlich werden beide Gewerkschaften Hauptbetroffene der neuen elektronischen Informations- und Kommunikationstechnologien sein. Deshalb müßten neben dem recht gut untersuchten, aber bisher erfolglosen Kampf um die Aufhebung des unterschiedlichen Rechtsstatus der Arbeitnehmer im öffentlichen Dienst (Ellwein 1980) auch Einstellung und Strategien dieser Gewerkschaften zum technischen Fortschritt genauer verfolgt werden. Freilich weichen die bisher vorliegenden programmatischen Statements (*WSI*-Mitteilung 8/80; Kluncker 1980) in ihrer Bejahung des technischen Fortschritts und bei der Strategie der Einflußnahme zur Abwehr negativer sozialer Folgen von der offiziellen DGB- oder IG-Metall-Linie nicht ab.

Auch mangelt es an detaillierten Untersuchungen über die Gewerkschaftspolitik bei den Strukturkrisen der *Textil-* und *Bekleidungsindustrie*, der *Werften* und der *Elektroindustrie*, weshalb ich eine Auswertung des vorhandenen Materials vornahm, um zu ersten Einschätzungen zu gelangen.

Trotz dieser Mängel ist jedoch festzuhalten, daß sich eine gemeinsame Grundtendenz deutscher Gewerkschaftspolitik seit der Krise feststellen läßt und ich sogenannte »abweichende Fälle« nicht finden konnte. Diese gemeinsame Grundtendenz stellt sich zusammenfassend so dar:

– *Quantitative und qualitative Tarifpolitik orientieren sich an den sogenannten »gesamtwirtschaftlichen Daten«.* Die Kuh, die man melken will, wird fürsorglich behandelt, auch dann, wenn das Tarifergebnis nur über den »kalkulierten Konflikt« erreichbar ist. Überhaupt geht die in den letzten Jahren gestiegene Konfliktfreudigkeit eher auf das Konto der Unternehmer, die ihre in der Krise gestärkte Position auszunutzen versuchten. Die Gewerkschaften werden in diese Konflikte eher hineingetrieben, reagieren vorsichtig und abwartend und sind letztlich froh, einem Kompromiß zustimmen zu können, der ein wenig über dem ersten Unternehmerangebot liegt und ihnen insofern erlaubt, das »Gesicht zu wahren«. Dabei wird radikale Rhetorik instrumentell zur Mobilisierung von Warnstreiks, Großdemonstrationen usw. eingesetzt, kontrastiert jedoch scharf mit der jederzeitigen Bereitschaft, mit den gerade noch gescholtenen Unternehmern oder Regierungsvertretern hinter verschlossenen Türen und unter Ausschluß der Basis zu verhandeln.

Dies gilt auch für Verlauf und Ergebnis der Arbeitskämpfe, die um sogenannte qualitative Forderungen (Arbeitszeitverkürzung, Abgruppierungsschutz) geführt wurden. Einer Überschätzung dieser Arbeitskämpfe kann meiner Ansicht nach nur derjenige erliegen, der Arbeitskämpfe prinzipiell für ein Übel (die Konservativen) oder für den ersten Schritt zur Revolution (Teile der Linken) hält. Daß jedoch der kalkulierte, kontrollierte, in den vom bürgerlichen Arbeitsrecht vorgeschriebenen Gleisen verbleibende Streik notwendiges Instrument innerhalb der »Institutionalisierung des Klassenkonflikts« ist, wird dabei leicht vergessen. Von neuer Militanz oder Zuspitzung des Klassenkonfliktes könnte man demnach erst dann reden, wenn die Arbeitskämpfe in der Bundesrepublik diese vorgegebene institutionalisierte Form verlassen hätten – was jedoch nicht zutrifft.

– *Bei Massenentlassungen, Betriebsstillegungen, Strukturkrisen, sozialen Kosten des technologischen Wandels usw. sind die betrieblichen oder gewerkschaftlichen Interessenvertretungen ein aktiver, zur Mitarbeit und Verantwortungsübernahme bereiter Partner.* Noch schärfer formuliert: sie treten häufig als »*ideeller Branchen- oder Gesamtkapitalist*« auf. Sie warnen vor mangelnden Modernisierungs- oder Rationalisierungsmaßnahmen, nicht vollzogenem Strukturwandel, zu spät oder gar nicht erfolgter Umschulung, Fortbildung, Qualifizierung, der stabilitätsgefährdenden Nicht-Berücksichtigung sozialer Modernisierungskosten/-opfer. Sie bieten über Mitbestimmung, Investitionslenkung, Struktur-/Technologie-Räten usw. ihre Mitarbeit an, damit *rechtzeitig* modernisiert und rationalisiert wird, *rechtzeitig* Maßnahmen der sozialen Abfederung getroffen werden. Ihre

Konflikte mit Staat und Unternehmern resultieren nicht aus prinzipieller Gegnerschaft, sondern aus deren mangelnder Bereitschaft, sie an den für notwendig angesehenen Maßnahmen *rechtzeitig und umfassend* zu beteiligen.
– Mit Modernisierung und Rationalisierung verbundener *Beschäftigungsabbau* wird teils aktiv unterstützt, teils passiv hingenommen und, soweit möglich, auf eindeutig definierbare soziale Gruppen abgeladen: Alte, Ausländer, Frauen, Jugendliche und sogenannte »schwarze Schafe«.
– *In Bewußtsein und Verhalten unterstützen die Lohnabhängigen – freilich mehr passiv als aktiv – diese Politik.* Nennenswerte innerorganisatorische Konflikte, d. h. Konflikte, die die Stabilität oder den Bestand der Organisation gefährdeten, sind bislang von seiten der Gewerkschaftsbasis nicht zu verzeichnen und auch in naher Zukunft nicht zu erwarten. Trotz erheblicher Verunsicherung über ihre eigene ökonomische Situation, trotz kollektiver Klassenahnung einer permanenten Bedrohung des erreichten materiellen Lebensstandards versuchen sie im großen und ganzen, mit individuellen Anpassungsstrategien ihren eigenen Arbeitsplatz und ihren eigenen Lebensstandard zu sichern. Ihr Verhältnis zu den von der Krise konkret Betroffenen schwankt zwischen nationalistischer Borniertheit (»die Ausländer müssen zuerst raus«), individueller Schuldzuweisung (»Versager«, »Faulenzer« usw.), Resignation (»da kann man halt nichts machen«) und Angst, ebenfalls ein solches Schicksal erleiden zu müssen. Klassenkämpferische Solidarität äußert sich in der Praxis höchst selten und wenn, dann punktuell in Teilbelegschaften oder Einzelbetrieben. Betriebs- oder branchenübergreifende Gegenwehr kommt praktisch nicht vor, mehr noch, ist für die Betroffenen kaum vorstellbar.
Soweit eine Verallgemeinerung auf Basis des vorliegenden Materials möglich ist, wurde der Plausibilitätstest für meine in Kapitel I formulierte Gewerkschaftseinschätzung damit bisher in *drei* Punkten bestätigt:
– Unter dem Zwang verschärfter internationaler Konkurrenz treibt die exportorientierte deutsche Wirtschaft zur Siche-

rung/Ausweitung ihrer Spitzenposition auf dem Weltmarkt die »Modernisierung der Volkswirtschaft« – von der staatlichen Wirtschaftspolitik unterstützt – offensiv voran.

– Diese offensive Anpassung an veränderte Weltmarktbedingungen wird von den deutschen Gewerkschaften, die keine Alternative erkennen können, aktiv mitgetragen. Sie bieten jederzeit Kooperation an, um Anpassungsmöglichkeiten besser auszuloten und Anpassungszwänge schneller zu erkennen und umzusetzen. Sie fördern die soziale Akzeptanz von Anpassungsfolgen, um den Preis freilich einer verstärkten inhaltlichen Einflußnahme auf die Maßnahmen der sozialen Abfederung.

– Diese Modernisierungspolitik geht mit selektiver Personalpolitik der Unternehmen und selektiver Interessenwahrnehmung von seiten der Gewerkschaften einher; und zwar auf Kosten der aus der Funktionslogik der weltmarktorientierten Produktion herausfallenden sozialen Gruppen/Individuen.

Abschließend soll die in dieser Zusammenarbeit zwischen Staat, Kapital und Gewerkschaften angelegte Entwicklung zur »korporatistischen Blockbildung« theoretisch näher bestimmt werden.

IV. Modernisierung der Volkswirtschaft durch korporatistische Blockbildung

1. Gewerkschaften als Klassenorganisationen

Die Verknüpfung der in Kapitel I dargestellten sozialwissenschaftlichen Gewerkschaftsdiskussion mit ökonomischen und politischen Rahmenbedingungen (Kapitel II) sowie empirischer Analyse deutscher Gewerkschaftspolitik (Kapitel III) wirft die Frage nach einer angemessenen *theoretischen Erklärung* der »Gewerkschaftspolitik in der Krise« auf.
Dabei muß zunächst das Problem des »*Klassenstatus*« der Lohnabhängigen geklärt werden; denn obwohl die deutschen Gewerkschaften innerhalb der Sozialwissenschaften als Interessenorganisationen prinzipiell aller Lohnabhängigen zur Durchsetzung angemessener Lohn- und Arbeitsbedingungen definiert werden, bestehen doch zwischen konservativer und liberaler Theorie einerseits und marxistischer Theorie andererseits erhebliche Differenzen hinsichtlich des Klassenstatus dieser Lohnabhängigen und der damit eng zusammenhängenden Frage, ob Gewerkschaften als Klassenorganisationen oder Interessengruppen zu charakterisieren seien.
Gegen eine »Auflösung« der Klassenstrukturen liberal-demokratischer Gesellschaften vom Typ der BRD in eine Vielzahl ökonomischer und politischer Interessen – wie das die liberale Gesellschaftstheorie vorschlägt und wie es in der konservativen Theorie ebenfalls (mehr implizit) enthalten ist – spricht einmal die empirische Widerlegung der *Verbürgerlichungsthese*. Offenbar haben Lohnabhängige trotz aller ökonomischen und sozialen Verbesserungen ihrer persönlichen Lebenslagen die »Ahnung« einer *gemeinsamen Klassenlage* nicht aufgegeben (vgl. Kapitel III. 5). Aber auch die empirische Kenntnis marktwirtschaftlicher Produktions-/Arbeitsbedingungen bestätigt die These, wonach das klassenspezifisch Gemeinsame aller Lohnab-

hängigen in ihrer strukturell gegebenen Stellung innerhalb der kapitalistischen Arbeitsteilung zu sehen ist. Auch im Wohlfahrtsstaat des 20. Jahrhunderts sind Lohnabhängige zunächst einmal »nackte Arbeiter« (Marx), die nur über den Verkauf ihrer eigenen Arbeitskraft an private Arbeitgeber ihre und die Existenz ihrer Familien aufrechterhalten können. Darüber hinaus ist die Asymmetrie von Kapital und Arbeit im Produktionsprozeß auch daran erkennbar, daß die Einzelunternehmer oder Managements, indem sie *allein* über die Produktionsmittel verfügen, auch die alleinige Macht haben, diese und die darin arbeitsorganisatorisch integrierten Arbeiter gegebenen Verwendungszwecken zuzuweisen und über die dabei entstehenden Produkte ebenfalls nach eigenen Verwertungskalkülen zu verfügen. Ähnliches gilt für die öffentlich Bediensteten: Auch diese sind gezwungen, ihre Arbeitskraft an öffentliche Arbeitgeber zu *verkaufen,* und auch sie vollziehen *fremdbestimmte* Arbeit und müssen sich den strukturell vorgegebenen Sachzwängen »bürokratischer Herrschaft« (Max Weber) *unterordnen*.
Daß konservative wie liberale Theoretiker solche empirischen Zusammenhänge – bei Kenntnis des sogenannten marktwirtschaftlichen/industriellen Produktionsprozesses – einfach »vergessen«, daß liberale Theoretiker den »industriellen« Konflikt allein auf eine Vielzahl von Herrschafts- und Autoritätsproblemen reduzieren, daß konservative Theoretiker die Abhängigkeit der Arbeiter und Angestellten von konkurrenzvermittelten kapitalistischen Verwertungsprozessen dergestalt auflösen, daß deren gewerkschaftliche Organisierung diese heute zu »unabhängigen Variablen« des Marktprozesses gemacht haben soll – das alles bleibt zunächst deren Geheimnis. Man kann dieses Geheimnis jedoch rasch dechiffrieren, wenn man die zwar nicht explizit formulierten, aber darum umso wirksameren vortheoretischen erkenntnisleitenden Interessen dieser Theorien benennt; nämlich: die objektiv wirkenden Funktionsgesetze kapitalistischer Gesellschaften nicht in ihrer historischen Spezifität umfassend zu analysieren, sondern als »natürliche«, sachzwanghafte und damit unveränderliche Form ökonomisch-sozialer

Reproduktion »industrieller« Gesellschaften darzustellen und damit als die »beste aller Welten« zu *legitimieren*. Und das gelingt offenbar dann optimal, wenn man aus der eigenen Theorie sowohl die spezifisch-historische Form und den klassen-/interessenspezifischen Inhalt kapitalistischer Produktions- und Verwertungsprozesse als auch den diese Struktur- und Funktionsweise absichernden kapitalistischen (Klassen-)Staat schlichtweg ausklammert.

Die Bundesrepublik Deutschland ist aber nicht nur als eine »industrielle«, sondern vor allem als eine auf Basis kapitalistischer Produktions- und Verwertungsbedingungen sich reproduzierende Gesellschaftsformation zu charakterisieren. Folglich muß auch eine theoretisch angeleitete Gewerkschaftsanalyse von dieser objektiv wirkenden kapitalistischen Funktionslogik ausgehen; denn diese *determiniert* die *strukturelle Klassenposition* der Lohnabhängigen:

– Die spezifischen (durch die Weltmarktkonkurrenz vermittelten) Verwertungsinteressen privater Unternehmer/Unternehmen bestimmen *Form* und *Inhalt* des *Arbeitsprozesses*, d. h. die Struktur der Arbeitsteilung, den technischen Arbeitsablauf, die verwendeten Technologien sowie den Arbeitseinsatz der unmittelbaren Produzenten. Damit kann auch die Auffassung einer Gesellschafts- bzw. Interessenneutralität des Arbeitsprozesses und der verwendeten Techniken/Technologien nicht aufrechterhalten werden. Und diese »Sachzwänge« kapitalistischer Profitrationalität bestimmen auch den Arbeitsprozeß in den nicht privatkapitalistisch betriebenen öffentlichen Institutionen, die integraler Bestandteil des gesamtgesellschaftlichen (von der Verwertungslogik privater Kapitale gesteuerten und auf diesen bezogenen) Reproduktionsprozesses sind.

– Sie determiniert weiterhin die *ökonomische Interessenlage*: Zwang zum Verkauf der »Ware« Arbeitskraft, eine für die familiäre Reproduktion angemessene Lohnhöhe, Sicherheit des Arbeitsplatzes, Qualität der Arbeitsbedingungen, Aufhebung der Einzelkonkurrenz untereinander sowie schließlich die nicht-aufhebbare Angst vor kapitalistischen Krisen und der

damit verbundenen möglichen Vernichtung der eigenen ökonomischen Existenz.
– Schließlich bewirkt sie auch deren *instrumentelle*, die Arbeit als *repressiv* und *fremdbestimmt* auffassende *Arbeitseinstellung*, die man über Lohn, Konsum und Freizeit zu kompensieren versucht.
All dies läßt sich im Rahmen kapitalistischer Produktionsverhältnisse weder durch politische noch ideologische Faktoren »aufheben«, sondern lediglich in bestimmten unterschiedlichen Weisen wahrnehmen und in Interessenpolitik umsetzen.
Der antagonistische Kampf um Erhaltung von Arbeitsplätzen, angemessene Lohnhöhe und Arbeitsbedingungen zwischen Lohnabhängigen und privaten wie öffentlichen Arbeitgebern, mit anderen Worten: der *ökonomische Klassenkampf*, ist also *strukturell* in Gesellschaften vom Typ der kapitalistisch verfaßten BRD verankert. Und dies heißt gleichzeitig, daß deren ökonomische Reproduktion strukturell störanfällig, von »*struktureller Labilität*« durchdrungen ist. Dies ist übrigens in verschwommener und unhistorischer Weise wieder Bestandteil liberaler wie konservativer Theorie; denn den Kampf um Macht- und Verteilungsfragen sehen sie ebenso als konstitutiv für »industrielle« Gesellschaften an – und sie sind politisch-strategisch um dessen Bändigung/Kanalisierung (also Institutionalisierung), aber nicht um seine als unrealistisch/utopisch angesehene Abschaffung bemüht.
Gewerkschaften in der BRD sind demnach, unabhängig von ihrer politischen oder ideologischen Orientierung, weiterhin als *Klassenorganisationen zur Wahrnehmung der ökonomischen Interessen der Lohnabhängigen* zu definieren und damit zugleich als *Träger des ökonomischen Klassenkampfes* auf seiten dieser Lohnabhängigen. Auch die von *Offe/Wiesenthal* (vgl. Kapitel I.1.3) den Gewerkschaften zugeschriebene *spezifische Logik kollektiven Handelns* gilt für keine andere Interessenorganisation innerhalb des Kapitalismus: Gewerkschaftliche Organisierung ist ein ständig sich erneuerndes Ergebnis eines *historischen Erfahrungsprozesses* von Lohnabhängigen (Vester 1970). Als

Verkäufer von Arbeitskraft sind sie sowohl von angemessenem Lohn als auch der Erhaltung des Arbeitsplatzes existentiell abhängig. Zur effektiven Wahrnehmung dieses existentiellen Interesses ist der solidarische Zusammenschluß mit anderen Arbeitsplatzverkäufern deshalb unvermeidlich, da ansonsten die Unternehmer die einzelnen, miteinander konkurrierenden Arbeitsplatzanbieter gegeneinander ausspielen und damit die effektive Interessenwahrnehmung unterlaufen können. Soll also die letztlich allen Lohnabhängigen schadende Einzelkonkurrenz überwunden werden, ist organisatorischer Zusammenhalt, Vorrang gemeinsam formulierter vor individueller Artikulation von Lohn- und Beschäftigungsinteressen unabdingbar. Gewerkschaftliche Organisierung ist demnach für die ökonomisch-soziale Reproduktion der Lohnabhängigen existentiell notwendig – und das unterscheidet Gewerkschaften von allen anderen Interessenorganisationen in kapitalistisch verfaßten Gesellschaften. Und Gewerkschaften sind die kollektiven Klassenorganisationen, die die Interessen der Lohnabhängigen *gemeinsam* zu organisieren und durchzusetzen versuchen – die an die Stelle der im System der Lohnarbeit unwirksamen Einzelkämpfe die kollektive *Gegenmacht* setzen wollen.

Der strukturell in kapitalistischen Gesellschaftsformationen angelegte Klassengegensatz zwischen Kapital und Lohnarbeit sowie die historisch unterschiedlichen Versuche der Lohnabhängigen, ihre ökonomischen Klasseninteressen in Form von gewerkschaftlicher Organisierung politisch durchzusetzen, zeitigen wichtige Konsequenzen für den kapitalistischen *Staat*. Denn dessen wesentliche Funktion besteht darin, über *gewaltmäßig-repressive* und *konsensherbeiführende, integrative* Strategien/Tätigkeiten die spezifisch-ökonomische Form kapitalistischer Reproduktion und die darin eingeschriebene Klassenspaltung aufrechtzuerhalten und nach allen Seiten hin abzusichern. Daraus folgt, daß dieser Staat in herrschaftsfunktionaler Weise jeweils versuchen muß, Gewerkschaften über eine komplexe Mischung repressiver und ideologischer Politiken sowie materieller Zugeständnisse in die kapitalistische Produktions- und

Verwertungslogik zu integrieren (Gramsci 1967; Poulantzas 1978; Hirsch 1976). Wobei freilich festzuhalten bleibt, daß solche möglichen »integrationistischen« Erfolge des Staates niemals die »strukturelle Labilität« kapitalistischer Gesellschaften beseitigen, also die Stillegung/Aufhebung des Klassenkampfes der Lohnabhängigen und ihrer Gewerkschaften bewirken können.

Der Tatbestand, daß Gewerkschaften im Rahmen kapitalistischer Gesellschaftsformationen strukturell als Klassenorganisationen und Träger des ökonomischen Klassenkampfes zu charakterisieren sind, bedeutet also lediglich, daß sie innerhalb der ökonomischen Entwicklungsdynamik dieser Gesellschaften die objektiv vorhandenen Klasseninteressen zu organisieren und durchzusetzen versuchen. Über deren jeweilige *inhaltliche* Interpretation wie auch über die *politische* Form/Strategie ihrer Durchsetzung ist damit noch nichts ausgesagt. Ob Lohnabhängige und ihre Gewerkschaften diese Klasseninteressen also *integrativ* (im Rahmen gesamtwirtschaftlicher Verantwortung) oder *antikapitalistisch* (gegen die Bewegungsgesetze kapitalistischer Reproduktion gerichtet) – um nur die beiden Extrempositionen zu benennen – definieren, hängt neben der ökonomischen auch von ihrer *ideologischen* und *politischen Vergesellschaftung* ab: der jeweiligen ökonomischen Entwicklung (lange Prosperitäts- oder Niedergangsphasen), der politischen Herrschaftsform (autoritär oder liberal-demokratisch), den konkreten materiellen Inhalten staatlicher Politik (Sozial- oder Austeritätsstaat), den historischen Traditionen/Erfahrungen der als »optimal« definierten Interessendurchsetzung (Reformismus, Wirtschaftsdemokratie, Revolution), der engeren oder weiteren Bindung an sozialdemokratische oder kommunistische Parteien, schließlich der in der Gesellschaft vorherrschenden und von ihnen akzeptierten/nicht akzeptierten Gesellschaftsbilder.

Mit der dargelegten Auffassung sind zwei heute noch innerhalb der klassentheoretisch/materialistischen Gewerkschaftstheorie vertretene Auffassungen nicht zu vereinbaren:

– Form und Inhalt des gewerkschaftlichen Klassenkampfes lassen sich nicht aus der objektiven Entwicklung der Kapitallogik ableiten, nach der ökonomische Prosperität Integration (Kampf im Lohnsystem) bewirkt, langanhaltende Krisenzeit zu einem langsamen Herauswachsen aus dieser Integration und schließlich zum Kampf gegen das Lohnsystem führt (Autorenkollektiv 1976).
– Ebenfalls nur auf Basis politischer Wertung, aber nicht auf Basis materialistischer Analyse kann man die Integration der Gewerkschaften in die bürgerliche Gesellschaft als »Fehlentwicklung« interpretieren (Luxemburg, Lenin).
Abgesehen von diesen beiden Extrempositionen weist die sozialwissenschaftliche Gewerkschaftsdiskussion in der Bundesrepublik kaum nennenswerte Differenzen auf, wenn es darum geht, diese Kombination von ökonomischer, politischer und ideologischer Vergesellschaftung der DGB-Gewerkschaften zu beschreiben. Sowohl *Briefs* »befestigte«, *Dahrendorfs* »institutionalisierte«, *Bergmanns/Jacobis/Müller-Jentschs/Schmidts* »kooperative«, *Lehmbruchs* »liberal-korporatistische« wie schließlich *Hirschs* »massenintegrative« Gewerkschaft reflektieren mit im einzelnen zwar unterschiedlichen erkenntnisleitenden Interessen, theoretischen Prämissen und – damit eng zusammenhängend – unterschiedlicher Gewichtung der einzelnen Wirkungsfaktoren die bis zur Krise 1974/75 gelungene Integration der deutschen Gewerkschaften. Und auch die prinzipiell vorhandene Störanfälligkeit/Labilität dieser Integration sowie der Tatbestand, daß letztlich die beim Staat monopolisierte *repressive Gewalt* diese »Integration« und damit die Funktionsfähigkeit kapitalistischen Wirtschaftens *erzwingen* muß, werden in allen Positionen – mehr oder weniger theoretisch reflektiert – angesprochen. Freilich bleiben die *Ursachen* für diese »strukturelle Labilität« kapitalistischer Herrschaft bei Konservativen wie Liberalen theoretisch deshalb so unklar, weil sie den in kapitalistischen Produktionsverhältnissen angelegten antagonistischen Klassengegensatz zwischen Kapital und Lohnarbeit aus ihrer Analyse ausklammern.

Nochmals *zusammengefaßt,* lassen sich Form und Inhalt des ökonomischen Klassenkampfes sowie ideologische und politische Vergesellschaftung der deutschen Gewerkschaften bis zum Ausbruch der ökonomischen Krise Mitte der siebziger Jahre folgendermaßen charakterisieren:
– Die langanhaltende, kaum von zyklischen Schwankungen unterbrochene ökonomische Prosperität der fünfziger und sechziger Jahre, die als Ergebnis der erfolgreichen Integration des deutschen Kapitalismus in die wachsende Weltmarktnachfrage zu interpretieren ist, verbesserte schrittweise die materielle Lage der Lohnabhängigen; und zwar über steigende Reallöhne und Sozialleistungen, Herstellung von Vollbeschäftigung sowie verbesserte Konsum- und Freizeitmöglichkeiten. Die Rolle des Staates bestand dabei in vielfältigen Versuchen, diese vom »starken« Kapital in Gang gesetzte ökonomische Expansion finanziell (über Subventionen, Steuererleichterungen), legislatorisch und legitimatorisch (über ideologische »Sinnproduktion« und sozialpolitische Maßnahmen) abzusichern sowie allgemeine Produktionsvoraussetzungen (Forschung, Ausbildung usw.) bereitzustellen. Der keynesianische »Politikwechsel« in der Rezession 1966/67 bzw. die »Reformpolitik« der sozialliberalen Koalition waren lediglich politisch-administrative *Rationalisierungsversuche* im Rahmen des bestehenden Politikmusters (Hirsch 1980): Um die Anpassung der Unternehmen an veränderte Weltmarktbedingungen politisch abzusichern, wurde – bei gleichzeitiger Entmachtung von Ländern und Kommunen – das politisch-administrative Institutionensystem zentralisiert (Gebietsreform, »Gemeinschaftsaufgaben« von Bund und Ländern, regionale Planungsgemeinschaften, Finanzplanungsrat, Konjunkturrat); außerdem wurden die Instrumente für eine »aktive« Politik geschaffen (Struktur-, Arbeitsmarkt-, Bildungs-, Forschungs-, Entwicklungspolitik). Gegenüber den Gewerkschaften entwickelte der Staat von Anfang an eine Strategie der *Institutionalisierung und damit Disziplinierung des Klassenkonflikts über umfassende Verrechtlichungsmaßnahmen:* Öffentliche Anerkennung der Gewerkschaften bei gleichzeitiger arbeits-

gerichtlicher Kontrolle bzw. Sanktionen (Tarifautonomie) einerseits, Etablierung einer eigenen, gewerkschaftsunabhängigen, ebenfalls in rechtliche Regelungen eingebundenen betrieblichen Interessenvertretung (Betriebsrat) andererseits; schließlich der ab 1967 unternommene Versuch, lohnpolitische Kooperation/Mäßigung mittels der »Konzertierten Aktion« durchzusetzen.
– Form und Inhalt des ökonomischen Klassenkampfes von seiten der Gewerkschaften paßten sich dieser sozialstaatlichen/sozialkontrollierten kapitalistischen Entwicklungsdynamik durch folgende Strategien an: Erstens *Dominanz der Lohnpolitik* gegenüber sogenannten qualitativen Interessen (Arbeitsbedingungen, Arbeitsplatzsicherheit), ja sogar Lohnpolitik als Kompensation für qualitative Interessen; zugleich Entsensibilisierung für gesamtgesellschaftliche Probleme/Bedürfnisse/Interessen – und das alles im Rahmen der staatlich vorgegebenen rechtlich-institutionellen Formen. Zweitens *Delegation* aller über die Lohn- und Arbeitsbedingungen hinausgehender sozialen und politischen Forderungen der Lohnabhängigen an das politische System (Parteien, Parlament, Regierung). Schließlich drittens *Akzeptanz lohnpolitischer Verantwortung* im Rahmen sogenannter gesamtwirtschaftlicher Imperative.
– Der Erfolg dieser »integrationistischen« Vergesellschaftung kann aber nicht allein auf die positiven Erfahrungen mit der *ökonomischen Prosperitätsphase* zurückgeführt werden, obwohl diese jene beschleunigte und verfestigte. Entscheidend sind eher längerfristig wirkende historische Prozesse: zum einen die im *Faschismus* erfolgreich durchgeführte Zerstörung politisch-ideologischer, organisatorischer und kultureller Institutionen/Traditionen der Arbeiterbewegung, was sich vor allem entsolidarisierend auf das Bewußtsein der »normalen« Lohnabhängigen auswirkte; zum anderen die bereits zu Zeiten der »Weimarer Republik« etablierte *reformistisch/wirtschaftsdemokratische Programmatik* einer Trennung von ökonomischem (Aufgabe der Gewerkschaften) und politischem Kampf im Rahmen des parlamentarischen Regierungssystems (die SPD als

»politischer Arm« der Arbeiterbewegung). Gemäß dieser Perspektive hätte ein sozialdemokratisch dominiertes Parlament, gekoppelt mit staatlicher Wirtschaftsplanung und innerbetrieblicher Mitbestimmung, den »organisierten Kapitalismus« von *oben* her (über den instrumentell einsetzbaren Staat) langfristig krisenfrei halten, »Wohlstand für alle« sichern und auf evolutionäre Weise in einen »demokratischen Sozialismus« transformieren sollen. Für die Gewerkschafter, die trotz faschistischer »Aufräumarbeit« an eigenen politisch-strategischen und ideologischen Traditionen festhielten, heißt das bis heute: Rückzug auf den nur-ökonomischen Kampf gegen die Unternehmer einerseits, Vertrauen in den gemeinwohlorientierten, interessenneutralen Repräsentativ- und Sozialstaat (Staatsfixierung) andererseits. Und die katholisch orientierte Minderheit hatte und hat kaum Schwierigkeiten, sich in dieses Konzept einbinden zu lassen, entspricht es doch in seiner sozialpartnerschaftlichen Orientierung den Prinzipien der katholischen Soziallehre. Freilich darf nicht vergessen werden, daß auch die repressive Staatsgewalt mit ihrer in den fünfziger Jahren effektiv durchgeführten Unterdrückung des »klassenkämpferischen Restes« unabhängiger Sozialisten und Kommunisten ihren Anteil an der »integrationistischen« Vergesellschaftung hatte. Obwohl die umfassende Verwirklichung der »Wirtschaftsdemokratie« aufgrund eigener Schwäche und der massiven Behinderungsmaßnahmen der (vor allem) amerikanischen Siegermacht scheiterte, wurden doch mit der *paritätischen Mitbestimmung* in der *Montanindustrie* sowie der *drittelparitätischen Mitbestimmung* nach dem *Betriebsverfassungsgesetz von 1952* zwei Teilerfolge erkämpft, die hoffen ließen, über schrittweise parlamentarische Reformen den »demokratischen Sozialismus« längerfristig verwirklichen zu können. Die ökonomische Prosperität sowie die keynesianischen Reformmaßnahmen der sechziger Jahre bestärkten diesen Glauben. Denn was seither von Gewerkschaften und SPD als »demokratischer Sozialismus« ausgegeben wird, ist nichts anderes als ein politisch (keynesianisch) regulierter »sozialer Kapitalismus«. Und für die Lohnabhängigen selbst

bedeuteten die verschiedenen materiellen Verbesserungen sowie die rasche Eingliederung der vom rasanten Strukturwandel Betroffenen in wachsende Industrien und Dienstleistungsbereiche – bei gleichzeitiger Bereitschaft von SPD und Gewerkschaften, sich in die bestehende kapitalistische Wirtschaftsordnung einzuordnen und auf deren Vervollkommnung statt Veränderung zu setzen –, daß sich der Klassen- auf einen Interessenkonflikt, der Herrschafts- auf einen Verteilungskonflikt reduzierte. Ihre Integration funktioniert *ökonomisch* aufgrund der Stabilität der »Revenuequelle«, gleichgültig ob als Lohn, Rente oder in sonst einer Form; *politisch* aufgrund der Loyalität gegenüber Form und Inhalten des staatlichen Handelns, also Beschränkung auf die passive Wählerrolle, Vertrauen in den Sachverstand der Regierenden, Identifizierung mit dem »System«; *ideologisch* aufgrund der Normalität im Sinne einer verläßlich arbeitenden Psyche, was bedeutet: Leistungswille, Ordnungsliebe, Anpassungsfähigkeit, Konsumbereitschaft (Esser/Fach/Simonis 1980, S. 40).
– Organisationsintern ermöglichten diese »integrativen« Prozesse Entstehung und zunehmende Verselbständigung eines *zentralistisch-bürokratischen Gewerkschaftsapparates* mit der damit verbundenen Dominanz hauptamtlicher Funktionäre und stellvertretender Interessenwahrnehmung durch Zentralverhandlungen. Verselbständigte Bürokratien verstärkten noch die Einengung der innergewerkschaftlichen Demokratie und »effektivierten« den kapitalistischen Integrationsprozeß.
Seit der Krise hat sich – wie gezeigt – an dieser spezifischen politischen und ideologischen Vergesellschaftung der ökonomischen Klassenorganisation Gewerkschaft in der BRD nichts Wesentliches geändert; allerdings sind einige *Modifikationen* feststellbar:
1. Die verschärfte Weltmarktkonkurrenz hat die Gewerkschaften trotz enorm gestiegener sozialer Kosten zu einer wesentlich engeren *Zusammenarbeit* mit Staat und Kapital – und das bedeutet gleichzeitig *freiwillige* Unterordnung unter kapitalistische Produktions- und Verwertungslogik – veranlaßt. Die

eigene ökonomische und soziale Interessendefinition (Sicherung von »Kern«-Arbeitsplätzen sowie des erreichten Lebensstandards für diesen »Kern«) führte infolge des erhöhten Anpassungsdrucks an die neuen Weltmarktbedingungen und der damit verbundenen Krisenerfahrungen zu einem verstärkten *Korporatismus von unten* – und die von der kapitalistischen Funktionslogik ausgehenden Zwänge wurden und werden als »gesamtwirtschaftliche Erfordernisse« bzw. »Gemeinwohlinteresse« interpretiert.

2. Trotz der vom kapitalistischen Staat unterstützten Politik des Abbaus von Arbeitsplätzen (Rücknahme der staatlichen Vollbeschäftigungsgarantie) und trotz der ebenfalls vom Staat unterstützten Politik des Abbaus von Sozialleistungen (Abbau nicht Ausbau des Sozialstaats) funktioniert bei Gewerkschaftsführung und -basis gleichermaßen weiterhin die in den fünfziger und sechziger Jahren entwickelte und verfestigte *Repräsentativ- und Sozialstaatsillusion*.

3. Die Gewerkschaften akzeptieren die in dieser Kooperation angelegte negative Konsequenz hinsichtlich der eigenen Interessenpolitik, nämlich: *selektive* Interessenwahrnehmung für die im weiterhin prosperierenden Weltmarktsektor beschäftigten *Kern*belegschaften bei gleichzeitig zunehmender *Abkoppelung* und *Ausgrenzung* der aus der Funktionslogik dieses Weltmarktsektors herausfallenden sozialen Gruppen/Individuen.

Diese »Gewerkschaftspolitik in der Krise« gilt es, theoretisch zu erklären – und es versteht sich nach den bisherigen Ausführungen von selbst, daß diese Erklärung auf der Basis politökonomisch/klassentheoretischer Überlegungen erfolgen muß. Dabei ist weiter zu berücksichtigen, daß sie neben dieser gesellschafts- und klassentheoretischen Fundierung sowohl die jeweils sich historisch wandelnden politisch-ideologischen Vergesellschaftungsprozesse, denen Gewerkschaften unterliegen, als auch den herrschaftstheoretischen Aspekt, d. h. die konkrete staatliche Politik zur Integration der Gewerkschaften, einzubeziehen hat.

Dem hier formulierten Anspruch am nächsten kommt innerhalb

der marxistischen Gewerkschaftsdiskussion das auf *Gramsci* und *Poulantzas* zurückgehende und in der BRD vor allem von *J. Hirsch* weiterentwickelte Konzept der »*masseintegrativen Apparate*«, weshalb ich mir von seiner kritischen Diskussion größere theoretische Klarheit über die aktuelle deutsche Gewerkschaftspolitik verspreche. Darüber hinaus beschreibt aber auch das *Neokorporatismusparadigma* – trotz seiner mangelnden gesellschaftstheoretischen Fundierung – neue/veränderte institutionelle Formen/Mechanismen der Interessenvermittlung bzw. Konfliktaustragung zwischen Lohnarbeit und Kapital sowie eine neue Strategie des kapitalistischen Staates zur Einbindung der Organisationen von Kapital und Arbeit in seine wirtschaftspolitischen Imperative; und zwar in einer Weise, wie sie in dieser Arbeit empirisch festgestellt wurde. Auch dessen kritische Würdigung soll deshalb Thema der weiteren Analyse sein.

2. Gewerkschaften als massenintegrative Apparate

Mit dem Konzept der »massenintegrativen Apparate« wird versucht, auf Basis einer polit-ökonomischen und damit klassentheoretischen Analyse des entwickelten Kapitalismus die Frage zu beantworten, wie es dem bürgerlichen Staat gelingen könne, die Integration der unterdrückten Klassen in die nach kapitalistischer Verwertungslogik funktionierende Gesellschaft zu gewährleisten. Soll diese auf Dauer hergestellt werden – so hat *Gramsci* (1967) in seiner Theorie des »*integralen Staates*« formuliert –, genüge dazu nicht die repressive Gewalt des Staates, sondern letztere müsse ergänzt bzw. überlagert werden durch eine vom Staat zu organisierende *ideologische Hegemonie* über die unterdrückten Klassen. *Poulantzas* (1973, S. 320 ff.) knüpft in seiner Faschismusanalyse an diese These an und folgert: Zur Realisierung dieser Hegemonie benötige der Staat üblicherweise als *privat*, also nicht-öffentlich angesehene Organisationen wie Kirchen, Schulen, Gewerkschaften, Parteien, Informationsmedien. Diese seien freilich noch nicht an sich

»staatliche Organismen«, sondern erst, wenn es dem Staat gelungen sei, sie zu *ideologischen Staatsapparaten* umzuformen, sie politisch zu institutionalisieren. Institutionalisierung/Verapparatisierung meint hier: politische Herstellung/Sicherung eines für die Reproduktionsweise der kapitalistischen Gesellschaftsformation funktionalen Systems von *Normen* und *Regeln* (ebenda S. 323). Damit müsse der kapitalistische »integrale Staat« immer aus sowohl repressiven als auch ideologischen Staatsapparaten zusammengesetzt sein, wolle er seiner zentralen Funktion, die kapitalistischen Herrschafts-/Unterordnungsverhältnisse zu organisieren, effektiv nachkommen. Für unseren Zusammenhang bedeutet das, daß bei *Poulantzas* die *gelungene* Verapparatisierung/Institutionalisierung die Gewerkschaften zu Teilen des Staatsapparates macht und damit – könnte man schließen – ihre auf Kooperation angelegte Politik daraus folgt, daß sie »verstaatlicht« worden sind. Zu analysieren bliebe dann allerdings der historisch-gesellschaftliche Prozeß, der zu dieser Verstaatlichung geführt hat.

Hirschs Einschätzung der deutschen Gewerkschaften als *massenintegrative Apparate* wurde innerhalb dieses theoretischen Kontextes entwickelt, *modifiziert* diesen jedoch in einem wichtigen Punkt. Sein (nicht explizit formulierter) Einwand gegen *Poulantzas* lautet, daß ideologische Staatsapparate Ideologien nicht erzeugen könnten, daß diese vielmehr aus vielfältigen *gesellschaftlichen Praktiken* resultierten, deren ideologische Reflexe dann von den ideologischen Apparaten nur verarbeitet und verallgemeinert würden.

Indem Hirsch damit auf die *Vermittlung* der Apparate mit der materiellen Basis rekurriert, sieht er sogleich, daß zur Herstellung des ideologischen Konsenses bei den unterdrückten Klassen deren *materielle Bedürfnisse und Interessen* in bestimmter, und zwar herrschaftskonformer Weise berücksichtigt werden müssen. Gerade eine Gewerkschaft könne nicht nur durch institutionalisierte Praktiken (Formulierung von Forderungen an den Staat, Verhandlungen zwischen Sozialpartnern) den »realen« Schein eines auf freier Interessenvertretung und Pluralismus gesellschaftlicher Interessen beruhenden klassenneutralen Staates sowie einer nicht-antagonistischen Sozialpartnerschaft erzeugen und befestigen. Hinzukommen müsse, daß durch diese Praktiken materielle Interessen tatsächlich auch durchgesetzt würden. Um den in dieser Weise herausgearbeiteten Unterschied zu den ideologischen Apparaten auch begrifflich deutlich zu machen, bezeichnet er solcherart orientierte Gewerkschaften sowie reformistische Arbeiterparteien als *massenintegrative Apparate.*

Nun sind Gewerkschaften »nicht per se und zu jeder Zeit ›massenintegrative‹ Apparate, sondern nur insoweit«, als sie spezifische Organisationsstrukturen (zentralistisch-hierarchische Interessenwahrnehmung von oben) sowie Funktionsbezüge aufweisen, die die durch sie vermittelte Interessenartikulation kapital- und herrschaftsfunktional filtern, kleinarbeiten und »dysfunktionale« Ansprüche abwehren (Hirsch 1976, S. 124). Und diese Voraussetzungen sind aufgrund der oben dargestellten historischen Prozesse bei den deutschen Gewerkschaften zweifellos gegeben.

Festzuhalten bleibt: Trotz der wichtigen Erkenntnis, daß Gewerkschaften immer nur in direkter Verbindung mit den jeweiligen *ökonomisch-gesellschaftlich* erzeugten Bedürfnissen der Lohnabhängigen ihre kapital- und herrschaftsfunktionale Integrationsleistung vollbringen können, also eigentlich *zwischen* Gesellschaft und Staat angesiedelt werden müßten, widerspricht *Hirsch* nicht der These, daß massenintegrative Gewerkschaften Teile des Staatsapparates seien. Faktisch – wenn auch unausgesprochen – jedoch gibt er sie auf:

»Der Prozeß von Massenintegration auf der Basis selektiver Interessenberücksichtigung verläuft indessen alles andere als widerspruchslos. Der grundlegende Widerspruch, der in den massenintegrativen Apparaten strukturell zum Ausdruck kommt, besteht darin, daß sie ihre Integrations- und Neutralisierungsfunktion nur dann erfüllen können, wenn sie ihre Massenbasis bewahren. Dies heißt wiederum, daß sie sich gegenüber den manifesten Interessen der Massen nicht grundsätzlich abschotten können. Damit aber verlagert sich der Klassenkampf in einer mehr oder minder verstellten und verschleierten Form auch *in* diese Apparate hinein. Die Folgen sind permanente Konflikte zwischen der ›Basis‹ und den bürokratischen Leitungsapparaten, immer wieder aufbrechende Flügelkämpfe und Fraktionierungen. Die Intensität und der Verlauf dieser Konflikte sind abhängig von der Entwicklung der Klassenkämpfe, die selbst wieder bestimmt ist durch die Kräfteverhältnisse der Klassen, den erreichten Grad von Klassenautonomie und den dadurch gesetzten Verwertungsbedingungen des Kapitals (Entwicklung der Profitrate, Spielraum der Bourgeoisie für materielle Zugeständnisse, daraus resultierendes Reservoir an ›reformistischen‹ Strategien). Die Notwendigkeit, ihre Massenbasis nicht zu verlieren, sorgt zugleich für eine *relativ weitgehende Autonomie der massenintegrativen Apparate gegenüber dem repressiven Staatsapparat:* sie sind herrschaftstechnisch nicht beliebig funktionalisierbar, sondern unterliegen eigenen, durch die Entwicklung der Klassenkämpfe geprägten Bewegungsmechanismen. Diese relative Autonomie bestimmt das Verhältnis der massenintegrativen Apparate zu den übrigen Institutionen des politischen Herrschaftssystems. Sie fungieren auf der Basis der durch sie institutionalisierten gesellschaftlichen Praktiken selber in bestimmter Weise als ›ideologische Apparate‹ und sind eingegliedert in das institutionelle System der Reproduktion und Verbreitung bürgerlicher Ideologie. Zugleich sind sie infolge der Art und Weise, wie sie Klassenbeziehungen herstellen, ein Ort permanenter Klassenauseinandersetzungen und damit in ähnlicher Form wie die ideologischen Apparate durch eine besondere herrschaftstechnische Labilität gekennzeichnet; ihre Rolle bei der Herstellung eines hegemonialen Klassengleichgewichts ist permanent – wenn auch entsprechend der Konjunktur der Klassenkämpfe mit unterschiedlicher Intensität – durch ihre strukturelle Widersprüchlichkeit in Frage gestellt. *Auch gegenüber den massenintegrativen Apparaten tritt daher der repressive Staatsapparat als eine Gewaltinstanz auf, die ›dysfunktionale‹ Entwicklungen im Bereich der organisierten Massenintegration zu neutralisieren oder abzublocken sucht«* (Hirsch 1976, S. 122 f.; Hervorhebung von mir).

Die Konzeptualisierung der deutschen Gewerkschaften als massenintegrative Apparate erhellt vor allem von der staats- und herrschaftstheoretischen Dimension her, wie es in der kapitalistischen Gesellschaftsformation BRD gelingen kann, die unterdrückten Klassen mittels ihrer wichtigsten Klassenorganisation, nämlich der Gewerkschaft, in kapitalkonformer Weise zu integrieren, ohne unmittelbare repressive Gewalt anwenden zu müssen. Dazu muß – so kann man verallgemeinern – ein spezifischer *Modus politisch-sozialer Interessenvermittlung* als institutioneller Bestandteil des Gesamtsystems bürgerlicher Klassenherrschaft vorhanden und die Gewerkschaften müssen darin eingebunden sein. Durch diesen Modus muß dreierlei geleistet werden: erstens muß er mit den unterdrückten Klassen sowie deren sich jeweils historisch wandelnden Bedürfnissen und Interessen organisatorisch verbunden sein; zweitens muß er diese Bedürfnisse und Interessen in jeweils kapitalkonformer Weise »transformieren«, d. h., als konkrete Interessenpolitik an Kapital und Staat weitervermitteln, um dadurch den »sozialen Konsens« zu gewährleisten; drittens muß er durch Form und Inhalt dieser Interessenpolitik die ideologische Hegemonie bürgerlich-kapitalistischer Produktionsverhältnisse in den Köpfen der Subjekte der unterdrückten Klassen aufrechterhalten.

Es wird hier nicht bestritten, daß ein solcher Modus politisch-sozialer Interessenvermittlung zur *friedlichen* Aufrechterhaltung kapitalistischer Produktionsverhältnisse unumgänglich ist – und es ist das Verdienst des Konzepts der massenintegrativen Apparate, diesen Zusammenhang in differenzierter Weise herausgearbeitet zu haben. Für problematisch halte ich freilich die in dieser Konzeption angelegte *eindeutige* Zuordnung *gesellschaftlicher* Organisationen wie Gewerkschaften zum Staatsapparat im Sinne von deren *»Verstaatlichung«*. Es ist hier nicht der Ort, eine ausführliche Diskussion um die gesellschafts- und staatstheoretischen Implikationen der »Theorie der Staatsapparate« – wie sie vor allem in Frankreich (Althusser 1973; Poulantzas 1973) entwickelt wurde – zu führen und dabei die Gemeinsamkeiten bzw. Differenzen zwischen *Gramsci* einerseits, *Althusser/Poulantzas* andererseits einer genauen Analyse zu unterziehen.[30] Festgehalten werden muß jedoch, daß eine Theorie, die Gewerkschaften als massenintegrative Apparate versteht, in ihrer bruchlosen Zuordnung integrierter, also kapitalkonformer Gewerkschaften zum Staatsapparat folgende wichtige Erkenntnisse theoretisch nicht hinreichend erfaßt:

– Auch »integrierte« Gewerkschaften bleiben integraler Bestandteil des ökonomisch-gesellschaftlichen kapitalistischen Reproduktionsprozesses – und innerhalb dieses die Klassenorganisationen der Lohnabhängigen.
– Indem dieses Konzept einen umfassenden Zugriff des kapitalistischen Staates auf die Gesellschaft suggeriert, geht es zuwenig dem historischen Prozeß politisch-ideologischer Vergesellschaftung von Gewerkschaften nach, der niemals abgeschlossen ist. Je nach ökonomisch-gesellschaftlichen Bedingungen und je nach politisch-ideologischer »Verarbeitung« dieser Bedingungen kann dieser einmal zu Kooperation und Integration, ein andermal zum Ausscheiden/Aussteigen aus dem kapitalistischen Herrschaftsverband führen. Politische Labilität zu bewirken oder Störfaktor für kapitalistische Verwertung zu sein, ist Gewerkschaften aufgrund ihrer Abhängigkeit von der ökonomisch-sozialen Entwicklungsdynamik strukturell »eingeschrieben«.
– Für diese Theorie spricht noch nicht einmal die historische Erfahrung autoritärer oder faschistischer Herrschaftssysteme – für die *Poulantzas* sie ja entwickelt hat. Zwar bietet sich in Zeiten einer zugespitzten ökonomischen und politischen Krise (des Ausnahmezustandes) – wenn die ökonomische Reproduktion des Kapitalismus nicht mehr durch den etablierten, marktmäßig organisierten Interessenausgleich funktionsfähig erhalten und die bürgerliche Herrschaft nicht mehr durch liberal-demokratische Kompromißbildung organisiert werden kann – von staatlicher Seite der Versuch einer Verstaatlichung privater Organisationen wie Kirchen, Schulen, Massenmedien zur Stabilisierung ideologischer Hegemonie sowie die Zerschlagung freier und deren Ersetzung durch herrschaftskonforme Staatsgewerkschaften zur zwangsweisen Integration der Lohnabhängigen als letzter Ausweg geradezu an (Fraenkel 1940; Neumann 1963; Mason 1975). Und letzteres ist immer und muß immer verbunden sein mit der Zurückdrängung bisheriger ökonomischer und sozialer Ansprüche der unterdrückten Klassen; denn nur dann ist die angestrebte Wiedergewinnung kapitalistischer Profitabili-

tät möglich. (In dieser Analyse treffen sich übrigens materialistische Faschismus- und liberal/konservative Totalitarismusforschung, obwohl letztere die ökonomischen Bedingungen und sozialen Widersprüche dieser Herrschaftsstruktur aufgrund ihrer politologischen »Verkürzungen« nicht thematisiert – vgl. dazu Ludz 1968, S. 11 ff.)
Aber obwohl die *Deutsche Arbeitsfront* (DAF) im Nationalsozialismus als Gewerkschaftsersatz geschaffen und in das nationalsozialistische Herrschaftssystem vollständig integriert worden war, um eine »Steigerung des Lebensstandards wirksam zu bremsen und eine Politik des Verzichts im Interesse der militärischen Expansion schmackhaft zu machen« (Mason 1977), wurde sie – wie *Mason* gezeigt hat – dieser Rolle ab 1936 nicht mehr gerecht und entzog sich der »Verstaatlichung« immer mehr:
»Anstatt... die Bevölkerung immer wieder zu Opfern aufzufordern, münzte die DAF die formelhafte Phraseologie des Nationalsozialismus in ein Instrument um, mittels dessen sie eine Reihe tradierter Interessen der Arbeiterklasse zu vertreten vermochte. Zu einer Gewerkschaft im eigentlichen Sinne wurde sie indessen nicht, denn ihre Führungsgruppe blieb den Zielen und den Herrschaftsmethoden des Regimes verpflichtet. Das hieß in diesem Zusammenhang, daß die Kämpfe um Vorteile für die Arbeiter, um die Popularität der eigenen Organisation und um die Machtpositionen der alten Eliten in Staat und Wirtschaft nicht offen ausgetragen werden konnten. Sobald sich diese Eliten auf eine klare innenpolitische Linie einigen konnten (was selten genug geschah), die auch die Rückendeckung *Hitlers* oder *Görings* fand, blieb der DAF nur die Möglichkeit, die Durchführung beschlossener Maßnahmen zu erschweren. Ihre Rolle im Herrschaftssystem war somit letztlich eher funktional als konstruktiv. Ohne daß die Akteure in dem endlosen und verzweigten Grabenkrieg um Zuständigkeiten sich dessen voll bewußt waren, bestand die wesentliche Funktion der DAF darin, zu verhindern, daß die Ausbeutung und die Unterdrückung der Arbeiterklasse vollends unerträglich wurden. Sie wirkte gewissermaßen wie ein Polster zwischen Herrschern und Beherrschten, konnte sich jedoch mit dieser undankbaren Rolle nicht zufriedengeben. Angesichts der unerwartet dynamischen Entwicklung der Massenorganisation seit 1936 ist es verständlich, daß die Machteliten nicht begreifen konnten, daß der

Grabenkrieg mit der DAF zum stabilen Dauerzustand werden mußte: nämlich *zur systemadäquaten Ausdrucksform des Klassenkonflikts«* (Mason 1977, S. 261 f.; Hervorhebung von mir).

Aus all dem folgt: Auch »massenintegrative Gewerkschaften«, deren zentrale Funktion es ist – in Abhängigkeit von ökonomischer und sozialer Entwicklung kapitalistischer Gesellschaftsformationen – die zur Herstellung/Aufrechterhaltung des sozialen Konsenses notwendige graduelle Berücksichtigung der Interessen der Lohnabhängigen sowie die herrschaftskonforme/kapitalfunktionale Verarbeitung massenhafter Bedürfnisartikulation zu leisten, sollte man nicht als Teile des Staatsapparates theoretisch konzeptualisieren, sondern als *intermediäre Organisationen* zwischen Gesellschaft und Staat; oder noch besser: man sollte von einem auf Basis jeweiliger historischer Bedingungen unterschiedlichen *Hin- und Herpendeln* von Gewerkschaften zwischen gesellschaftlicher Autonomie und Etatisierung ausgehen.

Grundsätzlich lassen sich dann innerhalb kapitalistischer Gesellschaftsreproduktion auf systematischer Ebene *zwei* Möglichkeiten dieses Hin- und Herpendelns der Gewerkschaften unterscheiden:

– In sogenannten *»Schönwetterzeiten«* schafft der bürgerliche Staat die Massenintegration in erster Linie durch seine Existenz als liberal-demokratischer, das ganze Volk vertretender *Repräsentativstaat* (Anderson 1979) und als die sozialen und ökonomischen Interessen ausgleichender *Sozialstaat*. Parlamentarismus, periodisch freie Wahlen, bürgerliche Freiheitsrechte, der Glaube, im Staat selbst zu regieren, sowie schließlich der Erfolg wohlfahrtsstaatlicher Daseinsvorsorge realisieren politische Legitimität und Schein der Klassenneutralität bürgerlicher Herrschaft für Gewerkschaftsbasis und Gewerkschaftsfunktionäre (die man weiterhin als Einheit fassen sollte) gleichermaßen.

– In Zeiten *zugespitzter ökonomischer und politischer Krise*, wenn Kompromißbildung und -fähigkeit der Klassen/Klassenfraktionen nicht mehr auf Basis liberal-demokratischer und sozialstaatlicher Institutionen erreichbar sind (Ausnahmestaat),

wird die Integration der unterdrückten, aber auch von Teilen der herrschenden Klassen (kleines, mittleres Kapital, Kleinbürgertum) über zwangsweise Verapparatisierung zu lösen versucht, die aber ebenfalls ihren Bezug/ihre Vermittlung zur ökonomisch-gesellschaftlichen Basis nicht verlieren darf.
Faktisch – darauf wurde bereits hingewiesen – enthält *Hirschs* Konzept der massenintegrativen Apparate dieses Hin- und Herpendeln der Gewerkschaften zwischen Gesellschaft und Staatsapparat einerseits, deren Vermittlerfunktion zwischen sozioökonomischen Interessenlagen der Lohnabhängigen sowie herrschaftskapitalfunktionaler Berücksichtigung/Verarbeitung andererseits. Aber – wie gezeigt – suggeriert die Beibehaltung des Apparatebegriffs das Mißverständnis eines umfassenden, gewerkschaftliche Interessenpolitik von *oben* her strukturierenden Zugriffs.
Die von Gewerkschaften aufgrund spezifischer politisch-ideologischer Vergesellschaftungsprozesse wahrgenommene Funktion der *Massenintegration* sowie ihre Einbindung in einen bestimmten *Modus herrschafts-/kapitalfunktionaler politischer Interessenvermittlung* bezeichnen begrifflich adäquater, um was es hier geht; nämlich um einen komplexen gesellschaftlichpolitischen Prozeß: Massenintegration bedarf eines spezifischen, staatlich zu organisierenden Modus; gleichwohl kommt diese nur aufgrund einer innerhalb der Gesellschaft geschaffenen materiell-ökonomischen Interessenbasis zustande; und dieses Zustandekommen hinwiederum hängt davon ab, daß die Lohnabhängigen und ihre Gewerkschaften ihre ökonomischen, sozialen und politischen Interessen im Rahmen eines breiten Konsenses definieren, der kapitalistische Produktionsverhältnisse und die diese abstützende politische Herrschaft einschließt. Mit anderen Worten: Voraussetzung für eine kapital- und herrschaftskonforme Massenintegration der Lohnabhängigen und ihrer gewerkschaftlichen Organisationen ist ein *gesellschaftlicher Klassenkompromiß* oder gar ein gesellschaftliches *Klassenbündnis* zwischen Kapital und Lohnarbeit.
Wie gezeigt, liegen die ökonomischen, sozialen, ideologischen

und politischen Bedingungen für ein solches Klassenbündnis in der BRD vor. Aber es hat sich sowohl in seiner sozialen Zusammensetzung, dem Modus der Interessenvermittlung als auch der politisch-institutionellen Form geändert. Aus einem allgemeinen Bündnis von Lohnarbeit und Kapital ist ein *selektives,* bestimmte, für die ökonomische Reproduktion funktionslos gewordene soziale Gruppen ausgrenzendes geworden. Dem entspricht ein *selektiv wirkender Modus wirtschafts- und sozialpolitischer Interessenvermittlung zwischen Staat, Kapital und Arbeit.* Und schließlich versucht der Staat über eine neue *korporatistische Strategie,* die für die Wirtschafts- und Sozialpolitik funktionalen Organisationen von Kapital und Arbeit in den direkten politischen Entscheidungsprozeß einzubinden, was mit einer Strukturveränderung liberal-demokratischer politischer Herrschaft einhergeht.

Ich werde im folgenden vorschlagen, diese neuen Entwicklungen sozioökonomischer und wirtschaftspolitischer Interessenvermittlung/Interessenausgleichs zwischen Staat, Kapital und Arbeit in der Bundesrepublik mit *Gramscis Blockkonzept* (1951; 1967) theoretisch-begrifflich zu erfassen. Zuvor jedoch soll erörtert werden, inwieweit das *Neokorporatismusparadigma* für diesen theoretischen Erklärungsansatz nutzbar gemacht werden kann.

3. Das Neokorporatismusparadigma

Das Neokorporatismusparadigma kann aus mehreren Gründen für die Erklärung des Klassenbündnisses in der BRD herangezogen werden: *Einmal* reflektiert es die veränderte, im Gegensatz zum »reinen Pluralismus« stehende Strategie des kapitalistischen Staates, die Organisationen von Kapital und Arbeit in seine wirtschaftspolitischen Steuerungsversuche einzubinden. Und diese Strategie wird von liberalen und sozialdemokratischen Theoretikern sogar als effektivste soziopolitische Technik zur Regulierung des Klassenkonflikts in Zeiten verschärfter ökonomischer Krisentendenzen empfohlen (vgl. Kapitel I.1.2.). *Zum anderen* konnte bei der empirischen Nachzeichnung gewerkschaftlicher Politik seit der Krise gezeigt werden, daß diese soziopolitische Technik tatsächlich mit einigem Erfolg angewendet wird. *Schließlich* beschreibt das Neokorporatismusparadigma die mit dieser Strategie verbundene veränderte institutionelle Form politischer Interessenvermittlung im Rahmen liberal-demokratischer politischer Klassenherrschaft weitaus genauer, als dies in der Theorie des »integralen Staates« bzw. der »ideologischen Staatsapparate« bisher geschah.

Auf eine ausführliche Darstellung und Auseinandersetzung mit *allen* Varianten der »Wachstumsindustrie« Neokorporatismus (Panitch) wird hier verzichtet. Denn wenn man die in letzter Zeit vorgenommenen Systematisierungsversuche vorliegender analytischer Konzepte zu Rate zieht (Alemann/Heinze 1979b; Kastendiek 1980), so erweisen sich Ansätze, die Korporatismus als qualitativ neues sozioökonomisches System jenseits von Kapitalismus oder Sozialismus auffassen (Winkler 1976) oder als qualitativ neue Staatsform innerhalb des Kapitalismus charakterisieren (Jessop 1978), als theoretisch unklar und empirisch spekulativ. Fruchtbar hingegen sind jene Ansätze, die korporatistische Elemente *innerhalb* der Austauschbeziehungen zwischen Kapital und Arbeit und *innerhalb* liberal-demokratischer politischer Herrschaftsformen feststellen (Panitch 1977; Lehmbruch 1979).

Die *Dimensionen* dieser Varianten des Neokorporatismus lassen sich folgendermaßen *zusammenfassen:*

– Die Entwicklungsdynamik fortgeschrittener kapitalistischer Industriegesellschaften erzeugt zunehmend *ökonomische Funktionsprobleme,* deren Bewältigung nur mittels *Staatsintervention* möglich ist.

– Staatliche Steuerungsleistungen provozieren jedoch erheblich größere gesamtgesellschaftliche *Integrations- und Legitimationsprobleme* als der gleichsam »naturgesetzlich« wirkende Marktmechanismus.

– Die auf Basis des Kalküls der Stimmenmaximierung operierenden Massen-(Volks-)Parteien sind zur Integrations- und Legitimationsbeschaffung vor allem gegenüber den wirtschaftlich-sozialen Verbänden kaum noch in der Lage. Dies hat einerseits zu ihrem Funktionsverlust und dem Funktionsverlust des Parlamentes geführt, andererseits die »*Direktschaltung*« zwischen staatlicher Administration und diesen Verbänden verstärkt.

– Die *effektivste* Ausgestaltung dieser Direktschaltung besteht darin, die wirtschaftlich-sozialen Verbände in den politischen Willensbildungs- und Entscheidungsprozeß bei der Bewältigung sie direkt betreffender ökonomisch-sozialer Probleme *formell* oder *informell einzubeziehen*, weil dadurch dreierlei erreicht werden kann: a) Die Entscheidung kann *zeitlich* schneller gefällt werden als im normalerweise langwierigen parlamentarischen Prozeß; b) die *sachliche* Verbindlichkeitswirkung der Entscheidungen ist höher; c) die *soziale* Legitimation und Kontrolle bei der Durchführung liegt bei den Verbänden selbst – die Staatsverwaltung wird von Integrations- und Legitimationsproblemen entlastet.

– Die Integration in den politischen Entscheidungsprozeß kann auf *zweierlei Weise* und auf *drei verschiedenen Ebenen* (Wassenberg 1978) erfolgen:

Integrationsweise:

a) im Staatsapparat verankerter *Tripartismus;*

b) von der Staatsverwaltung zugelassene und abgesicherte *Selbstverwaltung.*

Politikebenen:

a) Makro-Ebene (zentralstaatliche Instanzen, Spitzenverbände);

b) Meso-Ebene (Branche, Region);

c) Mikro-Ebene (Betrieb, Unternehmen).

– Der Erfolg neokorporatistischer Politik ist an politisch-ideologische und organisatorische Voraussetzungen bei den beteiligten Verbänden gekoppelt: *Politisch-ideologisch* müssen einerseits verläßliche gewerkschaftliche Großorganisationen mit beispielsweise sozialdemokratisch/reformistischer oder christ-

lich/sozialpartnerschaftlicher Orientierung die Integration und Repräsentation der lohnabhängigen Klassen gewährleisten; an Autonomie und politischem Klassenkampf orientierte Gewerkschaften eignen sich kaum für eine kapitalfunktionale Zusammenarbeit. Andererseits muß die Staatsverwaltung den Verbänden (und hier vor allem den Gewerkschaften) Zugeständnisse machen (korporatistische Austauschlogik); z. B. öffentliche Anerkennung, Repräsentationsmonopol, Entgegenkommen bei Mitbestimmung/Vermögensbildung/Arbeitsmarktpolitik usw. als Gegenleistung für Zurückhaltung bei Lohnforderungen. *Organisationsintern* muß die »Achillesferse des Korporatismus« (Teubner 1979), Gewerkschaftsbasis oder Einzelunternehmer, durch Konzentration der Entscheidungsprozesse sowie hierarchische Binnenstrukturen kontrollierbar sein.
– Innerhalb der politischen Herrschaftsstrukturen führt Korporatismus zu einer Strukturveränderung, und zwar in Form einer *Gewichtsverlagerung* innerhalb des politischen Systems. Der bereits angesprochene Funktionsverlust des Parlaments ist verbunden mit engerer Verknüpfung von Staatsadministration und funktionaler Interessenorganisierung einerseits, politikbereichsspezifischer Existenz von selbstverwalteten Verhandlungs-/Entscheidungsgremien andererseits (Wiesenthal 1979). Aus letzterem folgt, daß korporatistische Verbundsysteme keine *neue* Gesamtstruktur politischer Willens- und Entscheidungsbildung im Rahmen liberal-demokratischer bürgerlicher Herrschaft konstituieren, sondern als politikbereichsspezifische *Netzwerke* (Kastendiek 1980) *neben* dem parlamentarischen System und in enger Verbindung mit diesem existieren (»institutionalisierter« oder »begrenzter« Pluralismus – Lehmbruch; von Beyme 1979, S. 228 ff.).
Die Leistung des Neokorporatismusparadigmas besteht darin, *aus der Sicht* des kapitalistischen Staates die »Rationalität« einer *politischen Strategie* zu entwickeln, mittels derer notwendig gewordene wirtschaftspolitische Steuerungsleistungen sich herrschaftsfunktional, d. h. die liberal-kapitalistische Wirtschaftsordnung stabilisierend, bewältigen lassen, ohne zusätzliche

Integrations- oder Legitimationsprobleme aufzuwerfen. Direkte Einbindung der Organisationen von Kapital und Lohnarbeit, also ein neuer *Modus* politischer *Interessenvermittlung,* soll die an sich zuständigen Institutionen dieser Interessenvermittlung, nämlich Parlament und »Volks«-Parteien, dort *ergänzen,* wo diese eine solche nicht mehr, oder nur mit zu hoch eingeschätzten zeitlichen, sachlichen und sozialen Kosten, leisten würden. Mit anderen Worten: Korporatismus bezeichnet eine »politische Struktur im fortgeschrittenen Kapitalismus . . ., die organisierte sozioökonomische Produzentengruppen durch ein System der Repräsentation und kooperativen wechselseitigen Zusammenarbeit auf der Leitungsebene und durch ein System der Mobilisierung und sozialen Kontrolle auf der Massenebene integriert« (Panitch 1977, S. 66).
Die sowohl theoriegeschichtlich wie demokratietheoretisch gleichermaßen interessante Pointe dieses Paradigmas besteht darin, daß es sich vom liberal-pluralistischen Modell gesellschaftlicher Interessenvertretung und politischen Interessenausgleichs *absetzt* – und damit faktisch zugibt, daß die Wirklichkeit entwickelter kapitalistischer Industriegesellschaften nicht mehr adäquat als demokratisch-pluralistisch zu beschreiben ist (einmal abgesehen davon, ob sie es je war). Zugleich jedoch soll mit Begriffen wie »liberaler Korporatismus«, »begrenzter« oder »institutionalisierter Pluralismus« die faktisch sich vollziehende Transformation politischer Klassenherrschaft – weg vom liberal-demokratischen Parlamentarismus, hin zum autoritären Sicherheitsstaat (vgl. dazu Kapitel IV.5) – einerseits *legitimiert,* andererseits *verschleiert* werden.
Unter polit-ökonomisch/klassentheoretischer Perspektive freilich liegt der substantielle, d. h. zugleich klassenspezifische und herrschaftsfunktionale Charakter korporatistischer Strategien/Strukturen einmal in dieser Formveränderung bürgerlicher Herrschaft, zum anderen – das demonstriert das obige Zitat *Panitchs* – in *State control over labour* oder »staatlich induzierter Klassenkollaboration« (Panitch 1978; Kastendiek 1980) zwecks Aufrechterhaltung kapitalistischer Wirtschafts- und

Herrschaftsordnung.
Man kann dieses Neokorporatismusparadigma insgesamt bestenfalls als »heuristisches Instrument für die Erfassung der sozialen Realität« (Panitch 1977) in der BRD bezeichnen – und zwar aus vier Gründen:
1. Eine Analyse der spezifischen ökonomischen Strukturen, Bedingungen und Anpassungszwänge sowie der gesellschaftlichen Voraussetzungen und Klassen-/Kräfteverhältnisse, die zur Institutionalisierung korporatistischer Strategien/Strukturen in entwickelten kapitalistischen Gesellschaften führen oder geführt haben, wird nicht geleistet. Deshalb kann auch kaum etwas über Stabilitäts-/Instabilitätsbedingungen solcher Strategien/Strukturen im gesamtgesellschaftlichen Kontext ausgesagt werden.
2. Eine theoretische Erklärung dafür, warum die deutschen Gewerkschaften dieser staatlich induzierten Form von Klassenkollaboration zustimmen, ist nur verkürzt vorhanden[31]; und zwar deshalb, weil nur politisch-ideologische sowie organisationssoziologisch gewonnene Faktoren dafür benannt werden, daß die Klassenorganisation Gewerkschaft sich in eine ökonomisch-politische Strategie einbinden läßt, die ihre eigene Klassenbasis immer mehr verkleinert, ihre Subalternität, d. h. Unterwerfung unter die kapitalistische Verwertungslogik, noch verstärkt und insgesamt deren soziale Kosten ziemlich einseitig auf ihre Schultern ablädt. Auch wenn diese Faktoren bei einer Analyse des Gewerkschaftsverhaltens ihre Berechtigung haben, müßten sie doch mit einer sozioökonomischen Ursachenanalyse verknüpft werden.
3. Die Strukturveränderung/Transformation politischer Herrschaft, die mit dem neuen Modus politischer Interessenvermittlung im wirtschafts- und sozialpolitischen Bereich immerhin verbunden ist, wird lediglich *beschrieben,* aber nirgendwo staatstheoretisch reflektiert. Statt dessen begnügt man sich – wie bereits gesagt – mit nichtssagenden Hilfsbegriffen wie »liberaler« oder »gesellschaftlicher« Korporatismus oder »begrenzter/institutionalisierter« Pluralismus.

4. Diese korporatistische Strategie/Strukturveränderung ist, weil sie – wie gezeigt – aus Anpassungszwängen zur Sicherung einer ökonomischen Dominanzposition auf dem Weltmarkt resultiert, mit Selektions-/Ausgrenzungsprozessen ganzer sozialer Gruppen aus dem ökonomischen Reproduktionsprozeß verbunden; wir haben es also nicht mit einem liberalen, sondern *selektiven* Korporatismus (Esser/Fach 1979) zu tun – ein Tatbestand, der in die Analyse nicht eingeht. Damit sind auch die demokratietheoretischen Implikationen dieser Ausgrenzung ebensowenig Diskussionsthema wie die zur politisch-sozialen Kontrolle dieser »Überschußbevölkerung« notwendigen Repressions- und Überwachungsapparate.

All diese Mängel sind auf die reduzierte »politologische« Grundlage dieses Paradigmas und seine mangelnde gesellschaftstheoretische Fundierung zurückzuführen. Trotzdem läßt sich die auf der phänomenologisch-deskriptiven Ebene entwickelte Analyse neuer/veränderter institutioneller Formen und Mechanismen wirtschafts- und sozialpolitischer Interessenvermittlung und Konfliktaustragung zwischen Staatsapparat und Organisationen von Kapital und Arbeit in eine polit-ökonomisch/klassentheoretische Analyse deutscher »Gewerkschaftspolitik in der Krise« integrieren.

4. Das Blockkonzept Gramscis (1951; 1967)

Gramsci hat die Kategorie des »Blocks« bei der Analyse der *süditalienischen Frage* zu Beginn unseres Jahrhunderts benutzt, um sie dann später als »*Historischen Block*« zur Überwindung der bekannten Basis-Überbau-Probleme innerhalb marxistischer Gesellschaftstheorie weiterzuentwickeln. Das Originelle besteht darin, daß diese Kategorie es ermöglicht, sowohl die notwendige Trennung von Staat und Gesellschaft im Kapitalismus konzeptionell beizubehalten und gleichwohl die enge »organische« Verbindung beider zu bestimmen. Anders gesagt: eine konkrete soziale Organisation innerhalb des Kapitalismus zu beschreiben, in der sich *Zusammenarbeit zwischen den Klassen* und die dazu notwendige politische Herrschaftsform/Vermittlung gegenseitig durchdringen (vgl. Ziebura 1979, S. 12). Der weitgesteckte gesamtgesellschaftliche Anspruch von *Gramscis* Konzept und die darin angelegten Probleme, Mißverständnisse, Inkonsistenzen (Anderson 1979) stehen hier nicht zur Debatte.[32] Mir geht es lediglich darum, das Blockkonzept für die in der BRD sich konstituierende spezifische »Interessengemeinschaft« zwischen Kapital, Arbeit und Staat, deren politisch-institutionelle Organisationsformen sowie ideologische Integrationsmechanismen nutzbar zu machen. Denn einerseits erfaßt es die ökonomischen, sozialen, politischen und ideologischen Dimensionen der selektiv wirkenden sozioökonomischen und wirtschaftspolitischen Interessenvermittlung zwischen diesen drei Akteuren, ohne mit den Mißverständnissen des Apparatekonzepts behaftet zu sein. Und andererseits vermag es die im Neokorporatismusparadigma richtig beschriebene politische Strategie/Strukturveränderung dieser Interessenvermittlung in die polit-ökonomische Gesellschaftstheorie zu integrieren.

Gramsci beschreibt die ökonomische/klassenpolitische Entwicklung in Italien zu Beginn dieses Jahrhunderts als *Bündnis* eines »industriellen Blocks« im Norden und eines »Agrarblocks« im Süden. Der die gesellschaftliche Entwicklung determinierende Industrieblock setzte sich aus norditalienischen Unternehmern und norditalienischer Arbeiterklasse zusammen. Auf Basis eingeschränkten Wahlrechts, Zollprotektionismus, zentralisierter Verwaltung, reformistischer Lohnpolitik und anderer Zugeständnisse an die Gewerkschaften bestand dessen ökonomische Funktion darin, mit Hilfe einer protektionistischen Abschottung nach außen und umfassender finanzieller Staatsintervention sowie Kooperationsbereitschaft der Gewerkschaften nach innen die durch zu späte politische Einigung bedingte wirtschaftliche Rückständigkeit gegenüber den übrigen europäischen Zentren durch ein umfangreiches Industrialisierungsprogramm wettzumachen. Zur Durchsetzung dieses Programms waren freilich ein »Einfrieren« der enormen sozialen Widersprüche Süditaliens und die Kontrolle der verelendeten Bauernmassen nötig. Diese Aufgabe übernahm der aus feudalem Großgrundbesitz und mittlerer ländlicher (vor allem) Bildungsbourgeoisie bestehende und durch die zentrale staatliche Verwaltung politisch zusammengehaltene Agrarblock. Dessen Ziel, Erhaltung des Status quo im Süden, hieß für die Großgrundbesitzer vor allem Verhinderung von Landreform und damit Sicherung der eigenen ökonomischen Machtposition. Die Stabilität dieser Bündniskonstellation war *Gramsci* zufolge jedoch nicht allein der politischen Organisation/Kontrolle zuzuschreiben. Die große, amorphe und unorganisierte Masse der Bauern wurde im wesentlichen durch *ideologische Mechanismen* (produziert von katholischer Kirche, Intellektuellen) zugleich *ökonomisch desintegriert* und *politisch integriert*. Die norditalienische Arbeiterklasse, geführt von reformistischer/*ständisch-korporativer* sozialistischer Partei und Gewerkschaft, war klassenegoistisch orientiert und ohne gesamtgesellschaftliche, auch die Bauernschaft einbeziehende ökonomische und politische Perspektive.

Ich habe *Gramscis* »süditalienische Frage« hier, notwendigerweise verkürzt, nur deshalb referiert, weil man die *Dimensionen* seines Blockkonzepts deutlich erkennen kann:

– *Materieller Inhalt* des Blocks ist ein *ökonomisch-korporatives Bündnis verschiedener Klassen/Klassenfraktionen auf Basis gemeinsamer ökonomischer Interessendefinition*. Dabei kann gemeinsame ökonomische Interessendefinition Verschiedenes heißen: volle Homogenität, teilweise Homogenität auf Kompromißgrundlage, Wahl des »kleineren Übels« wegen gegnerischer Übermacht oder schließlich strategische Alternativlosigkeit. Um Mißverständnisse zu vermeiden: Derartige Bündnisse zwischen Kapital und Arbeit erfolgen auf Basis der im Kapitalismus strukturell gegebenen Klassenspaltung und heben diese nicht auf. Faktisch liegt hier die – aus welchen Gründen auch immer – Bereitschaft der Lohnabhängigen und ihrer gewerkschaftlichen Organisationen vor, sich den Verwertungszwängen der Kapitallogik *unterzuordnen*. Darin ist auch impliziert, daß die Nutzen-/Kostenverteilung innerhalb dieses Bündnisses *asymmetrisch,* und zwar zuungunsten der Lohnabhängigen, erfolgt. Und schließlich reproduzieren sich solche Bündnisse weder widerspruchs- und konfliktfrei, noch heben sie die ebenfalls im Kapitalismus strukturell gegebene Labilität des sozioökonomischen Herrschaftsverbandes auf. Solange freilich bei den Bündnispartnern die gemeinsame Interessendefinition dominiert, wird immer versucht werden, auftretende Widersprüche/Konflikte auszubalancieren und damit die strukturelle Labilität latent zu halten.

– Beim Zustandekommen dieses Bündnisses sowie seiner Sicherung ist die *politische Vermittlung* zur Bündelung der Interessen und zur Organisation des Widerspruchsausgleichs im Rahmen *staatlich-institutioneller Formen/Mechanismen* unumgänglich. Mit anderen Worten: es bedarf eines spezifischen Modus politischer Interessenvermittlung. Um auch hier kein Mißverständnis aufkommen zu lassen: Hinter dem *friedlichen* Modus politischer Interessenvermittlung lauert in klassengespaltenen Gesellschaften vom Typ kapitalistischer Formationen immer die repressive, beim bürgerlichen Klassenstaat monopolisierte außerökonomische Gewalt, die »dysfunktionale Entwicklungen im Bereich der organisierten Massenintegration zu neutralisieren oder abzublocken« (Hirsch 1976, S. 123) und die Funktionsfähigkeit der kapitalistischen Klassengesellschaft als Ganzer zu erhalten sucht (Esser 1975). Das gemeinsame Bündnis verschiedener Klassen ist also immer auch ein Herrschafts-/Gewaltverhältnis zwischen strukturell ungleichen (herrschenden und subalternen) »Partnern«; und es basiert in letzter Instanz auf politischen Zwangsverhältnissen und gewaltsamer staatlicher Repression.

– Neben der politischen Organisation bedarf die Bündnis-/Blockstabilität der *ethischen Formierung* durch *eine* Ideologie oder ein *System* einheitsstiftender *Ideologien.*

– Im Blockkonzept sind *Selektions-/Ausgrenzungsprozesse strukturell angelegt:* Privilegierung derjenigen, deren ökonomisch-korporative Interessen durch politische Organisierung

und ideologische Zementierung auf Dauer erfüllt werden; Ausgrenzung derjenigen, deren ökonomisch-korporative Interessen politisch unterdrückt und ideologisch diskriminiert werden. Wichtig ist auch hier, daß diese Privilegierung/Ausgrenzung *quer* zu den Klassengrenzen verlaufen kann und jeweils von den spezifischen Reproduktionserfordernissen der kapitalistischen Verwertungslogik determiniert wird.
Fazit: Gramscis Blockkonzept erfaßt folgenden polit-ökonomischen Zusammenhang. Infolge spezifischer sozioökonomischer Entwicklungen in kapitalistischen Gesellschaftsformationen und damit verbundener ökonomischer Funktionsprobleme schließen bestimmte Kapitalfraktionen und Teile der Klasse der Lohnabhängigen über ihre Gewerkschaften (oder Parteien) ein Bündnis auf Grundlage gemeinsamer ökonomischer Interessendefinition, aber im Rahmen kapitalistischer Verwertungslogik – was für die beteiligten Lohnabhängigen sowohl freiwillige Unterordnung unter diese Logik als auch Nutzen-/Kostenverteilung zu ihren Ungunsten bedeutet. Die gleichwohl darin enthaltenen materiellen Zugeständnisse werden positiver interpretiert als jeder andere Zustand, oder ein solcher anderer Zustand ist wegen eigener Schwäche, mangelnder Alternativvorstellungen bzw. politisch-programmatischer Perspektivlosigkeit nicht vorstell-(durchsetz)bar. Dieses Bündnis bedarf um seiner Stabilität willen der politischen Organisierung/Institutionalisierung über einen spezifischen Modus politischer Interessenvermittlung einerseits; der ideologischen Hegemonie über die Lohnabhängigen in Form kapitalfunktionaler ideologischer Vergesellschaftung und deren Institutionalisierung in Form ideologischer Apparate (Schule, Kirche, Massenmedien usw.) andererseits. Mit dem Bündnis ist zugleich eine strukturell angelegte Ausgrenzung der mit der gemeinsamen Interessenkonstellation nicht-kompatiblen sozialen Gruppen/Individuen verbunden. Und diese Ausgegrenzten müssen politisch vom Modus der Interessenvermittlung ferngehalten und kontrolliert, ideologisch müssen ihre Interessen diskriminiert werden.
Auf die hier vorgelegte Analyse bezogen: In der BRD hat sich

hinsichtlich der Regulierung der industriellen Beziehungen sowie der sozial- und wirtschaftspolitischen Interessenvermittlung/Massenintegration unter veränderten Weltmarktbedingungen ein neuer Modus herausgebildet: ein *Modus der selektiv-korporatistischen Massenintegration und -ausgrenzung* nämlich – und dieser läßt sich mit dem Blockkonzept begrifflich-theoretisch präzise fassen. Wegen der in ihm vorherrschenden neuen politischen *korporatistischen* Strategien/Strukturen nenne ich ihn *korporatistischen Block*. Seine historische Entstehung und seine Konturen sowie die damit verbundene Transformation politischer Herrschaft in der BRD sollen jetzt auf Basis des bereits präsentierten Materials zusammenfassend resümiert werden.

5. Korporatistische Blockbildung und Gewerkschaften in der BRD

Bis zu Beginn der siebziger Jahre konsolidierte sich die *ökonomische Dominanzposition* der deutschen Wirtschaft auf dem Weltmarkt; und zwar als Exporteur technologisch hochwertiger Investitionsgüter (die BRD als »Werkstatt der Welt«). Dies gelang vor allem aus drei Gründen: erstens vermochte die verarbeitende Industrie – unterstützt und teilweise »organisiert« durch hochkonzentriertes Bank- und Versicherungskapital (Monopolkommission 1978; Hack/Hack 1979) – sich auf die weltweit expandierende Nachfrage nach Produktions- und Investitionsgütern zu spezialisieren; zweitens sicherte der Staat trotz neoliberaler Ideologie über erhebliche Steuererleichterungen und Subventionen diese Strategie; drittens schafften erst schwache und später kooperationsbereite Gewerkschaften von der Kostenseite her über niedrige Löhne international günstige Konkurrenzbedingungen. Garantierte diese Weltmarktorientierung über das jeweils greifende »Exportventil« einerseits eine langanhaltende ökonomische Prosperität, so verwandelte sie andererseits die ökonomische Struktur der BRD tiefgreifend:

Eine Veränderung der Branchenstruktur zugunsten der technologisch fortgeschrittenen, wachstumsintensiven und exportorientierten Branchen Chemie, Elektrotechnik, Maschinen-, Anlagen- und Fahrzeugbau, Mineral- und Kunststoffverarbeitung sowie des funktional darauf bezogenen Finanzierungs-, Marketing-, Engineering- und Consultingsektors ging einher mit Schrumpfung und Durchkapitalisierung von Landwirtschaft, selbständigem Handwerk sowie Klein- und Mittelunternehmen (Hirsch 1980).
Diese ökonomische Entwicklung bewirkte – bzw. war abhängig – von einer ebenso tiefgreifenden *Veränderung der Klassenstruktur*. Und sie ermöglichte zugleich die Bildung eines relativ stabilen *Klassenbündnisses* zwischen Bourgeoisie, Kleinbourgeoisie und Arbeiterklasse, das in seinem *Kern noch heute besteht*. Auch wenn die Dominanz des Weltmarktsektors (Industrie- und Finanzkapital) zunahm und zugleich traditionelle Industriesektoren (Holz, Leder, Nahrung, Textil/Bekleidung) abnahmen, auch wenn das traditionelle Kleinbürgertum an Einfluß verlor und nur die von der Durchkapitalisierung der Landwirtschaft profitierenden Großbauern vollständig in den Weltmarktsektor integriert wurden – die langanhaltende ökonomische Prosperität sorgte dafür, daß alle sozialen Gruppen an der Verteilung des »gesamtwirtschaftlich wachsenden Kuchens« teilnahmen, daß die vom raschen Strukturwandel Betroffenen umgeschult und in die wachsenden Sektoren eingegliedert und die auftretenden sozialen Probleme *sozialstaatlich* kompensiert werden konnten (Esser/Fach/Simonis 1980). Dies galt ebenso für die Lohnabhängigen, die zusätzlich über die jährliche Steigerung der Reallöhne und Sozialleistungen, den kontinuierlichen Abbau der Arbeitslosigkeit sowie schließlich den wichtigen Tatbestand, daß ihre Gewerkschaften und ihre sozialdemokratische Partei diesen »sozialen Kapitalismus« akzeptierten und ihn nicht aufheben, sondern lediglich »effektivieren« wollten, ökonomisch, ideologisch und politisch in dieses Bündnis integriert wurden. Daß der klassenkämpferische »Rest« mittels staatlicher und organisationseigener Repression »ausgeschaltet«

wurde – darauf wies ich bereits hin.
Die aus der ökonomischen Expansion finanzierten Kompromisse zwischen den Kapitalfraktionen sowie die über sozialreformerische Volksparteien und Gewerkschaften und schließlich über sozialstaatliche Leistungen vermittelte Integration von Lohnabhängigen und Kleinbürgertum bestimmten auch *Struktur und Funktionsweise liberal-demokratischer Herrschaft*: Über den parlamentarisch vermittelten Willens- und Entscheidungsbildungsprozeß wurden Wiederaufbau, Strukturwandel, Aufbau neuer Industrien und Dienstleistungsbereiche, umfangreiche Konzentrationsprozesse, Ausbau des sozialen Netzes finanziert, legalisiert und legitimiert. Vor allem bei den Lohnabhängigen und ihren Gewerkschaften festigte sich die bürgerliche ideologische Hegemonie vom demokratischen, gemeinwohlorientierten und klassenneutralen *Repräsentativ-* und alle ökonomischen und sozialen Interessen ausgleichenden *Sozialstaat*. Auch auf den ersten größeren ökonomischen Einbruch, die Rezession von 1966/67, wurde – wie gezeigt – rasch und erfolgreich durch politisch-administrative Zentralisierung sowie Effektivierung der staatsinterventionistischen Instrumente und der korporatistischen Einbindung der Gewerkschaften reagiert. Zugleich jedoch bildeten diese Maßnahmen wegen der damit verbundenen Aushöhlung/Abkoppelung von parlamentarischem und parteilichem Willens- und Entscheidungsbildungsprozeß (Stärkung der Exekutive, Funktionsverlust des Parlaments, »Verapparatisierung« der Parteien, direktere Einbindung der Gewerkschaften, Entmachtung von Ländern und Gemeinden) die politisch-institutionelle Grundlage für die Herausbildung des korporatistischen Blocks und seines Pendants: des autoritären Sicherheitsstaats (Hirsch 1980; Poulantzas 1978). Nicht zu vergessen der ebenfalls zu dieser Zeit einsetzende Ausbau des zentralstaatlichen Repressions- und Kontrollapparates (Notstandsgesetze, Verfassungsschutz, Bundeskriminalamt usw.).
Der *»ökonomische Bruch«*, der Anfang der siebziger Jahre in allen kapitalistischen Metropolen einsetzt und ab Ende 1973

auch die BRD erfaßt, ist in Kapitel II beschrieben worden; ebenso die offensive, alte Märkte sichernde und neue Märkte öffnende Modernisierungs- und Rationalisierungsstrategie, mit der die deutsche Wirtschaft – unterstützt von der sozialliberalen Regierung – darauf antwortet. Als Folge dieser Strategie verlieren traditionell starke Partner im bürgerlichen Lager wie Stahl-, Werften-, Chemiefaser-, Bauindustrie an Gewicht; außerdem geht die Zahl kleiner und mittlerer Unternehmen in wesentlich höherem Umfang zurück als in den sechziger Jahren. Während sich also auf diese Weise der das deutsche Kapitalakkumulationsmodell tragende Weltmarktsektor »gesundschrumpft« und seine Dominanz im bürgerlichen Machtblock weiter zunimmt, verschärfen sich die Probleme der wirtschafts- und sozialpolitischen Kompromißbildung zwischen den Kapitalfraktionen erheblich, da die Anpassungsstrategie eine Konzentration der finanziellen Mittel erfordert, die »Verlierer« in diesem Prozeß jedoch höhere soziale Kompensationen oder sogar eine Änderung der Strategie (Protektionismus) fordern.

Bei den Lohnabhängigen sind – wie gezeigt – ähnliche, ja erheblich weitergehende Selektionsprozesse feststellbar: Aber sie treffen ökonomisch und politisch-ideologisch integrierte Lohnabhängige, auch wenn bei diesen weiterhin ein »instinktives« Mißtrauen gegenüber denen »da oben« vorhanden ist. Und sie treffen Gewerkschaften, die in den fünfziger und sechziger Jahren positive Kooperationserfahrungen mit Kapital und Staat gemacht haben und bei denen wirtschafts- und gesellschaftspolitische Alternativvorstellungen und damit verknüpfte Durchsetzungsstrategien, sei es systematisch zurückgedrängt, sei es nicht neu entwickelt worden sind. Beides zusammen ist die Voraussetzung dafür, daß die Gewerkschaften auch in dieser Phase zu weiterer Zusammenarbeit mit Staat und Kapital bereit sind. Zwar gehen die Verschärfung der internationalen Konkurrenz und die damit verbundenen unternehmerischen Anpassungsstrategien sowie die veränderte staatliche Wirtschaftspolitik nicht nur mit struktureller Dauerarbeitslosigkeit und Selektions-/Ausgrenzungsprozessen, sondern auch mit verschlechterten Arbeitsbedingungen, Dequalifikation, Reallohnstagnation und eingefrorenem Sozialhaushalt einher. Jedoch ist die Sicherung der verbleibenden Arbeitsplätze und des erreichten Lebensstandards für die Noch-Beschäftigten zum *dominanten* ökonomischen Interesse geworden.

Die Realisierung dieses Interesses kann sich die deutsche Gewerkschaftsbewegung nur mittels Fortsetzung der bisherigen exportorientierten Wachstumspolitik vorstellen, womit sie mit Kapital und Staat weiterhin übereinstimmt. Diese gemeinsame Interessenlage schmiedet unter den Bedingungen eines sich immer mehr verschärfenden Konkurrenzkampfes um Weltmarktanteile das bereits länger existierende Klassenbündnis nur *noch enger* zusammen. Und für die Gewerkschaften verdichtet sich die positive Kooperationserfahrung der Vergangenheit zum unentrinnbaren, alternativlosen, von der sozusagen naturgesetzlich wirkenden Weltmarktkonkurrenz aufgeherrschten *Kooperationszwang*.

Grundsätzliche Interessenidentität und Kooperationszwang bedeuten freilich nicht die totale Abwesenheit von Interessendifferenzen im einzelnen und daraus folgenden Konflikten. Obwohl die Unternehmer eine von den Gewerkschaften mitgetragene friktionslose Anpassungsstrategie und die damit im internationalen Konkurrenzkampf zusätzlich verbundenen Vorteile zu schätzen wissen, beharren sie doch auf ihrer alleinigen *Dispositionsgewalt* bei Formulierung und Durchsetzung dieser Strategien. Die Gewerkschaften demgegenüber kämpfen für eine *paritätische Einflußnahme* auf Formulierung und Durchsetzung dieser Strategien sowie eine *antizipative Steuerung* der damit verbundenen negativen sozialen Folgen. Nur in diesem Kontext kann man sowohl ihre beschäftigungspolitischen Programme, ihr Mitbestimmungskonzept sowie ihre struktur-/technologiepolitischen Vorstellungen verstehen. Über die im einzelnen mit diesen Interessendifferenzen verbundenen Konflikte dominiert jedoch das gemeinsame Interesse an der Sicherung der Spitzenposition der deutschen Wirtschaft auf dem Weltmarkt, so daß diese Konflikte bisher – durch ihre Austragungsform und ihre inhaltlichen Ergebnisse – das gemeinsame Ziel nicht gefährdeten. Der Kompromiß sieht praktisch immer so aus, daß die Unternehmer den Status quo eigener Dispositionsgewalt verteidigen, dafür aber die Anpassungsstrategien mit »sanfter« Abfederung der sozialen Folgen verbinden. Und bezogen auf den internationalen Vergleich bietet das deutsche Modell sicherlich gewichtige Vorzüge: »Sachlich: Anpassungsmöglichkeiten werden besser ausgelotet; zeitlich: Anpassungszwänge werden schneller erkannt und umgesetzt; sozial: Anpassungsfolgen fallen sanfter aus und werden dadurch leichter akzeptiert« (Esser/Fach 1980, S. 58).

Auf diese Weise verstärkt sich bei für notwendig erachteten Betriebsstillegungen und Entlassungsmaßnahmen die aufgrund von *Betriebsverfassungs- und Mitbestimmungsgesetz* bereits vorhandene Kooperation der beiden Tarifpartner, so daß eine staatliche Inkorporierung häufig gar nicht mehr nötig erscheint (vgl. Kapitel III). Auf *Mikro- und Meso-Ebene* haben sich so bereits relativ verfestigte und gut funktionierende *selbstverwaltete korporatistische Verbundsysteme* etabliert (Korporatismus von unten). Freilich ist auch aus diesen selbstverwalteten Verbundsystemen die politische (staatliche) Komponente nicht wegzudenken: denn immerhin hat ja erst staatliche Gesetzgebung durch Modifizierung von Betriebsverfassungs- und Mitbestimmungsgesetz Legalität und Legitimation dieser neuen Form von Zusammenarbeit geschaffen.

Auf diesen Ebenen begegnen wir auch bereits den quer zu den Klassengrenzen liegenden *Ausgrenzungsprozessen* der für die weltmarktvermittelte ökonomische Reproduktion funktionslos gewordenen Gruppen: Die *selektive Personalpolitik* der Unternehmer mit der Folge der »Daueraussiebung« sogenannter Randbelegschaften wurde in ihrem bislang erkennbaren quantitativen Ausmaß in Kapitel II dargestellt und von den entsprechenden Fallstudien in Kapitel III.2 bestätigt. Ebenso zeigte sich, daß die beteiligten Betriebsräte dieser Strategie aus Mangel an Alternativen, und um die vor allem legitimationsrelevante Stammbelegschaft zu sichern, zustimmten. Als besonders attraktiv für Unternehmer und betriebliche wie gewerkschaftliche Interessenvertretung gleichermaßen erweist sich derzeit die *Frühverrentungsregelung,* die letztlich auf Kosten der Steuerzahler (also mittels staatlicher Hilfe) privatkapitalistische Rentabilität und gewerkschaftliche Legitimität zugleich sichert (Friedmann/Weimer 1980; Dohse/Jürgens/Russig 1978). Selektive Personalpolitik zeigt sich freilich nicht nur bei der *Entlassung,* sondern ebenfalls in den mangelnden Chancen dieser »Problemgruppen« bei der *Wiedereingliederung.* Das wird bestätigt durch den hohen Anteil Dauerarbeitsloser sowie die mangelnde Bereitschaft der Unternehmen – trotz staatlicher Eingliederungbeihilfen und Einarbeitungszuschüsse bzw. arbeitsmarktpolitischer Sonderprogramme –, die sogenannten »Schwervermittelbaren« einzustellen. Das Mißtrauen gegenüber diesen Gruppen ist übrigens nicht nur in den Personalabteilungen der Unternehmen, sondern auch bei den an der Personaleinstellung beteiligten Betriebsräten sowie bei den Arbeitsämtern selbst anzutreffen (Esser/Fach/Väth 1980; Scharpf 1980). Die *ideologische* Diskriminierung, die bereits im Begriff »Problemgruppen« zum Ausdruck kommt und die gesellschaftliche Verantwortung durch individuelle Schuldzuweisung zu verschleiern sucht, ist eine bei Unternehmern, Betriebsräten, ja sogar Noch-Beschäftigten gleichermaßen häufig anzutreffende Praxis. Schließlich konnte bei den gewerkschaftlichen Abwehrkämpfen gegen die negativen Rationalisierungsfolgen die *einseitige Absicherungspolitik* von qualifizierten Kernarbeitern gezeigt werden, von der *mangelnden solidarischen Lohnpolitik* ganz zu schweigen.

Trotz des in der BRD bereits sehr weitgehenden selbstverwalteten Korporatismus von »unten« zwischen Kapital und Arbeit treten auf allen drei Ebenen (Mikro-, Meso-, Makro-Ebene) Probleme auf, die ohne aktive staatliche Vermittlung nicht lösbar sind. Hier bietet der Staat die im Vordergrund der Neokorporatismus-Theorie stehende *korporatistische Strategie* der Einbindung in den politischen Willensbildungs- und Entscheidungsprozeß an. Beispiele in der Bundesrepublik sind neben der *Lohnpolitik* die *politische Krisenregulierung* der saarländischen Stahlkrise, die *Ruhrgebietskonferenz, Werftenkonferenz, Technologiepolitischer Dialog.* Sicherlich jedoch gehören auch die häufig bei Bundeskanzler *Schmidt* stattfindenden »sozialen Dialoge« von Bundesregierung und wichtigen Gewerkschafts- und Wirtschaftsführern dazu, »bei denen es um Seelenmassage, Rat, Konsultation, Information, subtile Einflußnahme, stille Suche nach einem Konsens geht«, die von der *Abteilung »Wirtschaft und Finanzen«* im *Kanzleramt* vorbereitet werden und für die *Bundeskanzler Schmidt* immerhin 200 Stunden pro Jahr zu »opfern« bereit ist (G. Hofmann; in: *Die Zeit* vom 8. 8. 1980, S. 3).

Der an diesen Beispielen sichtbar werdende selektiv-korporatistische Modus wirtschafts- und sozialpolitischer Interessenvermittlung und Massenintegration ist freilich in seiner *Gesamtheit* von außen her deshalb kaum empirisch rekonstruierbar, weil neben der formellen vor allem die *informelle* Kooperation zwischen den verschiedenen Abteilungen des Staatsapparates, den Organisationen von Kapital und Arbeit, einzelnen Branchen-/Unternehmensvertretern und schließlich Betriebsräten/Vertrauensleute-Gremien sehr umfangreich ist. Und gerade in solchen *informellen »Runden«* werden in teils offener, teils stillschweigender Abstimmung des Verhaltens genau die übereinstimmenden Ergebnisse hervorgebracht, die in dieser Arbeit bei den verschiedensten Fall-Beispielen dargestellt wurden. Und auch nur – so muß man hinzufügen – anhand dieser *übereinstimmenden Ergebnisse* läßt sich wegen bisheriger mangelnder empirischer Untersuchungsmöglichkeiten dieser neue Modus demonstrieren.

Gemeinsame ökonomische Interessendefinition auf Basis der als Sachzwang von allen Beteiligten interpretierten weltmarktvermittelten kapitalistischen Verwertungslogik sowie politisch-institutionelle Vermittlung von seiten des Staates finden in der BRD ihre adäquate *ideologische Formierung* in der bei allen am Block beteiligten Akteuren vorhandenen *Leistungsorientierung.* Sowohl individuelle als auch kollektive Leistungsfähigkeit und der darin angelegte ökonomische und technische Fortschrittsfetischismus (im kapitalistischen Sinne) gelten als Basis des erreichten und zukünftigen Wohlstands, auch – wie gezeigt – bei den Lohnabhängigen (Kapitel III.5). Bei diesen und ihren Gewerkschaften freilich ist diese Leistungsorientierung historischer Ausdruck eines komplexeren ideologischen Vergesellschaftungsprozesses und der damit einhergehenden Übernahme bürgerlicher Normen und Wertorientierungen, wie ökonomische Wachstums- und politische Staatsfixierung, Repräsentativ- und Sozialstaatsillusion, erst Wirtschaftsdemokratie, dann Sozialpartnerschaft und paritätische Mitbestimmung als gesellschaftspolitisches Modell, schließlich Antikommunismus, Besitzindividualismus und soziale Aufstiegsorientierung.

Das bisher Gesagte legt es nahe, den Stellenwert der in der Korporatismusdebatte vorherrschenden These von den »Tauschgeschäften/Paketlösungen« (Lehmbruch 1979) als Ursache für die Einbindung (vor allem) der Gewerkschaften in diese Art Politik stark zu relativieren. Diese »Geschäfte« mögen ihre Bedeutung haben, wesentlich sind sie für die Mitarbeit der deutschen Gewerkschaften jedenfalls nicht. Wie gezeigt, stehen die Gewerkschaften, denen man dieser These gemäß *vor allem* Gratifikationsleistungen als Kompensation für die Mitarbeit anbieten muß, in der momentanen ökonomischen Situation sozusagen mit dem Rücken an der Wand, so daß man ihre Handlungsautonomie/-spielräume zumindest anzweifeln kann (vgl. Esser/Fach 1979). In allen Fallstudien wird ihre strategische *Alternativlosigkeit* sichtbar: Arbeitsplätze und Lebensstandard sind für sie nur durch eine exportorientierte Strategie zu erhalten. Außerdem sind die staatlichen und unternehmerischen Tauschangebote der letzten Jahre äußerst gering: keine Arbeitszeitverkürzung, keine paritätische Mitbestimmung, keine aktive, vorausschauende Strukturpolitik, keine Wirtschafts- und Sozialräte – und doch arbeiten die Gewerkschaften weiterhin mit.

Wichtiger sind da schon die ebenfalls in dieser Debatte als Funktions- und Stabilitätsvoraussetzung korporatistischer Verbundsysteme genannten *organisationsinternen* Strukturen, wie Einheitsgewerkschaft, Industrieverbandsprinzip, Konzentration der Entscheidungsprozesse, hierarchische Binnenstrukturen sowie schließlich funktionale und flexible Verknüpfung von betrieblichen und außerbetrieblichen Organisationseinheiten (Streeck; Teubner). Diese organisatorischen Voraussetzungen sind in den deutschen Gewerkschaften zweifelsfrei vorhanden (Bergmann u. a. 1975; Hirsch 1976; Streeck 1979).[33] Und auch bei meiner Fallstudien-Auswertung konnte gezeigt werden, daß die Folgebereitschaft der Gewerkschaftsbasis kaum in nennenswertem Umfang gefährdet war und daß innerorganisatorische Widersprüche/Konflikte die korporatistische Gewerkschaftspolitik kaum beeinträchtigten. Zugleich wirken diese organisationsinternen Variablen – wie *Heinze u. a.* (1980) gezeigt haben – *selektionsverschärfend:* gruppenspezifischer Organisationsgrad auf der Ebene der Mitgliedschaft und gruppenspezifischer Aktivitätsgrad auf der Ebene der betrieblichen und gewerkschaftlichen Funktionsträger bestimmen Programmatik und Politik der DGB-Gewerkschaften – und zwar zugunsten der qualifizierten männlichen Facharbeiter mittleren Alters; und – so muß man für die privaten und öffentlichen Dienstleistungsgewerkschaften hinzufügen – zugunsten qualifizierter Angestellter und Beamter. Übrigens ist eine verstärkte Orientierung auf die qualifizierten Angestellten auch in der Organisationspolitik der *IG Metall* zu beobachten (IG Metall 1980).

Der bislang beschriebene korporatistische Block zeitigt zwei unter *demokratietheoretischer Perspektive* folgenreiche Ergebnisse, die hier freilich nur noch benannt werden können, deren gründliche Analyse aber unumgänglich zu sein scheint, wenn wir über die gesamtgesellschaftlichen Entwicklungsbedingungen der BRD in den achtziger Jahren Genaueres erfahren wollen. Das *eine* Ergebnis betrifft die Funktionsfähigkeit der deutschen Gewerkschaften, das *zweite* Struktur und Funktionsweise politischer Herrschaft in der Bundesrepublik.

Die von *Heinze u. a.* aufgeworfene Frage, ob die deutschen Gewerkschaften noch für »alle« da seien, muß auf Basis meiner

Analyse mit Nein beantwortet werden. Zwar mag man die Programmatik der Einheitsgewerkschaft rhetorisch weiterhin hochhalten – und über nichts scheinen DGB-Funktionäre zur Zeit mehr nachzudenken. In Wirklichkeit jedoch sind die DGB-Gewerkschaften bereits Interessenorganisationen der *Noch-Arbeitsplatzbesitzer* geworden. Damit ist aus einer Klassenorganisation für prinzipiell alle Lohnabhängigen eine Interessenorganisation bestimmter *Klassenfraktionen* der Lohnabhängigen geworden. Und dieser Trend wird sich, wenn keine, allerdings kaum zu erwartende politisch-strategische Änderung eintritt, in den achtziger Jahren bei zunehmender Arbeitslosigkeit noch verschärfen. Damit stellt sich aber die Frage nach der längerfristigen *Integrationsfähigkeit, organisatorischen Stabilität* und *Kampfstärke* der deutschen Gewerkschaftsbewegung, und damit der deutschen Arbeiterbewegung insgesamt, um so dringlicher. Denn ihre Bereitschaft, die in der korporatistischen Blockbildung angelegte Ausgrenzung sozialer Gruppen/Individuen aus dem Wirtschaftsprozeß mitzutragen, bedeutet auch und vor allen Dingen *Spaltung* der Arbeiterklasse in zwei *ohnmächtige* Fraktionen. Ein Teil will seine Arbeitsplätze nicht aufs Spiel setzen, der andere hat keine Druckmittel zur Verfügung. Ist dieser Trend erst einmal weit genug fortgeschritten, wird die gewerkschaftliche Organisation nach allen Seiten hin *geschwächt* und schließlich *funktionslos* – und sowohl Staat als auch Kapital können auf Kooperation verzichten. Einschlägige Erfahrungen aus den USA und Großbritannien liegen bereits vor. Es sollte nicht nur Sache der deutschen Gewerkschaften selbst sein, über solche Perspektiven gründlich nachzudenken.

Unter demokratietheoretischer Perspektive noch wichtiger als der mögliche Funktionsverlust der Gewerkschaften ist die erkennbare *Transformation politischer Herrschaft* in der BRD zum *autoritären Sicherheitsstaat* (Hirsch 1980) oder *autoritären Etatismus* (Poulantzas 1978): Wie gezeigt, bewirkte die offensive Anpassung des deutschen Kapitalismus an neue Weltmarktbedingungen sogenannte »*Gesundschrumpfungsprozesse*« *auf*

beiden Seiten der Klassenlinien; d. h., es werden nicht nur immer mehr Lohnabhängige ökonomisch funktionslos, sondern auch Teile des bürgerlichen und kleinbürgerlichen Lagers. Die hier auf beiden Seiten erkennbare ökonomisch konstituierte *Gesellschaftsspaltung* bedarf der politisch-sozialen und repressiven Absicherung durch Modifikation/Transformation der politischen Interessenvermittlung sowie Effektivierung der politischen Kontroll- und Repressions-Apparate.
Interessant ist, daß die Modifizierung politischer Interessenvermittlung sich bisher innerhalb der formellen liberal-demokratischen Institutionen abgespielt, diese inhaltlich jedoch entscheidend verändert hat. Die Ende der sechziger Jahre begonnene politisch-administrative Zentralisierung bei gleichzeitiger Aushöhlung parlamentarischer Kompetenzen und »Verstaatlichung/Verapparatisierung« der sogenannten Volksparteien ermöglichte die immer effizienter ausgebaute »Direktschaltung« zwischen Staatsapparat und funktionalen Gruppen (Unternehmerverbänden, Gewerkschaften) in Form des soeben analysierten korporatistischen Blocks als dem *Kern* selektiv wirkender wirtschafts- und sozialpolitischer Interessenvermittlung/(Teil-)Massenintegration. Während also wichtige wirtschaftspolitische Entscheidungen einschließlich ihrer struktur- und sozialpolitischen Konsequenzen von den parlamentarischen Entscheidungsinstanzen abgekoppelt werden, findet auch die damit verbundene Interessenvermittlung immer weniger in Parlament und Parteien, sondern in korporativen Verbundsystemen zwischen Staat, Gewerkschaften und Unternehmerverbänden statt. Parlament und Parteien werden freilich nicht funktionslos, sondern erfahren eine Funktionsverschiebung: weg von der exklusiven Funktion politischer(n) Interessenvermittlung und -ausgleichs, hin zur Funktion legitimatorischer Vermittlung. Ihre Funktion besteht also darin, den betroffenen Bürgern die Notwendigkeit/Sachzwanghaftigkeit der zentraladministrativ ausgehandelten Erfordernisse/Entscheidungen weltmarktbestimmter Sturkturanpassung zu erläutern. Damit sinken innerparteiliche Politikprozesse und Konflikte sowie parlamentarische

Auseinandersetzungen immer mehr zu Formen »symbolischer Politik« (Edelman 1964) herab. Man kann vermuten – diese Vermutung bedürfte aber genauerer Untersuchungen –, daß damit die Ära der ein breites materielles Interessenspektrum abdeckenden »Volks«parteien zu Ende geht und – wie bei den Gewerkschaften – sich deren Interessenpolitik ebenfalls auf den weltmarktorientierten Kern der Gesellschaft *verengt*.
Um die in dieser Transformation enthaltene politische und ideologische Ausgrenzung der »Überschußbevölkerung« auf Dauer zu gewährleisten, ist eine Ausweitung und Effektivierung des staatlichen Gewalt- und Überwachungsapparates einerseits, der zentralisiert-bürokratischen sozialen Sicherungssysteme andererseits unumgänglich. Nicht zu vergessen die Versuche der Kontrolle und staatlichen Durchdringung des für die ideologische Vermittlung so wichtigen Informations- und Kommunikationsbereichs. Die vielfältigen Entwicklungen in diese Richtung sind in den letzten Jahren in der BRD ausführlich – freilich häufig theoretisch unbegriffen – beschrieben worden und sicherlich noch längst nicht abgeschlossen. Ihre genauere Analyse überschreitet die Fragestellung meiner Untersuchung. Gleichwohl sollte deutlich gemacht werden, daß Gewerkschaftsanalyse in der BRD nicht diese gesamtgesellschaftlichen und herrschaftsfunktionalen Entwicklungslinien außer acht lassen darf; denn insgesamt berechtigt die hier vorgelegte Darstellung korporatistischer Blockbildung einschließlich der damit verbundenen Modifikationen politischer Herrschaft zu dem vorläufigen Urteil, die Bundesrepublik Deutschland sei ein *autoritärer Sicherheitsstaat*, der eine »eigentümliche Verquickung von (selektiv wirkendem; J. E.) ›Wohlfahrtsstaat‹ und technisch perfektioniertem ›Überwachungsstaat‹« (Hirsch 1980, S. 8) darstellt – und durch selektive Massenintegration bzw. korporatistisch abgestützte Gesellschaftsspaltung legitimiert wird.

6. Korporatistische Blockbildung und politische Stabilität

Die vorgelegte Analyse der deutschen »Gewerkschaftspolitik in der Krise« sollte demonstriert haben, daß – um auf die Vermutungen/Befürchtungen/Hoffnungen/Prognosen zu Beginn dieser Arbeit zurückzukommen – von seiten der Gewerkschaften in absehbarer Zeit weder eine Wende der industriellen Beziehungen noch eine Legitimitätskrise oder gar politische Systemkrise für die Bundesrepublik Deutschland zu erwarten ist. Gleichwohl ist die weitere Stabilität korporatistischer Blockpolitik von mehreren Bruchstellen/Rissen bedroht, die hier nicht mehr in ihrer wirklichen Tragweite empirisch untersucht, sondern lediglich systematisch benannt werden können:
– Die sozialen Konsequenzen der offensiven Anpassungsstrategie an verschärfte Weltmarktkonkurrenz erzeugen *innerhalb* der Bundesrepublik zwei derzeit schwer einschätzbare Instabilitätsfaktoren: *einmal* tangieren bei fortschreitender Modernisierung und Rationalisierung die Selektionsprozesse die *Stammbelegschaften* der weltmarktorientierten Unternehmen selbst. Und »es fällt schwer, auf längere Sicht einen ›Kern‹ auszumachen, der davon verschont bleiben sollte« (Hirsch/Roth 1980, S. 22).[34] Nun wurde allerdings schon bei der Fallstudien-Auswertung gezeigt, daß auch die Kernarbeiter von Arbeitsintensivierung, Dequalifizierung, Zwangsmobilität und lebensperspektivischer Unsicherheit betroffen sind. Solange sie jedoch diese Verschlechterung der Lebensbedingungen durch einen *sicheren Arbeitsplatz* kompensieren können, werden sie unter den gegebenen Bedingungen schwerlich zu stabilitätsbedrohenden Aktionen schreiten. Folglich wäre die weiter zu untersuchende Frage, wie es um quantitatives Ausmaß der Arbeitslosigkeit in den achtziger Jahren tatsächlich bestellt sein wird. Eine *weitere* innere Unsicherheit können die sozialen Gruppen/Bewegungen bewirken, die aus dem kapitalistischen Produktionsprozeß gezwungenermaßen oder freiwillig ausgestiegen sind und von den etablierten Parteien oder den Gewerkschaften nicht mehr in-

tegriert werden können. Ich habe freilich schon in Kapitel I darauf hingewiesen, daß über deren »Störpotential« erst präzisere Angaben möglich sind, wenn ihr quantitatives Ausmaß, soziale Zusammensetzung, Konfliktverhalten sowie politische Vereinheitlichungstendenzen näher untersucht worden sind. Immerhin läßt sich bereits jetzt sagen, daß diese sozialen Bewegungen mit ihrem Kampf gegen »Wachstum«, »Marktregulierung«, »Fortschritt«, »Technik«, »Leistung«, »Verzicht« und »Opferbereitschaft« die Funktionslogik weltmarktvermittelter Kapitalverwertung von der ideologischen Flanke her angreifen.
– Aber die Dominanzposition der BRD auf dem Weltmarkt als *materielle Basis* korporatistischer Blockpolitik ist auch von *außen* bedroht. Da alle kapitalistischen Metropolen der verschärften Weltmarktkonkurrenz ausgesetzt sind, versuchen sie durch »Aufholjagden« protektionistisch-merkantilistischer (Frankreich) oder neoliberal-monetaristischer (USA, Großbritannien) Art ihre Position zu verbessern. Auch hieraus könnten sich zwei stabilitätsgefährdende Konstellationen für die BRD ergeben:
Im *ersten* Fall könnte die Nachahmung der deutschen ökonomischen Modernisierungs- und Spezialisierungsstrategie zu korporatistischen Blöcken in den wichtigsten Konkurrenzländern führen. Gelänge diese ökonomische und politisch-soziale Angleichung, wäre die ökonomische Dominanzposition der Bundesrepublik, die *Basis* der Blockstabilität also, in Frage gestellt.
Im *zweiten* Fall führte eine *Politisierung* des Weltmarktes – sei es durch nationalistische Abschottungs-/Protektionismus-Praktiken, sei es durch sozialistische Transformationsstrategien – ebenfalls zu einer Gefährdung der ökonomischen Dominanzposition der Bundesrepublik und damit zugleich zur Auflösung der sachgesetzlich wirkenden und disziplinierenden Kraft der kapitalistischen Weltmarktkonkurrenz – vor allem bei den Gewerkschaften.
Wie bereits gesagt: Über all diese möglichen Bruchstellen/Risse, ihre Realisierungsbedingungen/-möglichkeiten läßt sich bisher

empirisch zu wenig aussagen, um ihre wirkliche Tragweite für die Entwicklung stabiler oder weniger stabiler korporatistischer Blockpolitik in der BRD einzuschätzen. Diese Aufgabe muß weiterer Forschungsarbeit vorbehalten bleiben.

Anmerkungen

1 Die Untersuchung konzentriert sich allein auf den DGB und seine 17 Einzelgewerkschaften. Abgesehen davon, daß er die weitaus größte Gewerkschaftsorganisation in der Bundesrepublik darstellt, werden Integration von DAG oder Beamtenbund von niemandem angezweifelt.
2 Mit »Lohnabhängige« sind sämtliche Arbeiter, Angestellten, Beamten gemeint, die sich und ihre Familien im Rahmen kapitalistischer Produktionsverhältnisse *allein* über den Verkauf ihrer Arbeitskraft an private oder öffentliche Arbeitgeber reproduzieren können und die von der Verfügung über Produktionsmittel oder einer Leitungsfunktion im weiteren Sinne ausgeschlossen sind. Dieser Begriff wird hier anstelle des engeren Begriffs »Lohnarbeiter« deshalb benutzt, weil aufgrund zunehmender Durchkapitalisierung aller gesellschaftlichen Lebensbereiche in der Bundesrepublik Statusunterschiede zwischen den verschiedenen Fraktionen der abhängig Beschäftigten immer mehr verschwinden und sich auch die Gewerkschaften – zumindest programmatisch – als die Interessenorganisation *aller* abhängig Beschäftigten verstehen.
3 Das *Leminsky*-Zitat im Wortlaut: »Was wollen die Arbeitgeber? Wenn sie die ›Unternehmerfreiheit‹ des 19. Jahrhunderts restaurieren wollen, dann werden sie scheitern, weil man Strukturzusammenhänge nicht zerbrechen kann. Aber man kann die Art der industriellen Auseinandersetzungen grundlegend ändern, man kann von der Regelung begrenzter Konflikte durch tarifautonome Regelungen zur großen Konfrontation übergehen. Diesen Weg beschreiten die Arbeitgeber zur Zeit. Die Gewerkschaften müssen frühzeitig und öffentlich auf diese Strategien hinweisen, damit deutlich wird, wer auf diesem Wege vorangegangen ist. Man kann nicht durch Zentralisierung der Macht die Tarifautonomie schwächen, die Gewerkschaften durch Aussperrung finanziell ausbluten, sie durch Gemeinwohlbindungen an die Leine von Gerichten binden, sie durch Minderheiten, Wahlprozeduren, Sprecherausschüsse ihrer organisatorischen Basis berauben und im übrigen auf die ›Unternehmerfreiheit‹ setzen. Wenn das alles als Machtgleichgewicht in der Gesellschaft gelten soll, dann ist die Wende der industriellen Beziehungen unvermeidlich, dann wird sich auch die politische

Landschaft der Bundesrepublik ändern« (S. 771). Und das *Kriele*-Zitat im Wortlaut: »Nicht daß wir in der Bundesrepublik schon jetzt eine akute, den letzten Jahren der Weimarer Republik vergleichbare Legitimitätskrise hätten. Die ›Neue Linke‹ hat eine solche eher propagiert als diagnostiziert. Aber die Risse sind deutlich erkennbar, an denen sich die Brüche vollziehen können, wenn wirtschaftliche Schwierigkeiten und zunehmende Arbeitslosigkeit eine Reduktion des privaten und öffentlichen Lebensstandards erzwingen« (S. 15).

4 Die Klassifizierung von Autoren als »Konservative« bzw. »Liberale« folgt deren unterschiedlichen staats- und gesellschaftstheoretischen Vorstellungen, woraus sie jeweils unterschiedliche Einschätzungen der Funktion der Gruppenkonkurrenz in der Gesellschaft ableiten. Dies wird im Text näher erläutert. Es schließt nicht aus, daß beide Positionen – wenngleich aus unterschiedlichen Gründen – zu ähnlichen politisch-strategischen Schlußfolgerungen gelangen können (vergleiche hier den Konservativen *E. W. Böckenförde* und den Liberalen *F. W. Scharpf*). In beiden Fällen handelt es sich um eine pragmatische Anpassung an gesellschaftliche Kräfteverhältnisse. Unbestreitbar ist, daß beide Positionen ihre unterschiedlichen staats- und gesellschaftstheoretischen Vorstellungen auf *derselben ökonomischen Grundlage,* nämlich der liberal-kapitalistischen Marktwirtschaft, aufbauen und insofern von ihrer ökonomischen Orientierung her als »Liberale« einzustufen wären – auch wenn die »Konservativen« von »neoklassischer« oder »neoliberaler« und die »Liberalen« von »gemischter« Wirtschaftsordnung sprechen.

5 Die Veröffentlichung der vollständigen Stahlstudie ist noch für 1982 vorgesehen: Esser/Fach/Väth: *Politische Krisenregulierung.*

6 Eine ausführliche Darstellung und Analyse der von uns durchgeführten Stahlarbeiter-Interviews wird in Esser u. a. 1982 enthalten sein.

7 Ich verstehe diese Arbeit deshalb auch als Vorstudie einer längerfristig angelegten Forschungsarbeit zum internationalen Vergleich von Gewerkschaftspolitiken auf Basis dieser neuen Problemsicht. Erste Vorüberlegungen finden sich in Esser/Fach 1980; Esser/Fach/Schlupp/Simonis 1980; Esser 1981.

8 Die Ergebnisse dieses Kapitels führen zahlreiche Anregungen/Diskussionen fort, die ich mit den Mitgliedern des von *Prof. Ziebura* geleiteten DFG-Forschungsprojektes »Internationalisierungsprozeß, Staatsintervention und gesellschaftliche Entwicklung in Westeuropa am Beispiel Frankreichs und der Bundesrepublik Deutsch-

land« *(C. Deubner/U. Rehfeldt/F. Schlupp/G. Ziebura)* einerseits und mit meinen Kollegen *W. Fach* und *G. Simonis* andererseits geführt habe. Diese gemeinsame Arbeit ist in die Beiträge des *Leviathan*-Heftes 1/1979 sowie in *Esser/Fach/Simonis* 1980 und *Esser/Fach/Schlupp/Simonis* 1980 eingegangen.

9 Im Zusammenhang mit dieser inzwischen erreichten Standardisierung von Produkt- und Prozeßinnovationen ist innerhalb der Wirtschaftswissenschaften die Diskussion um die auf *Schumpeter* und *Kondratieff* zurückgehenden »langen Wellen der Konjunktur« erneut entbrannt und die Frage gestellt worden, ob die derzeitige Weltwirtschaftskrise nicht im Rahmen einer langfristigen Abschwungphase zu charakterisieren sei, die nur durch neue, revolutionär wirkende technologische Basisinnovationen überwindbar wäre. Eine Diskussion dieser zwar sehr interessanten, aber noch recht spekulativen Theorie muß hier unterbleiben. Ein informativer Problemüberblick ist in den Arbeiten *Kleinknechts* 1979 enthalten.

10 Nach einer jüngst vom »Stifterverband für die deutsche Wissenschaft« veröffentlichten Studie dürften die F.- und E.-Aufwendungen 1980 den Betrag von rd. 32,8 Mrd. DM erreichen. Im internationalen Vergleich liegen demnach die USA mit rd. 45 Mrd. Dollar für naturwissenschaftlich-technische F. und E. 1977 weit vor den übrigen Ländern. Während die F.- und E.-Aufwendungen der Bundesrepublik (8,8 Mrd. Dollar) 1975 erstmals den zweiten Platz vor Japan (8,7 Mrd. Dollar) erreichten, hat Japan 1977 mit rd. 13 Mrd. Dollar die Bundesrepublik (rd. 11 Mrd. Dollar) deutlich übertroffen. Allerdings beträgt der Anteil der F.- und E.-Aufwendungen am Bruttosozialprodukt in Japan 1,7%, in den USA 2,4% und in der Bundesrepublik 2,0%. Eine leichte Verschiebung der F.- und E.-Aufwendungen zugunsten der mittleren und kleineren Unternehmen in der Bundesrepublik ist nach dieser Studie feststellbar: Der Anteil dieser Mittel an Unternehmen mit unter 1000 Beschäftigten hat sich 1977 auf rd. 8% erhöht, 1971 lag er bei rd. 1%. Aber weiterhin konzentrieren sich 81,4% der F.- und E.-Gesamtaufwendungen von Unternehmen und Institutionen für Gemeinschaftsforschung auf die Wirtschaftszweige Chemische Industrie (25,9%), Elektrotechnik (25,9%), Herstellung von Kraftwagen und deren Teilen (11,9%), Maschinenbau (10,2%) sowie Luft- und Raumfahrzeugbau (7,4%). (*Handelsblatt* vom 17./18. 10. 1980).

11 Bei der Landwirtschaft ist dieser Schrumpfungs- ebenfalls mit einem Konzentrationsprozeß verbunden: Fast ein Drittel der Höfe wurde

allein seit 1969 aufgegeben. Gleichzeitig stieg die durchschnittliche Hofgröße von 11 ha auf 15 ha.

12 Im Oktober 1980 teilte der BDI in seinen *Mittelstandsinformationen* mit, daß in den letzten 10 Jahren die Selbständigenzahl um gut 11 % oder absolut um 312 000 von 2,7 auf 2,4 Mio. gefallen sei. Nachdem 1978 und 1979 die Zahl der Insolvenzen gegenüber dem Höchststand von 1977 (9591) auf 8771 bzw. 8334 abgenommen hatte, stieg sie 1980 wieder auf über 9150 an und soll – gemäß einer Hochrechnung der Schimmelpfeng GmbH – 1981 den absoluten Rekordstand seit Bestehen der BRD mit ca. 11 500 erreichen (*Wirtschaftswoche* Nr. 42 vom 9. 10. 81, S. 32 ff.)

13 Als unter sozialpolitischer Perspektive problematisch muß auch der bis 1978 vorherrschende Amtsoptimismus bei Bundesregierung oder Bundesbank beurteilt werden, wonach in der BRD faktisch Vollbeschäftigung herrsche. So malte beispielsweise Bundeskanzler *Schmidt* in einer Regierungserklärung vom 19. 1. 78 die weitere Entwicklung der deutschen Wirtschaft in hellen Tönen – die Arbeitslosigkeit dagegen erwähnte er mit keinem Wort. Inzwischen ist dieser Optimismus freilich verflogen, und die Gewerkschaften erreichten immerhin, daß 1979 und 1982 beschäftigungspolitische Programme verabschiedet wurden; deren Wirkung für die Eingliederung der sogenannten Randbelegschaften muß allerdings skeptisch beurteilt werden.

14 Es sei denn, man interpretiert die restriktiven Bedingungen der staatlichen Fiskal- und Geldpolitik als solche. So *Jacobi* 1979, S. 340: »Die Bedeutung der Empfehlungen (gemeint sind die tarifpolitischen Empfehlungen der Bundesregierung; J. E.) liegt vielmehr darin, daß der Lohnpolitik durch die wirtschaftliche Entwicklung und die staatliche Fiskal- und Geldpolitik Rahmenbedingungen vorgegeben werden, von denen ein realer Zwang zur tarifpolitischen Anpassung ausgeht. Die Gewerkschaften werden vor die Alternative gestellt, bei anhaltenden Verteilungskämpfen auch zukünftig mit Arbeitslosigkeit konfrontiert zu sein oder sich auf eine als stabilitätsgerecht geltende lohnpolitische Zurückhaltung zu verpflichten.«

15 Diese Programmatik stützt offenbar die ökonomische Praxis der Werftunternehmer. In einem Branchenbericht »Werften« stellt die *Commerzbank* fest: »Mit Rationalisierungs- und Modernisierungsmaßnahmen und Bemühungen in Richtung Diversifizierung wurden die Arbeitsplätze im Schiffbau krisenfester gemacht. Das hochwertige Spezialschiff steht heute im Mittelpunkt der Produktion in der

Bundesrepublik« (zit. nach *Handelsblatt* vom 3. 9. 80).

16 Der Erfolg dieses Abkommens wird freilich unterschiedlich beurteilt: Die Entwicklungsländer, die den Exportstandpunkt vertreten, sprechen von einer »Proliferation der restriktiven Maßnahmen« auf dem Textilgebiet und einer wachsenden Erosion verschiedener Elemente des Welt-Textilabkommens. Besonders kritisieren sie die protektionistischen Maßnahmen innerhalb der Europäischen Gemeinschaft und verweisen zusätzlich auf bewußte Produktionssteigerung und gewollt höhere Marktanteile der nördlichen Industrieländer, was nicht dem Abkommensziel entspreche. Die kritisierten Industrienationen präsentieren die Dinge anders. Die Abkommensvorschriften seien von den Mitgliedern im allgemeinen beachtet worden und der Textilaußenhandel der 50 Mitgliederländer des Abkommens sei in den letzten 6 Jahren schneller gewachsen. Die EG-Länder verweisen darauf, daß in ihrem Bereich in den letzten 3 Jahren über 700 000 Textilarbeitsplätze verlorengegangen seien (nach *Neue Zürcher Zeitung* vom 26./27. 10. 1980).

17 Die bisherige Politik der *Gewerkschaft Textil/Bekleidung (GTB)* bei den 1981 begonnenen Verlängerungsverhandlungen läßt sich folgendermaßen zusammenfassen: *Gemeinsam* mit den Unternehmern der Textilbranche fordert sie von der sich wegen der dominierenden Exportinteressen sperrenden Bundesregierung, daß erstens in den nächsten 10 Jahren nur noch Importzuwächse von durchschnittlich 1,5 % – entsprechend dem gesunkenen Wirtschaftswachstum in Europa – zugelassen werden; zweitens die »Reichen« unter den Textilexportländern der Dritten Welt (z. B. Hongkong, Südkorea, Taiwan und Brasilien) mit einem Anteil von über 70% der europäischen Importe sinkende Zuwachsraten erhalten, während den ärmeren Entwicklungsländern höhere Importe zugestanden werden sollen. Zwar wurde das *Sozialklausel*-Konzept 1980 Programmpunkt des Weltkongresses der Textilgewerkschaften; bei den derzeitigen Verhandlungen spielt es freilich keine Rolle. Solange die GTB in partnerschaftlicher Zusammenarbeit mit den Unternehmern die Inhalte eines neuen Welt-Textilabkommens bestimmen will, ist diese Forderung auch als illusorisch zu charakterisieren; denn die Unternehmen, die selbst ihre Investitionen in »Billiglohn«-Länder verlagern, haben kein Interesse an einer durch verbesserte Arbeits- und Lebensbedingungen der Textilarbeiter/innen in diesen Ländern verteuerten Produktion. Vgl. W. Weber: *Unternehmer und Gewerkschaft gemeinsam für ein neues Welttextilabkommen?* in: *express*

10/1980, S. 11.

18 Vor allem die aktuelle Situation der europäischen Chemiefaserindustrie ist besorgniserregend: Statt 1980 rd. 2,3 Mio. t Synthetika wird sie 1981 nicht einmal 1,9 Mio. t verkaufen können. Von 1978 bis 1981 wurden bereits 400 000 Jahres/t Chemiefaserproduktion verschrottet – bei einer Gesamtkapazität von 3,7 bis 3,8 Mio. t. Die Experten rechnen mit dem Überflüssigwerden von weiteren 550 000 Jahres/t bis 1985. Die spektakulärsten Stillegungsmaßnahmen stehen derzeit in Großbritannien und Italien an. Der größte deutsche und europäische Chemiefaserhersteller, *Enka-Gruppe/Wuppertal*, wurde von der Krise weniger betroffen, da er bereits 1975 einen umfassenden Umstrukturierungsprozeß mit Produktionsverlagerung (Südamerika, Indien) und Spezialisierung einleitete, will jedoch 1981 das Werk in Kassel schließen.

19 Nach Fertigstellung der Arbeit hat *Ulmer* (1980) eine Analyse der AEG-Krise veröffentlicht. Deren Zusatzinformationen werden an entsprechender Stelle im Anmerkungsteil angefügt.

20 Da die Produktion verstärkt ins Ausland verlagert werden soll, wird es »neue Arbeitsplätze im Inland ... nicht geben. Endgültig konsolidiert ist der Konzern nach Vorstandsmeinung erst, wenn die durchgeführte Umstrukturierung zu einer Belegschaftsstärke von weltweit 100 000 und einem Umsatz von 12 Mrd. DM geführt hat. 1980 soll die Inlandsbelegschaft um 13 000 abgebaut werden. Nach 1980 müßte also die Belegschaft um nochmals 35 000 Personen reduziert werden« (Ulmer, S. 83).

21 »Aus vielen AEG-Betrieben wurde ein koordiniertes und gemeinsames Vorgehen auf Bundesebene gefordert. Die IGM griff dies auf ihre Art auf. Am 6. Dezember 1979 fand in Frankfurt/M. eine Versammlung der IGM-Funktionäre aus allen Verwaltungsstellen mit AEG-Betrieben statt. Kein AEG-Beschäftigter, Betriebsrat oder Vertrauensmann war hierüber informiert. Das Ergebnis dieser Geheimkonferenz: keine große, zentrale IGM-Aktion, an der sich mit Sicherheit Zehntausende beteiligt hätten, sondern dezentrale Aktionen. Begründung: Eine Großveranstaltung würde Erwartungen auf den Erhalt der Arbeitsplätze wecken, die nicht erfüllbar seien« (Ulmer, S. 85). Als Erfolg betrieblichen Widerstands kann allerdings angesehen werden, daß das Gasturbinen-Werk AEG-Kanis in Essen nicht – wie beabsichtigt – 1300 der 1500, sondern nur 500 Arbeitsplätze abbaut.

22 Nach Abschluß des Manuskripts ist von der Arbeitsgruppe um

Martens am Landesinstitut Sozialforschungsstelle Dortmund eine ausführlichere und materialreichere Studie zum Tarifkonflikt in der Stahlindustrie 1978/79 veröffentlicht worden, die inhaltlich die hier vorgelegte Analyse bestätigt: W. Dzielak, W. Hindrichs, H. Martens, W. Schophaus: *Arbeitskampf um Arbeitsplätze – Der Tarifkonflikt 1978/79 in der Stahlindustrie*, Frankfurt–New York 1980.

23 Nach Berechnungen von *Dzielak u. a., 1980,* die freilich die betrieblichen Umsetzungsprobleme nicht berücksichtigen konnten, ergeben sich für 1979 beschäftigungspolitische Auswirkungen von ca. 4200 abgesicherten Arbeitsplätzen. Allerdings: »Wenn der Abbau von Arbeitsplätzen in der von der IG Metall noch Mitte 1978 erwarteten Größenordnung fortgesetzt würde (etwa 1000 Arbeitsplätze pro Monat, 50 000 in den nächsten Jahren), wäre der Manteltarifvertrag aufgrund seiner langen Laufzeit von fünf Jahren fast ein Tropfen auf den heißen Stein. Nur jeder siebte bedrohte Arbeitsplatz (7100 von 50 000; bei einem arbeitszeitinduzierten Produktivitätseffekt von 33 Prozent) wäre so gesichert worden« (S. 119).

24 Diesem Ausschluß ist dieser inzwischen durch Austritt aus der Firma zuvorgekommen.

25 Bei meiner Anfrage an das BMFT wurden mir lediglich die Pressemitteilungen und die wissenschaftlichen Gutachten, die beim Technologiepolitischen Dialog diskutiert werden, zur Verfügung gestellt – aber keine Protokolle der Sitzungen. Meine Anfrage bei den beteiligten Gewerkschaftsführern (IG Metall, IG Chemie, DGB-Vorstand) wurde ebenfalls sehr zurückhaltend beantwortet. In einem Brief wurde mir mitgeteilt: »Was die Teilnahme des DGB am Technologiepolitischen Dialog betrifft, gibt es keine offizielle Begründung dafür, doch liegt es nahe, daß die steigende Bedeutung der staatlichen Technologiepolitik sowie verstärkte Bemühungen der Gewerkschaften, stärker bei dieser Politik berücksichtigt zu werden, ausschlaggebend waren. Eine ausführliche Begründung können Sie dem beigelegten Referat unseres Vorsitzenden Heinz O. Vetter auf dem Forum ›Arbeit und Technik‹ der SPD entnehmen. Der Technologiepolitische Dialog hat bisher dreimal getagt. Zuletzt hat er sich mit den von der Bundesrepublik in Auftrag gegebenen Studien ›Technischer Fortschritt – Auswirkungen auf Wirtschaft und Arbeitsmarkt‹ befaßt. Für eine Bewertung der Ergebnisse dieses Dialogs ist es sicher noch zu früh, doch würden nicht alle Parteien an seiner Fortführung interessiert sein, wenn er sich nachteilig ausge-

wirkt hätte.«

26 Ausführlicher dazu: J. Esser, *Staatsfixierung oder »Stärkung der eigenen Kraft«? Überlegungen zum aktuellen Verhältnis Staat – Gewerkschaften in der Bundesrepublik*, in: Gewerkschaftliche Monatshefte 6 1981, S. 366 ff.

27 In diesem Zusammenhang beobachtete *Deppe* ein auch bei unseren eigenen Arbeiterbefragungen häufig auftretendes Phänomen. Während die überwiegende Mehrheit der Arbeiter Angst und Unsicherheit bei den Kollegen sehr wohl bemerkt, ist höchstens jeder fünfte bereit, dieses auch für sich selber zuzugeben. Diese offensichtliche Diskrepanz zwischen der Wahrnehmung des fremden und des eigenen Verhaltens deutet darauf hin, daß eigene Ängste und Verhaltensänderungen in der Krise nur ungern offen eingestanden und allenfalls als Projektionen in der Einschätzung des Kollegenverhaltens manifest werden (S. 113 f.).

28 Nach Fertigstellung des Manuskripts hat die Arbeitsgruppe um *R. Zoll* ihre ersten Ergebnisse vorgelegt. R. Zoll (Hg): *Arbeiterbewußtsein in der Wirtschaftskrise – Erster Bericht: Krisenbetroffenheit und Krisenwahrnehmung*, Köln 1981. Die bei Industriearbeitern der Werft-, Elektro- und Automobilindustrie vorherrschende »reduktionistische Form der Krisenwahrnehmung« ist weitgehend mit dem identisch, was bisher von mir dargestellt wurde: »In der *reduktionistischen Form* der Krisenwahrnehmung werden die Krisenphänomene geleugnet, nur isoliert wahrgenommen oder bagatellisiert; die Gründe für die Krise werden personalisiert; Teilphänomene werden für die gesamte Realität gehalten; gesellschaftliche Zusammenhänge werden nicht hergestellt, geschichtliche Entwicklungen ausgeblendet« (zitiert nach: R. Zoll u. a.: *»Ich weiß gar nicht, was die Arbeitslosen für Menschen sind« – Wie Industriearbeiter die Wirtschaftskrise und ihre Folgen wahrnehmen*, in: Frankfurter Rundschau vom 6. 10. 81, S. 9, Dokumentation).

29 Die Problematik von Alternativstrategien in der gegenwärtigen Krise läßt sich an der aktuellen Schwäche und Perspektivlosigkeit sogenannter militanter oder sozialistisch/kommunistisch orientierter Gewerkschaften in Großbritannien, Frankreich, Italien ebenso demonstrieren wie an den von der sogenannten *Memorandumgruppe* (1980) in der BRD formulierten wirtschaftspolitischen Alternativgutachten zum Sachverständigenrat. Während erstere durch ihre Politik faktisch die Schwächung der Konkurrenzfähigkeit der eigenen nationalen Kapitale im weltweiten Verdrängungskampf der

kapitalistischen Metropolen zugunsten (vor allem) Japans und der BRD mitverursacht haben, verkennt letztere, daß eine Ausweitung des deutschen Binnenmarktes über Steigerung der Massenkaufkraft ohne politisch-protektionistische Absicherung – über deren Realisierungsmöglichkeiten und Effizienz in den Memo-Gutachten jedoch nichts enthalten ist – für das »Exportmodell Deutschland« erheblich höhere soziale Kosten hervorbringen würde als die jetzige Exportoffensive. Siehe dazu: *Esser/Fach* 1980; *Esser* 1981; *Esser/Fach/Schlupp/Simonis* 1980. Insgesamt läßt sich sagen, daß die internationale Linke den Königsweg zur grenzüberschreitenden Vereinheitlichung ihrer Abwehrkämpfe und der grenzüberschreitenden Politisierung von Bedürfnis- und Produktionsplanung zur solidarischen und antikapitalistischen Überwindung verschärfter Weltmarktkonkurrenz noch nicht gefunden hat – und daß gerade dies ihre »Krise« bzw. die »Krise des Marxismus« ausmacht.

30 *Althussers* Apparatetheorie ist entwickelt in: L. Althusser: *Ideologie und ideologische Staatsapparate*, in: ders.: *Marxismus und Ideologie*, Berlin (West) 1973. Die fundiertesten Darstellungen und Analysen von Gramscis nur fragmentarisch entwickelter Gesellschafts- und Staatstheorie haben geleistet: C. Buci-Glucksmann: *Gramsci et l'Etat. Pour une théorie materialiste de la philosophie*, Paris 1975 (dt. gekürzte Ausgabe: *Gramsci und der Staat*, Köln 1981) und K. Priester: *Studien zur Staatstheorie des italienischen Marxismus: Gramsci und Della Volpe*, Frankfurt–New York 1981. Beide Arbeiten liefern auch eine solide Grundlage für die Diskussion der Gemeinsamkeiten/Differenzen zwischen *Gramsci* einerseits, *Althusser/Poulantzas* andererseits.

31 Auch wenn grundsätzlich davon ausgegangen werden kann, daß Ziele und Funktionskalküle korporatistischer Strategien den Verwertungsstrategien der Unternehmer und ihrer Verbände weitgehend entsprechen, dürften sich auch bei diesen wegen unterschiedlicher Kosten-/Nutzenverteilungen Differenzen auftun, die es auszuräumen gilt und die deshalb ebenfalls organisatorische Vereinheitlichungsprobleme aufwerfen. Wie es damit im deutschen Unternehmerlager bestellt ist, ist Gegenstand eines Forschungsprojekts des *Internationalen Instituts für Management und Verwaltung* des *Wissenschaftszentrums Berlin*. Siehe dazu: W. Streeck/P. Schmitter/A. Martinelli: *The Organization of Business Interests*. Discussion Paper des IIMV, Nr. IIM/dp/80-32.

32 Die fundierteste und zahlreiche Probleme/Mißverständnisse ausräu-

mende Analyse des »Historischen Blocks« ist ebenfalls bei *Buci-Glucksmann* 1975 und *Priester* 1981 zu finden.
33 Zu den Unternehmerverbänden siehe Anm. 31.
34 Die neueste »Strukturanalyse der Arbeitslosen« der *Bundesanstalt für Arbeit* vom September 1981 bestätigt zwar den bisherigen Trend eines überproportionalen Anteils sogenannter »Problemgruppen« an der Arbeitslosigkeit in der BRD. Zugleich wird jedoch festgestellt, daß auch die Zahl der arbeitslosen *Facharbeiter* gegenüber dem Vorjahr überdurchschnittlich zugenommen habe, und zwar um 67% auf 182 200. Zugleich ging auch für diese wichtige »Kern«-Arbeitergruppe das entsprechende Arbeitsplatzangebot um 41% auf 56 000 zurück. Ende September 1981 stand rechnerisch für drei arbeitslose Facharbeiter nur eine gemeldete offene Stelle zur Verfügung. Ein Jahr zuvor war noch auf jeden arbeitslosen Facharbeiter eine offene Stelle gekommen (nach *Handelsblatt* vom 24. 12. 81, Nr. 247). Um Mißverständnisse zu vermeiden, sei freilich nochmals darauf hingewiesen, daß der in meiner Arbeit verwendete Begriff »Kernarbeiter« nicht mit dem des »Facharbeiters« identisch ist. Mit Kernbelegschaften sind hier die Beschäftigten in dem prosperierenden *Weltmarktsektor* gemeint, die zwar häufig auch Facharbeiterqualifikationen besitzen; aber auch zahlreiche an- und ungelernte Arbeiter haben sich durch betriebsspezifische Qualifikationen für diesen Sektor unentbehrlich gemacht.

Literaturverzeichnis

Abelshauser, W. (1975): *Wirtschaft in Westdeutschland 1945 bis 1948.* Stuttgart.

Abendroth, M./N. Beckenbach/R. Dombois (1978): *Hafenarbeiterstreik 1978: Zum Konfliktpotential der Hafenarbeiter;* in: Leviathan, Heft 2/1978, S. 286-313.

Alemann, U. v./R. G. Heinze (Hg.) (1979a): *Verbände und Staat – Vom Pluralismus zum Korporatismus; Analysen, Positionen, Dokumente.* Opladen.

Dies. (1979b): *Neo-Korporatismus. Zur neuen Diskussion eines alten Begriffs;* in: Zeitschrift für Parlamentsfragen, Heft 4/1979, S. 469-487.

Altvater, E. (1977): *Die Bedeutung der Krise für die Arbeiterbewegung;* in: F. Deppe u. a. (Hg.): *Abendroth-Forum,* Marburg, S. 33-40.

Ders. (1978): *Politische Implikationen der Krisenbereinigung – Überlegungen zu den Austerity-Tendenzen in Westeuropa;* in: Prokla, Heft 32/1978, S. 43-72.

Ders./J. Hoffmann/W. Semmler (1977): *Alltagspolitik – Prinzip ohne Hoffnung;* in: Leviathan, Heft 2/1977, S. 283 ff.

Dies. (1979): *Vom Wirtschaftswunder zur Wirtschaftskrise – Ökonomie und Politik in der Bundesrepublik.* Berlin.

Anderson, P. (1979): *Antonio Gramsci – Eine kritische Würdigung.* Berlin (Orig. 1977).

Angermüller, H. A. (1979): *Politische Labilität des staatsmonopolistischen Kapitalismus;* in: IPW-Forschungsheft 3/1979.

Armingeon, K. (1980): *Strategien von Gewerkschaft und Kapital in der Strukturkrise der Uhrenindustrie im Schwarzwald.* Unveröff. Ms. Konstanz.

Arndt, H. (1977): *Wirtschaftliche Macht – Tatsachen und Theorien.* 2. Aufl., München.

Asendorf-Krings, I. (1979): *Facharbeiter und Rationalisierung – Das Beispiel der großbetrieblichen Instandhaltung.* Frankfurt/M.

Autorenkollektiv (1976): *Marxistische Gewerkschaftstheorie.* Berlin.

Bär, H., u.a . (1976): *Betriebsbesetzung – eine Kampfform zur Sicherung von Arbeitsplätzen.* Frankfurt/M.

Baethge, M./M. Schumann (1975): *Legitimation und Staatsillusion im*

Bewußtsein der Arbeiter – Überlegungen zum Staatsverständnis der Arbeiter anläßlich einer empirischen Studie; in: M. Baethge u. a. (Hg.): *Arbeitssituation, Lebenslage und Konfliktpotential – Festschrift für M. E. Graf zu Solms-Roedelheim.* Frankfurt/M.–Köln, S. 39-69.

Baier, H. (1974): *Krankheit und soziale Sicherheit;* in: *Das Krankenhaus,* Heft 5/1974, S. 176 ff.

Balduin, F. (1977): *Gewerkschaftliche Politik zur Einflußnahme auf Arbeitsbedingungen und Beschäftigung;* in: *Gewerkschaftliche Monatshefte* 6/1977, S. 345-358.

Barker, C. (1978): *The State as Capital;* in: *International Socialism* 1/1978.

Basso, L. (1975): *Die Rolle der Legalität in der Phase des Übergangs zum Sozialismus;* in: ders.: *Gesellschaftsformation und Staatsform.* Frankfurt/M., S. 136-186.

BDI (Bundesverband der Deutschen Industrie): *Jahresberichte von 1974 bis 1979.* Köln.

Beiträge zum wissenschaftlichen Sozialismus (1978): *Wohin steuern die Gewerkschaften?;* in: *Beiträge zum wissenschaftlichen Sozialismus,* Heft 3/78, S. 16-48.

Benda, E. (1966): *Industrielle Herrschaft und sozialer Staat. Wirtschaftsmacht von Großunternehmen als gesellschaftspolitisches Problem.* Göttingen.

Bergmann, J. *(1972): Neues Lohnbewußtsein und September-Streiks;* in: Jacobi/Müller-Jentsch/Schmidt (Hg.): *Gewerkschaften und Klassenkampf; Kritisches Jahrbuch* 1972, S. 171-180.

Bergmann, J./O. Jacobi/W. Müller-Jentsch (1975): *Gewerkschaften in der Bundesrepublik – Gewerkschaftliche Lohnpolitik zwischen Mitgliederinteressen und ökonomischen Systemzwängen.* Frankfurt-Köln.

Beyme, C. v. (1977a): *Gewerkschaften und Arbeitsbeziehungen in kapitalistischen Ländern.* München–Zürich.

Ders. (1977b): *Der »Gewerkschaftsstaat« – eine neue Form der »gemischten Verfassung«?;* in: P. Haungs (Hg.): *Res publica, Studien zum Verfassungswesen. Dolf Sternberger zum 70. Geburtstag.* München, S. 22 ff.

Ders. (1978): *Politische und sozio-ökonomische Entwicklungen seit 1974 im Lichte gewerkschaftlicher Interessen;* in: *Gewerkschaftliche Monatshefte* 3/1978, S. 130-137.

Ders., (1979): *Der Neo-Korporatismus und die Politik des begrenzten*

Pluralismus in der Bundesrepublik; in: J. Habermas (Hg.): *Stichworte zur »Geistigen Situation der Zeit«,* Bd. 1: *Nation und Republik,* S. 229-262. Frankfurt/M.

Biedenkopf, K. (1976): *Der Staat und die gesellschaftlichen Gruppen;* in: W. Dettling (Hg.): *Macht der Verbände – Ohnmacht der Demokratie?* München–Wien, S. 237-246.

Ders./R. Voss (Hg.) (1977): *Staatsführung, Verbandsmacht und innere Souveränität – Von der Rolle der Verbände, Gewerkschaften und Bürgerinitiativen in der Politik.* Bonn.

Bierbaum, C., u. a. (1977): *Ende der Illusionen? Bewußtseinsänderungen in der Wirtschaftskrise.* Frankfurt/M.–Köln.

BMFT-Presse-Info (1979): *Hauff will Forum »Technischer Wandel und Beschäftigung«,* Pressemitteilung des Bundesministeriums für Forschung und Technologie zur 2. Sitzung des »Technologiepolitischen Dialogs« am 24. 10. 79.

BMWi 67 (Bundesministerium für Wirtschaft): *Leistung in Zahlen »67«.* Bonn 1968.

BMWi 78 (Bundesministerium für Wirtschaft): *Leistung in Zahlen »78«.* Bonn 1979.

Böckenförde, E.-W. (1976): *Die politische Funktion wirtschaftlich-sozialer Verbände und Interessenträger in der sozialstaatlichen Demokratie – Ein Beitrag zum Problem der »Regierbarkeit«;* in: *Der Staat,* Band 15, 1976, S. 457 ff.

Böhle, F./N. Altmann (1972): *Industrielle Arbeit und soziale Sicherheit.* Frankfurt/M.

Bosch, G. (1978): *Arbeitsplatzverlust – Die sozialen Folgen einer Betriebsstillegung.* Frankfurt/M.

Briefs, G. (1952): *Zwischen Kapitalismus und Syndikalismus – Die Gewerkschaften am Scheideweg.* München.

Ders. (1964): *Gewerkschaften;* in: *Handbuch der Sozialwissenschaft,* S. 554-561.

Ders. (1966): *Staat und Wirtschaft im Zeitalter der Interessenverbände;* in: ders. (Hg.): *Laissez faire-Pluralismus, Demokratie und Wirtschaft des gegenwärtigen Zeitalters.* Berlin.

Bundesanstalt für Arbeit (1978): *Überlegungen II zu einer vorausschauenden Arbeitsmarktpolitik.* Nürnberg.

Bundesbericht Forschung VI (1979): Hg. vom Bundesminister für Forschung und Technologie. Bonn.

Burger, A. (1980): *Finanzkapitalistische Sanierung des AEG-TELEFUNKEN-Konzerns;* in: *IPW-Berichte* 8/80, S. 61-66.

Busch, K. (1978): *Die Europäische Gemeinschaft in der Krise – Die Ursachen des Scheiterns der Wirtschafts- und Währungsunion;* in: *Prokla,* Heft 30/1978, S. 95-132.

Buschmann, K. (1978): *Probleme der internationalen Arbeitsteilung in der Textil- und Bekleidungsindustrie;* in: *Gewerkschaftliche Monatshefte* 6/1978, S. 355-367.

Crouch, C. (1979): *The Politics of Industrial Relations.* London/Glasgow.

Crouch, C./A. Pizzorno (Hg.) (1978): *The Resurgence of Class Conflict in Western Europe since 1968.* London.

Crozier, M. J./F. P. Huntington/J. Watanuki (1975): *The Crisis of Democracy: Report on the Governability of Democracies to the Trilateral Commission.* New York.

Dahrendorf, R. (1961): *Elemente einer Theorie des sozialen Konflikts;* in: *Gesellschaft und Freiheit.* München.

Ders. (1959): *Class and Class Conflict in Industrial Society.* London.

Dammann, K. (1977): *Gewerkschaftliche Organisierung und Kämpfe staatlicher Lohnarbeiter in der BRD;* in: *Klassenbewegung, Staat und Krise, Konflikte im öffentlichen Dienst Westeuropas und der USA,* hg. von G. Armanski und B. Penth. Berlin, S. 90-157.

Deppe, F. (1978): *Zu einigen Problemen der Bestimmung des gegenwärtigen gewerkschaftlichen und politischen Bewußtseins der Arbeiterklasse in der BRD;* in: *Marxistische Studien, Jahrbuch des IMSF,* 1/1978, S. 305 ff.

Ders. (1979): *Autonomie und Integration – Materialien zur Gewerkschaftsanalyse.* Marburg.

Ders. u. a. (1977): *Abendroth-Forum, Marburger Gespräche aus Anlaß des 70. Geburtstags von Wolfgang Abendroth.* Marburg.

Deppe, R./R. Herding/D. Hoß (1978): *Sozialdemokratie und Klassenkonflikte – Metallarbeiterstreik – Betriebskonflikt – Mieterkampf.* Frankfurt/M.

Deppe, W. (1980): *Arbeiter und Angestellte in der Krise: Betroffenheit, innerbetriebliche Erfahrungen, Krisenbewußtsein;* in: K. H. Braun u. a. (Hg.): *Kapitalistische Krise, Arbeiterbewußtsein, Persönlichkeitsentwicklung.* Köln, S. 107-121.

Dettling, W. (Hg.) (1976): *Macht der Verbände – Ohnmacht der Demokratie?* München.

Deubner, C. (1979)a): *Zur Internationalisierung in der westdeutschen*

Bekleidungsindustrie; in: *WSI-Mitteilungen* 1/1979, S. 34-45.

Ders. (1979b): *Replik auf die Stellungnahme des Hauptvorstandes der Gewerkschaft Textil-Bekleidung;* in: *WSI-Mitteilungen* 9/1979, S. 522 f.

Ders./U. Rehfeldt/F. Schlupp (1978): *Deutsch-französische Wirtschaftsbeziehungen im Rahmen weltwirtschaftlicher Arbeitsteilung. Interdependenz, Divergenz oder strukturelle Dominanz?;* in: R. Picht (Hg.): *Deutschland, Frankreich, Europa. Bilanz einer schwierigen Partnerschaft.* München–Zürich, S. 91-136.

Dies./G. Ziebura (1979): *Die Internationalisierung des Kapitals – Neue Theorien in der internationalen Diskussion.* Frankfurt/M.–New York.

Deutsche Bundesbank: *Geschäftsberichte 1967 bis 1979.*

DIW, 1978a (Deutsches Institut für Wirtschaftsforschung): *Die Bedeutung der Ausfuhr für Produktion und Beschäftigung in der Bundesrepublik Deutschland;* in: *Wochenbericht* 46/47, S. 435 ff.

DIW, 1978b (Deutsches Institut für Wirtschaftsforschung): *Anhaltende Exportschwäche;* in: *Wochenbericht* 37/38, S. 364 ff.

DIW, 1979 (Deutsches Institut für Wirtschaftsforschung): *Struktureller Wandel und seine Folgen für die Beschäftigung – Zwischenbericht zur Strukturberichterstattung.* Berlin.

DIW, 1980 (Deutsches Institut für Wirtschaftsforschung): *Entwicklungstendenzen der Welt-Rohstahlerzeugung und der Versorgung mit Eisenerz bis zum Jahre 1990;* in: *Wochenbericht* 24/80, S. 255-260.

Dohse, K. (1976): *Ausländerentlassungen beim Volkswagenwerk;* in: *Leviathan,* Heft 4/1976, S. 485-493.

Dohse, K./U. Jürgens/H. Russig (1978): *Probleme einer Beschränkung gewerkschaftlicher Bestandsschutzpolitik auf die Absicherung älterer Arbeitnehmer – Zum Verhältnis von Bestandsschutz und personalpolitischer Flexibilität;* in: *IIVG-Papers des Internationalen Instituts für Vergleichende Gesellschaftsforschung des Wissenschaftszentrums Berlin,* Nr. PV/78-22.

Dombois, R. (1976): *Massenentlassungen bei VW: Individualisierung der Krise;* in: *Leviathan,* Heft 4/1976, S. 432-464.

Ders. (1979): *Stammarbeiter und Krisenbetroffenheit – Fallanalysen zur Differenzierung der Krisenbetroffenheit angelernter Arbeiter;* in: *Prokla,* 36/1979, S. 161-187.

Dzielak, W./W. Hindrichs/H. Martens (1978): *Den Besitzstand sichern – Der Tarifkonflikt 1978 in der Metallindustrie Baden-Württembergs.* Frankfurt/M.

Dies. (1979): *Gewerkschaftliche Betriebspolitik und Arbeitskampf;* in: J. Matthes (Hg.): *Sozialer Wandel in Westeuropa.* Frankfurt/M., S. 307-315.

Dzielak, W./K. P. Surkemper (1980): *Gewerkschaftliche Betriebspolitik und Streikfähigkeit;* in: *Leviathan,* Heft 2/1980, S. 164-181.

Eckart, C., u. a. (1975): *Arbeiterbewußtsein, Klassenzusammensetzung und ökonomische Entwicklung. Empirische Thesen zum »instrumentellen Bewußtsein«;* in: *Gesellschaft. Beiträge zur Marxschen Theorie* 4. Frankfurt, S. 7-64.

Edelman, M. (1964): *The Symbolic Uses of Politics.* Urban.

Ehrlicher, W., (1976): *Strukturelle Fehlentwicklungen in der Wirtschaft der Bundesrepublik Deutschland;* in: *Kredit und Kapital,* Heft 1/1976, S. 1 ff.

Eickhof, N. (1973): *Eine Theorie der Gewerkschaftsentwicklung.* Tübingen.

Ellwein, T. (1980): *Gewerkschaften und Öffentlicher Dienst. Zur Entwicklung der Beamtenpolitik des DGB.* Opladen.

Ders. u. a. (1980): *Expertise über die raumstrukturellen Wirkungen der Forschungs- und Technologiepolitik des Bundes.* Bonn. Hektograph. Ms.

Erd, R. (1976): *Der Arbeitskampf in der Druckindustrie 1976 – Ein politischer Streik;* in: *Leviathan,* Heft 4/1976, S. 517-542.

Ders. (1978): *Verrechtlichung industrieller Konflikte – Normative Rahmenbedingungen des dualen Systems der Interessenvertretung.* Frankfurt/M.

Ders. (1978b): *Der »Kampf« um das Verbot der Aussperrung;* in: Jacobi/Müller-Jentsch/Schmidt (Hg.): *Arbeiterinteressen gegen Sozialpartnerschaft.* Berlin, S. 82-91.

Ders./W. Müller-Jentsch (1979): *Ende der Arbeiteraristokratie? Technologische Veränderungen, Qualifikationsstruktur und Tarifbeziehungen in der Druckindustrie;* in: *Prokla,* Heft 35/1979, S. 17-47.

Erdmenger, K./J. Esser/W. Fach (1978): *Politikthematisierung und staatliche Einkommenspolitik: Der Fall »Konzertierte Aktion«.* Diskussionsbeitrag Nr. 1/78 des Fachbereichs Politische Wissenschaft der Universität Konstanz.

Eschenburg, T. (1955): *Herrschaft der Verbände?* Stuttgart.

Esser, J. (1975): *Einführung in die materialistische Staatsanalyse.* Frankfurt–New York.

Esser, J. (1978): *Krisenregulierung und Gewerkschaften – Das Beispiel der saarländischen Stahlindustrie;* in: *Gewerkschaftliche Monatshefte* 12/78, S. 772-781.

Ders. (1979): *Im vierten Jahr – die Krise der europäischen Stahlindustrie;* in: *links* Nr. 112/113, August 1979, S. 10 f.

Ders. (1980): *Sozialisierung als beschäftigungspolitisches Instrument? Erfahrungen mit der verstaatlichten Stahlindustrie in Europa;* in: *Gewerkschaftliche Monatshefte* 7/1980, S. 446-453.

Ders. (1981): *Woran scheitert der gewerkschaftliche Internationalismus?* in: Jacobi/Schmidt/Müller-Jentsch (Hg.): *Starker Arm am kurzen Hebel – Kritisches Gewerkschaftsjahrbuch* 1981/82, Berlin, S. 7-18.

Ders./W. Fach (1979): *Internationale Konkurrenz und selektiver Korporatismus.* Beitrag für die 10. Tagung des Arbeitskreises »Parteien-Parlamente-Wahlen« der Deutschen Vereinigung für Politische Wissenschaft, Februar, Neuß (erscheint in: U. von Alemann (Hg.): *Neokorporatismus.* Frankfurt/M. 1981).

Dies. (1980): *Gewerkschaften als Säule im »Modell Deutschland«?;* in: Jacobi/Schmidt/Müller-Jentsch (Hg.): *Moderne Zeiten – alte Rezepte. Kritisches Gewerkschaftsjahrbuch* 1980/81. Berlin, S. 51-61.

Dies./G. Gierszewski/W. Väth (1979): *Krisenregulierung – Mechanismen und Voraussetzungen;* in: *Leviathan,* Heft 1/1979, S. 79 ff.

Ders./W. Fach/F. Schlupp/G. Simonis (1980): *Gewerkschaften, weltwirtschaftliche Verflechtung und alternative Wirtschaftspolitik.* Diskussionsbeitrag Nr. 1/1980 des Fachgebiets Politik-/Verwaltungswissenschaft der Universität Konstanz.

Ders./W. Fach/G. Simonis (1980): *Grenzprobleme des »Modells Deutschland«;* in: *Prokla,* 40/1980, S. 40-63.

Dies. (1980): *Öffnung oder Spaltung der Gesellschaft – Grenzprobleme des »Modells Deutschland«;* in: T. Ellwein (Hg.): *Politikfeld-Analysen 1979,* Tagungsbericht des wissenschaftlichen Kongresses der DVPW vom 1.-5. 10. 79, S. 315-330.

Ders./W. Fach/W. Väth (1978): *Die sozialen Kosten einer modernisierten Volkswirtschaft; Arbeitslosigkeit und gesellschaftliche Desintegration;* in: *Politische Wissenschaft und politische Praxis,* hg. von U. Bermbach, PVS-Sonderheft 9/1978, S. 140-168.

Dies. (1980): *Begleituntersuchung zum arbeitsmarktpolitischen Sonderprogramm der Bundesregierung für Problemregionen: Region Saarland* – Projektbericht für das IIMV des Wissenschaftszentrums Berlin. Unveröffentl. Ms., Konstanz.

Ders. u. a. (1979): *Das »Modell Deutschland« und seine Konstruktionsschwächen;* in: *Leviathan,* Heft 1/1979, S. 1-11.

Forsthoff, E. (1971): *Der Staat der Industriegesellschaft*. München.
Fraenkel, F. (1940): *The Dual State*. New York (deutsche Übersetzung: *Der Doppelstaat*. Köln–Frankfurt/M., 1974).
Friedman, M. (1966): *Essays in Positive Economics*. Chicago–London, 5. Aufl.
Friedmann, P./S. Weimer (1980): *Mit 55 zum alten Eisen? Die vorzeitige Pensionierung älterer Arbeitnehmer als betriebliche Beschäftigungsstrategie;* in: *WSI-Mitteilungen*, Heft 10/1980, S. 563-570.
Fröbel, F./J. Heinrichs/O. Kreye (1977): *Die neue internationale Arbeitsteilung*. Reinbek.
Fuchs, W. (1980): *Möglichkeiten der biographischen Methode;* in: L. Niethammer (Hg.): *Lebenserfahrung und kollektives Gedächtnis. Die Praxis der Oral History*. Frankfurt/M.
Funke, H./C. Neusüß (1975): *Gewerkschaftspolitik in der Krise;* in: R. Duhm/H. Wieser (Hg.): *Krise und Gegenwehr*. Berlin, S. 13 ff.
Funke, H. (1978): *Die neue Tarifkonzeption der IG Metall zum Rationalisierungsschutz;* in: Jacobi/Müller-Jentsch/Schmidt (Hg.): *Gewerkschaftspolitik in der Krise. Kritisches Gewerkschaftsjahrbuch 1977/78*. Berlin, S. 73-82.
Ders./E. Hildebrandt/C. Watkinson (1979): *Ein neues tarifpolitisches Konzept – Interessen der Metaller am Absicherungstarifvertrag;* in: J. Matthes (Hg.): *Sozialer Wandel in Westeuropa*. Frankfurt/M., S. 293-306.

Geiger, T. (1949): *Klassengesellschaft im Schmelztiegel*. Köln.
Geissler, B./R. Zoll (1979): *Krise und betriebliche Arbeitsbeziehungen;* in: J. Matthes (Hg.): *Sozialer Wandel in Westeuropa*. Frankfurt/M., S. 330-340.
Gerlach, G. (1979): *Neuere tarifpolitische Strategien der Gewerkschaften in der BRD zur Sicherung von Arbeitsplätzen und Besitzständen;* in: *WSI-Mitteilungen*, Heft 4/1979, S. 221-227.
Gerstenberger, F. (1976): *Strukturelle Entwicklungstendenzen im Beschäftigungssystem der Bundesrepublik Deutschland ab 1960 unter besonderer Berücksichtigung der Änderung von Tätigkeits- und Anforderungsprofilen;* in: *Krise und Reform in der Industriegesellschaft. Materialien zur IG Metall-Tagung*, Frankfurt/M., S. 396-422.
Gerstenberger, H. (1975): *Klassenantagonismus, Konkurrenz und Staatsfunktionen;* in: *Gesellschaft – Beiträge zur Marxschen Theorie* 3, Frankfurt/M., S. 7 ff.
Gesprächskreis: Modernisierung der Volkswirtschaft (1980): *Elektro-

nik, Produktivität, Arbeitsmarkt – Diskussionsergebnis –, hg. vom Bundesministerium für Forschung und Technologie. Hektograph. Ms., Bonn.

Goldthorpe u. a. (1968): *The Affluent Worker.* Cambridge. 2 Bände.

Gramsci, A. (1951): *La questione meridionale.* Rom (deutsche Übersetzung: *Die süditalienische Frage;* 1. Berlin-Ost 1955, 2. in: U. Cerroni: *Gramsci-Lexikon,* Hamburg, S. 166-189).

Ders. (1967): *Philosophie der Praxis – eine Auswahl,* hg. von C. Riechers. Frankfurt/M.

Grauhan, R. R./R. Hickel (1978): *Krise des Steuerstaates? – Widersprüche, Ausweichstrategien, Perspektiven staatlicher Politik;* in: Dies. (Hg.): *Krise des Steuerstaates? Leviathan,* Sonderheft 1/1978, S. 7-33.

Grebing, H. (1971): *Konservative gegen die Demokratie. Konservative Kritik an der Demokratie in der Bundesrepublik.* Frankfurt/M.

Groser, M. (1979): *Verbände und Staat: Positionen der CDU;* in: *Zeitschrift für Parlamentsfragen,* Heft 4/1979, S. 451-458.

Gülden, K./H. Peter (1975): *VW-Krisenlösung durch Entlassungen;* in: Jacobi/Müller-Jentsch/Schmidt (Hg.): *Gewerkschaften und Klassenkampf. Kritisches Jahrbuch 1975,* Frankfurt/M., S. 38-46.

Günther, K./K. Schmidt (1977): *Parteien und Gewerkschaften als Forschungsfeld.* Düsseldorf.

Güther, B./K. Pickshaus (1976): *Der Arbeitskampf in der Druckindustrie im Frühjahr 1976.* Frankfurt/M.

Habermas, J. (1973): *Legitimationsprobleme im Spätkapitalismus.* Frankfurt/M.

Hack, L./I. Hack (1979): *Bewirtschaftung der Zukunftsperspektive;* in: *Gesellschaft – Beiträge zur Marxschen Theorie* 12, Frankfurt, S. 101-237.

Hardach, G. (1977): *Deutschland in der Weltwirtschaft 1870 bis 1970.* Frankfurt/M.–New York.

Hartmann, H. (1978): *Arbeitserfahrung, Konfliktpotential und gesellschaftliches Bewußtsein industrieller Arbeitnehmer. Überblick über den Forschungs- und Diskussionsstand;* in: *Materialien aus der soziologischen Forschung.* Verhandlungen des 18. Deutschen Soziologentages, München, S. 804-824.

Hartwich, H. H. (1979): *Organisationsmacht gegen Kapitalmacht – Die Gewerkschaften in der Interessenstruktur der Bundesrepublik;* in: U. Borsdorf u. a. (Hg.): *Gewerkschaftliche Politik: Reform aus So-*

lidarität – Zum 60. Geburtstag von H. O. Vetter. Köln, S. 81-108.
Hauff, V. (1978): *Damit der Fortschritt nicht zum Risiko wird – Forschungspolitik als Zukunftsgestaltung.* Bonn.
Ders./F. W. Scharpf (1975): *Modernisierung der Volkswirtschaft – Technologiepolitik als Strukturpolitik.* Köln–Frankfurt/M.
Hautsch, G., u. a. (1978): *Arbeitskämpfe 77.* Frankfurt/M.
Ders./K. Pickshaus (1979): *Integration und Gewerkschaftsanalyse – Zur Diskussion einiger gewerkschaftstheoretischer Ansätze in der Bundesrepublik;* in: *Marxistische Studien. Jahrbuch des IMSF* 2/1979, S. 245 ff.
Ders./B. Semmler (1979): *Stahlstreik und Tarifrunde 78/79.* Frankfurt/M.
Heinze, R. G./K. Hinrichs/C. Offe/T. Olk (1980): *Sind die Gewerkschaften für »alle« da?;* in: Jacobi/Schmidt/Müller-Jentsch (Hg.): *Moderne Zeiten – alte Rezepte. Kritisches Gewerkschaftsjahrbuch 1980/81.* Berlin, S. 62-77.
Heiseler, J. v. (1978a): *Jugendliche im Großbetrieb.* Frankfurt/M.
Heiseler, J. v. (1978b): *Arbeiterbewußtsein und Krise;* in: *Marxistische Studien. Jahrbuch des IMSF* 1/1978, S. 273-291.
Helfert, Mario (1976): *Zum Verhältnis zwischen gesellschaftlicher Privilegierung und Benachteiligung – Überlegungen zu Gleichgewichtsvorstellungen zwischen »Kapital« und »Arbeit«;* in: *Gewerkschaftsstaat oder Unternehmerstaat,* in: *WSI-Mitteilungen,* August 1976.
Ders. (1980): *Ökonomische Entwicklung und gewerkschaftliche Auseinandersetzung mit technischem Fortschritt;* in: *Gewerkschaftliche Monatshefte* 4/1980, S. 242-250.
Hennis, W./P. Graf Kielmansegg/U. Matz (Hg.): *Regierbarkeit: Studien zu ihrer Problematisierung,* Band 1 und 2. Stuttgart 1977 und 1979.
Henschel, R. (1978): *Krise der Wirtschaftspolitik – Die Sicht der Gewerkschaften;* in: *Krise der Wirtschaftspolitik,* hg. von H. Markmann und D. B. Simmert. Köln, S. 119-130.
Herding, R./B. Kirchlechner (1980): *Lohnarbeiterinteressen: Homogenität und Fraktionierung.* Frankfurt/M.
Herkommer, F., u. a. (1979a): *Gewerkschaftlicher Organisationsgrad und Bewußtsein der Lohnabhängigen;* in: *Gewerkschaftliche Monatshefte* 11/1979, S. 709-720.
Dies. (1979b): *Gesellschaftsbewußtsein und Gewerkschaften.* Berlin.
Herzog, R. (1976): *Das Verbandwesen im modernen Staat;* in: W. Dettling (Hg.): *Macht der Verbände – Ohnmacht der Demokratie?*

München, S. 69-80.

Hickel, R. (1978): *Ökonomische Stabilisierungspolitik in der Krise. Ursachen und Ausweichparadoxien;* in: Grauhan, R. R./R. Hickel (Hg.): *Krise des Steuerstaats? Leviathan,* Sonderheft 1/1978, S. 92-130.

Hildebrandt, E. (1976): *Betriebliche Personalpolitik als Spaltungsstrategie des Kapitals – Kapitalistische Betriebspolitik und Gegenwehr in der Bundesrepublik 1974-1976;* in: *Prokla,* Heft 26/1976, S. 151-191.

Ders. (1979): *Der Tarifkampf in der metallverarbeitenden Industrie 1978;* in: Jacobi/Müller-Jentsch/Schmidt (Hg.): *Arbeiterinteressen gegen Sozialpartnerschaft. Kritisches Gewerkschaftsjahrbuch 1978/79.* Berlin, S. 60-73.

Hilferding, R. (1973): *Die Aufgaben der Sozialdemokratie in der Republik. Referat auf dem SPD-Parteitag 1927 in Kiel. Protokoll der Verhandlungen.* Berlin 1927; wiederabgedruckt als: Ders.: *Organisierter Kapitalismus. Referat und Diskussion.* s'Gravenhage 1973.

Hinz, H. (1977): *Zum Politikdefizit in der Uhrenindustrie – Strukturwandel ohne Perspektive;* in: *WSI-Mitteilungen* 2/1977, S. 110-121.

Hirsch, J. (1966): *Die öffentlichen Funktionen der Gewerkschaften. Eine Untersuchung zur Autonomie sozialer Verbände in der modernen Verfassungsordnung.* Stuttgart.

Ders. (1974): *Staatsapparat und Reproduktion des Kapitals.* Frankfurt/M.

Ders. (1976): *Bemerkungen zum theoretischen Ansatz einer Analyse des bürgerlichen Staates;* in: *Gesellschaft – Beiträge zur Marxschen Theorie* 8/9. Frankfurt/M., S. 99 ff.

Ders. (1978): *Was heißt eigentlich »Krise der Staatsfinanzen«? Zur politischen Funktion der Staatsfinanzkrise;* in: Grauhan, R. R./R. Hikkel (Hg.): *Krise des Steuerstaats? Leviathan,* Sonderheft 1/1978, S. 34-50.

Ders. (1980): *Der Sicherheitsstaat – Das »Modell Deutschland«, seine Krise und die neuen sozialen Bewegungen.* Frankfurt/M.

Ders./R. Roth (1977): *Von der ökonomischen zur politischen Krise – Perspektiven der Entwicklung des Parteiensystems in der BRD;* in: *links* Nr. 92, S. 9-14.

Dies. (1979): *Kanzler Strauß? Institutionalisierung des Rechtsradikalismus;* in: *links* Nr. 112/113, Juli/August 1979, S. 5-7.

Dies. (1980): *»Modell Deutschland« und neue soziale Bewegungen;* in: *Prokla,* Heft 40/1980, S. 14-38.

Holzkamp-Osterkamp, U. (1980): *Klassenbewußtsein und Handlungs-*

fähigkeit; in: K. H. Braun u. a. (Hg.): *Kapitalistische Krise, Arbeiterbewußtsein, Persönlichkeitsentwicklung.* Köln, S. 17 ff.

Hoß, D. (1974): *Die Krise des »institutionalisierten Klassenkampfes« – Metallarbeiterstreik in Baden-Württemberg.* Frankfurt/M.

Huffschmid, J./H. Schui (Hg.) (1976): *Gesellschaft in Konkurs? Handbuch zur Wirtschaftskrise 1973-76 in der BRD.* Köln.

HWWA (1979) (Institut für Wirtschaftsforschung, Hamburg): Forschungsgruppe Analyse der sektoralen Wirtschaftsstrukturen: *Analyse der strukturellen Entwicklung der deutschen Wirtschaft. Zwischenbericht.* Hamburg.

IBS/IGM-Info (1980): *Innovations- und Technologieberatung Nr. 1*, hg. von der Innovations- und Technologieberatungsstelle der IG Metall, Hamburg-Berlin.

IdW (1974) (Institut der deutschen Wirtschaft) (Hg.): *Auf dem Weg in den Gewerkschaftsstaat?* Köln.

Ifo-Institut für Wirtschaftsforschung, 1979: *Strukturberichterstattung – Zwischenbericht 1979.* München.

Ifo-Fraunhofer-Infratest (1979): *Technischer Fortschritt – Auswirkungen auf Wirtschaft und Arbeitsmarkt.* Gutachten der Projektgemeinschaft Ifo-Institut für Wirtschaftsforschung, München; Fraunhofer-Institut für Systemtechnik und Innovationsforschung, Karlsruhe; Infratest-Wirtschaftsforschung, München; Gutachten im Auftrag der Bundesminister für Wirtschaft, Forschung und Technologie, Arbeit und Sozialordnung; Kurzfassung der Ergebnisse, München.

IG Druck und Papier (1977): *Analyse des Arbeitskampfes 1976 in der Druckindustrie.*

IG Metall (1975): *Uhrenindustrie zwischen technischem Fortschritt und Wettbewerb – Branchenkonferenz »Uhren« der Industriegewerkschaft Metall für die Bundesrepublik Deutschland,* Oktober 1975. Frankfurt/M.

Dies. (1977a): *Strukturwandel in der Metallindustrie – Analytische und konzeptionelle Ansätze der IG Metall zur Strukturpolitik 1975 bis 1977.* Frankfurt/M.

Dies. (1977b): *Strukturelle Arbeitslosigkeit durch technologischen Wandel?* Referate, gehalten auf der Technologie-Tagung der IG Metall, Mai 1977. Frankfurt/M.

Dies. (1978): *Tarifvertrag zur Sicherung der Eingruppierung und zum Schutz vor Abgruppierung. Arbeitsmaterial,* hg. von der IG Metall-Bezirksleitung Stuttgart.

Dies. (1979): *Der Arbeitskampf in der Eisen- und Stahlindustrie (1978/79). Darstellung und Dokumentation,* hg. von der Industriegewerkschaft Metall, Bezirksleitungen Essen, Hagen, Köln und Münster. Frankfurt/M.

Dies. (1980): *10. Angestelltenkonferenz. Verabschiedete Anträge und Entschließungen.* Frankfurt/M.

Institut für Weltwirtschaft (1979): *Analyse der strukturellen Entwicklung der deutschen Wirtschaft – Strukturberichterstattung: Zwischenbericht.* Kiel.

Jacobi, O. (1979): *Gewerkschaftliche Lohnpolitik unter dem Druck antikeynesianischer Wirtschaftspolitik;* in: *Beiträge zur Soziologie der Gewerkschaften,* hg. von J. Bergmann, Frankfurt, S. 326-362.

Ders./W. Müller-Jentsch (1977): *Gewerkschaftliche Tarifpolitik in der Wirtschaftskrise;* in: R. Duhm/U. Mückenberger (Hg.): *Arbeitskampf im Krisenalltag.* Berlin, S. 37-47.

Ders./W. Müller-Jentsch/E. Schmidt (Hg.) (1978): *Gewerkschaftspolitik in der Krise. Kritisches Gewerkschaftsjahrbuch 1977/78.* Berlin.

Dies. (1979): *Arbeiterinteressen gegen Sozialpartnerschaft. Kritisches Gewerkschaftsjahrbuch 1978/79.* Berlin.

Dies. (1979b): *Arbeitskampf um Arbeitszeit. Kritisches Gewerkschaftsjahrbuch 1979/80.* Berlin.

Janzen, K. H. (1980): *Technologiepolitik und Gewerkschaften;* in: *Gewerkschaftliche Monatshefte* 4/1980, S. 256-262.

Jessop, B. (1978): *Corporatism, Fascism and Social Democracy;* Papier für den ECPR-Workshop über Corporatism in Liberal Democracies in Grenoble, April 1978 (überarbeitete Fassung erscheint in: Schmitter/Lehmbruch (Hg.) (1980): *Trends toward Corporatist Intermediation.* London).

Jortzig, G./M. Weg (1978): *Zur Diskussion von Krise und Krisenpolitik in der herrschenden ökonomischen Theorie;* in: *WSI-Mitteilungen* 3/1978, S. 160 ff.

Judith, R. (1978): *Die Auswirkungen der Stahlkrise auf die Arbeitnehmer in der Bundesrepublik Deutschland.* Referat auf der Konferenz Eisen und Stahl, 7. 11. 78 in Mühlheim, unveröffentl. Ms.

Ders. (1980): *Diskussionsbeitrag;* in: OECD: *Steel in the 80's.* Paris, S. 207 ff.

Kastendiek, H. (1980): *Neokorporativismus? Thesen und Analysekonzepte;* in: *Prokla,* 38/1980, S. 81-106.

Keller, B. (1979): *Stellungnahme des Hauptvorstandes der Gewerkschaft Textil-Bekleidung zum Artikel »Zur Internationalisierung in der westdeutschen Bekleidungsindustrie«;* in: *WSI-Mitteilungen* 7/1979, S. 410-411.

Ders. (1980): *Wirtschaftsentwicklung und Strukturwandel – Herausforderung für die Gewerkschaftspolitik;* in: *Gewerkschaftliche Monatshefte* 7/1980, S. 464-468.

Kern, H. (1979): *Kampf um Arbeitsbedingungen – Materialien zur »Humanisierung der Arbeit«.* Frankfurt/M.

Ders./H. Schauer (1978): *Rationalisierungs- und Besitzstandssicherung in der Metallindustrie, Teil I und II;* in: *Gewerkschaftliche Monatshefte* 5/78 und 8/78, S. 272-279 bzw. 482-489.

Ders./M. Schumann (1970): *Industriearbeit und Arbeiterbewußtsein. Eine empirische Untersuchung über den Einfluß der aktuellen technischen Entwicklung auf die industrielle Arbeit und das Arbeiterbewußtsein.* 2 Bände. Frankfurt/M.

Kielmansegg, P. Graf (1979): *Organisierte Interessen als »Gegenregierungen«?;* in: Hennis/Kielmansegg/Matz (Hg.): *Regierbarkeit,* Bd. 2. Stuttgart, S. 139 ff.

Kleinknecht, A. (1979): *Innovation, Akkumulation und Krise – Überlegungen zu den »langen Wellen« der Konjunktur vor dem Hintergrund neuerer Ergebnisse der historischen Innovationsforschung;* in: *Prokla,* 35/1979, S. 85-104.

Ders. (1979): *Überlegungen zur Renaissance der »langen Wellen« der Konjunktur (»Kondratieff-Zyklen«),* Discussion Paper Nr. IIM/dp 79-108 des Internationalen Instituts für Management und Verwaltung des Wissenschaftszentrums Berlin.

Ders. (1979): *Basisinnovationen und Wachstumsindustrien: das Beispiel der westdeutschen Wirtschaft;* Discussion Paper Nr. IIM/dp 79-22 des Internationalen Instituts für Management und Verwaltung des Wissenschaftszentrums Berlin.

Klemm, A. (1980): *Veränderungen in den politischen Kampfbedingungen der Arbeiterklasse in der BRD;* in: *IPW-Berichte* Nr. 1/80, S. 33 ff.

Kluncker, H. (1980): *Aktuelle Probleme des Öffentlichen Dienstes;* in: *Gewerkschaftliche Monatshefte* 10/1980, S. 634-640.

Koch, C./W.-D. Narr (1976): *Krise – oder das falsche Prinzip Hoffnung;* in: *Leviathan,* Heft 3/76, S. 291 ff.

Dies. (1977): *Krise und Kritik – Zur Krise der Kritik;* in: *Leviathan,* Heft 3/1977, S. 400 ff.

Kohl, H. (1974): *Die Stellung der Gewerkschaften in Staat und Gesellschaft;* in: *Gewerkschaftliche Monatshefte,* Heft 10/1974, S. 621 ff.

Kommission für wirtschaftlichen und sozialen Wandel, 1977: *Wirtschaftlicher und sozialer Wandel in der Bundesrepublik Deutschland,* Gutachten der Kommission. Göttingen.

Kreile, M. (1978): *Die Bundesrepublik Deutschland – eine »Ökonomie dominante« in Westeuropa?;* in: *PVS*-Sonderheft 9/1978, S. 236-256.

Krieger, H. (1979): *Die Strukturierung der Arbeitslosigkeit durch die unternehmerische Einstellungspraxis;* in: *WSI-Mitteilungen* 2/1979, S. 108-118.

Kriele, M. (1977): *Legitimitätsprobleme der Bundesrepublik.* München.

Krüper, M. (1977): *Sektorale Strukturpolitik in der Mineralölindustrie – Eine Fallstudie;* in: *WSI-Mitteilungen,* Heft 2/1977, S. 100-105.

Ders. (1978): *Strukturpobleme und Strukturpolitik in der Aluminium-, Chemie- und Mineralöl-Industrie;* in: *Gewerkschaftliche Monatshefte* 6/1978, S. 377-384.

Kuda, R. F. (1978): *Strukturpolitische Vorstellungen der Gewerkschaften;* in: *Krise der Wirtschaftspolitik,* hg. von H. Markmann und D. B. Simmert. Köln, S. 351-363.

Kuda, R. (1980): *Tarifpolitik und Beschäftigungskrise;* in: *WSI-Mitteilungen,* Heft 4/1980, S. 225-233.

Kudera, W./K. Ruff/R. Schmidt (1979b): *Zur Interessenorientierung und Interessenstrategie von Angestellten;* in: J. Matthes (Hg.): *Sozialer Wandel in Westeuropa.* Frankfurt/M., S. 341-353.

Kudera, W., u. a. (1979): *Gesellschaftliches und politisches Bewußtsein von Arbeitern.* Frankfurt/M.

Laaser, W. (1977): *Die Fiskalpolitik in der Wirtschaftskrise 1974/75;* in: *Prokla,* Heft 28/1977, S. 3-24.

Leggewie, C. (1979): *Leben und arbeiten in der Region – Rationalisierung, gewerkschaftlicher Massenprotest, alternative Wirtschaftspolitik und Wandel der industriellen Kultur am Beispiel der französischen Stahlindustrie;* in: *Prokla,* Heft 37/1979, S. 19-41.

Lehmbruch, G. (1979a): *Wandlungen der Interessenpolitik im liberalen Korporatismus;* in: U. von Alemann/R. G. Heinze (Hg.): *Verbände und Staat.* Opladen, S. 50-71.

Ders. (1979b): *Einige Entwicklungslinien und Probleme in der »Korpo-*

ratismus«-Diskussion – Diskussionspapier für den Arbeitskreis »Parteien – Parlamente – Wahlen« der Deutschen Vereinigung für Politische Wissenschaft in Neuß, 23./24. 2. 1979. Unveröffentl. Ms.

Leminsky, G. (1978): *Wende in den industriellen Beziehungen?;* in: *Gewerkschaftliche Monatshefte* 12/78, S. 769-771.

Lichte, R. (1978): *Betriebsalltag von Industriearbeitern – Konflikthandeln einer Belegschaftsgruppe vor und während einer Betriebsstillegung.* Frankfurt/M.

Loderer, E. (1977): *Strukturelle Arbeitslosigkeit durch technologischen Wandel?* Begrüßungs- und Einleitungsreferat auf der Technologie-Tagung der IG Metall; in: IG Metall 1977: *Strukturelle Arbeitslosigkeit durch technologischen Wandel?* Frankfurt/M., S. 7-15.

Ders. (1978): *Erfolgreicher Kampf um soziale Besitzstandssicherung;* in: *Gewerkschaftliche Monatshefte* 5/1978, S. 257-260.

Ludz, P. C. (1968): *Parteielite im Wandel.* Köln–Opladen.

Lutz, B. (1979): *Sieben magere Jahre – oder: Ist Unterbeschäftigung unvermeidlich?;* in: U. Borsdorf u. a. (Hg.): *Gewerkschaftliche Politik: Reform aus Solidarität. Zum 60. Geburtstag von Heinz O. Vetter.* Köln, S. 489-510.

Ders./W. Sengenberger (1980): *Segmentationsanalyse und Beschäftigungspolitik;* in: *WSI-Mitteilungen* 5/1980, S. 291-299.

Luxemburg, R. (1975): *Massenstreik, Partei und Gewerkschaften;* in: Dies.: *Politische Schriften* I, hg. von O. K. Flechtheim, Frankfurt/M., 2. Aufl. 1975, S. 135 ff.

Mahlein, L. (1978): *Rationalisierung – Sichere Arbeitsplätze – Menschenwürdige Arbeitsbedingungen. Zum Arbeitskampf in der Druckindustrie 1978.* Heft 29 der Schriftenreihe der Industriegewerkschaft Druck und Papier. Stuttgart.

Ders. (1978): *Streik in der Druckindustrie: Erfolgreicher Widerstand;* in: *Gewerkschaftliche Monatshefte* 5/1978, S. 261-271.

Mandel, Ernest (1976): *Weltwirtschaftsrezession und die gesellschaftliche Krise des Kapitalismus 1974/75;* in: Mandel/Wolf: *Weltwirtschaftsrezession und BRD-Krise 1974/75.* Frankfurt/M., S. 8-55.

Martens, H. (1979): *Der Streik um die 35-Stunden-Woche in der Stahlindustrie;* in: Jacobi/Schmidt/Müller-Jentsch (Hg.): *Arbeitskampf um Arbeitszeit. Kritisches Gewerkschaftsjahrbuch 1979/80.* Berlin, S. 9-24.

Mason, T. W. (1975): *Arbeiterklasse und Volksgemeinschaft – Doku-*

mente und Materialien zur deutschen Arbeiterpolitik 1936-1939. Opladen.

Ders. (1977): *Sozialpolitik im Dritten Reich.* Opladen.

Matthöfer, H. (1978): *Neuer Bedarf, zusätzliche Nachfrage und neue Wachstumschancen durch Innovationen;* in: *Handelsblatt* vom 1./2. 12. 1978, S. 22.

Mattick, P. (1969): *Arbeitslosigkeit und Arbeitslosenbewegung in den USA 1929-1935.* Frankfurt/M. (Original 1936).

Mayer, E. (1973): *Theorien zum Funktionswandel der Gewerkschaften.* Frankfurt/M.

Mayer-Tasch, P. C. (1971): *Korporativismus und Autoritarismus.* Frankfurt/M.

Memorandum 1980: *Gegen konservative Formierung – Alternativen der Wirtschaftspolitik,* hg. von der Arbeitsgruppe »Alternative Wirtschaftspolitik«. Köln.

Mendius, H. G./R. Schultz-Wild (1976): *Personalabbau und Interessenvertretung durch den Betriebsrat – Zur Krisenbewältigung in der Automobilindustrie;* in: *Leviathan,* Heft 4/1976, S. 465-484.

Mensch, G. (1975): *Das technologische Patt.* Frankfurt/M.

Meyer, W. R. (1980): *Strukturpolitische Krisenbewältigung im Ruhrgebiet;* in: T. Ellwein (Hg.): *Politikfeld-Analysen 1979.* Tagungsbericht des Wissenschaftlichen Kongresses der DVPW vom 1.-5. 10. 79 in der Universität Augsburg, S. 676-690.

Mickler, O./W. Mohr/U. Kadritzke (1977): *Produktion und Qualifikation. Bericht über die Hauptstudie.* SOFI-Forschungsbericht. Göttingen.

Mommsen, H. (1979): *Ein System der sozialen Sicherheit aufgebaut – Betrachtungen über die Rolle der Gewerkschaften in der Bundesrepublik;* in: *Frankfurter Rundschau* vom 31. 7. 1979 (Dokumentation).

Müller-Jentsch, W. (1978): *Gewerkschaftliche Tarifpolitik gegen Rationalisierungsfolgen;* in: Jacobi/Müller-Jentsch/Schmidt (Hg.): *Gewerkschaftspolitik in der Krise. Kritisches Gewerkschaftsjahrbuch 1977/78.* Berlin, S. 63-72.

Ders. (1978): *Die Neue Linke und die Gewerkschaften;* in: *Das Argument,* Heft 107/1978, S. 17 ff.

Ders. (1979): *Neue Konfliktpotentiale und institutionelle Stabilität;* in: *PVS* 3/79, S. 268-279.

Ders. (1979): *Der Arbeitskampf in der Druckindustrie 1978;* in: Jacobi/Müller-Jentsch/Schmidt (Hg.): *Arbeiterinteressen gegen Sozialpartnerschaft. Kritisches Gewerkschaftsjahrbuch 1978/79,* S. 10-23.

Ders. (1980): *Zur Strategie des kalkulierten Streiks;* in: *Leviathan,* Heft 2/1980, S. 182-189.

Nachtigall, H. (1979): *Die Gewerkschaften stehen faktisch weithin über dem Gesetz – Macht ohne Verantwortung.* Vortrag vor der Vereinigung der Eisen- und Metall-Industrie Rheinland-Rheinhessen, Teil I und II; in: *Frankfurter Rundschau* vom 18. 8. und 21. 8. 79 (Dokumentation).

Naphtali, F. (1928): *Wirtschaftsdemokratie. Ihr Wesen, Weg und Ziel.* 4. Aufl. 1977, Köln–Frankfurt/M.

Naschold, F. (1980): *Humanisierung der Arbeit zwischen Staat und Gewerkschaften;* in: *Gewerkschaftliche Monatshefte* 4/1980, S. 221-230.

Neumann, F., (1963): *Behemoth.* New York (deutsche Übersetzung 1977: *Behemoth – Struktur und Praxis des Nationalsozialismus 1933-1944*). Köln–Frankfurt/M.

OECD, 1980: *Steel in the 80's.* Paris-Symposium February 1980. Paris.

Offe, C. (1972): *Strukturprobleme des kapitalistischen Staates.* Frankfurt/M.

Ders. (1979): *Die Institutionalisierung des Verbandseinflusses – eine ordnungspolitische Zwickmühle;* in: U. von Alemann/R. G. Heinze (Hg.): *Verbände und Staat.* Opladen, S. 72 ff.

Ders. (1980): *Podiumsdiskussion zu »Politische Folgen reduzierten Wachstums«;* in: T. Ellwein (Hg.): *Politikfeld-Analysen 1979.* Wissenschaftlicher Kongreß der DVPW, Augsburg 1979, Tagungsbericht S. 98 ff.

Ders. (1970): *Das politische Dilemma der Technokratie.* in: C. Koch/D. Senghaas (Hg.): *Texte zur Technokratiediskussion.* Frankfurt, S. 156 ff.

Offe, C./H. Wiesenthal (1979): *Two Logics of Collective Action – Theoretical Notes on Social Class and Organizational Form;* in: *Political Power and Social Theory,* Vol. 1/1979.

Orientierungsrahmen '85 (1975): *2. Entwurf eines ökonomisch-politischen Orientierungsrahmens für die Jahre 1975 bis 1985 der SPD.* Bonn.

Ortlieb, H.-D. (1978): *Mitbestimmung in unserer arbeitsteiligen Leistungsgesellschaft – ihre Realisierungschancen unter dem Einfluß des Zeitgeistes;* in: C Mewes/H.-D. Ortlieb: *Macht Gleichheit glücklich?* Freiburg, S. 63 ff.

Ders. (1978): *Die mißverstandene Freiheit – oder woran eine egalitäre Gesellschaft zugrunde geht;* in: C. Mewes/H.-D. Ortlieb: *Macht Gleichheit glücklich?* Freiburg, S. 133 ff.

Osterland, M. (1973): *Lebensgeschichtliche Erfahrung und gesellschaftliches Bewußtsein. Anmerkungen zur soziographischen Methode;* in: *Soziale Welt,* Heft 4/1973, S. 409-417.

Ders. (1975): *Innerbetriebliche Arbeitssituation und außerbetriebliche Lebensweise von Industriearbeitern;* in: M. Baethge u. a. (Hg.): *Arbeitssituation, Lebenslage und Konfliktpotential – Festschrift für M. E. Graf zu Solms-Roedelheim.* Frankfurt/M.–Köln, S. 167-184.

Ott, A. E. (1976): *Konjunkturpolitik im Umbruch?;* in: *Konjunkturpolitik,* Heft 6/1976, S. 349 ff.

Panitch, L. (1977): *The Development of Corporatism in Liberal Democracies:* in: *Comparative Political Studies,* Nr. 1/1977, S. 61-90.

Ders. (1978): *Recent Theorizations of Corporatism. Reflections on a Growth Industry.* Papier für den 9. Weltkongreß der Soziologie in Uppsala, August 1978, Ms.

Pelinka, A. (1980): *Gewerkschaften im Parteienstaat – Ein Vergleich zwischen dem deutschen und dem österreichischen Gewerkschaftsbund.* Berlin.

Pestel, E., u. a. (1978): *Das Deutschland-Modell. Herausforderung auf dem Weg ins 21. Jahrhundert.* Stuttgart.

Pickshaus, K. (1978): *Krisenbedingungen und Arbeitskämpfe. Zur Entwicklung sozialer Kämpfe in der Bundesrepublik 1975-78;* in: *Marxistische Studien. Jahrbuch des IMSF* 1/1978, S. 242 ff.

Ders./W. Roßmann (1978): *Streik und Aussperrung 78. Hafen – Druck – Metall.* Frankfurt/M.

Piecha, M. (1976): *Die Tarifbewegungen im Jahre 1975;* in: *WSI-Mitteilungen,* Heft 3/1976, S. 141-156.

Ders. (1977): *Die Tarifbewegungen im Jahre 1976;* in: *WSI-Mitteilungen,* Heft 3/1977, S. 144-159.

Ders. (1978): *Die Tarifbewegungen im Jahre 1977;* in: *WSI-Mitteilungen,* Heft 3/1978, S. 138-153.

Pitz, K. H. (1977): *Strukturprobleme im Schiffbau;* in: *WSI-Mitteilungen,* Heft 2/1977, S. 105-110.

Ders. (1980): *Durch Umweltschutz mehr Arbeit für die Werften – Die Krise des Weltschiffbaus und der Umweltschutz;* in: *Gewerkschaftliche Monatshefte* 7/1980, S. 468-472.

Pöhler, W. (1980): *Staatliche Förderung für die Verbesserung der Ar-*

beits- und Lebensqualität; in: *Gewerkschaftliche Monatshefte* 4/1980, S. 230-242.

Poulantzas, N. (1973): *Faschismus und Diktatur.* München.

Ders. (1975): *Klassen im Kapitalismus – heute.* Berlin.

Ders. (1978): *Staatstheorie – Politischer Überbau, Ideologie, Sozialistische Demokratie.* Hamburg.

Ders. (1979): *Es geht darum, mit der stalinistischen Tradition zu brechen – Interview mit Nicos Poulantzas zum autoritären Etatismus in Westeuropa und zur Strategie der Arbeiterbewegung;* in: *Prokla,* Heft 37/1979, S. 127-140.

Presse- und Informationsamt der Bundesregierung (1980): *Stellungnahme der Bundesregierung zu den Gutachten »Technischer Fortschritt – Auswirkungen auf Wirtschaft und Arbeitsmarkt«,* Pressemitteilung vom 9. 6. 80, Nr. 149/80.

Prognos/Mackintosh (1979): *Technischer Fortschritt – Auswirkungen auf Wirtschaft und Arbeitsmarkt.* Untersuchung der Prognos-AG, Basel, und Mackintosh-Consultants Company Ltd., Luton; im Auftrag der Bundesministerien für Forschung und Technologie, Wirtschaft, Arbeit und Sozialordnung. Kurzfassung. Bonn.

Projektgruppe Gewerkschaftsforschung am Institut für Sozialforschung, Frankfurt (1976): *Die Austauschbeziehungen zwischen Kapital und Arbeit im Kontext der sozio-ökonomischen Entwicklung; Zwischenbericht Teil 1: Theoretische Vorarbeiten; Teil 2: Methodische Vorarbeiten. Empirische Analysen.* Frankfurt/M.

Dies. (1977): *Tarifpolitik unter Krisenbedingungen – Darstellung und Analyse der Tarifbewegungen 1975 und 1976 in der Chemischen Industrie und in der Druck-Industrie.* Frankfurt/M.

Dies. (1978): *Tarifpolitik 1977; Darstellung und Analyse der Tarifbewegung in der Metallverarbeitenden, der Chemischen und der Druck-Industrie sowie im Öffentlichen Dienst.* Frankfurt/M.

Dies. (1979): *Tarifpolitik 1978: Lohnpolitische Kooperation und Absicherungskämpfe – Darstellung und Analyse der Tarifbewegung in der Metallverarbeitenden, der Chemischen und der Druck-Industrie sowie im Öffentlichen Dienst,* Frankfurt/M.

Projektgruppe WSI (1977): *Betriebliche Beschäftigungspolitik und gewerkschaftliche Interessenvertretung.* WSI-Studie zur Wirtschafts- und Sozialforschung Nr. 34. Köln.

Pross, H. (1963): *Zum Begriff der pluralistischen Gesellschaft;* in: *Zeugnisse: Theodor W. Adorno zum 60. Geburtstag.* Frankfurt/M., S. 441 ff.

Ronge, V. (1977): *Forschungspolitik als Strukturpolitik.* München.
RWI (1978): *Wirtschaftsstrukturelle Bestandsaufnahme für das Ruhrgebiet – erste Fortschreibung,* Dezember 1978. Essen.
Dass. (1979): *Analyse der strukturellen Entwicklung der deutschen Wirtschaft – Strukturberichterstattung: Zwischenbericht.* Essen.

Sachverständigenrat zur Begutachtung der gesamtwirtschaftlichen Entwicklung (1979): *Jahresgutachten 1967 bis 1979.* Bonn.
Scharpf, F. W. (1978a): *Die Rolle des Staates im westlichen Wirtschaftssystem: Zwischen Krise und Neuorientierung.* Discussion Paper des Internationalen Instituts für Management und Verwaltung des Wissenschaftszentrums Berlin, Nr. dp/78-71.
Ders. (1978b): *Die Funktionsfähigkeit der Gewerkschaften als Problem einer Verbändegesetzgebung.* Discussion Paper des Internationalen Instituts für Management und Verwaltung des Wissenschaftszentrums Berlin, Nr. dp/78-21.
Ders. (1980): *Die Arbeit fördern – nicht das Kapital;* in: *Die Zeit* Nr. 24 vom 6. 6. 1980.
Schauer, H. (1980): *Arbeitspolitik und »duale« Interessenvertretung.* Referat zur Sektionstagung »Industrie- und Betriebssoziologie« der Deutschen Gesellschaft für Soziologie in Aachen am 8./9. 2. 1980. Unveröffentl. Ms.
Scheider, W. (1978): *Strukturelle Probleme des Weltstahlmarktes in ihrer einzel- und gesamtwirtschaftlichen Bedeutung für die deutsche Stahlindustrie;* in: zfbf Nr. 30/1978, S. 473-489.
Schlupp, F. (1978): *Internationalisierung des Kapitals und ungleiche internationale Arbeitsteilung: Der Eurokapitalismus und das Modell Deutschland in der Krise;* in: *Forum DS* Nr. 5, 3. Jg., S. 84-114.
Ders. (1979): *Internationalisierung und Krise – das »Modell Deutschland« im metropolitanen Kapitalismus;* in: *Leviathan,* Heft 1/79, S. 12-35.
Schmidt, E. (1971): *Ordnungsfaktor oder Gegenmacht. Die politische Rolle der Gewerkschaften.* Frankfurt/M.
Ders. (1978): *Gerät die Sozialpartnerschaft in die Krise?;* in: *Das Argument,* Heft 107/1978, S. 8 ff.
Schmidt, H./U. Stoltenberg (1978): *Staatliche Forschungspolitik und Rationalisierung;* in: *WSI-Mitteilungen* 12/78, S. 700-706.
Schmiede, R. (1976): *Das deutsche »Wirtschaftswunder« 1945-1965;* in: *Die Linke im Rechtsstaat,* Bd. I, S. 107-138. Berlin.
Ders. (1979): *Das Ende des westdeutschen Wirtschaftswunders 1966 bis*

1977; in: *Die Linke im Rechtsstaat*, Bd. II, S. 34-78. Berlin.

Schmitterer, P. C. (1978): *Interest Intermediation and Regime Governability in Contemporary Western Europe and North America.* Unveröffentl. Ms.

Schui, H. (1975): *Ökonomische Stabilisierung durch Monetarismus? Ideologie und Technik eines Konzeptes;* in: *Blätter für deutsche und internationale Politik,* Heft 6/1975, S. 632 ff.

Schultz-Wild, R. (1978): *Betriebliche Beschäftigungspolitik in der Krise.* Frankfurt/M.–New York.

Schumann, M., u. a. (1971): *Am Beispiel der Septemberstreiks – Anfang der Rekonstruktionsperiode der Arbeiterklasse?* Frankfurt/M.

Schumann, M. (1979): *Entwicklungen des Arbeiterbewußtseins;* in: *Gewerkschaftliche Monatshefte* 3/1979, S. 152-159.

Ders./P. Wittemann (1977): *Tendenzwende im Arbeiterbewußtsein? Überlegungen zum Bewußtsein und Verhalten der Arbeiter in einer veränderten gesellschaftlichen Lage;* in: *Frankfurter Hefte,* Heft 4/1977, S. 69-74.

Sengenberger, W. (1978): *Die gegenwärtige Arbeitslosigkeit – auch ein Strukturproblem des Arbeitsmarktes.* Frankfurt/M.

Simonis, G. (1979): *Die Bundesrepublik und die »Neue internationale Arbeitsteilung«;* in: *Leviathan,* Heft 1/1979, S. 36-56.

Sörgel, A. (1976): *Stabilisierung der Gewinne – die Antikrisenpolitik der Bundesregierung;* in: Huffschmid/Schui (Hg.): *Gesellschaft im Konkurs.* Köln, S. 376-418.

SOST (1980a): *Demokratisierung der Wirtschaft – Gewerkschaftliche Grundsatzforderung (1949-80) und die Position der Sozialisten;* in: *Beiträge zum wissenschaftlichen Sozialismus* Nr. 1/1980, S. 63-76.

Ders. (1980b): *Restauration und Gewerkschaftsmacht – Thesen zur Nachkriegsentwicklung der BRD,* Teil II; in: *Beiträge zum wissenschaftlichen Sozialismus* Nr. 4/1980, S. 138-145.

Spohn, W. (1977): *Weltmarktkonkurrenz und Industrialisierung Deutschlands 1870-1914.* Berlin.

Stäglin, R./H. Wessels (1976): *Abhängigkeit der Wirtschaftszweige und der Erwerbstätigen in der Bundesrepublik Deutschland von der Warenausfuhr;* in: *Krise und Reform in der Industriegesellschaft.* Materialien zur IG Metall-Tagung, S. 268-276. Frankfurt/M.

Streeck, W. (1972): *Das Dilemma der Organisation – Tarifverbände zwischen Interessenvertretung und Stabilitätspolitik;* in: Meißner/Unterseher (Hg.): *Verteilungskampf und Stabilitätspolitik.* Stuttgart, S. 130 ff.

Ders. (1978): *Staatliche Ordnungspolitik und industrielle Beziehungen;* in: *Politische Wissenschaft und politische Praxis,* hg. von U. Bermbach, *PVS*-Sonderheft 9/1978, S. 106 ff.

Ders. (1979): *Gewerkschaftsorganisation und industrielle Beziehungen;* Discussion Paper des Internationalen Instituts für Management und Verwaltung des Wissenschaftszentrums Berlin, Nr. dp/79-40.

Teschner, E. (1977): *Lohnpolitik im Betrieb.* Frankfurt/M.

Teubner, G. (1977): *Verbandsdemokratie durch Recht? Die Diskussion um ein Verbändegesetz in demokratietheoretischer Sicht;* in: *Aus Politik und Zeitgeschichte.* Beilage zur Wochenzeitung *Das Parlament,* B 8/1977, S. 23 ff.

Ders. (1978): *Organisationsdemokratie und Verbandsverfassung.* Tübingen.

Ders. (1979): *Neo-korporatistische Strategien rechtlicher Organisationssteuerung. Staatliche Strukturvorgaben für gesellschaftliche Verarbeitung politischer Konflikte;* in: *Zeitschrift für Parlamentsfragen,* Heft 4/1979, S. 487 ff.

Trautwein, N. (1978): *Gewerkschaften und Forschungspolitik;* in: *WSI-Mitteilungen,* Heft 12/1978, S. 706-717.

Trentin, B. (1978): *Arbeiterdemokratie – Gewerkschaften,* Streiks, Fabrikräte. Hamburg.

Ulmer, R. (1980): *Die Krise der AEG – Arbeitsplatzvernichtung und gewerkschaftliche Reaktionen;* in: Jacobi/Schmidt/Müller-Jentsch (Hg.): *Moderne Zeiten – alte Rezepte. Kritisches Gewerkschaftsjahrbuch 1980/81,* S. 78-89. Berlin.

United Nations (1972): *Handbook of International Trade and Development Statistics.* New York.

Väth, W. (1980): *Staatliche Politik und industrielle Restrukturierung – der Fall der Stahlindustrie im Saarland und im Ruhrgebiet.* Diskussionsbeitrag Nr. 5/1980 des FB Politik-/Verwaltungswissenschaft der Universität Konstanz.

Vester, M. (1970): *Die Entstehung des Proletariats als Lernprozeß.* Frankfurt/M.

Vetter, H. O. (1979): *Grundsatzreferat auf dem SPD-Forum »Arbeit und Technik«* am 1./2. 2. 1979 in Essen. Unveröffentl. Ms.

Vogt, W. (1964): *Makroökonomische Bestimmungsgründe des wirtschaftlichen Wachstums der Bundesrepublik Deutschland von 1950-*

1960. Tübingen.
Ders. (1968): *Die Wachstumszyklen der westdeutschen Wirtschaft*. Tübingen.
Voß, G. (1980): *Arbeitssituation und gesellschaftliches Bewußtsein*. Frankfurt–New York.

Wacker, A. (1979): *Massenarbeitslosigkeit als Politisierungspotential – der schwierige Lernprozeß;* in: *Prokla*, Heft 35/1979, S. 49-66.
Wallraff, G. (1975): *Das Beispiel Volkswagen – eine Konzernstrategie und ihre Folgen;* in: Duhm/Wieser (Hg.): *Krise und Gegenwehr*. Berlin, S. 80-99.
Wassenberg, A. (1978): *Creeping Corporatism: A Cuckoo's Policy;* Papier für den ECPR-Workshop über »Corporatism in Liberal Democracies«. Grenoble, April 1978. Unveröffentl. MS.
Ders. (1978): *The Researchability of Corporatism*. Papier für den 9. Weltkongreß der Soziologie. Uppsala, August 1978. Unveröffentl. Ms.
Watkinson, C./E. Hildebrandt/H. Funke (1979): *»Nicht weniger wert sein« – Bedrohung des Besitzstandes und Interessen der Metaller am Absicherungstarifvertrag;* in: *Prokla*, Heft 35/1979, S. 3-17.
Weber, W. (1958): *Spannungen und Kräfte im westdeutschen Verfassungssystem*. Stuttgart.
Weiss, S. (1976): *Strukturwandel in der westdeutschen Elektroindustrie?;* in: *Krise und Reform in der Industriegesellschaft*, Materialien zur IG Metall-Tagung. Frankfurt/M., S. 208-228.
Weitbrecht, H. (1969): *Effektivität und Legitimität der Tarifautonomie*. Berlin.
Weizsäcker, K. C. von (1975): *Grenzen der traditionellen Globalsteuerung;* in: *Jahrbücher für Nationalökonomie und Statistik*, Heft 1/1975, S. 1 ff.
Welteke, M. (1976): *Theorie und Praxis der sozialen Marktwirtschaft – Einführung in die politische Ökonomie der BRD*. Frankfurt/M.–New York.
Welzmüller, R. (1980): *Zur Entwicklung der Löhne und Gehälter in Industrie und Handel;* in: *WSI-Mitteilungen*, Heft 2/1980, S. 97-113.
Wiesenthal, H. (1979): *Die Konzertierte Aktion im Gesundheitswesen – Fallstudie über Entstehungsbedingungen, Funktionsprobleme und Effekte eines korporatistischen Verhandlungssystems*. Diplomarbeit an der Fakultät für Soziologie der Universität Bielefeld. (Veröffentlicht:

Frankfurt 1981)

Wilke, M. (1979): *Die Funktionäre – Apparat und Demokratie im Deutschen Gewerkschaftsbund.* München.

Winkler, H. A. (Hg.) (1974): *Organisierter Kapitalismus, Voraussetzungen und Anfänge.* Göttingen.

Winkler, J. T. (1976): *Corporatism;* in: *Archives Européennes de Sociologie,* Heft 1/76, S. 100-136.

Wolter, F. (1974): *Strukturelle Anpassungsprobleme der westdeutschen Stahlindustrie.* Tübingen.

WSI-Tarifarchiv (1979): *Tarifbewegungen, Arbeitskämpfe und tarifvertragliche Arbeitsbedingungen im Jahre 1978;* in: *WSI-Mitteilungen,* Heft 3/1979, S. 132-156.

Dass. (1980): *Arbeitsbedingungen in den Tarifverträgen im Jahre 1979 – Tarifbericht 1979;* in: *WSI-Mitteilungen,* Heft 3/1980, S. 124-133.

WSI (1980): *Gewerkschaften und Humanisierung der Arbeit – Zur Bewertung des HdA-Programms.* Frankfurt/M.–New York.

Zeuner, B. (1976): *»Solidarität« mit der SPD oder Solidarität der Klasse? Zur SPD-Bindung der DGB-Gewerkschaften;* in: *Prokla,* 26/1976, S. 3 ff.

Ziebura, G., u. a. (1976): *Zwischenbericht des DFG-Forschungsprojektes »Internationalisierungsprozeß, Staatsintervention und gesellschaftliche Entwicklung in Westeuropa am Beispiel Frankreichs und der Bundesrepublik Deutschland«.* Unveröffentl. Ms.

Ziebura, G. (1979): *Frankreich 1789-1870, Entstehung einer bürgerlichen Gesellschaftsformation.* Frankfurt/M.

edition suhrkamp. Neue Folge

Achebe, Ein Mann des Volkes 84
Alves, Neigung zum Fluß 83
Antes, Poggibonsi 1979–1980 35
Arlati, Auf der Reise nach Rom 53
Backhaus, Marx und die marxistische Orthodoxie 43
Badura (Hg.), Soziale Unterstützung und chronische Krankheit 63
Barthes, Leçon/Lektion 30
Barthes, Das Reich der Zeichen 77
Bayrle, Rasterfahndung 69
Benjamin, Moskauer Tagebuch 20
Bernhard, Die Billigesser 6
Blankenburg (Hg.), Politik der inneren Sicherheit 16
Bloch, Abschied von der Utopie? 46
Blok, Die Mafia in einem sizilianischen Dorf 1860–1960 82
Böni, Hospiz 4
Bohrer, Plötzlichkeit. Zum Augenblick des ästhetischen Scheins 58
Bornhorn, America oder Der Frühling der Dinge 25
Brasch, Engel aus Eisen 49
Bürger/Bürger/Schulte-Sasse (Hg.), Aufklärung und literarische Öffentlichkeit 40
Bürger/Bürger/Schulte-Sasse (Hg.), Zur Dichotomie von hoher und niederer Literatur 89
Bulla, Weitergehen 2
Buselmeier, Der Untergang von Heidelberg 57
Calasso, Die geheime Geschichte des Senatspräsidenten Dr. Daniel Paul Schreber 24
Carpentier, Stegreif und Kunstgriffe 33
Casey, Racheträume 70
Chi Ha, Die gelbe Erde und andere Gedichte 59
Cortázar, Reise um die Tage in 80 Welten 45
Ditlevsen, Sucht 9
Ditlevsen, Wilhelms Zimmer 76
Dorst, Mosch 60
Duerr (Hg.), Versuchungen. Aufsätze zur Philosophie Paul Feyerabends 44
Duerr (Hg.), Versuchungen. Aufsätze zur Philosophie Paul Feyerabends. 2. Bd. 68
Duras/Porte, Die Orte der Marguerite Duras 80
Eisenbeis (Hg.), Ästhetik und Alltag 78
Enzensberger, Die Furie des Verschwindens 66
Feyerabend, Erkenntnis für freie Menschen 11
Glöckler, Seitensprünge 36
Glück, Falschwissers Totenreden(t) 61
Goffman, Geschlecht und Werbung 85
Hänny, Zürich, Anfang September 79

Heimann, Soziale Theorie des
  Kapitalismus. Theorie der
  Sozialpolitik 52
Jendryschik, Die Ebene 37
Jestel (Hg.), Der Neger vom
  Dienst. Afrikanische
  Erzählungen 28
Jestel (Hg.), Das Afrika der
  Afrikaner. Gesellschaft und
  Kultur Afrikas 39
Johnson, Begleitumstände.
  Frankfurter Vorlesungen 19
Kahle (Hg.), Logik des Herzens.
  Die soziale Dimension
  der Gefühle 42
Kirchhoff, Body-Building 5
Kaltenmark, Lao-tzu und der
  Taoismus 55
Klöpsch/Ptak (Hg.), Hoffnung
  auf Frühling. Moderne
  chinesische Erzählungen I 10
Köhler u. a., Kindheit als
  Fiktion. Fünf Berichte 81
Krall, Schneller als der liebe
  Gott 23
Kris/Kurz, Die Legende vom
  Künstler 34
Kubin (Hg.), Hundert Blumen.
  Moderne chinesische
  Erzählungen II 10
Laederach, Fahles Ende
  kleiner Begierden 75
Lao She, Das Teehaus 54
Leisegang, Lauter letzte
  Worte 21
Lem, Dialoge 13
Leroi-Gourhan, Die Religionen
  der Vorgeschichte 73
Leutenegger, Lebewohl,
  Gute Reise 1
Lévi-Strauss, Mythos und
  Bedeutung 27
Löwenthal, Mitmachen wollte
  ich nie. Ein autobiographisches
  Gespräch 14
Lukács, Gelebtes Denken 88
Marechera, Das Haus des
  Hungers 62
Marx, Enthüllungen zur
  Geschichte der Diplomatie
  im 18. Jahrhundert 47
Mayer, Versuche über die
  Oper 50
Meier, Die Ohnmacht des
  allmächtigen Dictators
  Caesar 38
Menninghaus, Paul Celan.
  Magie der Form 26
Moshajew, Die Abenteuer des
  Fjodor Kuskin 72
Müller-Schwefe (Hg.), Von
  nun an. Neue deutsche
  Erzähler 3
Muschg, Literatur als
  Therapie? 65
Niederland, Folgen der Verfolgung:
  Das Überlebenden-Syndrom.
  Seelenmord 15
Paz, Suche nach einer Mitte 8
Paz, Der menschenfreundliche
  Menschenfresser 64
Platschek, Porträts mit
  Rahmen. Aufsätze zur
  modernen Malerei 86
Prokop, Medien-Wirkungen
  74
Ribeiro, Unterentwicklung,
  Kultur und Zivilisation 18
Ribeiro, Die Brasilianer 87
Rodinson, Die Araber 51
Rubinstein, Nichts zu verlieren
  und dennoch Angst 22
Sinclair, Der Fremde 7
Steinweg (Red.), Der gerechte
  Krieg. Christentum, Islam,
  Marxismus 17

Steinweg (Red.), Das kontrollierte Chaos. Die Krise der Abrüstung 31
Steinweg (Red.), Unsere Bundeswehr? Zum 25jährigen Bestehen einer umstrittenen Institution 56
Trevisan, Ehekrieg 41
Wambach (Hg.), Die Museen des Wahnsinns und die Zukunft der Psychiatrie 32
Walser, Selbstbewußtsein und Ironie. Frankfurter Vorlesungen 90
Weiss, Notizbücher 1971–1980. Zwei Bände 67
Zschorsch, Glaubt bloß nicht, daß ich traurig bin 71